中国宏观经济分析

（第二版）　潘英丽　编著

格致出版社  上海人民出版社

内容简介

　　本书用现代经济学的基本原理，系统梳理中国经济问题的来龙去脉，帮助读者深刻理解其背后的体制根源，了解中国宏观经济政策作用的微观基础和制度环境，洞察中国经济金融转型的要义和瓶颈。书中不仅覆盖到了宏观经济学分析框架、消费与投资理论、金融的功能、国际贸易与政府职能等理论性内容，更是用大量篇幅将理论与中国实践结合在一起，更深刻地讲述中国故事，探寻未来中国经济增长的趋势变化及其驱动力。本书作者潘英丽长期从事MBA 和研究生、博士生宏观经济学的教学，撰写的这本《中国宏观经济分析》（第二版）是对其 40 余年关于宏观经济问题的独立思考和研究的系统总结。

作者简介

潘英丽

　　上海交通大学安泰经济与管理学院教授，博士生导师，同时是上海交通大学现代金融研究中心主任、上海市政府决策咨询研究基地潘英丽（国际金融中心建设）工作室首席专家。

前言

自从 1984 年毕业留校出任大学教职以来，我曾先后担任过大专转本科的成人班、全日制的本科生、硕士生和博士生现代经济学（包括微观和宏观经济学）课程的主讲教师。曾先后使用过国内老一辈学者编著的西方经济学教材，以及国外经济学家写的教材如萨缪尔森的《经济学》、萨克斯等人的《全球视角的宏观经济学》和曼昆的《宏观经济学》教程。我也曾尝试过在博士生课程中使用杨小凯的《发展经济学——超边际与边际分析》，对其博大精深的理论分析和对中国经济接地气的讨论留下了深刻的印象。虽然我攻读博士期间以及之后的研究主要在金融和国际金融领域，也曾因主讲相关课程而编著过《国际货币经济学》《商业银行管理》等教材，但是我内心仍十分偏爱宏观经济学的教学，并且更多关注中国宏观经济的理论和实践问题。现代经济学体系已十分成熟，近年来国内大学也普遍使用美国知名教授的教科书，甚至直接使用原版教材，我在宏观经济学教学的过程中从未计划过要编写一本宏观经济学类的教科书。直到给 MBA 学生上了多年中国宏观经济分析课后，我才下决心为 MBA 学生、大学本科通识课程的学生和需要系统了解中国宏观经济的业界人士编写这本《中国宏观经济分析》，以供参考。

我的体会是，现代经济学的基本原理非常重要，对经济实践具有普遍的指导意义；其基本概念和基本分析方法对提升我们的经济素养、逻辑思辨能力，以及分析与解决日常经济问题的能力具有很大的帮助。只是经济学家在追求经济学的"自然科学"属性时引入了更多数学模型和技术分析工具，使得经济学变得更为"高深"，更难以为非专业人士系统理解和把握了。因此，我期望本书能给宏观经济学基本理论提供一种简明扼要的叙述，帮助读者系统把握经济学的基本概念和主要理论。

目前，我看到的"中国宏观经济分析"的研究成果，主要是大学教授们的学术论文和投行研究团队的宏观经济分析报告。前者或侧重理论模型的构造与数字模拟分析，或在给定的理论假设下拿一大把数据做实证分析,这些研究成果可以局部论证某些经济变量之间的相关关系,或用可计算的动态一般均衡分析方法系统分析宏观经济变量冲击的可能影响,但是由于其前提假设的众多局限性,其对现实经济问题的解释也只能是一知半解的、碎片化的或雾里看花的。相比较,投行研究团队的宏观分析报告更为关注宏观经济指标短期发生了哪些变化,美联储现在或未来几个月内会加息几次,中国人民银行中期借贷便利担保品范围的扩大意在何为及影响如何。他们也会细致解读政府及其管理部门的各类新出台的监管新规或产业政策等。不过,投行卖方市场报告的短期化和同质化倾向十分严重。那么如何才能系统把握中国经济问题的来龙去脉,深刻理解其背后的体制根源,了解中国宏观经济政策作用的微观基础和制度环境,洞察中国经济金融转型的要义和瓶颈? 这是我在写作本书时努力的方向,也期望能在这些方面有所改善,做得更好一些。

另外,本书的重要特点还在于结构安排上遵循主流宏观经济学的基本框架,并做出了中国特色的修改和扩充,体现了中国宏观经济分析的系统性。本书结构按照宏观经济学分析的起点即国民收入恒等式 $Y=C+I+G+(X-M)$ 展开。 在对宏观经济指标做出界定和统计分析的基础上,按消费、投资、进出口贸易、政府职能及其宏观调控、增长理论及中国增长方式转换的章节展开。同时,结合中国经济的特殊性,在投资分析之后的第四和第五章系统探讨金融在宏观经济运行中的基本功能和核心作用,探讨新中国成立以来金融抑制政策的不同阶段性特征及其未能及时退出造成的扭曲和影响;在第六和第七章讨论中国的对外贸易、中美贸易摩擦以及中国的对外投资与人民币国际化的目标和路径,并以此为基础在第九章讨论中国出口导向经济的双重战略风险和经济增长方式的转换问题。

本书也是对我 40 年关于宏观经济问题的独立思考和研究的系统总结。本书具有创新意义的内容主要有:从经济活动的目的在于更好满足人的日益增长的需要出发提出"财富幻觉"概念;给出中国金融抑制政策四阶段和低效率高风险扭曲阶段的系统风险分析;提出中国金融增量改革的"一个中心、两个基本点"思路和存量改革的银行转型思路;总结我们关于有效汇率目标区管理制度方案;对人民币国际化的目标与路径进行系统的探讨,分析把手段当目标造成的认识误区与行为失当;系统阐述出口导向型经济面临的双重战略风险以及经济增长方式转换的紧迫性。

本书的最后一个特点是对宏观经济的分析具有较充分的统计数据支持。包括中国经济在 G20 国家中的地位以及中国宏观经济指标的近期变化态势等,具有一定的时效性。我们期望在可能的情况下每 3 年做一次数据的更新和内容修订,以提高其在把握中国宏观经济态势与问题方面的参考价值。

最后需要感谢众多学者和朋友在本书形成过程中提供的帮助。我首先必须感谢北京大学国家发展研究院院长、中国人民银行货币政策委员会委员黄益平教授，他与我共同主持了"中国经济开放论坛"，论坛自 2016 年以来举办了经济去杠杆、房地产与城市发展、人民币汇率、全球化未来走向、国有企业改革与混改、城市化与城市群发展、党的十九大后的金融改革与重塑中国的产业政策等专题闭门的会议，并且出版了相应专题的论文集，为本书的写作提供了宽广的学术和实践背景。我要感谢参与闭门会议并发表重要演讲的学者和业界专家，他们在行业背景、问题分析和学术创见等方面给我重要的启发。他们是陈杰、陈斌开、陈夙、程澐、曹红辉、查道炯、丁剑平、冯绍雷、管涛、葛培健、耿靖、黄少卿、黄友嘉、胡伟俊、何帆、何力、何添生、何知仁、贾康、李婧、连平、陆铭、陆婷、刘洪玉、刘海影、刘斌、刘胜军、刘瑞明、罗知、鲁政委、毛日昇、倪鹏飞、彭文生、钱军辉、任泽平、申广军、沈丁立、沈建光、沈伟、石心蕊、施康、邵宇、宋志青、唐蓓洁、谭小芬、陶景洲、韦志超、万泰雷、王鹏飞、王立升、王戴黎、汪涛、王勋、伍戈、吴信如、肖耿、肖立晟、夏乐、谢栋铭、解祥优、谢亚轩、熊义明、徐建国、徐奇渊、余永定、袁宜、殷剑锋、杨瑞龙、姚玭、张斌、张晖明、章奇、张茉楠、钟宁桦、张宇生、张幼文、张智威、曾立、朱鹤、周江和周文港。另外，我要感谢上海交通大学安泰经济与管理学院和上海交通大学中国发展研究院的领导、学术团队与职能团队成员给我主持的学术和研究活动提供的支持和帮助，他们是陈方若院长、姜文宁书记、陆铭研究院院长和周伟民、严红、严功翠、刘建丰、杨婷婷。最后我要感谢我的博士生、上海对外经贸大学副教授苏立峰和何知仁博士帮助我制作了大部分图表，进行了数据处理工作。我还要感谢格致出版社提供的专业支撑。

最后，期待本书能给读者提供帮助并得到大家的肯定。也期待读者提出批评和修改补充的建设性意见。谢谢大家的关注！

潘英丽

2025 年 2 月 12 日

CONTENTS 目录

第一章 宏观经济学导论

本章作为全书导论,内容作以下安排:第一节讨论宏观经济学研究的对象与问题,涉及经济增长的周期变化规律如何把握,充分就业与失业的发生,物价稳定或通货膨胀的控制以及对外国际收支的平衡或可持续问题,分析现行主流经济学忽略产业链的全球分工,忽略金融在宏观经济运行中的地位和作用等重大缺陷。第二节定义宏观经济的主要指标和相关概念,讨论 GDP 的概念,计量方法及其局限性;给出中国经济的部分指标及其国际排名,通过 G20 数据的国际比较更好地把握中国的国际地位及其改革开放 40 余年来所取得的成就。

第一节 研究的对象与问题

宏观经济学是研究一个国家整体经济行为的一门重要学科,主要探讨支配整个国民经济运行的规律及其背后的决定因素。

宏观经济学最重要的研究对象就是经济增长及其周期性波动的原因与规律性,这在西方的教科书里会占 40%—50% 的篇幅。现在全世界对经济增长率都非常关注,中国可以说是长期 GDP 挂帅,政府也从不轻言放弃 GDP 的政绩考核指标。因为经济增长与就业联系在一起,增长和就业直接影响到老百姓的收入和生活状况,进而构成政府执政合法性的基础,成为世界各国政府最为关注的政策目标。我们将在第七章阐述增长理论,并探讨中国经济增长方式存在的问题以及如何转型的问题。

宏观经济学需要研究的第二个重要的经济问题是失业。失业或就业与经济增长相关,但两者并不是线性的相关关系。有时候会有增长而没有就业,有时候就业增加得比较好,经济增长却可能比较缓慢。其中涉及拉动经济增长的产业类型,是劳动密集型的还是资本密集型。中国前几年重化工业过度发展,这与国有企业债务支持的过度投资有关。2023 年底非金融企业债务占 GDP 比例为 168.4%,2024 年第三季度为 174.6%。①国有企业在商业银行信贷中占有一定优势。但是,在城镇就业人数里国有单位就业人数占比在 2023 年仅为 11.5%。与其 1990—1993 年间的 60% 形成鲜明对比。②社会资源投入到哪个产业,创造就业的效应是很不一样的。另外服务业特别是消费服务业通常是劳动或人力资本密集型产业,服务业的发展对就业的促进作用大,但是由于劳动生产率通常比制造业低,其促进增长效应会相对低一些。在本书的设计与课程安排中,我不对就业问题花太多笔墨。我的看法是,就业在中国很大程度上并非宏观经济问题,而是经济发展问题。就发达国家而言,比如美国,农业劳动力人数仅占 1.5%,因此非农就业的变化一定与经济的周期性变动有关。非农就业或失业是以反周期为己任的宏观经济政策需要重点关注的问题。但是在工业化与城市化尚未完成的中国,我们很长时期内面临的是农村剩余劳动力的吸收问题。这是农业国工业化进程中的经济发展问题,很难通过货币、财政等宏观经济政策解决,更多需要从户籍制度改革、土地制度改革、义务教育均等化等结构改革入手来解决。因此,相比较由经济周期引起的失业问题在中国就不是特别大的问题,特别是农民工在城乡之间的流动,使农村成为劳动力的蓄水池,进而减轻了城市失业的压力。倒是城市的用工荒会时不时地发生。就业方面需要政府高度关注的是农民工的市民化与继续教育的问题。农民工市民化问题不解决,社会就是分裂的,国内消费需求很难释放,国民福利无法有效提升,留守儿童问题还将影响经济社会的可持续发展。另外,农民工巨大的流动性导致技能及其相关人力资本积累的困难,使中国制造业的产业升级和服务业的发展严重受阻。这些问题需写专著论述,且非我所长,因此本书将不重点展开讨论。

宏观经济学关注的第三大问题是通货膨胀。中央银行主要的职责是稳定物价,因此通胀也是中央银行特别关注的。物价为什么需要稳定?中央银行为什么必须把物价稳定作为它主要的职责?有两个原因是特别重要的。其一,通胀一定会导致贫富两极分化,对低收入阶层非常不利。近年来一个全球普遍存在的现象是,通胀过程中资产价格的膨胀速度远远超过一般商品价格。资产涨价越多,富人的财富增值越多,相比较,穷人净资产很少,并且最容易受到通胀的伤害。因为他们的收入可能 99% 或者

---

① 数据来源:国家资产负债表研究中心。
② 数据来源:人力资源和社会保障部。

100％用于消费,居住成本等生活费用的上涨立刻会导致其消费数量和质量的下降。低收入阶层生活状况的恶化意味着社会的巨大不公,这是政府要关注通胀、防范通胀的重要原因。第二个重要的原因是,通胀会带来扭曲,导致市场调节机制的失效或瘫痪。价格上涨时,人们无法判断某种商品价格的上涨是因为产品供不应求呢,还是因为货币投放得太多了。当人们分不清楚时,投资就会迷失方向,市场价格机制就无法发挥有效配置稀缺资源的作用。人们可能想要投资房地产,抓住一点实在的东西,以避免通胀造成货币购买力的损失。但是我们国家房地产需求中有多少是居住需求呢?房地产供给或存量到底有多大? 供求的总体状况与在不同家庭之间的分布如何? 如果购房行为不是出于居住需要,而是通胀恐慌驱动的对未来价格变化的投机行为,那么很可能我们正在错误的道路上狂奔。关于房地产投资我们将在第二章"消费、储蓄和财富积累"讨论家庭财富积累时有所涉及,并会在第三章"投资的理论和实践"中作系统讨论。总之,通胀会导致社会贫富两极分化,引起经济扭曲和资源错配,进而破坏市场的基本功能。恶性通胀还会导致一国货币制度的崩溃和政局的动荡。

宏观经济学通常认为,经济增长、充分就业、物价稳定和国际收支平衡是宏观经济政策的四大目标。但是我们会发现,国际收支不平衡似乎已经成为常态。美国自1971年美元与黄金脱钩后只有极少数的年份有过贸易盈余,绝大多数年份都是巨额赤字。中国似乎也没有把贸易平衡或者国际收支平衡作为宏观政策目标。相反,政府相关部门常常将利用外资、出口规模作为政绩来追求。21世纪初国际货币基金组织(IMF)就已注意到世界经济不平衡趋势,警示主要国家改变外部不平衡问题,但是最后还是由市场内在的力量通过危机的方式强行纠正。经济全球化特别是跨国公司主导的产业链的全球化配置,导致可贸易产品生产能力及其所隐含的就业机会全球配置的失衡。这与发达国家教育机会的不平等和节约劳动力的技术进步一起导致中产阶层成为失落的群体;民粹主义兴起,孤立和分离主义势力抬头,贸易保护主义和"逆全球化"思潮甚嚣尘上。我们在第六和第七章简述国际贸易理论,探讨中国对外贸易和投资的特殊问题,分析中国出口导向型经济的风险与转型路径,并对人民币国际化与"一带一路"建设的双轮驱动提出独到的新见解。

除了作为政府政策目标的上述宏观经济变量外,作为宏观调控中间目标的还有消费、投资、出口等重要经济变量,这些宏观经济行为很大程度上建立在家庭、企业和政府官员的微观行为基础上,市场条件和制度背景不同的国家这些变量的决定因素也会有所不同。我们将分别在第二、第三和第五章专门予以分析和探讨。

除以上问题外,货币政策和财政政策的相关政策变量及其发挥作用的机制也是宏观经济学重点探讨的内容。宏观经济学自英国著名经济学家凯恩斯(J. M. Keynes,

1883—1946)创立以来侧重总需求分析。凯恩斯的理论贡献在于创建宏观经济学的分析框架，这一基本框架保持至今没有大的改变。其在政策研究上的贡献在于提出国家干预思想，给出了总需求管理的整体思路。他的基本观点是在"大萧条"这种背景下，因为投资者对未来极度悲观，利率下调不足以刺激民间投资，货币政策是无效的。因此，政府需要通过扩张性的财政政策进行公共基础设施投资，这可通过乘数效应事半功倍地达到扩大总需求的效果。回到现实世界，全球金融危机后各国普遍实施扩张性的货币政策，美国的利率下降到 0—0.25％ 之间，最低到过 0.06％，欧洲和日本已经出现负利率。但是，央行的钱更多通过购买银行持有的国债来投放，银行或者惜贷，或者给套利交易者放款，制造金融市场资产泡沫。危机爆发已经十余年，像样的经济复苏仍然姗姗而来。财政政策也不可谓不宽松，这段时间主要国家政府的债务杠杆都已大幅度上升。但是真正用于公共投资的并不多，更多是救银行、救金融机构所剩下来的。因此，我们不能将扩张性政策的负面效应都说成是凯恩斯主义的错。其实凯恩斯的著作《就业、利息和货币通论》出奇得难懂，真正读懂的人可能并不多。之后，曼昆等美国知名教授的宏观经济学教科书与凯恩斯的思想已经相去甚远。本书第八章将涉及"有为政府"话题的讨论，并将系统讨论中国财政与货币政策的作用机制。

　　与财政政策和货币政策相比，汇率政策具有特殊性。汇率是一国货币和其他国家货币之间的比价关系。汇率的变动，比如人民币贬值，意味着中国的产品和资产对外国人而言都变得更为便宜了。因此汇率的变动具有全局性，具有宏观层面的影响，汇率可以看作一种宏观政策工具，管理汇率的政策也就是宏观政策的组成部分。但是汇率政策还有结构性质，对不同产业和不同经济当事人有不同的影响。比如，汇率贬值意味着以给定外币价格的商品出口现在可以换得更多人民币的销售收入，从而增加出口企业的利润，并刺激出口产业发展。但是对需要进口原材料的产业而言，其人民币成本将会增加，进而消减他们的利润。消费者出国旅游或者进口高档消费品所需支付费用也将增加。因此，汇率升贬值对不同产业和部门的影响是不同的，属于产业政策或结构性政策。由于对不同产业和利益集团的影响不同，因此汇率政策常常引起利益驱使的众多争议。另外汇率理论也是宏观经济学领域最为复杂的，关于均衡汇率的实证分析或测算得到的结果往往大相径庭，这也加剧了在汇率问题上的争论。关于人民币汇率与人民币国际化问题我们分别在第六章和第七章研究开放条件下宏观经济问题时进行讨论。

　　最后一个问题涉及西方现代经济学的一个大的疏漏，即金融业在宏观经济中的地位与作用，以及对金融体系有效性如何做出评价。这是西方宏观经济学的三大缺陷中的一个。在讨论这些结构性缺陷前，我们需要肯定，现代经济学的基本概念和原理还是很实用的。本书也将用宏观经济学的基本原理来分析中国经济，而不是完全抛开理论讨论中国问题。

宏观经济学将有效市场理论作为微观基础，其前提假设与现实存在很大距离。比如说完全竞争市场很美好，实际上它是一种理想化的市场模式，现实生活中很难找到。完全竞争市场假定信息是充分的，要素完全可以自由流动，单个企业和单个消费者的供求都不能影响价格，价格由市场的供给和需求共同决定。但是我们可以看到，经济生活中信息是不充分的。比如银行为什么不愿意给民营企业贷款？除了政治风险、经营成本差异方面的考虑外，财务信息的透明度不够也是重要原因。虽然中国下游产业大都已经放开，属于竞争性行业，但是由于地方政府的保护主义和不计成本的招商引资，竞争性行业往往存在无序或过度竞争，但优胜劣汰的大洗牌却因退出机制不健全还无法展开，因此产业结构的调整十分艰难。另外，上游产业仍存在不少寡头垄断或者国有企业行政垄断。如果市场准入、要素自由流动困难重重，法律不能有效防范商业欺诈、保护投资者和消费者权益，改革只在利率、汇率、价格市场化等浅层次的技术层面进行，结果很可能是市场的混乱无序，而不是市场在资源配置中发挥决定性作用。另外，现代经济学假定投资者都是理性的，但实际上非理性的投资者比比皆是。当年凯恩斯强调投资者的动物精神和非理性特征，这与现实的金融市场行为更为接近。后来行为经济学和行为金融学的发展弥补了经济行为理性假设的缺陷。行为金融学假定投资者是非理性或有限理性的，金融市场通常盛行羊群效应，存在多重均衡，而非教科书的标准化单一均衡。金融市场的动荡不定和弱肉强食是常态，金融市场的健康发展，有效监管是必不可少的条件。

现代宏观经济学的第二个问题是没有讨论金融体系在宏观经济中的地位和功能，以及金融功能有效发挥所需要的条件。宏观经济学的储蓄等于投资公式($S=I$)，将作为储蓄与投资中介的金融体系剔出了研究范围。宏观经济学排除金融体系作用的分析实际上受到古典经济学货币非中性理论传统的影响。古典经济学假定货币只是面纱，商品是用商品交易的。一般均衡理论将货币看作 n 种商品中的一种，商品有 $n-1$ 种，货币是剩下的那一种特殊商品。因此经营货币和信贷的金融机构也被当作一般企业看待。金融业似乎也成了 n 个产业中的一个。一切适用于企业或产业的分析似乎也适用于金融机构和金融业。在宏观经济中如此重要的金融体系，宏观经济学居然未作系统讨论。金融学教材会在导论中简单介绍金融和金融体系，然后就系统阐述时间价值与资源的跨时期配置，价值评估，风险管理，投资组合理论，以及资产定价与公司理财。金融学几乎也不讨论金融体系在宏观经济中的作用。但是金融是现代经济的核心。因为资金是社会稀缺资源的支配和使用权，分配货币和信贷的金融业其实是配置稀缺资源支配和使用权的行业。因此，金融业货币和信贷的投向直接决定了社会稀缺生产资源为哪个产业、哪个部门或哪个利益集团所使用。今天我们看到两个严重问题，一是金融业获取暴利而不是社会平均利润，二是金融业日益脱离实体经济发展，出现了"自娱自乐"的倾向。无论是在美国还是在中国，金融的异化和扭曲都是存在的。因此，有必要对金融体系的功能进行明确界定，并且探讨金融功能有效性的评估和金融有效运行的基础性条件。本书第四章和第五章将系统讨论这些问题。

现代宏观经济学存在的第三大问题是没有将经济全球化纳入分析框架。虽然开放经济的宏观经济分析会讨论国际贸易、国际资本流动以及汇率、利率等重要的宏观经济变量，但是最近 40 余年来经济全球化中最核心的部分即生产的全球化或产业链的全球布局并没有得到关注和系统分析。这种理论的疏忽带来了一系列的问题。比如全球经济的不平衡问题，再比如汇率与贸易收支的关系，都超越了现有理论的解释范围。对此我们在第六章的相关部分也试图做出分析。

第二节　宏观经济的主要指标与基本概念

在对中国宏观经济进行分析之前，我们先讨论几个宏观经济学的基本概念。涉及总产出和总收入的相关定义与计量，价格与价格指数的作用，经济流量与存量的区别，影响经济当事人跨时期决策的利率和现值，以及预期的类型及其对人们跨时期决策的影响。

一、国内生产总值与国民生产总值

国内生产总值（GDP）是宏观经济分析中最重要的概念。40 年前我刚开始教宏观经济学课程时，GDP 没有今天这么重要，我们当时更重视的是国民生产总值（GNP）。

GDP 定义为既定时期内一国领土上生产的最终产品和服务的市场价值。这个定义看似简单，其实很复杂。需要把握四点：GDP 是一个流量，有一个时间单位作为分母，指一年、一季度等一定时期内的产量；GDP 有地域范围，是在一国国内生产的；GDP 由所有最终产品和服务构成，不包括生产过程中使用的原材料、中间产品、矿产这种投入，通常由消费品、消费服务以及机器设备等资本品构成；最后 GDP 是由按市场价格计值的当期产量。

GNP 是一国居民在一个既定时期内获得的收入总价值。在一个封闭经济中，与其他国家没有贸易往来和资本流动,国内生产总值与国民生产总值是相等的。但在开放经济中,两者并不相同,总有部分国内产值为外国人所有,而部分外国产值又是国内居民的收入。我们用 NFP 表示从国外获得的净要素收入(或支付)(等于国内居民从国外获得的利润、利息和汇入国内的海外工作收入减去外国居民在国内获得的这些收入),则有,

$$GNP = GDP + NFP \tag{1.1}$$

当本国在海外的资产和劳务等生产要素的收入大于外国居民从我们国内获得的生产要素收入时,一国的 GNP 大于 GDP,反之则 GDP 大于 GNP。美国的净要素支付大多数年份都是正的。因为美国大部分海外资产是直接投资或证券投资形成的,获取相对高的投资收益,GNP 大于 GDP。相比较,中国和其他发展中国家更多持有美国国债,只能获取比较低的收益。因此中国的 GNP 是小于 GDP 的。

关于 GDP 的计量方法有三种。第一种是支出法,在中国总支出由消费、投资和净出口加总构成,也就是我们讲的"三驾马车"。西方国家将政府支出单列,称为政府购买,消费和投资指民间的支出,政府购买既有消费支出也有投资支出。进出口是出口扣除进口以后的净额,也即贸易顺差部分。生产法是由每个行业的增加值加总得到GDP。第三种方法是收入法,由社会各个群体获得的收入构成。

我们举例说明 GDP 的三种计量方法。以早上吃的面包为例。假定面包的生产有三个过程,首先是农民播种和收获麦子,然后卖给面粉加工厂加工成面粉,面粉生产商再将面粉卖给面包房加工成面包。假定面粉生产商付 3 元钱给农民作为小麦的单价,再以 5 元一单位的价格将面粉卖给面包店,后者添加少量辅料后精心制作成香喷喷的面包,以 10 元一单位的价格卖给消费者作为早餐的主食。这里假定土地是农民自己拥有,不计成本,那么 3 元可看作小麦产业的增加值,2 元是面粉加工业的增加值,5 元为面包房的增加值。这个产业的增加值加总等于最终产品的市场价值 10 元钱,也就是最终消费支出或购买一个面包的总支出。这里计算增加值的生产法和购买最终产品的支出法在数额上是相同的。收入法是把各行各业各种经济当事人的收入加总。农民的收入包括他作为土地所有者获得的地租,农民自己的劳动所得,面粉加工厂和面包店的增加值也将分解成工人的工资、企业利润、缴纳的税收等。收入法将社会各类经济当事人的收入,如工资、利润、税收、租金和利息等都统计在一起,其总价值也等于各产业的增加值加总和社会成员购买最终产品的总支出。

萨缪尔森认为,GDP 是 20 世纪最伟大的发明之一,GDP 可以提供经济状况的完整图像,有利于政策制定者判断经济是在萎缩还是在膨胀,是需要刺激还是需要控制,

是处在严重的衰退还是处于通胀的威胁之中。①相当于心电图帮助我们了解心脏功能是否健全,GDP 指标帮助政府和微观经济主体把脉国民经济,为各自的经济决策提供参考。

GDP 指标的缺陷或局限性也是很多的。我们过度强调 GDP 的重要性,过度追求 GDP 可能带来很大的负面影响。

首先,GDP 没有衡量闲暇对福利的贡献。我们以天来计算人生或生命的长短。假定某人活到 90 岁,那么总计可活 90×365＝32 850 天。以时间计算的生命对我们每个人而言都是一种不可再生资源。如何使用它,才能令我们在世人生的福利最大化?这就涉及我们个人或家庭一天 24 小时的时间如何有效配置的问题。作为一家之长,时间怎么配置,对家庭的幸福是至关重要的。24 小时可以分成三个部分,一是必需的睡眠时间,假定每天 7 小时,另外 17 小时可分为工作和闲暇两部分。从个人或家庭福利的角度看,工作的意义在于获取货币收入,用于购买消费品和消费服务。而个人和家庭的福利是由闲暇和商品、服务的消费共同决定的。健身、文化娱乐、度假旅游、艺术学习与欣赏、医疗保健等服务消费的重要性会随着收入的提高而不断增长。服务消费与物质产品消费的一个很大区别在于前者需要占用更多的时间,需要"有钱又有闲"。当我们把更多的时间配置给工作,进而更多追求物质财富的占有和物质产品消费时,我们很可能在享受闲暇和消费物质产品方面出现错配,并且同时也在物质产品消费和服务消费方面出现错配。这种时间的错配会导致个人和家庭的福利小于潜在可达到的水平。

有一个很有趣的案例可用来解释我们在服务消费与物质产品消费之间的失衡。我们的男同胞很难理解的一件事就是女同胞为什么都喜欢买奢侈品包包。为什么呢?我有一个心理学上的解释,中国女性非常辛苦。国外曾有专家专门研究过,一个女性在家里做全职太太,丈夫应该付给她多少工资。一份全职太太的报酬据称应相当于她社会职业的三份工资,因为她同时要做家庭的厨师、园丁、幼儿教师、保洁员、采购员甚至理财师等。中国女性劳动参与率在世界范围内居于较高水平,大部分工作女性特别是高层次白领女性,她们在工作十分劳累的情况下还要承担比男性更多的家务劳动。她们很少有闲暇时间,没时间带孩子听音乐会、看芭蕾舞,也没有时间出门旅游或度假。给自己买个奢侈品包包或买套漂亮的衣服,其实并非有太多实用需要,而仅仅是对自己如此辛苦的一种心理补偿。另外,在一些高薪的行业或工作岗位上,男人也非常辛苦。比如投资银行或投资机构的年轻人一年 365 天可能会有三分之二的时间在出差。不少人在 40 岁正当年的时候出现了严重的健康问题。因此当女性或男性总是

---

① N. 格里高利·曼昆:《宏观经济学》(第九版),中国人民大学出版社 2016 年版。

觉得亏欠自己时,她或他以及他们家庭的福利肯定是低于潜在可实现水平的。我认为,中国社会、政府过度追求 GDP,个人过度追求物质财富,已经导致我们的时间资源错配,给定资产转化为可持续福利方面的效率是相对低的。

其次,GDP 没有计算我们在环境质量方面所付出的代价。我们有一段时间曾探讨一种统计产出的新口径,绿色 GDP,试图把环境污染成本从 GDP 中扣除。后来绿色 GDP 的研究和测算被搁置,现在已很少有人提及。原因可能有统计测算方面的技术困难,但绿色 GDP 很有可能会将传统 GDP 的高增长折算成低增长甚至负增长,这对地方政府追求政绩显然是十分不利的。因此绿色 GDP 未能得到推广也就很好理解了。

再次,GDP 未能包括非货币、非市场性活动的价值。比如未能实现市场化或社会化的各种家务劳动,直接满足家庭成员的生活需要,提高全家福利水平,但是其价值并不为 GDP 所测算和统计。另外还有一些家务劳动已经社会化,如保姆提供的家政服务,因为以现金支付,也不能在 GDP 的统计中得到反映。因此这也是中国 GDP 可能低估的影响因素。

另外,GDP 指标还存在一些扭曲的因素。比如,资源使用费定价过低可能导致 GDP 高估,因为提高自然资源的使用成本将直接减少各个产业的增加值。资源价格扭曲或定价过低,导致资源过度开发,甚至鼓励资源掠夺性开发,降低了未来可持续发展的潜力。又如,产能过剩带来的无效供给已经计算在 GDP 中。尽管企业只是为仓库而生产,但是这部分未售出的产品可以算作存货投资包含在社会投资之中,相当于企业自己买下自己生产的产品作为存货投资。最后,GDP 还包括外资企业的利润和外国在华管理人员的薪酬,这部分对国民生产总值和国民福利是没有贡献的。

GDP 作为一个宏观产出指标有其重要意义,但是在追求 GDP 增长目标时必须了解它的局限性和存在的缺陷。

二、中国经济的部分指标及其国际排名

我们前几年在做课题时对 G20 国家的经济总量指标做了比较分析。虽然数据有待更新,但是中国经济的相对地位应该还是比较稳定的,可以给大家做个参考。

（一）GDP 与人均 GDP 的排名

根据市场汇率计算,2023 年中国的 GDP 总量为 17.8 万亿美元,低于美国的 27.4 万亿和欧盟的 18.4 万亿美元,属世界第二经济大国和第三大经济体。表 1.1 给出了

表 1.1 G20 国家 GDP* 总量占全球经济总量比重(%)

国　　家	1980 年	1990 年	2000 年	2010 年	2023 年
中　　国	2.00	3.77	7.48	13.78	18.76
美　　国	22.59	20.16	20.80	16.75	14.82
欧　　盟	29.54	21.29	19.23	16.15	14.69
印　　度	2.40	3.54	4.49	5.82	7.87
俄 罗 斯	—	4.02	2.03	3.26	3.49
日　　本	8.13	8.31	7.02	5.04	3.39
德　　国	6.31	5.22	4.54	3.54	3.17
巴　　西	3.42	3.37	3.21	3.11	2.41
印度尼西亚	0.78	1.89	2.03	2.29	2.35
法　　国	4.28	3.47	3.23	2.60	2.26
英　　国	3.84	3.30	3.17	2.55	2.18
土 耳 其	0.78	1.55	1.24	1.41	2.04
意 大 利	4.25	3.57	3.13	2.32	1.87
墨 西 哥	2.17	2.40	2.34	2.01	1.78
韩　　国	0.74	1.21	1.77	1.75	1.51
加 拿 大	2.21	1.89	1.83	1.52	1.34
沙特阿拉伯	1.30	1.76	1.67	1.57	1.10
澳 大 利 亚	1.10	1.00	1.02	0.97	1.00
阿 根 廷	1.10	0.79	0.87	0.82	0.74
南　　非	0.94	0.88	0.77	0.74	0.52

注:* 表中 GDP 以 PPP(购买力平价,current international $)计算。
资料来源:世界银行"世界发展指标"(WDI)数据库和作者计算。

1980—2023 年间 G20 国家 GDP 占全球经济总量的比重。以购买力平价计,1980 年,改革开放之初,中国经济总量仅占全球的 2%,2023 年已占全球的 18.76%,超过欧盟和美国,成为全球第一大经济体。

表 1.2 给出 G20 国家相对世界平均水平的人均 GDP 水平。假定全世界平均水平为 1,中国 1980 年的人均 GDP 仅相当于全球平均水平的 9%,美国的人均 GDP 是世界平均水平的 4.42 倍,中国的人均 GDP 仅仅是美国的 1/49,只相当于印度尼西亚人均水平的 39% 和印度的 60%。这表明,中国改革开放之初,劳动力成本非常低廉。这是中国落后的表现,同时为中国参与国际分工创造了廉价劳动力优势。2023 年中国的人均 GDP 水平相当于世界平均水平的 1.07,分别是印度尼西亚和印度的 1.57 倍和 2.43 倍,这既体现中国人均收入和福利状况的改善,也表明中国劳动力的成本已不再便宜。

表 1.2　G20 国家相对世界平均水平的人均 GDP* 水平

国　家	1980 年	1990 年	2000 年	2010 年	2023 年
美　国	4.42	4.27	4.53	3.77	3.55
德　国	3.59	3.48	3.39	3.02	3.01
澳大利亚	3.33	3.11	3.31	3.05	3.00
加拿大	4.00	3.62	3.66	3.11	2.68
法　国	3.45	3.17	3.25	2.78	2.66
欧　盟	2.86	2.68	2.75	2.55	2.62
英　国	3.04	3.05	3.31	2.83	2.56
意大利	3.35	3.33	3.38	2.73	2.55
沙特阿拉伯	5.88	5.81	4.76	3.72	2.39
韩　国	0.86	1.50	2.31	2.46	2.35
日　本	3.1	3.56	3.40	2.74	2.18
土耳其	0.78	1.51	1.18	1.35	1.92
俄罗斯		1.44	0.85	1.59	1.92
阿根廷	1.75	1.29	1.44	1.40	1.28
墨西哥	1.41	1.56	1.47	1.25	1.11
中　国	0.09	0.18	0.36	0.72	1.07
巴　西	1.25	1.18	1.12	1.11	0.89
南　非	1.52	1.17	1.02	0.99	0.69
印度尼西亚	0.23	0.55	0.58	0.65	0.68
印　度	0.15	0.22	0.26	0.33	0.44

注：* 表中 GDP 以 PPP（购买力平价，current international ＄）计算。
资料来源：世界银行"世界发展指标"（WDI）数据库和作者计算。

讲到劳动力成本优势渐失时一定要提到房地产价格上涨的不利影响。地价和房价的暴涨会破坏实体经济或者推进成本，但厂房或办公大楼租金上升的影响还不是最重要的，最重要的是劳动成本的提高。借鉴美国法律标准看，家庭向银行申请房地产抵押贷款时，其还本付息的金额（大致相当于房屋租金或居住成本）不能超过收入的30％。中国信贷政策规定是不超过收入的 50％。这意味着中国房地产价格比美国高，其中很重要的一点是银行给买房人提供更高比例信贷，因此家庭财务保障其实是相对更低的。当收入的 50％ 要给银行还本付息，借款人如发生需要重大开支的事情时，将面对很大的预算困难。如果以美国标准衡量——每年的居住成本或房屋持有成本相当于收入三分之一较为合理的话，假定今天大城市 100 平方米的房子需要 6 000元的月度租金，企业需要给这个家庭夫妇俩的薪酬应达 18 000 元，并且还需支付相当于薪酬 45％ 的五险一金。其实，目前很多城市的房屋租金仅相当于持有房产机会成本的 30％—40％，那么 100 平方米住房买后自住的每月成本会在 15 000 元左右，即使以中国标准计，收入应为还本付息款的两倍，即企业需要直接支付工资 30 000 元，同时还须支付五险一金。因此房地产价格的大幅度上升,对于工资上涨的压力是实体经济成本上升的最重要的机制。

(二)经济增长速度

表 1.3 给出了 G20 国家 1980—2023 年间四个时期的平均增长速度。中国在 G20 国家中是增长速度最快的。1980—1990 年间平均增长率为 9.2%,1991—2000 年和 2001—2010 年间平均增长率分别为 10.5% 和 10.6%,2011—2020 年间为 6.8%。近年的增长速度已下降低到 5%—7% 之间,但前 30 年的高速增长仍值得称道。

表 1.3　G20 国家五个时期的平均经济增长速度(%)

国　家	1980—1990 年	1991—2000 年	2001—2010 年	2011—2020 年	2021—2023 年
印　度	5.7	5.6	7.5	5.2	8.1
土耳其	4.6	3.7	4.1	5.2	7.2
中　国	9.2	10.5	10.6	6.8	5.5
阿根廷	−0.9	4.7	3.7	−0.6	4.7
印度尼西亚	6.6	4.4	5.2	4.6	4.7
意大利	2.5	1.6	0.3	−0.8	4.4
英　国	2.3	2.9	1.6	0.7	4.4
墨西哥	2.5	3.5	1.8	1.0	4.3
沙特阿拉伯	0.2	2.8	3.5	3.1	3.9
巴　西	2.3	2.6	3.7	0.4	3.6
美　国	2.9	3.4	1.7	1.9	3.4
加拿大	2.8	2.9	1.9	1.4	3.4
欧　盟	2.3	2.2	1.4	0.8	3.3
法　国	2.3	2.0	1.2	0.5	3.2
澳大利亚	3.4	3.4	3.0	2.4	3.1
韩　国	7.8	6.2	4.4	2.6	2.8
南　非	2.0	1.8	3.5	0.8	2.4
俄罗斯	—	−3.6	4.9	1.3	2.4
日　本	4.5	1.1	0.7	0.4	1.8
德　国	2.3	1.9	0.9	1.2	1.6

资料来源:世界银行"世界发展指标"(WDI)数据库和作者计算。

图 1.1 是 2017 年 1 月美国国家情报委员会《全球趋势》报告给出的以购买力平价计的人均收入从 1 300 美元至 2 600 美元翻番的不同国家在不同历史阶段所花费的时间。英国从 1700—1854 年花了 154 年,美国从 1809—1874 年花了 65 年,日本从 1907—1949 年花了 43 年。最成功的是韩国仅花了 11 年(1960—1971 年),中国花了 12 年(1983—1994 年),印度从 20 世纪 80 年代后开始花了 17 年。其中中国是收入翻番的人口规模最大的国家,印度次之。

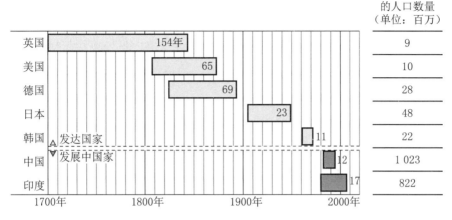

图 1.1　典型国家人均收入翻番花费的时间

注：实际人均 GDP 翻番是指每年人均 GDP 以购买力平价计从 1 300 美元到 2 600 美元的翻番。
资料来源：Groningen Growth and Development Center, The Maddison-Project database, Gronin-gen, Netherlands，2013. http://www.ggdc.net/maddison/maddison-project/home.htm，2013 version.

　　图 1.2 给出了过去 40 余年的经济增长变化态势。其中在 2001 年末和 2008 年分别是加入 WTO 和美国次债危机演变为全球金融危机的时间。我们从图中可以发现，加入 WTO 之前中国经济增长持续时间最长的是 1982—1984 年，连续 3 年加速增长，此后是 1991—1992 年的加速增长。1992 年邓小平南方谈话掀起地方政府主导的投资热潮，迅速带来了 10% 以上的经济增长率和高达 20% 以上的通货膨胀。1994 年《中华人民共和国中国人民银行法》（以下简称《中国人民银行法》），确立了维护物价稳定的央行基本职能，反通胀成为货币政策的主基调。随着货币紧缩，出现产能过剩和海南等地房地产泡沫的破灭。1994 年政府还实施了官方汇率与外汇调剂市场汇率并轨的改革，官方汇率一次性贬值了 57%。但是这些举措仍无法扭转增长速度下行的态势。经济增长从 1993—1994 年高点一直往下走，其中很重要的节点是 1997—1998 年。1997 年发生了起始于泰国的东南亚金融危机，并传染到中国香港、韩国、俄罗斯和巴西等国家和地区。美国也受到了冲击。美国的长期资本管理公司，危机前大量买进俄罗斯国债，1998 年俄罗斯官方宣布停止偿债，俄罗斯卢布及其国债价格随之大幅度下跌，长期资本管理公司在杠杆率高达 50 倍的情况下面临破产。如果美国各大债权银行索债，它必须抛售所持有的美国金融资产，这将对美国债市和股市形成冲击，进而有可能引发其他高杠杆基金公司的破产。美联储及时应对，招来债权银行开会，要求不仅不抽贷，还要帮助它应对流动性问题，以此成功隔断了亚洲金融危机对美国金融市场的冲击。相比较，中国政府反应比较慢，没有及时退出货币紧缩政策，政府还宣布人民币不贬值。这使出口受阻，中国经济金融陷入极为困难的境地。制造业产能利

用率一度下降到 50％ 左右，国际市场预测四大国有银行不良贷款比率高达 48％。广东、浙江和福建等地出现了金融秩序混乱或地区性金融危机。上海不少区政府也面临偿债困难。上海当时出台了买房子抵扣所得税，外地人买房提供蓝印户口等去库存的优惠政策。

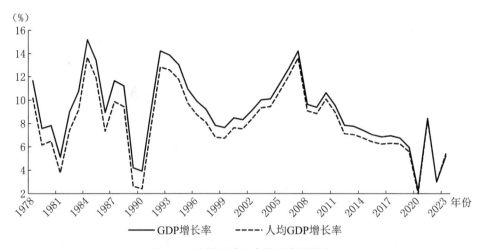

图 1.2 改革开放以来的经济增长率

资料来源：国家统计局。

在此背景下，中央政府实施国有资本战略调整，整顿金融秩序，并积极争取加入 WTO，以此拓宽外部市场战略空间。加入 WTO 后中国经济步入了连续 7 年的加速增长期。这是因为中国经济增长已从政府主导、投资拉动、产能过剩、关停并转的大幅波动模式进入了政府主导、投资拉动、产能过剩、出口释放的出口导向型模式。中国出口占全球的比重从加入 WTO 前的 4％ 上升到 10％ 以上。但是 2008 年美国次债危机引发全球金融危机后，世界经济低迷，贸易保护主义等反倾销案例急剧增长。中国出口导向型经济面临严峻挑战。2008 年之后的经济增速下滑与 20 世纪 90 年代中后期的下滑非常相似，是政府驱动过度投资带来的严重后果，只是现在经济体量已是当时的十数倍了，重化工业、房地产与地方政府基础设施过度投资造成的过剩消化起来相当困难。经济如何转型，我们将在之后章节展开讨论。

（三）就业或失业问题

就业或失业问题在各国宏观经济调控中备受关注。这是因为就业水平直接关系到一国国民福利，特别是中低层社会群体会受到就业变动的更多影响。比如在美国，农业劳动力已经只占总劳动力的 1.5％，农村经济不会产生因为劳动生产率提高而释放的剩余劳动力，工业化进程已经完成。美国宏观政策关注非农就业，非农就业人数的变化是跟经济周期相关联的,经济衰退的时候非农就业下降,失业率上升。宏观经济政策主要就是应对经济的周期波动,失业是经济周期波动引起的,因此降低失业率成为美联储、美国政府十分关注的宏观调控目标。

但是,如前所述,我认为中国的就业或失业问题不是宏观经济问题,而是一个经济发展问题。因此不安排专门章节予以讨论,在此略做分析。中国改革开放之初,城市化率仅 17%,也就是 83% 的人口住在农村,即使现在城市户籍人口占比仍然不到 50%。两三亿农民工是一个在城乡之间游走的群体。城市经济增长衰减时,农民工回家自寻出路,城市经济增长加速时他们又回来,农村成为劳动力的蓄水池,调节城市用工的余缺。

图 1.3 给出了中国和韩国三大产业的就业结构。2022 年,中国有 22.6% 的人是在农村就业,制造业就业人口占 32.2%,第三产业占 45.3%。近年来中国第三产业

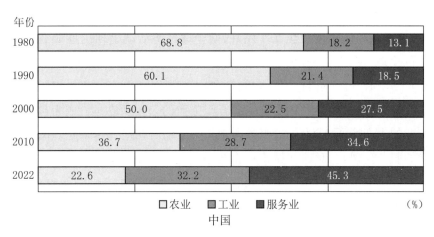

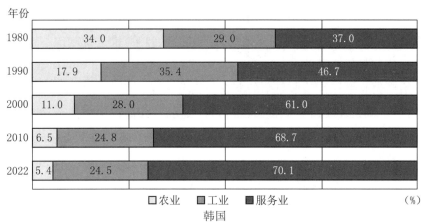

图 1.3 中国与韩国三大产业就业结构

资料来源:世界银行"世界发展指标"(WDI)数据库。

就业占比已有较大幅度的增加。韩国 2022 年农业就业占 5.4%，制造业占 24.5%，服务业占 70.1%。两个国家存在不同的就业结构，反映了经济发展不同阶段的特点。

目前就统计数据看，2020 年中国农业就业劳动力仍有 1.8 亿人，占 23.6%。如要达到韩国 2000 年 11% 左右的水平，中国仍将转移 55% 的农业就业者。因此，中国现在与未来仍然存在农村剩余劳动力的吸收问题。中国现阶段和未来农业和工业释放的剩余劳动力需要通过发展服务业来吸收。由此可见，中国的就业很大程度上是经济发展问题，无法通过宽松货币政策等宏观政策工具来解决。

从这样的演变趋势看，服务业肯定是中国未来吸纳就业的最重要领域。未来 5—6 个像上海、北京这些的一线城市将成为 20 世纪 90 年代美国纽约这样的全球城市，服务业增加值占 GDP 的比例可能达到 80% 以上。全球城市面临的最大问题会是贫富两极分化，这几乎是全球城市发展的一般规律。全球城市经济学家萨森（Sassen）认为，经济的全球化和信息化的交互作用，已使全球经济活动呈现出地域空间上的分散化和组织的全球一体化趋势，这为大城市创造了一个新的战略角色。[①]除了曾经长期承担国际贸易中心和国际银行中心职能，这些大都市还成为高度集中组织世界经济的控制中心；成为金融业和专业化先进生产者服务业的公司所在地；成为包括创新在内的先进产业的生产场所；成为先进服务和创新的市场所在地。越来越多的高利润和高度专业化的服务公司，会对这些城市产生日益严重的、在地域空间上和社会经济上的不平等影响。她的结论是，相对于处在衰退中的传统制造业提供中等收入就业岗位，全球城市的服务业更多提供处在高薪和低薪两端的工作岗位。几乎一半的工作是消费服务业、文字数据处理、清洁工和保安等低收入岗位，另外一半则是需要创意或需要做决策的工作岗位，比如互联网最前沿领域，金融交易、投资管理和咨询服务等高收入工作。因此，这就要求政府实施更具普惠性质的公共政策，推进税制改革，扩大转移支付的力度和公共服务的领域。

在此给出失业率和劳动参与率的概念。失业率是失业者人数和劳动力之间的比例，劳动力等于就业人数加上失业人数。从中长期看，我们还须关注劳动参与率，并将失业率与劳动参与率综合起来分析一国的就业状况。劳动参与率是指成年人中属于劳动力的人数所占的百分比。成年人指 15—64 岁的人口。大部分国家都是这样统计工作年龄人口的。因此，我们可关注一下全球主要国家人口、劳动力和劳动参与率的状况。

---

① Saskia Sassen, 2001, *The Global City：New York，London，Tokyo*，Princeton，NJ：Princeton University Press.

表 1.4 和表 1.5 给出了 G20 国家的人口和劳动参与率数据。中国人口总量曾是全球第一,但是由于独生子女政策,全球占比已从 1980 年的 22% 下降到 2023 年的 17.58%;相比较而言,印度的全球占比同期已从 15% 上升到 17.8%,成为全球人口第一大国。

表 1.4　G20 国家人口总量和人口总量的全球占比

	人口总量(亿人)					人口总量份额(%)				
	1980 年	1990 年	2000 年	2010 年	2023 年	1980 年	1990 年	2000 年	2010 年	2023 年
世　界	44.38	52.85	61.18	69.31	80.25	100	100	100	100	100
印　度	6.97	8.70	10.53	12.31	14.29	15.70	16.46	17.21	17.76	17.80
中　国	9.81	11.35	12.63	13.38	14.11	22.11	21.48	20.64	19.3	17.58
欧　盟	4.64	4.78	4.88	5.04	4.49	10.46	9.04	7.98	7.28	5.60
美　国	2.27	2.50	2.82	3.09	3.35	5.12	4.72	4.61	4.16	4.17
印度尼西亚	1.47	1.81	2.12	2.43	2.78	3.32	3.43	3.46	3.50	3.46
巴　西	1.21	1.49	1.75	1.97	2.16	2.73	2.83	2.87	2.84	2.70
俄罗斯	1.39	1.48	1.47	1.43	1.44	3.13	2.81	2.40	2.06	1.79
墨西哥	0.69	0.85	1.02	1.17	1.28	1.56	1.62	1.66	1.69	1.60
日　本	1.17	1.24	1.27	1.28	1.25	2.63	2.34	2.07	1.85	1.55
土耳其	0.44	0.54	0.63	0.72	0.85	0.99	1.02	1.03	1.04	1.06
德　国	0.78	0.79	0.82	0.82	0.84	1.76	1.50	1.34	1.18	1.05
英　国	0.56	0.57	0.59	0.63	0.68	1.27	1.08	0.96	0.91	0.85
法　国	0.55	0.59	0.61	0.65	0.68	1.25	1.11	1.00	0.94	0.85
南　非	0.29	0.37	0.45	0.51	0.60	0.66	0.70	0.73	0.74	0.75
意大利	0.56	0.57	0.57	0.59	0.59	1.27	1.07	0.93	0.86	0.73
韩　国	0.38	0.43	0.47	0.50	0.52	0.86	0.81	0.77	0.71	0.64
阿根廷	0.28	0.33	0.37	0.41	0.47	0.63	0.62	0.61	0.59	0.58
加拿大	0.25	0.28	0.31	0.34	0.40	0.55	0.53	0.50	0.49	0.50
沙特阿拉伯	0.10	0.16	0.21	0.27	0.37	0.22	0.31	0.34	0.40	0.46
澳大利亚	0.15	0.17	0.19	0.22	0.27	0.33	0.32	0.31	0.32	0.33

资料来源:世界银行"世界发展指标"(WDI)数据库。

中国的劳动参与率是 G20 国家中最高的,1991 年为 83.8%,但呈下降趋势,2022 年已下降至 75.9%,比 1991 年降低了 7.9 个百分点。日本因婚后女性较少参加工作,1991 年为 70.9%,但 2022 年劳动参与率已上升为 81.3%。相比较中国女性的劳动参与率从 1991 年 G20 最高的 78.9% 下降到 2022 年的 70.9%,日本则从 1991 年的 58.2% 上升到 75%。中国政府需高度重视这一趋势,需促进养老等家庭事务的社会化,缓解作为熟练劳动力的女性回归家庭的压力。

表 1.5 G20 国家劳动参与率(%)

国 家	总体劳动参与率				女性劳动参与率			
	1991 年	2001 年	2011 年	2022 年	1991 年	2001 年	2011 年	2022 年
日 本	70.9	73.0	74.3	81.3	58.2	60.4	63.5	75.0
德 国	71.8	71.1	77.2	79.9	61.7	64.0	72.3	76.2
加拿大	76.6	76.9	78.1	79.8	69.2	71.6	74.7	76.8
澳大利亚	72.9	74.0	76.6	79.5	61.6	65.9	70.4	75.3
英 国	76.5	75.2	75.8	77.6	66.6	68.3	70.1	74.2
中 国	83.8	81.6	76.9	75.9	78.9	75.9	70.1	70.9
俄罗斯	76.0	69.5	72.9	75.5	70.8	65.0	68.3	71.1
法 国	66.9	68.9	70.3	74.3	58.7	62.9	66.4	71.8
美 国	74.7	75.4	71.9	72.7	66.4	69.1	66.5	67.7
韩 国	63.1	65.0	66.2	70.5	49.4	53.1	55.1	62.0
巴 西	66.9	68.6	68.3	70.3	46.7	55.8	57.3	60.9
印度尼西亚	67.8	69.1	69.4	69.1	51.3	51.9	53.5	54.6
阿根廷	66.5	68.8	68.2	68.4	53.0	56.7	55.7	58.9
意大利	61.0	60.8	62.3	65.8	44.8	47.5	51.8	56.8
墨西哥	60.3	61.4	63.8	65.4	35.8	40.4	46.3	50.0
沙特阿拉伯	54.7	52.7	55.4	63.1	14.9	16.7	21.2	35.7
南 非	66.1	63.7	59.5	60.8	53.1	55.1	53.3	55.5
土耳其	60.1	52.3	52.8	58.3	36.3	28.5	30.7	39.4
印 度	55.9	58.8	56.2	55.4	29.2	32.0	29.4	29.9
世界水平	69.2	68.6	66.8	66.3	55.4	55.2	53.4	53.5

注:劳动参与率采用 15—64 岁人口口径,为国际劳工组织(ILO)估算结果。
资料来源:世界银行"世界发展指标"(WDI)数据库。

图 1.4 是美国国家情报委员会在 2017 年 1 月发布的《全球趋势》报告中给出的部分国家和地区 2015—2035 年间劳动力人口的预测变化。虽说中国人民是世界上最勤奋的,我们也常常引以为豪,但是未来劳动力供给却很不乐观。首先,这 20 年间,与印度将增加 2 亿多劳动人口形成鲜明对照的是,中国将减少劳动人口 8 000余万(见图 1.4)。其次,劳动人口的劳动参与率仍会持续下降。原因有二:一是中国大部分成年女性都是从事工作的;随着二孩和鼓励生育政策的出台,更多女性会选择阶段性就业,在需要时回归家庭,以承担生儿育女照顾家庭的职责。美国斯坦福大学教育学家的研究发现,人一生的智商和情商大都在 1—3 岁时形成,而婴幼儿智商和情商的开发则需要在父母陪伴的玩耍、游戏和唱歌等活动中进行。人口数量与质量的代际平衡发展是经济社会可持续发展的基础。这一点将为家庭、政府和全社会日益清晰地接受。其二是从家庭福利最大化角度,中国家庭在闲暇和工作时间的配置上并非最

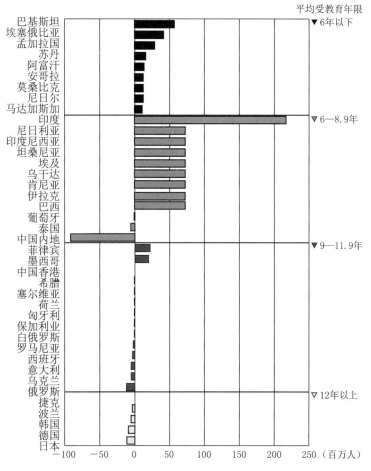

图1.4 部分国家和地区 2015—2035 年间劳动力人口的预测变化

资料来源：The National Intelligence Council，Global Trends Paradox of Progress：A Publication of the National Intelligence Council，January 2017 NIC 2017-001，www.dni.gov/nic/globaltrends.

优，随着收入的提高和物质财富的积累，人们会减少工作时间，享受更多闲暇，参与更多需要闲暇时间才能进行的各类精神文化生活，这也将降低中国劳动人口的劳动参与率。

此外，还要关注到中国的失业问题有其特殊性。

其一是国有企业内部存在隐性失业。20世纪90年代，国有企业内部存在严重的人浮于事。三分之二甚至四分之三的员工可能都是超过企业适度需要的。这些冗余人员不能直接推向社会。我们推进的经济改革称为"增量改革"，也即国有企业维持体制内经济的稳定，承担改革成本，让民营等非公经济先壮大起来。非公经济壮大过程中，可帮助吸收国有企业释放的下岗员工，并在资本实力增强后收购亏损的国有企业，平稳地实现体制机制的转换。20世纪90年代后期开始，大量工人下岗，或提前退休，或领取适当补偿离开原企业。其中不少人员在民营企业重新上岗，实现平稳过渡。当前国有企业过度投资扩张后又陷入产能过剩和普遍亏损的状态，不少僵尸企业需要退出，重要障碍仍然是过剩人员的安置问题。相比 20 世纪 90 年代下岗工人而言，当前国有企业员工的"铁饭碗"意识更强，下岗安置的成本也更高了。另外，随着政府职能转换，政府部门的冗余人员也需分离，并进入消费服务业就业。

其二是农村剩余劳动力的吸收成为就业目标的重要内容。随着农业现代化的推进，农业劳动生产率有望大幅度提高，未来 20 年城市化率仍有提升空间，农业部门仍有 1 亿过剩劳动力需要第三产业吸收。因此对农业剩余劳动力和从制造业释放的下岗人员进行再教育培训，以适应服务业各细分产业的技术要求，将是政府在经济转型期需要高度重视并推进的。比较可行的方法是，通过政府购买方式向特定人群发放不可转让的实名教育券，从而把技能培训的选择权交给教育券的持有人，通过受教育者的自由选择，可促进培训产业的有序竞争和适度分工。

其三是大学生的就业困难问题。这既是中国特殊教育制度带来的特殊问题，也是世界劳动市场的未来趋势。中国不少三四流大学的学生，毕业即失业，寻找工作十分困难，他们的收入甚至比农民工工资还要低。有些农村家庭举全家之力培养一个大学生，子女大学毕业后找不到工作随即导致家庭陷入困境。另外，据国外研究分析，未来工作收入水平与教育年限相比会呈卧倒的 S 形，受过一定教育的体力与技能工作会有较高工资，而大学生就业会相对困难，薪酬也更低。这是因为办公智能化将挤掉大量白领工作岗位。比如目前常规的新闻报道已由智能机器人撰写，纽约华尔街很多交易员岗位也已被程序交易挤掉。相比较而言，需要系统理论基础和经验的综合分析工作，需要创意和创新能力的高端就业岗位，包括信息技术前沿领域的工作仍然会享有高薪，并且收入水平仍会较快增长。

（四）通货膨胀

通货膨胀是在一段给定的时间内，给定经济体的一般价格水平持续上涨，从而造成货币购买力的持续下降。单个商品比如猪肉、大蒜，或者少数几种商品如蔬菜的涨价都不能算作通货膨胀。另外，价格一次性的上涨也不能看作是通货膨胀。

反映通货膨胀或价格水平变动的指标有多种。涉及面最广的指标叫作 GDP 平减指数（GDP deflator），是名义 GDP 和实际 GDP 之间的比价，反映本国生产的全部商品和劳务的价格变化，因此是对价格水平及其变动的最为宏观的测度。由于 GDP 通常只有季度和年度指标，GDP 平减指数也相对滞后，虽然为经济学家所关注，但官方很少使用和公布。

消费者价格指数（CPI）又称为居民消费价格指数，用来反映与居民生活有关的消费品及服务价格水平的变动。在中国,CPI 涵盖全国城乡居民生活消费的食品烟酒、衣着、居住、生活用品及服务、交通和通信、教育文化和娱乐、医疗保健、其他用品和服务等 8 个大类,262 个基本分类的商品与服务价格。统计部门采用抽样调查方法抽选确定的调查网点,按照"定人、定点、定时"的原则,派人到调查网点采集原始价格,并以固定权数按加权算术平均指数公式,以上年为基期(100)计算得出,并每月定时公布。样本的权数每两年调整一次,以反映消费者偏好的变化。各国政府大都使用消费物价指数来衡量通货膨胀。因为消费物价指数衡量家庭生活费用的变化,最能反映价格变化对家庭特别是底层老百姓生活福利的影响,从而成为各国央行实施宏观调控政策时高度关注的指标。

另外,生产者价格指数(PPI)也很重要。在中国 PPI 指工业品出厂价格指数,反映工业企业产品出厂价格的变动趋势和变动幅度。PPI 包括原材料、中间品和产成品等一组指数。生产者价格指数的变化从理论上是消费价格变化的先行指标。但在下游行业产能过剩、过度竞争场合,上游能源和原材料价格的上升也有可能挤压下游产业的利润空间,而不直接传导到消费品价格上。

图 1.5 给出了改革开放以来中国 CPI 和 PPI 的变化态势。从长期看,两个指数走势较为一致,但 2011 年后 PPI 明显低于 CPI。消费价格指数在 1988 年和 1993—1994年有过两次较为严重的通货膨胀。1988 年 CPI 上涨 18%,引起了全国范围的抢购风潮;1993—1994 年则出现了 20% 以上的通货膨胀,出现了海南房地产的泡沫膨胀及之后的破灭。此后,中国 CPI 指数大部分年份都不高。美国斯坦福大学教授麦金农

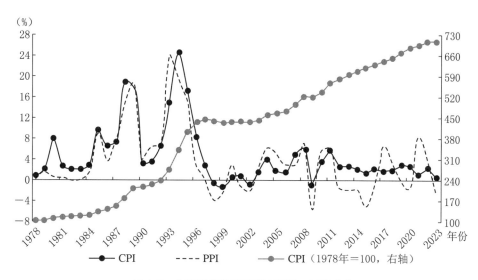

图 1.5　中国价格指数变化(1978—2023 年)

资料来源:国家统计局。

(Ronald McKinnon)在研究拉美与苏联东欧转型国家经济后提出了一个"中国之谜"。他发现拉美和东欧国家在市场化改革过程中,这些国家政府出现了严重财政赤字以及随后而来的恶性通货膨胀(经济学定义是每月通货膨胀率达到50%或以上);而中国在20世纪80年代的改革过程中,中央政府也出现了较为严重的财政赤字但没有出现恶性通胀,他将此称为"中国之谜"。我们在此先搁置这个问题,放到第五章分析中国金融抑制政策历史时再做讨论。[①]

图1.6是2008年到2024年6月间CPI和PPI指数的月度变化情况。2008年9月全球金融危机爆发之后,中国的出口出现了大幅度下滑,产能过剩的压力急剧增大,经济增长一时之间风声鹤唳,这拖累了PPI指数迅速下降。为应对危机,2009年中国政府出台了有着众多争议的4万亿投资刺激计划,当年的新增银行贷款更是高达9.6万亿元,是2008年的两倍多。这导致了PPI指数在10个月时间里又迅速从−8.2%(2009年7月)的低位拉升到7.1%(2010年5月)的高位。但是,2012年之后,外部需求的持续低迷和前期投资刺激导致新一轮产能过剩的双重效应开始显现,从2月开始,PPI指数维持了55个月的负值。PPI指数于2016年10月转负为正,并在2017年一季度出现7.4%的上涨。这很大程度上是由于上游去产能而非下游需求所拉动,因此不具有可持续性,随着煤炭和黑色金属等大宗商品价格的回落,PPI在第二季度即出现了增速回落的趋势。

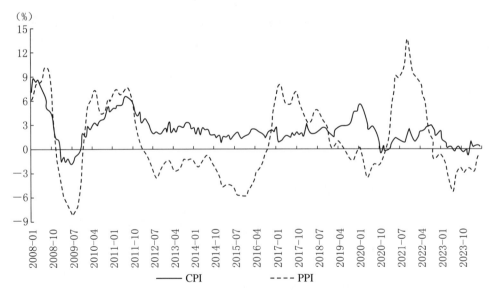

图1.6　中国CPI和PPI的月度同比变动(2008年1月—2024年6月)

资料来源:国家统计局。

---

① 参阅麦金农:《经济市场化的次序》,格致出版社2014年版。

通货紧缩与通货膨胀相反,是指一般价格水平持续下降。与通货膨胀相比,通货紧缩更难应对,并且更难为社会接受。凯恩斯认为,2％—3％的温和通货膨胀对经济有利,因为工人存在货币幻觉,与实际工资的变化相比,他们更关心货币工资的变动。在轻微通货膨胀的情况下,工资不会相应提高,而厂商的利润率会相对上升,进而可刺激投资和经济增长。相反,通货紧缩会直接压缩厂商的利润,并使消费者推迟耐用消费品的购买,因此消费和投资都可能受到抑制,进而使经济持续陷入低迷的状态。中国未来更可能面临的是一种结构性通缩(物品价格持续下降)的风险和服务价格的不断上升。

(五)国际收支

国际收支平衡被宏观经济学家认为是宏观经济调控的四大目标之一。IMF 要求成员国定期报送国际收支平衡表,并制订了国际收支平衡表的标准格式。国际收支是指一国(或地区)的居民在一定时期内对外政治、经济和文化交往所产生的全部国际经济交易的系统记录。我们将在讨论国际贸易和投资的第五章附录中提供中国近期的国际经济平衡表。该表由经常账户、资本和金融账户构成。经常账户最主要的部分是商品、服务贸易和要素支付。资本与金融账户涉及资本的跨境流动。其实,国际收支不存在绝对的平衡。IMF 和国际社会可以接受的是顺差或逆差不超过GDP3％的不平衡状态,将其看作是可持续的。在国际收支两大账户中,除非引发金融危机的大规模资本流入或流出,国际组织和各国政府更为关心经常账户的可持续性。

中国在很多年份存在经常账户和资本账户的双顺差,贸易项下出口大于进口和资本项下资本净流入的状态。中国的进出口贸易总额 1980 年仅为 412 亿美元,1994 年突破 2 000 亿美元,2003 年达到 8 000 亿美元,2023 年高达 6.64 万亿美元,增长了 160 多倍。中国出口在全球出口中的比例从改革开放之初的 1％上升到 2015 年的 14％左右。金融危机发生后,虽然欧美贸易保护主义兴起,反倾销案例频发,并且人民币相对其他货币出现升值,中国出口占比仍在上升。中国货物贸易总额 2013 年就已超过美国。

表 1.6 给出了 G20 国家贸易总量及其在全球的排名。中国贸易总量的世界排名从 1990 年的第 12 位上升到 2010 年的第二位,并在 2022 年保持在第二位。此外,中国曾在 2012 年超过美国成为全球第一的出口大国。相比较而言,日本 21 世纪的贸易总量排名已从第四下滑到第六位。日本很重要的变化是对外投资,很多企业迁到外国去了,本国的直接出口相对下降了,这是走出去的结果。

表 1.6　G20 国家货物和服务贸易总量及其世界排名

	贸易总量(10 亿美元)				世界排名		
	1990 年	2000 年	2010 年	2022 年	1990 年	2010 年	2022 年
美　国	1 182	2 573	4 247	6 961	1	1	1
中　国	88	477	3 087	6 858	12	2	2
德　国	813	1 199	2 715	4 078	2	3	3
英　国	527	875	1 473	2 148	5	5	4
法　国	542	763	1 451	2 036	4	6	5
日　本	616	972	1 641	1 994	3	4	6
印　度	50	126	825	1 676	16	10	7
韩　国	144	381	1 045	1 616	9	8	8
意大利	429	578	1 111	1 543	6	7	9
加拿大	298	616	974	1 460	7	9	10
墨西哥	101	370	655	1 294	10	12	11
俄罗斯	187	177	768	980	8	11	12
澳大利亚	100	170	465	764	11	14	13
巴　西	58	148	503	758	14	13	14
土耳其	47	116	363	736	18	16	15
沙特阿拉伯	84	129	436	704	13	15	16
印度尼西亚	56	118	353	600	15	17	17
南　非	48	70	210	264	17	18	18
阿根廷	21	64	148	200	19	19	19
欧　盟	3 336	5 137	11 506	18 567	—	—	—

资料来源：世界银行"世界发展指标"（WDI）数据库。

　　表 1.7 给出了 G20 国家的贸易依存度。贸易依存度是指一国进出口贸易总额占 GDP 的比例。贸易依存度通常表示一国经济对外部市场的依赖程度。从传统贸易的角度看，贸易依存度通常与一国经济规模负相关，大国贸易依存度低，而小国贸易依存度高。但是，中国作为全球经济大国，贸易依存度却从 1980 年的 21.6% 上升到 2010 年的 50.7%。这很大程度上是来料加工产业的发展和出口拉动型增长模式使然。相比较而言，美国同期仅增加约 8 个百分点，日本同期仅增加约 2 个百分点。德国同期从 41.9% 增长至 79.9% 很大程度上与欧洲市场一体化或货币一体化相关，使用欧元后德国出口产品的计价货币无须像之前的马克那样升值，从而使其制成品在欧洲区更有竞争力。另外，除了巴西和南非外，G20 国家的贸易依存度大都增加了，这是全球化趋势的体现。

表 1.7　G20 国家的贸易依存度（%）

	1980 年	1990 年	2000 年	2010 年	2022 年
德　国	41.9	45.9	61.5	79.9	99.9
韩　国	65.5	50.8	66.1	91.4	96.5
墨西哥	22.4	38.5	49.9	59.3	88.4
土耳其	17.1	30.9	42.4	46.7	81.2
意大利	43.0	36.3	50.4	52.0	74.6
法　国	43.5	42.7	55.9	54.9	73.2
英　国	51.3	48.2	52.5	59.3	69.5
加拿大	53.3	50.0	82.8	60.2	67.6
南　非	56.5	38.2	46.2	50.4	65.1
沙特阿拉伯	90.8	71.7	68.2	82.5	63.5
印　度	15.4	15.5	26.9	49.3	50.0
日　本	26.6	19.3	19.6	28.5	46.8
印度尼西亚	52.7	52.9	71.4	46.7	45.5
澳大利亚	32.3	32.2	40.9	40.5	45.1
俄罗斯	—	36.1	68.1	50.4	43.3
巴　西	20.2	15.2	22.6	22.8	38.8
中　国	21.6	24.3	39.4	50.7	38.4
阿根廷	11.5	15.0	22.6	35.0	31.7
美　国	20.1	19.8	25.1	28.2	27.0
世界平均	40.8	38.1	47.0	56.6	61.4

资料来源：世界银行"世界发展指标"（WDI）数据库。

图 1.7 给出了 5 个小型经济体（卢森堡、中国香港、新加坡、爱尔兰和阿联酋）的贸易依存度。可以看出其贸易依存度要远远高于大经济体，新加坡的贸易依存度 1980 年之后一直维持在 300% 以上，个别年份甚至高达 400%。其他四个经济体的贸易依存度随时间逐渐提高，表明了小经济体在经济全球化趋势下也能够发挥本经济体优势参与到全球分工过程中来。

为什么贸易依存度与国家的经济规模负相关？这可从供给和需求两个角度来解释。从供给角度看，经济大国通常具有资源禀赋的多样性和相对完整的产业体系，本国老百姓的需求大都可以由本国生产来满足。从需求角度看，经济大国国内市场庞大，仅仅为国内生产，各个产业都可以实现规模经济效益。相比较而言，如新加坡和瑞士这样的小国经济，肯定不能发展自己的汽车产业，因为大的汽车制造商一年产量都达数百万辆，一些小国的人口数量可能还没有大企业一年生产的汽车数量多。而汽车作为耐用的交通工具，使用寿命可长达 20 多年。因此小国的产业发

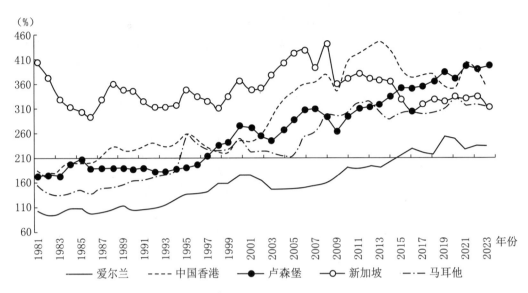

图 1.7　典型小型经济体的贸易依存度

资料来源:世界银行"世界发展指标"(WDI)数据库。

展一开始就要定位国际市场,在发挥本国资源禀赋优势的基础上参与国际分工,选择少数几种产业发展,并将产品卖到全世界,换回本国老百姓需要的各类消费品。这样可以克服产业的规模经济要求与居民消费的多样性之间的矛盾。小国贸易总量可以是 GDP 的好多倍,因此对国际市场的依赖性会非常大。这也是小国经济脆弱的地方。

中国作为大经济体,比较科学或者合理的状态应该是参与国际的水平分工,即大部分产品和服务由本国生产,只有小部分国内不能生产的产品和服务才以本国强势产业的出口进行交换,互通有无。水平分工的贸易经典案例就是 200 余年前法国的葡萄酒与英国纺织品之间的贸易。

中国今天参与的国际分工更多表现为垂直分工。20 世纪 80 年代后期,中国推进沿海地区率先对外开放的政策,并于 90 年代初实施"二免三减半"的利用外资的税收优惠政策,实施"两头在外""大进大出"的国际大循环战略。主要发展来料加工产业,以全球最为廉价的劳动力和国有土地的相应配置参与到跨国公司主导的全球产业链分工中去。这是中国在资本稀缺、技术落后、现代企业组织尚未形成、国内市场狭窄的背景下选择的成功发展道路。跨国公司在中国投资生产,需要原材料进口、产成品出口,一进一出贸易量就出现了翻倍。中国来料加工产业的出口曾经在出口总额中占到58%。目前,随着国内配套产业的发展,来料加工和进料加工产业的出口估计已降低到 35% 以下。

我们再给出贸易条件概念。贸易条件(terms of trade)是出口价格指数与进口价格指数的比例,用来衡量在一定时期内一个国家出口相对于进口的盈利能力和贸易利益的指标,在两国两种贸易商品条件下指一个国家出口商品价格和进口商品价格的比重,在两国多种贸易商品条件下指一国出口商品价格指数与该国进口商品价格指数的比值。贸易条件恶化,是指一国出口产品价格相比进口产品价格越来越低,同样产品同样数量的出口,换回来同样进口产品的数量越来越少。

改革开放以来中国对全球的贡献很大,影响也很大。从贸易条件的变化上大家可以发现这一点。我们令加入 WTO 之前的 2000 年中国的贸易条件指数等于 1 或 100%。如图 1.8 显示,1980 年到 2000 年间,中国的贸易条件大多数时间里是恶化的,从 2000 年到 2012 年间,实际的贸易条件指数中可看到中国的贸易条件是逐渐恶化的,2012 年之后有所改善,但仍有波动下行。印度尼西亚作为国际大宗商品出口国之一,其贸易条件与大宗商品价格呈现正相关,而韩国作为中端制成品的出口国,其贸易条件从 90 年代中期之后持续恶化。较为特殊的是美国,由于美元是国际贸易中的主要计价和结算货币,以及美国出口品的构成以高技术含量产品为主,所以其贸易条件多年来一直维持在 100 附近小幅波动。

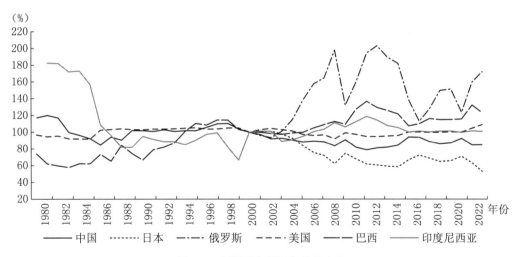

图 1.8　主要国家贸易条件的变化

资料来源:根据世界银行"世界发展指标"(WDI)数据库计算(各国 2000 年＝100)。

哪些国家这一时期贸易条件得到改善了? 如表 1.8 显示,沙特阿拉伯从 2001 年的 90%上升到 2022 年的 168.6%,俄罗斯、巴西、澳大利亚等大宗商品出口国贸易条件都不同程度得到改善。相比较而言,制成品出口国日本从 100.7%下降到 2022 年的 52.9%;德国稍有恶化;韩国也严重恶化。从这些数字里可以看出什么来?

你会发现制成品生产和出口国的贸易条件都恶化了，印度这样的廉价劳动力大国参与国际分工后贸易条件也是恶化的。大宗商品出口国则出现了贸易条件的极大改善。发达国家产品的技术含量高，贸易条件稍有恶化，但总体较为稳定。可见，中国加入WTO后，廉价劳动力支撑的中低端制成品的价格竞争压力，已导致制成品价格的全面下滑。而中国作为全球制造工厂的快速扩张和大宗商品进口的高增长又拉高了全球的大宗商品价格。

表 1.8　G20 国家贸易条件的变化（%）

国　家	2001 年	2007 年	2010 年	2013 年	2016 年	2019 年	2022 年
阿根廷	98.4	124.3	145.5	156.4	155.3	151.2	167.0
澳大利亚	104.0	152.4	178.7	176.8	148.0	192.9	268.7
巴　西	99.8	108.9	127.2	125.8	110.0	115.0	122.9
加拿大	99.6	115.6	115.2	116.0	102.3	105.1	124.6
中　国	97.4	88.5	82.0	82.2	94.1	87.4	85.1
法　国	100.7	95.8	93.1	88.6	90.8	88.3	85.3
德　国	99.9	95.2	96.0	94.2	102.7	101.4	96.2
印　度	97.8	81.0	92.9	91.9	108.7	99.1	86.5
印度尼西亚	101.2	103.5	112.4	107.8	101.2	101.3	101.0
意大利	101.9	97.6	97.5	97.4	106.4	104.6	90.4
日　本	100.7	71.8	67.8	59.1	72.4	65.8	52.9
韩　国	92.9	65.9	56.8	51.9	59.7	54.0	50.5
墨西哥	97.2	114.5	110.9	114.1	87.9	94.9	86.2
俄罗斯	96.0	164.6	159.6	189.3	112.9	151.3	172.4
沙特阿拉伯	90.1	133.1	120.8	143.7	82.2	117.9	168.6
南　非	101.8	121.5	141.2	137.5	144.4	155.9	164.4
土耳其	97.7	95.9	91.7	90.4	101.7	92.6	74.2
英　国	101.0	105.3	108.1	130.5	106.8	105.5	109.4
美　国	102.8	96.6	97.2	95.3	100.1	100.3	109.1

资料来源：根据世界银行"世界发展指标"（WDI）数据库计算（各国 2000 年＝100）。

中国对全球的贡献非常大。我们让众多大宗商品出口国发了大财，让他们大规模积攒起外汇储备，同时又压低了全球制成品价格，提高了欧美国家低收入阶层的消费水平和福利状况，缓解了发达国家贫富两极分化的社会压力。这些国家的底层社会群体在给定美元收入下可以消费性价比更优的更多商品。最后我们发现，中国参与全球化分工的经济增长对中国老百姓也有很大贡献：人均收入提高了，就业扩大了。但是我们付出的成本也很大：贸易条件恶化，环境恶化，收入差距拉大，国际发展空间受到了挤压，国内社会经济可持续发展面临挑战。

由此可见，中国宏观经济的研究非常重要。引用一位彭博宏观经济学家的说法，跨国公司和国际金融机构非常需要研究中国问题的经济学家，未来他们将更多雇用国内培养的中国经济学家从事中国经济分析。我想，真正对中国经济有系统研究的学者和分析师显然是供不应求的。期望本书在帮助大家系统了解中国经济方面有参考价值。

第三节　宏观经济学分析框架与本书的结构安排

一、国民收入核算恒等式

在一个封闭经济中，所有产出都在国内出售，国内支出分为消费（C）、投资（I）和政府购买（G）；在一个开放经济中，一些产品在国内出售，一些出口到国外去。另外，人们的消费、投资和政府购买中也包含国外进口的商品和服务。因此，可以把国民收入核算恒等式写为：

$$Y = C + I + G + EX - IM \tag{1.2}$$

其中 EX 和 IM 分别为出口和进口。我们把净出口定义为出口减进口（$NX = EX - IM$）。于是国民收入核算恒等式可写为：

$$Y = C + I + G + NX \tag{1.3}$$

国民收入核算恒等式为我们的宏观经济分析提供了基本框架。等式左边是国民总产出或 GDP 总量，也是社会的总供给。右边则为社会总支出或总需求，总支出由消费、投资、政府购买和净出口构成。宏观经济学是由英国经济学家凯恩斯创立的，他的理论又称萧条经济学，主要讨论产能过剩的背景下政府如何刺激消费、投资和出口等总需求，来促进经济的稳定增长。因此，短期总需求分析可从消费、投资、政府支出和净出口等方面入手讨论。之后的宏观经济学又从凯恩斯的短期总需求分析拓展到长期的经济增长和经济周期波动的分析，并提供了开放经济条件下的宏观经济调控的政策分析模型。

二、本书的内容安排

本书在分析中国宏观经济时将参照主流宏观经济学的分析框架，并力求弥补其结构性缺陷，结合中国经济的特点安排各章内容。除本章导论外，我们将安排七章对中国宏观经济做出系统分析。具体安排是：

第二章"消费、储蓄与财富积累"，简要讨论消费和储蓄理论，分析中国消费过低、储蓄率过高的原因，并探讨中国家庭财富积累中偏好房地产的倾向性问题，阐述了个体理性导致集体非理性结果的"财富幻觉"问题。

第三章"投资的理论与实践"将在简要阐述固定资产投资和房地产投资理论的基础上对中国固定资产和房地产投资的现状与问题及其背景的制度原因做出分析。

第四章"金融基本功能的理论与实践问题"将探讨货币信用资本的本质、金融存在的理由、广义利息的起源、金融的基本功能以及金融机构获取利润的法理基础，探讨虚拟经济、金融脱实入虚以及金融体系创造信用货币的功能及其两重性。

第五章"中国金融抑制政策的历史演变与未来金融转型"重点探讨中国金融抑制政策的阶段性特征，金融抑制政策的历史贡献及其未能及时退出造成的金融扭曲以及对中国经济社会产生的负面影响，并系统阐述党的十九大后中国金融转型的内在逻辑和改革方向。

以上两章是本书的重要特色，弥补了主流宏观经济学忽略金融在宏观经济运行中的核心作用的不足，并且对中国金融体系由政府控制和担保的运行特点及其"成也萧何、败也萧何"的历史局限性进行了剖析。

第六章"全球化调整期的对外贸易和人民币汇率"将简要叙述国际收支和国际贸易理论的基本原理，并对中国对外经济活动的现状进行分析；讨论中国人民币汇率制度的历史演变和人民币汇率变化趋势以及今后的改革方向，并分析中国出口导向型经济的内在逻辑以及调整中国涉外经济战略的必要性。

第七章"对外投资与人民币国际化"将结合全球化最新演变态势探讨国际投资的共同挑战、中国跨境投资存在的问题及对策；最后简述人民币国际化的目标、路径和推进方式，这是我们多年的研究成果，也构成中国宏观经济分析的一大特色。

第八章"政府职能与宏观经济调控"将从政府职能分析入手，分析中国财政收支的特点以及中央与地方财政关系存在的问题，探讨未来财税体制改革的主要内容；在简要介绍货币供给与货币需求基本原理的基础上，讨论中国货币政策工具及其作用机制；探讨宏观去杠杆、通货膨胀和通货收缩等一般问题。

第九章"增长起源、增长因素与中国经济增长方式的转换"在简要阐述主要经济增长理论的基础上，对中国传统经济增长模式存在的问题，面临的挑战与增长方式转换的客观要求，转变的路径及所需体制变革做出分析。

三、需要关注的三种参考书

给中国宏观经济分析课程的老师和学生推荐三种参考书：

第一种是由上海交通大学安泰经济与管理学院与北京大学国家发展研究院联合主办的"中国经济开放论坛"系列论文集。论坛具有开放性，没有学科专业、理论流派和研究范式的限制，由关注和研究中国经济的海内外学者、政府部门和实业界的经济学家共同参与，不定期地在上海和北京等地举行专题研讨会。开放论坛的宗旨有三：其一是积极发挥"临床经济学"实验平台的作用，以重大、复杂和紧迫的经济问题作为主要研讨对象，对中国经济改革和发展过程中重要的理论、实践和趋势性问题进行多视角的探讨和会诊，并尽可能给出可行的解决思路，供政界、业界和学界参考。其二是帮助克服个人的认知局限性。世界的复杂性已超越了个人的认知能力，个人也不可避免地存在认知上的偏见，再加上信息爆炸和传播方式的革命，我们对世界的认知正在出现碎片化趋势。开放论坛提供一个"盲人摸象"后的交流平台，期望与会者基于不同经验和视角的研究经过交流后，能够为所探讨的复杂问题提供一个系统、深入和清晰的解释。其三，开放论坛提供一个共享学习和进步的平台，参与者能够在此互相学习、取长补短，分享真知灼见，共享智慧碰撞和升华的美好时光。目前已出版的有《激辩去杠杆：如何规避债务—通缩》（潘英丽、黄益平主编，2016）、《人民币变局：汇率与国际化路径》（潘英丽、肖耿主编，2017）、《房地产与城市发展：问题与对策》（陈杰、陆铭、黄益平、潘英丽主编，2017）、《全球化的未来：中国面临的挑战与角色转换》（潘英丽、冯绍雷主编，2017）。论文集《中国经济与金融转型研究》（2012）收集了笔者21世纪以来发表的30余篇文章，重点阐述了中国出口导向型经济的内在逻辑、经济转型的内在要求以及经济与金融转型的关系，涉及中国过去、现在与未来3个30年经济发展的阶段性特征以及相互之间的关系，也可作为本书的重要分析背景。

第二种是吴敬琏老师主编的《比较》杂志，理论与实践有机结合，每两个月出版一期。主要有国际知名的经济学教授以比较通俗的方式撰写的文章，也有国内学者型官员、知名学者及有潜力的年轻学者的论文。内容涉及国际前沿理论研究成果、国内重要经济与改革问题的探讨，以及国际经验借鉴。其中一些专题讨论如医疗和社会保障制度改革，土地制度改革等更给笔者留下较深的印象。对青年学者和有兴趣深入研究、系统把握中国经济的实践工作者而言，《比较》都是值得关注和系统阅读的政策研究刊物，对大家理解中国经济非常有帮助。

第三种是美国哈佛大学经济学教授格里高利·曼昆的《宏观经济学》。2008年全球金融危机爆发后，曼昆的课曾受到哈佛大学学生的抵制。他们认为，经济学家没有预测到经济危机，没有帮助国家解决实际经济问题。但我认为，宏观经济学的基本框架和分析方法仍然是很有实用价值的，特别是一些基本原理仍然有效。当然，我们在学习一种理论或理论体系时，需要清楚它的前提假设和存在的局限性，而不是盲目崇拜、教条主义地照搬。

第二章　消费、储蓄与财富积累

消费从宏观经济角度看具有两大特点：一是消费在一国经济增长与发展过程中具有举足轻重的地位，在总需求中约占三分之二，甚至占有更大的比重；消费及其所决定的社会福利水平是社会生产的最终目的，也是社会生产正常运行的基本条件。二是消费是总需求中最为稳定的部分。宏观消费水平的高低很大程度上与文化习俗、社会保障和人口结构等广义的制度和结构因素相联系。21世纪以来，中国消费比例的持续下降，以及居民消费比例过低已成为引人注目的重要问题。

本章内容做如下安排：第一节简要梳理主要的消费理论，涉及工作收入、财富积累、利率等资产收益率以及人口结构等决定和影响消费的重要变量，关于财富积累的讨论是本章的重点与创新之处。第二节探讨中国消费比例持续下降以及严重低于国际水平的统计与制度方面的原因。第三节将在生命周期消费理论基础上探讨中国人口结构的代际失衡所造成的"财富幻觉"。笔者在2010年提出"财富幻觉"概念，这是一个前瞻性的理论演绎，相信随着时间的推移其现实意义将日益显现。"财富幻觉"的政策含义是加强作为消费与投资交叉项的"对人自身的投资"，也即加强对现有和未来劳动者的数量与质量的投资。2017年1月25日新华社报道，国务院印发《国家人口发展规划（2016—2030年）》，提出了到2020年全国总人口达到14.2亿人左右，2030年达到14.5亿人左右的规划目标。但是中国人口在2021年达到14.126亿人后已经连续两年下降至2023年的14.0967亿人。这说明强化生育支持和人力资本投资的政策已具有更大的紧迫性和战略重要性。

第一节　消费理论

现代主流经济学的消费理论主要由凯恩斯的绝对收入理论、弗里德曼的恒久收入理论和莫迪利安尼的生命周期理论构成。

一、凯恩斯的绝对收入理论

英国经济学家凯恩斯认为，消费是由当期可支配收入决定的。有消费函数：

$$C = a + cY \tag{2.1}$$

其中 C 和 Y 分别是消费和总收入，a 作为常数项代表不受收入水平影响的生存必需的消费。在考虑税收情况下，Y 就需要由税后可支配收入 Y_d 来代替。$c = \Delta C / \Delta Y$，即为边际消费倾向（MPC），用来表示收入增加一单位时消费增加多少，$0 < c < 1$。凯恩斯的边际消费倾向可以表述为，收入增加时消费一定会增加，但是消费的增加赶不上收入的增加。凯恩斯另一重要观点是，平均消费倾向 APC 具有递减的规律。APC$= C/Y$ $= (a/Y) + c$，随着 Y 的增大，第一项 (a/Y) 越来越小。

凯恩斯消费理论中平均消费倾向递减的观点受到了 20 世纪 70 年代诺贝尔经济学奖得主库兹涅茨的挑战。[①]他的经济统计结果表明，消费和收入之间的比例关系非常稳定，没有出现递减倾向。美国 20 世纪 50—70 年代，消费占 GDP 的比例几乎都在 91％左右，平均消费倾向没有出现下降趋势。我们在家庭等微观层面上可以看到凯恩斯平均消费倾向递减规律是存在的，无论是收入高低不同的家庭之间的横向比较，还是从一个家庭收入增长的历史来看，这一规律似乎都是存在的。比如，贫困家庭，其收入的 99％可能都用于当期消费了，但高收入家庭很可能只有 60％甚至更低的比例用于消费。我们看到，高收入家庭的消费比例确实是低的，而低收入家庭消费比例确实是高的。当人们的收入从低收入变成高收入时消费比例也会下降。但是宏观统计数据上为什么看不见？我们就说，这叫"被平均"。一个国家的总量统计，比如家庭的消费和收入，它由不同群体共同构成，高收入群体和一些收入很低的群体"被平均"后这个比例就变得稳定了。

作为凯恩斯的绝对收入理论的一种补充，还有一种理论称为相对收入假说。相对收入假说有两层含义。一是从历史的角度看，人们的消费是相对稳定的，收入下降时，消费不会马上减下来，人们会把储蓄拿出来花以保持消费的稳定；反过来收入大幅度增加，或一次性地、暂时性地增加，多出来的收入也不会用于消费，而是会用于储蓄。因此，收入可能会波动，但消费可以保持稳定。二是人们的消费不仅由自己当期收入决定，而且会受到左邻右舍的消费模式的影响。从时尚新潮者角度看，这叫示范效应，

---

① N. 格里高利·曼昆：《宏观经济学》（第九版），中国人民大学出版社 2016 年版。

从追随者角度讲,这叫攀比效应。相对收入假说某种意义上也反映了消费习惯的相对稳定性。比如,我们的父母辈在改革开放之前度过了漫长的低收入生活时期,到了晚年,子女都赚钱了,生活条件得到了极大的改善,但是他们仍然省吃俭用、舍不得花钱,这就是以往低收入形成的消费习惯对今天消费行为的影响。

在讨论消费和收入关系时,我们顺便引入恩格尔系数和恩格尔定律。

恩格尔系数是指食品在家庭消费支出中所占的比例。该比率会随着人均收入的增加而下降,这又称为恩格尔定律。一个国家是贫困还是富有,一个家庭是贫困还是富有,都可以用恩格尔系数来衡量。因此,恩格尔系数可以看作是衡量国家和家庭富裕程度的指标。

本书提出一个恩格尔定律的"扩大版",可对未来产业发展做出大致的预测。我们在此把食品改成物质产品,物质产品的消费占全部消费支出的比例也将随着收入的增长而下降。这就是恩格尔定律的"扩大版"。图 2.1 给出了美国家庭消费支出结构的变化,服务消费不断增加,近年来接近总消费支出的三分之二,耐用消费品相对稳定,略有下降,非耐用品消费支出的比例则大幅度下降。两者合计约为总消费支出的三分之一。当然,物质产品消费支出比例的下降可以由两部分构成,一是物质产品生产的劳动生产率的提高导致价格持续下降,二是物质产品需求的收入弹性显然小于1,其需求的增长远远低于收入的增长。中国服务消费占比显然要比美国低很多。但我推测,我们的服务需求和支出比例会上升得很快。中国 20 世纪 50—60 年代出生的一代人,娱乐消费比较简单,大多尚停留在充当沙发土豆在家看电视或打麻将、跳广场舞的

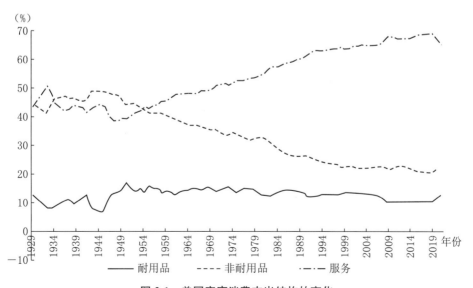

图 2.1　美国家庭消费支出结构的变化

资料来源:国泰君安证券研究,Wind。

模式上,当这代人进入养老时期,并由后两代独生子女充当消费主力时,消费习惯和消费模式会随着主体消费群体的代际更替而发生非常大的变化。新中国第一代人的养老服务需求的快速增长与独生子女两代人的文化娱乐、健康与体验等需求的快速增长碰在一起会导致中国服务消费比例出现比美国更为陡峭的上升。

表 2.1 是世界银行在《1997 年发展报告》中提出来的。尽管每个国家的消费习惯有很大差异,但全人类的消费仍然存在一些共同的规律。第一列代表的是不同收入级别的国家,人均收入不同也代表着发展阶段的不同。后面每一列表明不同收入组别国家此种消费的支出占比。每一行代表同一收入级别的消费结构。每一列也可看作随人均收入的提高,人们对同类产品消费权重的长期变化趋势。将行和列结合起来看,基本上可以把握各国消费结构的动态变化规律。此表显现,人均收入 1 000 美元及以下时食品消费占全部消费支出的 48%,随着人均收入提高食品支出比重是绝对下降的。图 2.2 给出中国 2004 和 2023 年的消费结构及其变化趋势。食品消费支出的比例从 2004 年的 39% 下降到 2023 年的 30%。

表 2.1 不同收入级别国家的消费结构(%)

组　　别	食品	衣着	居住	医疗保健	教育	交通通信	其他
1 000 美元及以下	48	8	11	3	6	7	18
1 001—4 000 美元	38	9	10	6	7	9	21
4 001—10 000 美元	27	8	14	7	7	9	28
10 001—20 000 美元	15	7	15	9	7	13	34
20 000 美元及以上	11	5	18	12	8	12	33

注:收入按购买力平价计算。
资料来源:世界银行《1997 年世界发展报告》。

我们可以看到,衣着的消费比例随收入增长持续下降;居住支出占比存在增长趋势,从 2004 年的 15% 上升到 2023 年的 23%,远高于表 2.1 中人均收入 20 000 美元以上国家的水平。其实 23% 的居住消费通常是按市场租金来计算的,存在比较大的低估,如果以机会成本即持有房屋所损失的利息收益计,居住成本很可能是现有水平的 1.5 倍。由此可见,中国家庭的房地产消费存在严重扭曲。

从以上图表中可见,中国医疗保健的需求和支出目前与世界水平相差不大。但是可以预见,未来这一项有可能快速上升。原因一是环境污染,环境污染对人们健康造成伤害并引起医疗需求的大幅度增长;二是人均收入的提高,使人们对生活品质有更高追求,对健康给予更多关注,并有了更多投入;三是人口老龄化,人的一生中大比例的医疗费用集中发生在人生最后几年,当人口结构中老年人的比例上升时这部分消费支出也大幅度增加。对中国而言,医疗保健行业未来发展前景广阔。

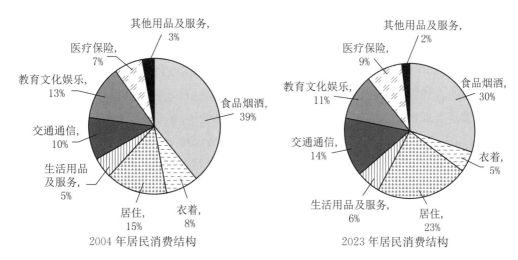

图 2.2　2004 年与 2023 年度中国的消费结构

资料来源：国家统计局。

过去 20 年，中国教育文化娱乐类支出比例稳中有降，主要原因还在于这一类市场化的产业发展相对滞后，以及居住成本过高抑制了人们的需求。未来教育文化娱乐产业会有较大的发展空间。一是社会发展的变化与不确定性增强，为了更好地适应发展需要，人们需要终身学习。除了在校学习年限拉长，继续教育也会十分兴盛。另外，随着预期寿命的延长，学习也有可能成为人们的一种生活方式。交通通信的消费支出也是增加的。中国目前对交通和通信的消费远超同等发展水平国家的平均水平，一方面体现我们道路交通等基础设施优越，信息消费快速增长；另外也有部分低效率国有企业垄断高价的影响。表 2.1 中的"其他"类增长也是很快的，体现出消费的多样性发展与社会服务等消费项目的增长。

二、弗里德曼的持久收入理论

美国芝加哥大学教授，1976 年诺贝尔经济学奖获得者，货币学派的主要代表，米尔顿·弗里德曼（Milton Friedman，1912—2006）在其 1957 年发表的《消费函数理论》中建立了持久收入模型。他用持久收入一词表示长期视角的家庭预期平均收入。持久收入理论假设消费者是理性的，家庭倾向于追求长期的平稳消费，家庭对稳定消费的偏好胜过对不稳定消费的偏好。弗里德曼认为，家庭面临的是跨时期预算约束，短期内消费可以不受当前收入的约束，但人们一生的消费总支出不能超过其一生的总收入。人们的消费水平是由他们的持久性收入决定的。

持久收入理论认为人们维持稳定的消费，无论年轻时候还是中年或老年时期，相等的消费水平给人生带来福利的最大化。这意味着短期边际消费倾向小于长期边际消费倾向。你的收入假如出现一次性的短期增长，增加的收入中用于消费的比例比较低；长期稳定的工作收入将大部分用于消费，短期的一次性的收入将主要用于购买耐用消费品或者储蓄起来。购买耐用消费品对消费福利的影响与存银行把利息拿出来花的效果是类似的。比如买一个家用电器可使用十年，购买时的开支可能是 2 000 元，但耐用消费品通过提供以时间计的未来消费服务流增加人们消费的福利水平。暂时性的或一次性的收入用于购买耐用消费品，或是把钱存到银行，把利息拿出来消费，可以保持消费水平的平稳。短期内人们要留下更多储蓄以备不测，而当接近生命终点时，人们会把储蓄花掉。

弗里德曼将个人收入分为持久性收入和暂时性收入。持久性收入是稳定的正常收入，暂时性收入则是不稳定的意外收入。人们对三种不同的收入变化情形做出不同的反应。第一种情形是收入发生暂时性变动，比如当期收入减少，未来收入稳定不变。此种情况下持久性收入几乎不变，当期微小的变化在人生的长河里可以忽略不计。因此当期消费不会变化，但储蓄会相应减少，反过来收入暂时性增加场合，储蓄会增加。第二种情形是持久性收入发生变动，当期和未来的收入都减少，也即收入从现在开始永久性地减少了，这时消费将做出调整，而储蓄不会发生变化。第三种情形是预期收入发生变化，当期收入不变，但未来收入将减少，比如临近退休年龄，我们预期退休后收入将大幅度下降。通常现有薪酬越高的工作岗位，退休后收入下降越多。因为现在很多行业都实施结构性薪酬，其中大部分只有在岗时可以获取，并且与工作绩效挂钩，与此相比退休工资就会低得多。在这种情形下，人们将选择现在就减少消费，储蓄更多，来满足未来养老的需要。

三、生命周期的消费和储蓄理论

生命周期理论是现代消费理论中最重要也最有影响的理论，由 1985 年诺贝尔经济学奖得主莫迪利安尼（Franco Modigliani，1918—2003）等人提出。生命周期理论模型与持久收入假说类似，假定人们根据预期寿命安排收入用于消费和储蓄的比例，人们生命的长短和周期成为决定消费的重要变量。他们的理论可用两条曲线简要讨论。

图 2.3 的横轴表示人生所处的年龄，纵轴用来表示不同年龄段人们的收入与消费水平。上行并有直线下滑的折线 Y 是收入曲线，收入的变化在一生中非常有规律，它随着年龄的增长而上升，到退休时有一个"悬崖式"的下跌。随着寿命的延长，人们会发现养老金不够花。在日本，很多老年人会继续找工作做，比如开出租车。在中国人

们有一些退休工资(尽管已经不再由原工作单位支付),我将曲线在较低水平处向右拐了一下,以反映中国的情况。根据生命周期理论,人们的消费应该是稳定的。图中的水平线 C 表示人们一生的消费水平。

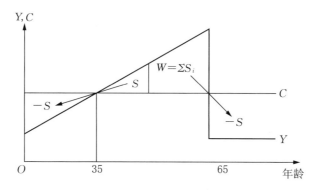

图 2.3　生命周期消费与储蓄理论

从图 2.3 可以看出,生命周期理论与持久收入理论具有本质上的一致性。在这里,消费水平就相当于人们的持久收入水平。消费水平由持久收入决定。为什么这种稳定不变的消费水平会给我们的人生带来最大福利?如果我们的消费水平随短期收入的波动而波动,比如今日有酒今日醉的"酒鬼"模式,福利水平会比持久收入模式或是理性消费模式的福利状态要差,理论依据是什么?

这就是边际效用递减规律在起作用。当人们较少节制地花钱时,单位增量支出给人们带来的边际效用是递减的,甚至出现负效用。相对应的是在收入减少时减少消费带来的痛苦却是递增的。假定消费品的货币价值相等,甚至消费增减的数量也相等,增加消费所增加的效用或幸福将显然不足以弥补消费减少同样数量所造成的效用下降或痛苦。因此,稳定消费模式对人生来讲是福利最大化的。

按照生命周期理论,理性消费者做消费决策有三个步骤。第一,预测并算出我们一生可以赚到的总收入;第二,预测我们的预期寿命,可以活到多少岁,虽然人们不能精确地预测哪一年是人生的终点,但是我们仍可给出个大概的年龄段;第三,决定给子女留多少遗产。预期总收入减去预留的遗产价值,除以预期寿命即可得到一生的稳定消费水平,或每年的消费支出总量。

这个理论的贡献和局限性都是显而易见的。其第一个贡献是提出理性消费是相对稳定的,现实生活中我们也会发现消费水平是很稳定的,消费的变化是一个缓慢的过程。这说明我们不能指望消费可以在短期内大规模刺激和调整,政府如果期望刺激消费需求增长,那么一定要进行结构改革,改变人们对收入的长期预期或调整消费结构或消费模式。比如农民工的市民化、鼓励生育等,有很多可以探讨的领域。其第二

第二章　消费、储蓄与财富积累

个贡献,也是最重要的贡献,在于显示了储蓄与生命周期的联系或规律。储蓄是人生特殊阶段的经济行为。我们可能在35—65岁时会有储蓄,45岁之前的储蓄主要用于还债,45—65岁这段时间人们努力储蓄或积累财富,用于养老。这一理论的局限性在于部分假设与现实生活存在距离。比如,假设人们知道自己能活多久;假设收入可以平滑地跨时期转移而没有障碍。这里其实存在流动性限制,年轻人不见得有足够的信用可以举债消费,我们积累的财富也不见得一定能保值增值。包括财富积累本身的动机和原因,经济学也并非能解释得一清二楚。再比如,假设老年期的消费水平与之前处同样水平的稳定状态,都是与现实不符的。图2.3给出的生命周期消费支出和收入线显示,养老期的支出曲线是向右上方倾斜的。老年人虽然在食品衣着上的支出下降,但医疗和护理等支出会大幅度上升,特别是少子化、老龄化背景下养老护理等服务价格还将因供不应求而急剧上升。

经济学定义的储蓄是人们的当期收入减去当期消费支出后的剩余部分。储蓄由图2.3中收入线与消费线之间的垂直距离表示。人们年轻时的消费大于收入,两者的垂直距离表示负储蓄,之后有了正储蓄,然后先还清债务,再进入财富积累的时期。

笔者在此明确给出财富概念。学习了经济学之后,我们就不能再将储蓄与银行存款等同,也不能再讲财富就是房地产这样的话。从经济学上讲,储蓄是收入扣除消费后的剩余部分,相当于农民家的"余粮"概念,社会储蓄也就相当于国民产出扣除被人们消费掉的部分以后的社会剩余产品。财富是与储蓄这样一个流量概念相对应的存量概念,是指某一时点上以往储蓄的加总。①在图2.3中,W代表财富,由45—65岁的储蓄积累所构成的这个四边形的面积可以看成退休前的财富积累。从理性消费者角度看,财富的主要功能是养老。财富的本质是什么?我认为,财富的本质是壮年期剩余产品生产能力向老年期消费能力转换的载体。当我们身强力壮时,生产的产品超出我们自身消费所需,老年期我们丧失了生产能力,但对养老产品与服务的需要却会大幅度上升。作为纯粹消费者的老年人,需要壮年期积累的财富所带来的财产性收入或者消耗这些财富本身来养老。物质财富成为一种壮年期剩余产品生产能力向老年期消费能力转换的载体。

首先我们需要知道财富本身有很多种存在形式。我们可以比较抽象地将财富的持有形式总结为四大类型:第一类是货币,货币不给我们带来任何收益,其主要优点是能够提供流动性和便利性。货币是所有商品的一般等价物,即便是纸币或信用货币,

---

① 流量是指有时间单位作为分母的变量,比如储蓄、投资、财政赤字、入学新生等都是流量,以年为单位计。存量通常对应某一时点,与以上流量相对应的存量有财富、资本、政府债务、在校学生或已毕业的校友等。

作为国家法偿货币，它在一国范围内也能为所有人接受，从而可以用来支付各种商品和服务。货币面临的最大问题就是贬值，购买力的丢失。第二类是金融资产，具体种类越来越多，数不胜数；与老百姓关系比较密切的是一些基础性的品种，如银行存款、政府和企业发行的债券、上市交易的股票和保险公司提供的保险服务项目。第三大类是生产性资产，比如你自己办的企业，用于生产各类产品和服务的机器设备，都属于生产性资产。第四大类是非生产性的资产，也是种类繁多，包括黄金、首饰、古董、字画和最大规模的房地产等等。近年来兴起的另类投资，其标的很多都是将非生产性资产证券化后的投资品种。

当我们较少储蓄时，财富的主要持有形式是现金或银行活期存款。因此"有钱人"也就等于"富人"，但是现在这个"有钱人"只能相当于穷人了，因为富人通常很少持有现金，他们大都刷信用卡消费，其财富很大的比例以其他形式持有。相比较而言，很少储蓄的人因无法投资大面额金融资产或其他生产、非生产资产，其仅有的少量财富只能以现金或银行存款持有了。可以说"有钱人"更多是穷人，而富人往往没有钱。随着人们财富的不断增长，财富持有形式的多样性发展，一个新型金融服务业即财富管理行业快速发展起来，以帮助人们实现财富的保值增值。相信未来这个行业仍有相当大的发展空间。但是我们后面会讲到，在金融体系扭曲和低效率的场合，财富管理很有可能陷入"脱实入虚"的零和博弈陷阱。

四、利率对消费的影响

在绝对收入与相对收入理论中，利率并非是影响消费的重要变量。虽然持久收入理论和生命周期模型没有直接讨论利率对消费的影响，但是他们引入了作为理性预期重要基础的跨期预算约束。跨期预算约束除了当期和未来收入变量外还有一个贴现率因素，这就将利率引入消费决策中。根据持久收入模型，消费对持久收入（Y_p）做出反应，持久收入是现在和未来收入的平均值。在一个两期的模型中，家庭跨期预算约束为：

$$C_1 + C_2/(1+r) = Q_1 + Q_2/(1+r) \qquad (2.2)$$

其中 C_1、C_2 和 Q_1、Q_2 分别为两个时期的消费和产出，两者并不相等，r 为利率或贴现率。持久收入可由以下公式给定：$Y_p + Y_p(1+r) = Q_1 + Q_2/(1+r)$。求解 Y_p，可得到：

$$Y_p = (1+r)/(2+r)\left[Q_1 + Q_2/(1+r) \right] \qquad (2.3)$$

根据持久收入理论，有 $C_1 = Y_p$，因此可得到：

$$C_1 = [(1+r)/(2+r)]Q_1 + [1/(2+r)]Q_2 \qquad (2.4)$$

根据式(2.4)，我们可以将 C_1 写成国民财富 W_n 的函数形式：

$$C_1 = [(1+r)/(2+r)][Q_1 + Q_2/(2+r)] = k(r)W_n \qquad (2.5)$$

消费相当于国民财富的一部分，系数 k 作为财富的边际消费倾向取决于利率的高低，系数 k 还取决于人们的时间偏好率和家庭成员的年龄等因素。[①]

结合这些因素，我们可以看到，财富规模是决定消费水平的重要变量，这是后来的消费理论对凯恩斯绝对收入理论的重大发展。由此也引入财产性收入的重要决定因素利率对消费的影响。利率对消费的影响我们可以分解为替代效应与收入效应两部分。替代效应表明消费与利率具有负相关关系。利率下降，意味着消费的机会成本（即不消费用于储蓄所能获取的利息收入）下降或举债消费的成本下降，因此对消费具有刺激的作用。利率下降的收入效应是指资产的收益率下降导致人们财产性收入下降，因此财产性收入的下降导致消费下降。利率对宏观消费水平的实际影响取决于这两种相反效应的相对水平。由于替代效应主要作用于负债消费的年轻家庭，而收入效应主要影响更多依赖财产性收入的老年家庭，因此利率对消费的实际影响很大程度上取决于一国人口的年龄结构。对老龄化问题相对严重的国家而言，利率下降不仅不能刺激消费，反而会抑制消费。图 2.4 给出利率对消费产生负面影响的日本案例。图中下行的线为日本 10 年期国债收益率，近年出现上升的

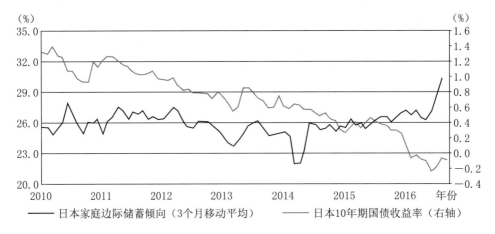

图 2.4　日本家庭边际储蓄倾向与国债收益率

资料来源：Bloomberg；日本内阁；转引自王戴黎：《全球货币宽松盛宴渐入尾声》，载潘英丽主编：《人民币变局：汇率与国际化路径》，中信出版社 2017 年版。

---

① 杰弗里·萨克斯、费利普·拉雷恩：《全球视角的宏观经济学》，格致出版社 2025 年版，第 4 章"消费和储蓄"。

线为日本家庭的边际储蓄倾向。2014 年以来日本的边际储蓄倾向与国债收益率出现了负相关趋势，特别是国债收益率跌破为负值时，日本家庭的边际储蓄倾向出现急剧的上升。靠财产性收入或靠财富消耗养老的群体（老人与 46—65 岁为养老储蓄而努力工作的人群）担心财富缩水而不得不加大当前储蓄，并相应缩减消费。据美国国家情报委员会提供的数据看，2015 年，日本 46 岁及以上人口占比已达 50％，2035 年一半人口的年龄将超过 52 岁，是世界上老龄化最严重的国家。[①]这就是图 2.4 经济变量相关性背后更深层的人口年龄结构基础。

第二节　中国消费比例持续下滑的背景和原因

2000 年以来，中国消费占 GDP 比例持续下滑，与其他国家相比出奇得低。图 2.5 给出了这方面的信息。图中显示，中国包括政府消费在内的消费比例从 2000 年的 62％下滑到 2010 年的 48％，此后虽有上升但 2019 年后又出现下降。相比较，2010 年美国、欧盟和日本的这一比例分别为 88.4％、80％和 79％，韩国为 68.1％。我们在这一节将对造成中国消费比例如此之低的原因做出分析。

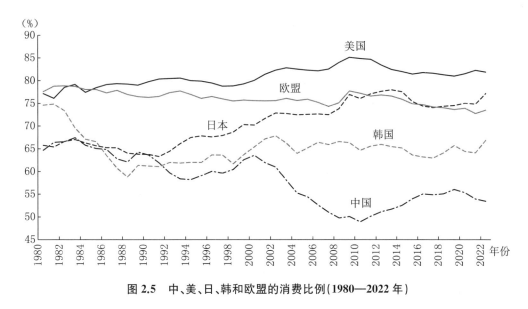

图 2.5　中、美、日、韩和欧盟的消费比例(1980—2022 年)

资料来源：世界银行"世界发展指标"（WDI）数据库。

---

① National Intelligence Council，Global Trends：Paradox of Progress.

在分析中国消费占比过低的原因前,我们先说明官方统计低估中国消费水平的可能性。张军与朱天的文章指出,中国消费水平由于三个原因可能被官方统计低估。第一,中国没有正确计算住房租金。第二,很多私人消费被统计为公司消费,记入成本或投资,比如用餐或以公司资金购买私人使用的汽车等,被记入企业的经营成本或投资,而不是居民消费。第三,国内生产总值调查没有完全反映高收入群体,他们的消费也同样没有得到反映。综合考虑以上三个因素得到的结论是,中国的消费水平被低估了10%—12%。[①]我的看法是第三个原因也许不能成立,因为在低估作为分子的消费时也低估了作为分母的GDP,而且高收入群体的消费比例通常低于社会平均水平,这个群体的遗漏可能会高估社会消费比例。相比较而言,住房租金确实低估。如前所述,中国接近90%的家庭拥有自住住房,他们的居住消费如以市场租金计算仍可能低估。低估部分可能相当于GDP的8—10个百分点。

即便加入低估的部分,中国的居民消费比例与20世纪80年代的韩国相比(见图2.5)仍然低了十余个百分点。因此,中国居民消费比例过低的说法仍然是成立的,并且有其特殊的背景和原因,以下我们逐一进行分析。

一、城乡二元经济结构

图2.6给出中国城镇与农村人均消费支出的变化态势。在2000—2007年间城镇人均消费大致是农村的3.7—3.8倍。2007年之后这一倍数出现下降,降到2010年的3倍。

城乡消费差异的形成首先是由城乡收入差距决定的。城镇人均可支配收入与农村居民人均纯收入的比例从2000年的2.8倍上升到2010年的3.3倍。其中农村人均纯收入在统计上仍可能被高估。城乡调查员在调查农村家庭收入时看到他们养着两头猪,就会按每头猪可卖多少钱记入这个家庭当年的纯收入,但是猪死了怎么办?把农户家里可换钱的东西直接折算成纯收入显然是不准确的,并可能存在高估。另外,城乡之间在公共服务供给方面存在巨大差异,特别是福利性质的公房、医疗服务、交通出行条件以及养老保障等方面,农村差太多。考虑公共服务在内的城镇居民人均实际收入大约是农村居民的5—6倍,这就决定了农村居民消费的整体水平较低。2015年中国的城镇化率为56%,扣除农民工等户籍在农村的流动人口,城镇化率仍低于40%。占人口60%左右的农村居民的低消费显然拉低了总量消费比例。

---

① 张军、朱天:《中国消费率太低?》,微信公众号"复旦发展研究院",2014年9月25日。

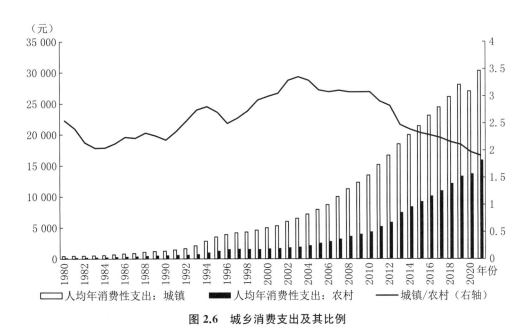

图 2.6　城乡消费支出及其比例

资料来源:国家统计局(农村人均年消费性支出数据只更新到 2021 年)。

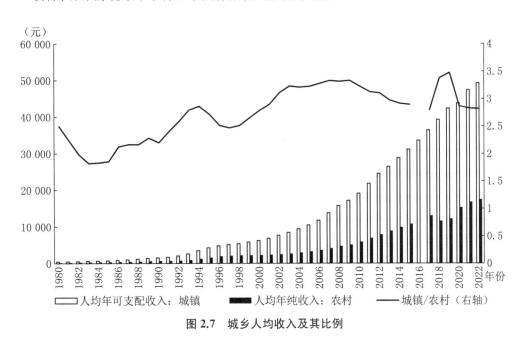

图 2.7　城乡人均收入及其比例

资料来源:国家统计局(数据截至 2022 年,2016 年农村人均年纯收入没有披露)。

中国城乡二元经济结构有其深层的历史和制度成因。

首先,新中国成立后为建立强大的国防产业,中国政府确立重工业优先发展的战略。政府在 1953—1985 年间实施了农产品统购统销政策,以工农产品价格"剪刀差"

的方式①，将农业生产中形成的剩余产品或在外部压力下形成的强迫储蓄转变成工业部门的利润；再由工业企业全额上缴利润，形成国家资本积累；用于计划的固定资产投资。国内农业经济学家对工农业产品价格"剪刀差"转移的农村剩余数额作了多种估算。王梦奎估计 1952—1986 年每年转移 200 亿—300 亿元；②"三农"问题专家陈锡文认为，1953—1985 年实行农产品的统购统销政策期间，农民对工业化的贡献大约是 6 000 亿—8 000 亿元。③同期国有经济固定资产投资总额为 14 420 亿元，其中国家投资总额为 8 451 亿元。通过价格"剪刀差"转移的资金以 8 000 亿元计将分别占到国有经济固定资产投资总额的 55.5％和国家投资总额的 95％。

重工业优先发展的一个重要问题在于其资本密集型特点与中国资源禀赋结构存在内在的矛盾。除了强占农村剩余、强迫农民储蓄带来竭泽而渔的农村发展危机外，城市也出现周期性的经济危机和严重缺乏就业岗位的社会危机。20 世纪 50 年代末60 年代初的"自然灾害"时期、1968—1969 年和 1976—1977 年都出现了经济衰退，特别是 1958 年"大跃进"，带来了极为深重的经济危机。温铁军对此作了深入而具体的分析。据他估算，1959—1962 年的这场危机中，出现新中国成立后的第一次城市知识青年上山下乡，农村回乡青年则是城市下乡知青的两倍。④图 2.8 给出了官方 1962—1979 年知青上山下乡的统计数。

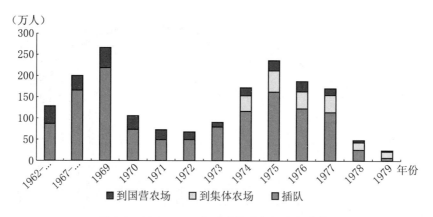

图 2.8　1962—1979 年上山下乡知识青年人数

资料来源：《中国劳动工资统计资料》。

---

① 按斯大林时期苏联的提法，工农业产品价格"剪刀差"专指政府强制压低农产品价格、提高或相对提高工业品价格，使资金从农业"流入"工业的现象。粮食、棉花等农产品的低价格可以降低工业部门的工资和原材料成本，而以更高价格卖给农民工业品，则可以直接提高工业销售利润。
② 王梦奎：《中国经济发展的回顾与前瞻：1979—2020》，中国财政经济出版社 1999 年版，第 106 页。
③ 参阅毕泗生：《中国农业农村农民前沿问题报告》，人民日报出版社 2003 年版，第 95 页。
④ 温铁军：《八次危机：中国的真实经验(1949—2009)》，东方出版社 2013 年版。

另外,20 世纪 70 年代末和 80 年代后期中央财政出现严重困难,加上农村实施包产到户,政府大幅减少了对农村的财政投入。图 2.9 显示,改革开放以来,财政在农业支出方面的比例始终处在比较低的水平。农村水利、交通等基础设施建设较长时期也处于停顿状态。

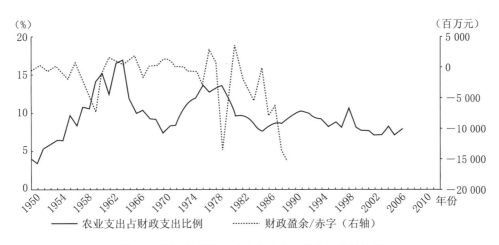

图 2.9　财政状况和政府农业支出占财政支出的比重

资料来源:CEIC。

最后,人多地少是中国农村劳动生产率低下的重要原因。笔者通过与农民工的交谈了解到这样一个案例:某农民工来自安徽农村,一家 5 口人,6 亩地,人均 1.2 亩。一季麦子的收入可抵冲全年农业生产成本;一季水稻构成全年纯收入,大约每亩 800—1 200 元收入。家庭承包地的产出是完全不能养活一家人的。因此除两位老人留下种地、带孩子外,年轻人全部出去打工赚钱。省吃俭用略有积蓄后,如果家里有人结婚或生病很快就会花完。陆铭认为,一些产业的资源是给定的,比如农业的土地资源是给定的,旅游业的景点、景区资源也是给定的,这些行业要提高人均收入唯有一个办法,就是减人,吸引劳动力流出。只有剩下少数的人在土地上耕作或是经营旅游资源,他们的人均收入才可以提高。大城市应该更多地吸纳外来劳动者,解决农民工的市民化问题。[①]

二、独生子女政策

如图 2.10 所示,中国 20 世纪 70 年代末实施的计划生育政策导致之后 30 年的少

――――――――――――

① 参阅陆铭:《大国大城》,上海人民出版社 2016 年版。

儿抚养率大幅度下降。我们的基本生活常识可以帮助我们理解独生子女政策在某种意义上具有"强迫"储蓄的效应。据有关专家披露,中国 1961、1991 年人口的总和生育率分别是 6.1 和 2.2。而 2015 年对 1‰的 15—45 岁生育年龄女性所做调查(又称小普查)得到的总和生育率是 1.047。2000 年以来,正是新中国成立以来出生的两代人共同组成壮劳力的时期。高储蓄率或低消费比例与人口结构的变化具有深层的相关性。壮劳力生产并且未被少儿抚养所消费的剩余产品,作为人口红利以国内财富积累或以贸易顺差方式转为海外资产储存起来。

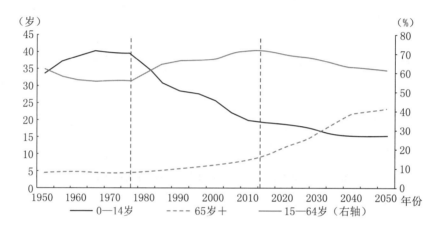

图 2.10　中国人口的结构变化

资料来源:联合国人口署。

三、收入与财富分配的两极分化

首先,21 世纪以来,随着重化工业等资本密集型产业的发展,国民收入在资本与劳动之间的一次分配出现了向资本倾斜的趋势。图 2.11 显示,重工业产值占工业总产值的比重从 1997 年的 51%上升到全球金融危机前的 70%以上,而居民收入占国民收入的比例则从 68%下降到 58%。显然这是居民消费比例下降的一个重要原因。

其次,收入分配差距呈现扩大趋势。21 世纪以来,体现居民收入分配差距的基尼系数持续上升。2012 年 12 月西南财经大学发表的《中国家庭金融调查报告》指出,2010 年中国家庭基尼系数达 0.61。中国改革基金会国民经济研究所副所长王小鲁在《灰色收入与国民收入分配 2013 年报告》中给出的 2012 年中国城镇居民收入基尼系数为 0.501。国家统计局 2014 年 1 月公布了 2013 年全国居民收入的基尼系数为 0.473。虽然 2010 年以来收入分配差距有所缩小,以国际公认的收入差距警戒

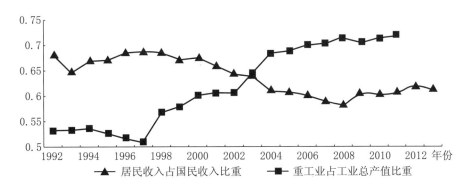

图 2.11 居民收入占比与重工业产值占比

◆—— 居民收入占国民收入比重　■—— 重工业占工业总产值比重

资料来源:国家统计局。

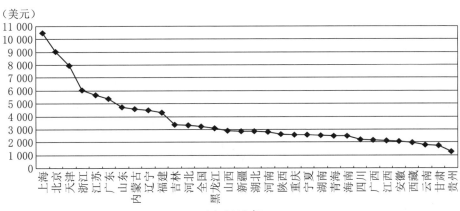

(a) 2008 年

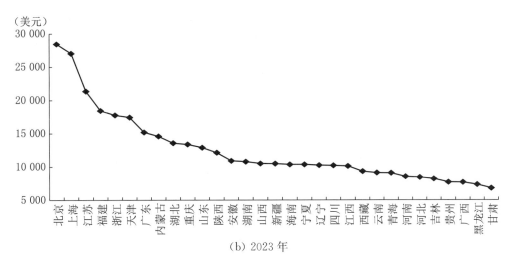

(b) 2023 年

图 2.12 各省区、市人均 GDP

资料来源:国家统计局。

线 0.4 的标准来看,中国收入分配差距仍属过大,进而抑制社会消费水平。

中国地区之间的发展差距也决定了不同地区居民收入的巨大差距。图 2.12 显现中国各省市之间人均 GDP 的差异。2008 年贵州省人均 GDP 只有 1 000 美元,而上海市则已超过了 10 000 美元。地区人均收入差距的存在或持续扩大很大程度上与户籍制度限制人口流动有关。如陆铭所言,政府应该允许劳动力自由流动,地区之间的平衡发展不应追求 GDP 总量的平衡,而应追求人均收入的平衡,人均收入的平衡既可通过做大当地 GDP,也可通过减少当地人口来实现。大城市或沿海地区应充分发挥其吸纳劳动力的潜能。

与收入分配差距相比,财富分布的两极分化十分严重。图 2.13 显示,中金证券 2023 年的中国财富报告给出的数据是,人口占比 0.3% 的高收入群体拥有财富的比例是 67%,中高收入以外的群体接近 93%,财富占比仅为 7%。甘犁领导的西南财经大学课题组披露的深圳房地产分布可看作财富分配两极分化的典型案例。深圳占常住人口 26% 的户籍人口人均住宅建筑面积达到 388 平方米、住房自有率高达 99%;占比 74% 的非户籍常住人口及未纳入统计的近 400 万非户籍流动人口居住水平极差,人均住房建筑面积仅为 10 平方米和 6 平方米,"新深圳人"与"老深圳人"相比,相差了将近 40 倍和 60 倍之多。[①] 由于财富的边际消费倾向与收入的边际消费倾向一样具有递减性质,财富分配的两极分化显然导致社会消费比例下降。

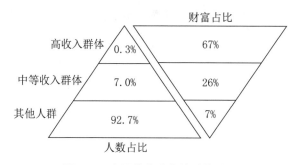

图 2.13　中国贫富分化的结构特征

资料来源:中金证券《中国财富报告 2023》。

此外,从家庭、企业、金融机构和政府四大部门的角度看,中国的金融抑制政策未能及时退出(详见第四章),家庭投资者在新财富的分配中处于劣势。2003—2012 年中国一年期存款的实际利率平均为 -0.4%;而股票市场自创设以来三年平均的投资收益率与经济增长的相关性仅为 9%,相比较而言,德国为 85%,俄罗斯为 75%,日本

---

① 引自《西南财经大学课题组:九成住房自有率非九成人有房住》,《第一财经日报》2012 年 5 月 17 日。

为 65％,美国为 50％。[1]据学者测算,居民在 2000 年分别在银行和股票组合上投入 1 元钱并长期持有,那么以实际购买力计,2012 年末银行存款还有 0.8 元,股票市值仅剩 0.62 元。对此,有观点认为政府将股市定位在为国企筹集廉价资本提供服务,[2]而不是家庭储蓄者的投资渠道。[3]家庭未能通过金融投资分享到中国经济高速成长的成果,进而无法以财产性收入支持消费的增长。

四、消费金融发展滞后与住宅抵押贷款对消费的挤压

由于金融体系功能的扭曲和金融整体投资收益率为负的现状,中国家庭将 69％ 的财富配置在房地产上。以房地产市价计算的财富价值有了非常巨大的增值。但是笔者个人的猜测是,中国房地产价格变动的财富效应很可能是负的。主要依据有以下几点:

首先,对大部分只拥有一套住房用于居住的家庭而言,房地产市值的增加并不具有刺激消费的财富效应。在美国,房产增值具有正的财富效应,因为在美国银行体系中有一个自有住宅产权的质押贷款业务。例如,某家庭花 20 万美元买了一套房,首付款 5 万,抵押贷款 15 万,三年内,偿还贷款本金 5 万,这套房子市价涨至 30 万美元。扣掉 10 万未清偿的债务,余下 20 万美元即为家庭的自由产权。家庭在房屋抵押贷款尚未还清的情况下,可将这个 20 万元的自由产权再质押给银行。银行可以按 60％ 或 50％ 的比例提供产权质押贷款,允许消费者用于装修房屋、旅游度假或子女上学等开支。由于这个信贷政策,只要房价持续上涨,家庭就可能以零首付的方式,借新债还旧债,实现"空麻袋背米"方式的置业。由于存在这样一种消费信贷机制,即使家庭只有一套住房用于居住,房价上升仍然可以刺激消费,提高居民的消费水平。在中国,对仅有一套住房用于居住的家庭而言,房价上升的部分显然不能有效地转化为消费者的购买力。当然也不排除房地产账面价值上升会给家庭带来安全感和富裕感,从而提高其消费倾向的可能性。

其次,房价的上涨要求新购房的包括改善型购房的家庭以更高的价格购买同样面积和品质的房子。这将要求他们省吃俭用积累更多的首付款,每月的月供也会更高。因此,房价上升,显然会挤压他们的消费。图 2.14 给出了中国居民户 2008 年以来新增短期贷款与新增长期贷款的变化曲线。两种贷款在 2013 年下半年开始形成了反向变化态势。居民的中长期贷款主要是房地产抵押贷款,随着房价的上升这部分信贷大

---

[1][3]　钱军等:《中国金融改革的市场化进程前瞻》,《人民论坛·学术前沿》2016 年 6 月期。

[2]　证监会在 1997 年 15 号文中明确指出,"证券工作要为国有企业改革与发展服务,要为国有企业增加资本金,收购有发展前途的亏损企业尽心尽力"。

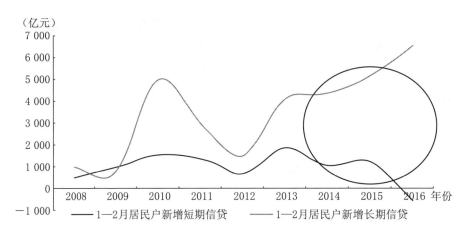

图 2.14　住宅抵押贷款与消费信贷变化

资料来源：任泽平：《这次不一样？——当前房市泡沫与 1991 年日本、2015 年中国股市比较》，一财网，2016 年 3 月 16 日。

幅度增长，而同一时期的信用卡透支等短期消费信贷却是下降的。可见房价上升期房贷挤出消费信贷，对即时消费产生挤压效应。

再次，从房屋作为耐用消费品的居住功能来看，房价变动涉及财富在房产多头与空头之间的再分配。通俗地讲，房产多头是指所拥有的房产已超过家庭现期和未来消费需要的家庭，而房产空头则指房产持有量少于现期和未来消费需要的那些家庭。后者通常由城市新人和城市低收入家庭构成。房价上涨与房屋在二手房市场的转手，意味着财富从后者向前者的转移，意味着贫富差距的扩大。但是由于欠富裕家庭其财富的边际消费倾向（消费增量与财富增量的比例）通常高于富裕家庭，因此房价上涨将会导致社会总消费需求下降的反向财富效应。

五、公共服务供给的短缺、不公与消费服务产业发展的滞后

公共服务供给的短缺和消费服务业发展滞后对消费的抑制作用相当于强迫储蓄。

首先，我们需要肯定的是，近年来政府有关民生的公共服务供给无论是金额还是占 GDP 和占财政支出的比例都是增加的。图 2.15 给出了教育、社会保障与就业、医疗卫生以及城乡社区事务四项财政支出的相关信息。

但是，这些公共服务供给从中国的经济发展水平和国际横向比较来看仍然相对较低。以医疗卫生为例，卫生部部长于 2005 年 7 月 1 日在中央宣传部和中共北京市委等联合主办的形势报告会上提供了一组数据：2003 年全国卫生总费用为 6 598 亿元，占 GDP 的 5.6%，达到发展中国家的较高水平，但其中政府投入仅占 17%，企

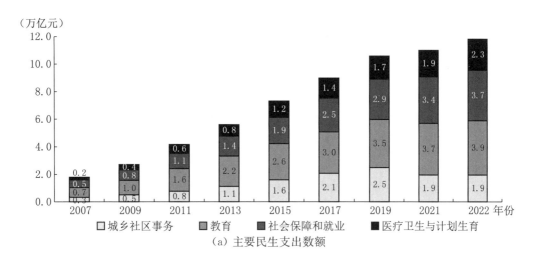

（a）主要民生支出数额

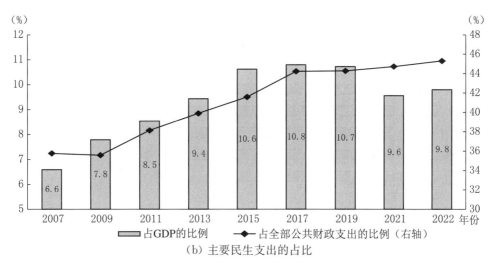

（b）主要民生支出的占比

图 2.15　主要民生支出及其占比

注："民生支出"主要包括以下四方面：教育，社会保障与就业，医疗卫生与计划生育，以及城乡社区事务。

资料来源：中国财政部、国家统计局。

业、社会单位负担占 27％，其余 56％ 由居民个人支付。在欧洲发达国家，医疗卫生费用约占 GDP 的 10％，其中的 80％—90％ 由政府负担。在市场化程度很高的美国，医疗卫生费用约占 GDP 的 15％—16％，政府承担的比例仍高达 43％。与中国经济发展水平相近的国家，比如泰国的政府投入占 56.3％，墨西哥占 33％，都高于中国的水平。另外，在居住问题上，我们未能落实最初设计的商品房与福利房的双轨制度，廉租房和公屋租赁供给严重不足，带来城市新人生活的巨大压力和群租等社会问题。

　　另外一个问题是有效的公共服务资源的分配存在较为严重的不公平。北京、上海等大城市集中了全国最多和最好的医疗和教育资源。在教育经费投入方面，2022年国家教育经费支出占财政总支出的 15.14％，其中，中央政府支出占比仅 3.83％，96.13％ 是由地方政府支出的。由于地方政府财政实力差距很大，因此在教育资源投入方面同样存在很大的地区差距。特别是九年义务教育的经费支出 70％ 由县级政府承担，致使贫困地区教育资源极度短缺，不能为本地少年儿童提供成长发展所必需的平等起跑线。

　　除了政府在公共服务的供给方面的缺位或不足，市场化的消费服务供给也因众多制度障碍而无法有效释放以满足居民快速增长的相关需求。图 2.16 给出了 2014—2023 年间各种类型消费支出的平均增长速度。增速超过 10％ 的消费服务业显然都存在供不应求的瓶颈。"看病难、看病贵"，文化娱乐的低俗化，节假日景点人满为患，旅途中强迫购买及景区门票乱涨价等，显然都从供给侧限制了人们的消费需求和欲望。

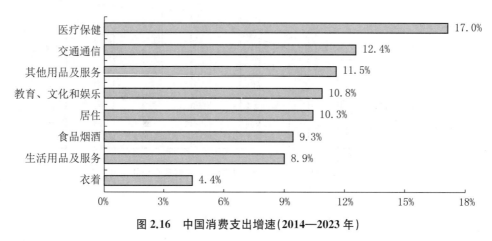

图 2.16　中国消费支出增速（2014—2023 年）

资料来源：国家统计局（2014—2023 年为平均年增速）。

第三节　财富幻觉与人口老龄化的社会危机隐患

　　笔者在 2010 年上海哲学社会科学联合会学术年会上的演讲中第一次提出了"财富幻觉"概念，之后又在 2011 年发表的论文中作了系统阐述，①主要用来分析人口结

---

①　潘英丽：《中国出口导向型经济的双重战略风险与财富幻觉》，《探索与争鸣》2011 年第 3 期。

构严重失衡背景下人们以房养老的个体理性造成的集体非理性问题。

财富幻觉与央行印钞票无关，与资产泡沫无关，只与代际的人口结构相关。笔者先以传统农业社会的农户为例来解释。传统农业社会没有货币，没有交易，国民经济以家庭为单位独立运行。当农户家里壮劳力很多的时候，比如家里有三个壮劳力，只有一个人吃闲饭，那么他们家生产出来的农产品吃过用过，留下明年生产所需的种子后仍有较多剩余。这就是家庭当年的储蓄。农民用这个余粮来养鸡或者养猪，增加家庭成员的蛋白质摄入量，以提高近中期的生活品质，余粮也可以用来生育和抚养更多子女，提高家庭的中长期生产能力，包括赡养老人的能力。这个是非常重要的。我们的传统农业社会有两个说法，大家记忆犹新。一个叫"养儿防老"，一个叫"多子多福"。这说明在传统农业社会，多生孩子，从经济学角度看，就是家庭储蓄和提高家庭长期生产能力的一种投资，这个储蓄向投资的转化在家庭内部就很方便地完成了，没有也不需要任何银行或投行来作中介。子女也就是家庭最宝贵的财富。现在年轻家庭生养孩子的意愿下降，这与生育期女性受教育的程度有一定关系，但更多与我们的社会政策存在的问题相关。

一、财富储存

前面第一节我们从消费者角度讨论过财富的四种持有形式，这里再从社会角度探讨财富的三种储存形式。一是人们直接保有具有使用价值的耐用消费品，比如住房、家用电器等可以提供消费服务的耐用品或实物资产。第二种方式是老一代人把他的储蓄借给年轻一代人用于消费，这是以信用为基础实现的剩余产品代际的跨期交易，老一代人创造的剩余产品借给年轻人消费，并且由年轻人未来创造的超出自身消费需要的剩余产品来偿还给老一代用于养老消费。代际的跨期交易的一种方式是由银行作中介，表现为壮年家庭和年轻家庭在银行的存款和借款。存款凭证即为老年一代对年轻一代剩余产品的索取权，贷款合约则为年轻一代的偿债义务。另外一种方式是父母和子女之间的资助关系。父母给子女支付住宅购买时的首付款，而子女则有赡养父母、照顾父母老年生活的义务或默契。财富储存的第三种方式是将储蓄存入银行、购买理财产品或投资基金、股票等方式，通过金融中介将我们的储蓄转给企业，由企业家代理进行生产性投资，以增加未来消费品和消费服务的生产能力，实现财富的保值增值，并在未来需要套现养老时有足够的养老产品和服务可供购买和消费。在今天的商品和货币经济中，社会分工已经超越了家庭、地区甚至国界，面对成千上万个产业，家庭已经丧失了直接进行产业投资的能力。我们必须通过金融机构或金融市场这些中介，来提供专业的投资或财富管理服务。

二、财富幻觉

财富幻觉与人口结构失衡有关。我们这里以不同时期人口的总和生育率来体现不同年龄人口所占的比例。总和生育率是指一个妇女一生中生育的子女数或一对夫妻一生中生育的子女数。如前所述,20世纪五六十年代一对夫妇大约平均生6个孩子。90年代下降到2.2个,2015年人口小普查得到的结果是1.047个。假定中国1979年实施计划生育基本国策后,独生子女政策得到严格贯彻,那么新中国成立后出生的第一代人,即20世纪50—60年代出生的一代人,大概是"80后"和"00后"两代独生子女总人数的1.33倍。无论是6∶3∶1.5,还是4∶2∶1这种结构,用第一个数除以后面两个数之和都是1.33。这是中国的基本国情。可以说人口结构及其随着时间的迁移,是未来若干年唯一确定的趋势。

我们借助图2.17阐述"财富幻觉"的概念。图2.17提供了财富定义与财富代际转换的几何图解。图中横轴用来表示两代人的年龄或所处人生的不同阶段,纵轴表示两代人不同时期的总收入和总消费水平。根据生命周期消费理论,年少时期人们的收入小于消费,出现负储蓄;壮劳力阶段,收入 Y 大于消费 C 的部分为储蓄 S ,由三段构成的折线表示的收入线超过消费水平线的垂直距离表示。但在壮劳力的前期(比如25—45岁)储蓄主要用于还债;债务还清后(46—64岁)的储蓄构成财富的积累,由图中四边形面积 W_1 构成。

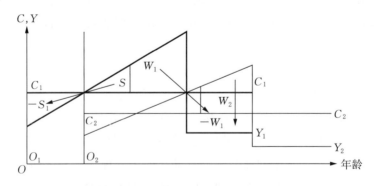

图2.17 财富定义与财富的代际转换

财富的本质是一代人现期的剩余产品生产能力向未来消费能力转换的载体。积累财富的基本经济目的是养老,即用46—65岁这年龄段积累的财富为退休后的负储蓄生活买单,图中 $W_1 \rightarrow -W_1$ 箭头表示财富用于养老的消耗。在人口代际平衡的背景下,老一代人在老年期的消费水平可以与之前保持相等的 C_1 水平。但是由于财富在人生福利最大化过程中发挥有效作用的前提条件在于财富的代际转换,老一代人积累的财富与下一代人创造的剩余产品进行跨代和跨期的交换。因此存在一个两代人之间的财富兑换率 WER:

$$WER = W_2/W_1$$

老一代人的财富兑现为未来消费的比例主要取决于下一代人未来的剩余产品生产能力。由于下一代人口已大幅减少,在技术条件或劳动生产率不变的假设条件下,他们壮年期创造的剩余产品总量(也即他们所积累财富)由细线组成的四边形面积 W_2 构成,由于 $W_2 < W_1$,现代人的未来财富兑现率 WER 显然将小于1,有

$$WER = W_2/W_1 < 1$$

假定 W_2 的面积正好等于其下方的长方形面积,那意味着现在壮年的这代人未来的消费将不能维持在 C_1 水平上,而是将与下一代人一起下降到 C_2 水平。壮年这代人现有财富中存在的某个百分比 $1-(W_2/W_1)$ 就其养老功能而言是虚幻的。根据理性预期假设,消费者将不会到退休后再调低消费水平,而是在他们预见到这一未来变化的时候即开始调低消费水平。因此"下一代人未来的生产能力将不足以赡养老一代人"的预期将直接提高壮年这代人的预防性储蓄动机,形成强烈的致富欲望,并抑制现期消费,这代人对物质财富的过度追求(也表现在政府对 GDP 增长的追求上)和对下一代人力资本(人的数量与质量)投资的忽视将导致财富虚幻比例的上升。

笔者将财富幻觉定义为壮年这代人的一种集体无意识,即无法认识到对一代人整体而言财富未来可兑现的消费购买力将小于财富的现期总价值,两者之间的差额(WI)部分对于财富用于养老的本质功能而言是虚幻的。这是一种个体理性导致的集体非理性结果。

现实中的人口结构失衡,意味着我们不远的将来很可能面临人口老龄化的社会危机。买房养老是"50后""60后"这代人很流行的投资理念。谢宇等的《中国民生发展报告2016》还提供家庭财产中房产所占比例。2014年,在中国家庭财产中房产占绝对主导地位,家庭净房产占家庭总资产的比例高达74.9%。家庭财产结构失衡虽然有投资渠道不畅等客观原因,买房养老的投资理念与财富幻觉有重要关系。我们养老其实并不需要多余的房子。老年人通常不需要住大房子。当我们投资房产以期养老时,个体理性选择却带来了集体非理性的结果。我们今天持有房子很重要的考虑是,当我们需要的时候用房产去置换我们需要的养老产品与服务。其实,我们在置换过程中将面临两个惊险的"跳跃"。一个惊险的"跳跃"是马克思《资本论》里讲的商品资本的"实现"。他说在资本主义生产过程中,企业生产出来的商品必须卖出去,才能实现它的价

值,包括收回预付的生产资本并实现其中的剩余价值。我们今天很多企业产能过剩,库存积压,就是没有完成这个惊险的跳跃,很可能就此陷入破产境地。进入老年期的我们这代人将抛售我们持有的房产,那么谁来买我们的房子呢？那是我们的下一代人用他们的储蓄来购买或者承接我们的房产。他们人数减半,如果技术条件给定不变,他们创造的剩余产品总量也将减半。如果在政府鼓励生育的政策背景下,他们理性选择生两个孩子,那么他们可供老一代人使用的剩余产品和服务可能还将减半或减四分之一。他们实际上没有太多储蓄(或剩余产品)可用来购买我们的住房。因此,当我们要卖房时,可能无法出手,也可能换取的养老产品和服务仅仅只有今天可以换取的一半或更少。这既可能表现为现有住房的未来价格大幅度下跌或滞销,即第一种"惊险跳跃"(已经在众多"鬼城"上演);也可以表现为未来养老产品与服务价格的翻番,即第二种"惊险跳跃",或者两者兼而有之。年轻人在人数上已比老年人少很多,在劳动生产率没有相应提高的情况下,他们无法生产足够的剩余产品和服务提供给老年人享用。因此我们这代人持有的房产在多大程度上可以发挥养老功能,并不取决于房产今天的价格,而是取决于我们下一代人他们能生产出多少剩余的产品和服务可供老一代人消费。假设一个老年家庭有第二套房子,现在市价 300 万元,一年的消费支出 10 万元,那么这套房子以现价计是可以给我们提供 30 年养老保障的。但是 10 年后当我们卖房时,这套房子市价也许只有 150 万元了,而养老消费支出已从现在的 10 万涨到 20 万,那么这套房子只能给我们提供 7 年半($150/20=7.5$)的养老保障了。 我们以为今天的财富净值足够养老,其实我们今天的净资产价值很可能有 50% 或者更多是虚幻的,是未来不能发挥养老功能的。这就是财富幻觉的含义。它是人口代际失衡造成的,警示着社会存在老龄化危机的隐患。老年人安享晚年需要的养老产品和服务不取决于我们持有多少物质财富(还存在着物质和技术的折旧或损耗),而是取决于我们年轻一代或两代人未来剩余产品的生产能力。

三、国民财富的结构及其失衡问题

我们再从社会角度讨论国民财富。世界银行曾经将国民财富分为四个大类:生产性资产、自然资本、人力资源和社会资本。其中最重要的社会资本是世界银行第一次提出的。世界银行将社会资本定义为,文化与制度的混合物,它决定了在给定一笔资产的前提下,为何一个社会在增进可持续国民福利方面会比另一个社会更有效。

关于社会资本,学者们有很多不同的定义,有的定义为公共产品,有的定义为社会网络关系,也有将企业家精神、社会关系,包括信任、价值观等精神文化因素定义为社会资本。我倾向于将社会资本看作是一国拥有的有效组织和管理社会与经济的能力。它由界定个人和集体、政府和市场的职能及关系，并使两组关系之间的协同效应持续增进的制度安排和服务体系构成。

就如生产过程中不同生产要素有重要的互补性一样，国民财富在增进社会福利方面也具有重要的互补性。如果人力资本和社会资本不足，物质财富在增进国民福利方面的作用显然就会大打折扣。

当前中国显然存在财富结构的失衡。一是我们重化工业的固定资产和房地产等实物资产存在过度投资和过度积累。二是自然资源（土地、森林、矿产、水资源与清新空气等生态环境）存在掠夺性开发和透支。三是人力资本的积累仍然不足。这又表现为三种情况：劳动力简单再生产的衰减，即劳动者人数的减少与劳动者健康状况的不利变化；义务教育资源的总量短缺与分配不均；应试教育导致综合素质以及动手和创造能力的下降。最后是包括制度、社会组织、诚信文化等要素在内的社会资本的缺失。

在四大类国民财富的结构中社会资本的缺失是最为关键的。这也就是党的十八大提出的"提高国家治理能力"的问题。社会资本缺失的核心问题是政府职能的扭曲。政府职能应该是界定和保护私有产权，维护市场秩序，为市场有效配置资源提供制度保障，并提供公共服务和适度的宏观调控以弥补市场之不足。相反，由于政绩竞赛、税收利益以及设租寻租的激励机制，政府配置资源的行政体制，以及优胜劣汰机制的缺失，一起造成了社会资源的错配和财富结构的失衡。

投资者面临严重的"资产荒"。无论是家庭还是金融机构都不知道资金往哪里投。其实"资产荒"背后是"好企业荒"。资源错配已造成产能过剩和企业盈利能力大幅度下降。通货紧缩阴影下全球央行实施量化宽松的货币政策甚至负利率，引发了家庭的通货膨胀焦虑。家庭期望以实物资产抵抗未来通胀，商业银行则认为家庭房地产抵押贷款是最安全的金融资产。这使得一二线城市的土地和房屋成为竞相追逐的好资产，引起房价暴涨。我们显然在资产错配的道路上越走越远。因为人们没有认识到财富结构失衡的危害，没有考虑人口自身的代际失衡所带来的长期隐患。也许我们前一二十年赚了钱，财富也增值了，但是并不能排除未来财富贬值。人口的代际失衡和财富的结构性失衡将会给大部分家庭和金融机构带来难以规避的系统性风险。

那么如何破除财富幻觉呢？有一次笔者在南通给 EMBA 校友讲课，讲到这里学生就问，股票不能投，银行存款利率也赶不上通胀，房地产泡沫已很大，我们的储蓄该投到哪里呢？笔者想给大家两个建议：一个是年轻家庭应该多生孩子，至少生两个孩子，这是最好的长期投资选择；第二个建议就是年轻人要花更多的时间和金钱对自己进行人力资本投资,包括健康、认识社会、认识自然界的学习能力、动手能力、创造力都需要有大的提高。未来知识爆炸,变化太多,我们要去应对,要在未来社会经济发展中让自身得到很好的发展,你们一定要对自己进行更多的人力资本投资。

四、财富结构调整与代际可持续发展政策

财富结构的调整主要与国家的社会政策有关。我们先来分析未来中国 14 亿人口的客观需要是什么。随着时间的推移,中国人口老龄化和人均收入的提高是最为确定的趋势。根据恩格尔定律及其拓展,我们可以确定食品和物质产品的消费在人们消费支出中的相对重要性将会不断下降,而精神文化产品的体验和即时消费服务的重要性将会不断增加。由于物质财富具有的技术折旧与物质损耗,再加上共享理念的兴起,人们对物质财富的需求会相对减少。高科技产业投资专家曾指出,我们目前持有的汽车 90% 的时间是趴着而非行驶的。无人驾驶技术的普及将使家庭汽车的需求减少80%。在年轻一代乐意共享而非拥有时,对房屋的需求也将明显下降。当这些新的理念主导社会消费主流模式时,人们对物质财富的需求将会减少,其市场价格无疑也会不断下降。相比较而言,精神文化财富具有共享性、耐耗性,甚至是永续性。几百年前的古典音乐家创造的经典曲目仍然得到越来越多的中高层社会群体的喜爱,几千年前大思想家的经典著述今天继续给我们众多的人生启示。精神文化产品的生命力和社会价值似乎并不存在折旧,反而会随着社会进步而不断增值。由此可见,具有文化内涵和技术含量的物质产品生产能力,精神文化产品的生产能力,以及即时消费服务的供给能力的重要性将日益显现。

针对当前国民财富结构与未来增进社会福利的客观要求不匹配的现状,我提出财富结构调整的三大政策,供政府决策部门参考。

首先,中国需要实施代际平衡可续型的人力资源开发战略。包含四个层次的社会政策:一是全面放开生育限制同时建立对多子女家庭的补贴政策。二是加大义务教育资源的投入,提高义务教育均质和平等性。义务教育经费应由中央政府承担,并根据地区人口流动的现状与地区适龄儿童人数进行分配。三是全面改革现行教育制度,提高下一代综合素质、专业技能和创造力。四是通过中央政府发行实名虚拟教育券的政府采购方式推进再就业培训,推进去产能和去杠杆过程中员工安置和再就业培训,让去产能过程中释放出来的工人与农民工经过培训在产业升级和服务产业发展中实现再就业。对年轻家庭来说,大家应该理性地选择生育两个孩子,并且强化对自己的人力资本投资。在人口数量与人力资本上的投资是中国增长方式从要素投入型成功转向效益增进型,实现社会经济可持续发展的重要保障。

其次,政府需要转变立场和职能,真正发挥金融市场有效配置资源的积极作用。政府的立场需要从帮助企业筹集廉价资本转到促进企业与投资者利益的一致性上来。政府需要构建有效界定和保护私有产权的法律制度;健全信息披露制度,强化监管的威慑性,防范商业欺诈,提高市场透明度;需要退出政府的信用担保,健全优胜劣汰的企业破产和市场退出机制,营造适合好企业发展的生态环境;消除"资产荒",打通储蓄通往高成长产业和高效率企业的投融资通道;杜绝将体现人口红利的高储蓄或社会剩余产品浪费在低效率项目上,以避免金融危机与社会危机的发生。

最后,需要强化知识产权的保护,并探索即时消费服务业的权责界定机制和新型商业模式,以此促进高新技术产业和文化产业的发展。另外随着人均收入提高和人口老龄化,消费服务业对国民经济的重要性可能会逐步替代房地产业的地位。但是即时消费服务业与传统制造业有着本质的区别,服务的生产、销售与消费是同一过程,具有很强的个性化、人性化和专业技术要求。因此,与制造业产品质量的认证与鉴定不同,即时消费服务业的权责界定和质量保证相对复杂和困难。这一点在医患矛盾和养老服务业表现最为突出。服务提供者的职业道德、敬业精神和市场信誉,消费者的理性和遵纪守法都是即时消费服务业健康发展的基本要素。如何健全法规行规,形成有效的市场秩序,并通过商业模式的创新来适应其发展的特殊要求,这是一个需要研究的重要课题。另外,即时消费服务业发展的另一个瓶颈在于具有良好服务技能和敬业精神的人才不足,需要探索相应的专业培训、技术传播与专业评价机制或在即时消费服务业引入学习型的现代企业组织,以消除这些发展瓶颈。

附录　国务院关于促进服务消费高质量发展的意见

国发〔2024〕18 号

各省、自治区、直辖市人民政府,国务院各部委、各直属机构:

为优化和扩大服务供给,释放服务消费潜力,更好满足人民群众个性化、多样化、品质化服务消费需求,现提出以下意见。

一、总体要求

以习近平新时代中国特色社会主义思想为指导,全面贯彻落实党的二十大和二十届二中、三中全会精神,完整准确全面贯彻新发展理念,加快构建新发展格局,统筹扩大内需和深化供给侧结构性改革，扩大服务业开放，着力提升服务品质、丰富消费场景、优化消费环境，以创新激发服务消费内生动能，培育服务消费新增长点，为经济高质量发展提供有力支撑。

二、挖掘基础型消费潜力

（一）餐饮住宿消费。提升餐饮服务品质，培育名菜、名小吃、名厨、名店。鼓励地方传承发扬传统烹饪技艺和餐饮文化，培育特色小吃产业集群，打造"美食名镇"、"美食名村"。办好"中华美食荟"系列活动，支持地方开展特色餐饮促消费活动。鼓励国际知名餐饮品牌在国内开设首店、旗舰店。提升住宿服务品质和涉外服务水平，培育一批中高端酒店品牌和民宿品牌，支持住宿业与旅游、康养、研学等业态融合发展。依法依规盘活农村闲置房屋、集体建设用地，发展乡村酒店、客栈民宿服务。

（二）家政服务消费。支持员工制家政企业发展，畅通家政从业人员职业发展通道。深化家政服务劳务对接行动，推动家政进社区，增加家政服务供给。实施家政服务员技能升级行动，推进家政服务品牌建设，打造巾帼家政服务品牌。指导制定家政服务公约，优化家政服务信用信息平台和"家政信用查"功能，推行电子版"居家上门服务证"。

（三）养老托育消费。大力发展银发经济，促进智慧健康养老产业发展，推进公共空间、消费场所等无障碍建设，提高家居适老化水平。加快健全居家社区机构相协调、医养康养相结合的养老服务体系，开展居家和社区基本养老服务提升行动，推动职业院校加强人才培养。多渠道增加养老托育服务供给，支持依法依规利用空置场地新建、改扩建养老托育机构，推动降低运营成本。结合老旧小区改造、完整社区建设、社区生活圈建设、城市社区嵌入式服务设施建设，优化家政、养老、托育、助餐等服务设施布局。严格落实新建住宅小区与配套养老托育服务设施同步规划、同步建设、同步验收、同步交付要求。实现养老托育机构用水、用电、用气、用热按居民生活类价格执行。支持金融机构优化风险管理，积极提供适合普惠性养老托育机构项目资金需求特点的金融产品和服务。

三、激发改善型消费活力

（四）文化娱乐消费。深入开展全国文化和旅游消费促进活动，持续实施"百城百区"文化和旅游消费行动计划。加强非物质文化遗产保护传承，开发具有地域和民族特色的文化创意重点项目。扩大文化演出市场供给，提高审批效率，增加演出场次。

丰富影片供给,支持以分线发行等差异化模式发行影片,促进电影关联消费。提升网络文学、网络表演、网络游戏、广播电视和网络视听质量,深化电视层层收费和操作复杂治理,加快超高清电视发展,鼓励沉浸体验、剧本娱乐、数字艺术、线上演播等新业态发展。

（五）旅游消费。加强国家文化和旅游消费示范城市建设,推动国家级夜间文化和旅游消费集聚区创新规范发展,实施美好生活度假休闲工程和乡村旅游提质增效行动。推进商旅文体健融合发展,提升项目体验性、互动性,推出多种类型特色旅游产品,鼓励邮轮游艇、房车露营、低空飞行等新业态发展,支持"音乐＋旅游"、"演出＋旅游"、"赛事＋旅游"等融合业态发展。增开银发旅游专列,对车厢进行适老化、舒适化改造,丰富旅游线路和服务供给。鼓励各地制定实施景区门票优惠、淡季免费开放等政策。提升交通运输服务品质,完善立体换乘、汽车租赁等服务,便利旅客出行。优化入境政策和消费环境,加快恢复航班班次,提供多样化支付服务,研究扩大免签国家范围,深化文化旅游年活动。

（六）体育消费。盘活空置场馆场地资源,引导社会力量依法依规改造旧厂房、仓库、老旧商业设施等,增加体育消费场所。鼓励举办各类体育赛事活动,创建具有自主知识产权的赛事品牌,申办或引进有影响力的国际顶级赛事,培育专业化运营团队。引导各地推出特色鲜明的群众性体育赛事活动。积极发展冰雪运动,持续推动冰雪运动在全国普及发展。深化促进体育消费试点工作,培育一批国家体育产业和体育旅游发展载体。

（七）教育和培训消费。推动高等院校、科研机构、社会组织开放优质教育资源,满足社会大众多元化、个性化学习需求。推动职业教育提质增效,建设高水平职业学校和专业。推动社会培训机构面向公众需求提高服务质量。指导学校按照有关规定通过购买服务等方式引进具有相应资质的第三方机构提供非学科类优质公益课后服务。鼓励与国际知名高等院校在华开展高水平合作办学。

（八）居住服务消费。鼓励有条件的物业服务企业与养老、托育、餐饮、家政等企业开展合作,发展"物业服务＋生活服务"模式。推广智能安防、智慧停车、智能门禁等新模式,提升社区服务水平和居住体验。培育提供改造设计、定制化整装、智能化家居等一站式、标准化产品和服务的龙头企业。鼓励有条件的地区支持居民开展房屋装修和局部改造。

四、培育壮大新型消费

（九）数字消费。加快生活服务数字化赋能,构建智慧商圈、智慧街区、智慧门店等消费新场景,发展"互联网＋"医疗服务、数字教育等新模式,加快无人零售店、自提柜、云柜等新业态布局,支持电子竞技、社交电商、直播电商等发展。加快建设和升级信息消费体验中心,推出一批新型信息消费项目。开展数字家庭建设试点,更好满足居民家居产品智能化服务和线上社会化服务需求。

（十）绿色消费。建立健全绿色低碳服务标准、认证、标识体系,完善绿色设计标准,提升绿色服务市场认可度和企业效益。推广应用先进绿色低碳技术,完善能效水效标识管理,提高家装、出行、旅游、快递等领域绿色化水平。

（十一）健康消费。培育壮大健康体检、咨询、管理等新型服务业态。推进"互联网＋医疗健康"发展,尽快实现医疗数据互联互通,逐步完善"互联网＋"医疗服务医保支付政策。鼓励开发满足多样化、个性化健康保障需求的商业健康保险产品。进一步推进医养结合发展,支持医疗机构开展医养结合服务。支持中医药老字号企业发展,提升养生保健、康复疗养等服务水平。强化零售药店健康促进、营养保健等功能。

五、增强服务消费动能

（十二）创新服务消费场景。开展服务消费提质惠民行动。围绕贴近群众生活、需求潜力大、带动作用强的重点领域开展服务消费季系列促消费活动。推动步行街改造提升,加快城市一刻钟便民生活圈建设,完善县域商业体系,健全城乡服务消费网络,丰富农村生活服务供给,提升服务供给能力和消费能级。

（十三）加强服务消费品牌培育。探索开展优质服务承诺活动。支持服务业企业加强品牌培育、运营和保护,发挥中华老字号和特色传统品牌引领作用,培育一批服务质量好、创新动能足、带动作用强的服务业品牌。

（十四）扩大服务业对外开放。依托国家服务业扩大开放综合示范区、国家服务贸易创新发展示范区等平台,主动对接国际高标准经贸规则。放宽服务业市场准入,持续深化电信、教育、养老、医疗、健康等领域开放,推动科技服务、旅游等领域开放举措全面落地。办好中国国际进口博览会、中国国际服务贸易交易会等展会,吸引更多国际知名企业投资、更多服务业态落地。

六、优化服务消费环境

（十五）加强服务消费监管。强化跨部门联合监管,严厉打击虚假广告、网络欺诈、泄露信息等行为。鼓励社区、商场、景点、平台企业设立消费维权服务站,促进消费纠纷源头解决。探索恶意索赔处置工作机制,打击以投诉举报为名的敲诈勒索行为,维护良好营商环境和经营者合法权益。

（十六）引导诚信合规经营。依托"信用中国"网站和国家企业信用信息公示系统,上线"信誉信息"板块,加强对相关经营主体登记备案、行政许可、行政处罚等信用信息的归集、公示,引导更多经营主体守信重信。加强服务质量监测评价,完善评价指标体系,定期发布监测评价结果,鼓励第三方机构开展服务消费评价。

（十七）完善服务消费标准。优化服务业标准化布局,培育服务业标准化品牌。制修订服务消费相关标准,完善文化、旅游、餐饮住宿、家政服务、养老托育、家居家装、商务服务等领域标准,研制数字消费、绿色消费、健康消费等新型消费标准。加强服务消费领域认证制度建设。

七、强化政策保障

（十八）加强财税金融支持。鼓励有条件的地区利用现有资金渠道并积极引导社会投资,支持生活服务数字化赋能、产业集群和集聚区培育、公共服务平台建设和标准化建设等。鼓励政府性融资担保机构为符合条件的服务业小微企业和个体工商户提供融资增信支持。引导金融机构优化信贷产品、提供差异化服务,按照风险可控、商业可持续原则,加大对服务消费重点领域信贷支持力度,增加适应共享经济等消费新业态发展需要的金融产品供给。推动商业健康保险与健康管理深度融合,丰富商业长期护理保险供给。落实3岁以下婴幼儿照护、子女教育、赡养老人等个人所得税专项附加扣除政策。

（十九）夯实人才队伍支撑。持续完善相关学科专业设置和培养方案,加强产教融合、校企合作、工学结合,"订单式"培养服务业紧缺人才。鼓励普通高校、职业院校和企业合作共建开放型区域产教融合实践中心,培育复合型、应用型、技能型服务业人才。完善服务业人才职称评审、职业资格评价、职业技能等级认定等多元化评价方式。鼓励地方发布服务业重点领域"高精尖缺"人才目录和认定标准,完善落户、购房、子女入学、配偶就业等优惠政策。做好服务业新职业和职业标准开发工作。开展生活服务招聘季活动,扩大人才供给。

（二十）提升统计监测水平。优化服务消费市场统计监测方法,健全统计监测制度。加强服务消费数据收集和分析预测,做好服务零售额统计工作。拓展统计监测数据来源,加大与第三方支付平台、研究机构合作力度,探索构建适合的应用模型。

各地区、各部门和有关单位要坚决落实党中央、国务院决策部署，推动各项任务落实落细。商务部要会同有关部门发挥促进服务消费发展工作协调机制作用，强化统筹谋划，制定专项政策举措，共同促进服务消费高质量发展。

国务院

2024 年 7 月 29 日

第三章　投资的理论与实践

　　生产需要劳动、资本和技术的投入。就生产而言的资本指的是积累的机器、工厂和其他耐用生产要素的存量。投资是在既定时期内用于维护或增加经济中资本存量的产出流量。投资支出通过增加资本存量提高经济的未来生产能力,因此投资理论与消费理论一样也需要跨时期分析。

　　家庭与企业投资决策的研究具有重要意义。第一,投资理论与消费理论相结合,可以帮助我们理解既定时期内产出如何在现期使用(消费)和在未来使用(投资以提高未来产出)之间进行适度配置。第二,企业投资波动在一国产出与就业的决定中起着重要作用。第三,投资支出通过提高未来生产能力促进经济的长期增长。

　　本章内容安排如下:第一节将给出投资类型、投资的基本特点,并简要阐述基本的投资理论,作为分析中国投资行为及其背后决定因素的分析基础。第二节讨论中国的固定资产投资行为的基本特征、决定因素以及存在的问题。第三节系统讨论中国房地产投资的基本特点、存在问题及其背后的原因,并给出健全房地产与城市发展的对策建议。

第一节　投资的类型与基本理论

一、投资的类型

　　国民经济中存在多种资本形式,所以投资支出也有多种形式。国民经济核算账户中列出三种主要投资支出领域。

一是固定资产投资,主要度量企业用于厂房(工厂和商用办公室占据的建筑)和设备(机器和车辆)上的开支。但是在中国,政府投资占不小的比重,主要投在道路、交通、水、电等基础设施领域,包括经济开发区的"七通一平""九通一平"①。因此固定资产投资在中国的含义或范围已超出微观企业行为的范畴。

二是存货投资。存货指企业持有的原材料、生产过程的半成品或者成品的存量。存货投资本是指在既定时期内这些商品存量的变化:存货上升构成正投资,存货下降则是投资缩减的一种形式。

三是住宅建设投资,包括房屋维修和建造新房的开支。这里需要注意的是一个家庭从另一个家庭购买现有房屋不构成宏观意义上的投资,因为从整个经济来看,资本存量并没有发生变动。

从宏观层面还需要把握总投资与净投资的区别。多种形式的资本倾向于随着使用时间的推移而磨损,投资的一部分用于补充折旧的资本,其他的用于增加资本存量。投资的总体水平称为总投资,而用于增加资本存量的那部分投资称为净投资。因此,有:

$$I = J + dK \tag{3.1}$$

其中 I 为总投资,J 为净投资,d 为折旧率,K 为资本存量。净投资等于资本存量的变化:

$$J = K_{+1} - K \tag{3.2}$$

结合以上两式,可得到资本积累公式:

$$K_{+1} = (1 - d)K + I \tag{3.3}$$

二、基本的投资理论

多数投资是由企业而非家庭承担的,尽管家庭存在对耐用消费品和人力资本的投资(中国的一个特殊之处是政府也充当重要的投资主体)。但是,我们需要先理解家庭如何作出投资决策,因为家庭的最佳投资规则适用于企业作出投资决策和家庭拥有企业的现实状况。

在第二章,我们允许家庭把今天的部分产出用于未来消费,使消费低于产量,并积

① 经济开发区的"九通一平":"一平"为土地自然地貌平整,"九通"为通市政道路、雨水、污水、自来水、天然气、电力、电信、热力及有线电视管线。

累起等于现在储蓄的金融资产。因此,金融市场允许家庭将购买力在时间上做出重新配置。理解决定是否投资的关键在于认识到购买资本商品是将消费在不同时间配置的另一种方式,家庭或家庭拥有的企业可以不投资金融资产,而是去购买投资商品以增加未来消费的可能性。因此家庭可以有两种方法将当前的购买力转换到未来——通过增加金融资产或通过增加资本存量。由此可以得到一个基本原理,一旦通过购买资本品比通过购买金融资产在未来有更高的收益率,那么投资支出就会增加。

(一)总量生产函数

我们运用古典模型的总量生产函数,假定产出仅仅由供给决定,与总需求的变动无关,并且暂不考虑价格水平变动的任何影响。有总量生产函数:

$$Q = Q(K, L) \tag{3.4}$$

其中,K 为总资本存量,L 为投入的劳动量。假定资本利用率是一个常数。[①]总量生产函数具有以下特征:其一,资本投入的增加或劳动投入的增加,会导致更多产出,也就是说资本的边际产出(MPK)和劳动的边际产出(MPL)都是正的。其二,在另一种生产要素数量给定情况下,每一种生产要素投入越多,其边际产出就越低。在劳动数量给定不变时资本投入增加会导致资本边际生产率的递减,如果 K 已经很大,再增加 K 可能产出增加非常有限,甚至不再增加。相比较而言,数量给定不变的劳动因为其支配的资本设备增加,劳动生产率可以是增加的。这也是中国近年来的情况,由于投资的大规模增加,劳动生产率是增长的,但是资本的使用效率则快速下降。

(二)家庭的投资决定

仍然采取第二章的两时期模型。家庭可通过在金融市场上以利率 r 借出货币,也可进行投资以增加未来产量。即有

$$Q_1 - C_1 = B_1 + I_1 \tag{3.5}$$

式(3.5)表明,储蓄即收入与消费之间的差额可以在债券(B)和资本投资之间进行配置。到第二期时,他们将消费所有资源,以使生命终结时不再保留任何财富。可供消费的资源有产出 Q_2 和来自债券投资的本息 $(1+r)B_1$,即:

$$C_2 = Q_2 + (1+r)B_1 \tag{3.6}$$

[①] 日常生活中,资本利用率并非常数。比如美国 1948—1990 年,产能平均利用率为 81%,最低是 1982 年的 70%,最高是 1966 年的 91%。见萨克斯:《全球视角的宏观经济学》,格致出版社 2025 年版;乔永远、周珞晏、杨程稀:《中国产能周期及产能利用率研究》,莫尼塔(上海)投资发展有限公司 2012 年 7 月研究报告:寻找中国宏观阿尔法(A)研究系列(四)。

我们把式(3.5)改写为 $B_1 = Q_1 - C_1 - I_1$,再代入式(3.6),经整理后可得到家庭的跨时期预算约束:

$$C_1 + C_2/(1+r) = (Q_1 - I_1) + Q_2/(1+r) = W \qquad (3.7)$$

式(3.7)与式(2.2)非常相似,家庭第一期除了持有债券这样的储蓄外还进行了投资,以便第二期能获得更高的产出。可供现在和未来消费的资源或财富 W,定义为现在和未来的产出减去投资支出。

家庭的跨时期选择可分作两步完成。首先,家庭选择投资量 I_1,使总财富最大化。只要资本的边际生产率大于 $(1+r)$,家庭应投资。从式(3.7)的财富定义 $W = (Q_1 - I_1) + Q_2/(1+r)$,我们可以给出投资增加一单位时财富的变化公式:

$$\Delta W = -1 + MPK/(1+r)$$

只要 $MPK > (1+r)$,增加投资应能使财富增加;$MPK < (1+r)$ 时,增加投资会导致财富减少。因此,在第二期资本的边际产出等于市场利率时,即

$$MPK = 1 + r \qquad (3.8)$$

家庭实现财富最大化。其中 $1+r$ 是资本成本,使财富最大化的投资水平就是使资本边际产出等于资本成本的水平。

考虑多时期的场合,投资形成的资本不会在第二期全部报废,而是可留到之后几期使用,因此需要在资本成本中引入折旧率去替代数字1,现在家庭财富最大化要求的投资规模是使以下条件得以实现:

$$MPK_{+1} = d + r \qquad (3.9)$$

投资取决于对未来资本边际生产率的判断。但是,现实经济中存在成千上万种商品,生产任何一种商品的资本的边际产出取决于该商品的未来需求和影响其生产过程的无数不确定条件,而且投资必须对未来许多年的市场或商业条件做出判断,因此投资决定充满了不确定性,而且投资的变化还受到对未来预期变化的影响。对未来的预期,可以来自商业条件,包括消费需求模型、民意调查和可观察到的需求和技术的变动;也可能来自不明确因素造成的对整个经济的乐观主义或悲观主义思潮。凯恩斯认为,许多投资的变动反映的是并非基于经济中根本性变化的信心波动。"这些决定只能看作是动物精神———一种想做而不想不做的不由自主的冲动的结果。"

(三)基本理论的扩展

第一,现实经济中企业是与家庭分离的。生产过程是由企业而非家庭完成的。在家庭和企业分离后,企业不需要了解股东的跨时期偏好了。每个企业必须独自行动使

它的市场价值实现最大化。在简单和基础的理论看来，这种市场价值等于对股东未来红利支付的贴现价值。为此，只需遵循我们为家庭确定的投资决策原则，即遵循资本的边际产出等于资本成本的规则，每个企业就可使拥有该企业的家庭实现财富的最大化。

第二，企业必须缴纳各种税收，并接受各种补贴。税收和补贴会影响企业最佳投资的决策。税收对投资决策影响的经典研究由哈佛大学的戴尔·乔根森（Dale Jorgenson）和斯坦福大学的罗伯特·霍尔（Robert Hall）做出。[1]此后，萨默斯（Lawrence Summers）也做了这方面的研究。[2]假定对企业利润征税，税率为 t，因此投资每增加一元的边际产出就成为 $MPK(1-t)$。另外，再假定企业也得到各种税收优惠，如对投资的税收减免，加速折旧安排，以及利息成本的税收抵扣等等。这类税收节约或补贴设定为投资品价格的一个比例 s，那么增加一元资本存量的税后成本就是 $(r+d)(1-s)$。因此，使企业价值最大化均衡投资水平应达到

$$MPK(1-t) = (r+d)(1-s) \tag{3.10}$$

或者

$$MPK = [(1-s)/(1-t)](r+d)$$

如 $s > t$，将产生正激励，调整后的资本成本更低，投资规模更大。如 $s < t$，就会产生负激励，导致企业投资减少，因为调整后的资本成本更高了。

另外，需要提及的是，如果税收被用于资助提高投资生产率的公共支出，那么它就能间接地激励私人部门的投资。比如对道路的公共支出越多，就越能使交通运输设备的投资增加。对安全和消防单位支出越多，就越能提高私人部门的投资收益率。因此，并非公共部门越少，税收越低，就一定能激励更多私人部门投资，重要的是看税收如何被利用。

第三，投资的加速数模型讨论了产出变动存在对投资的影响。经验数据表明投资变动与总产出的变动存在密切的关系。加速数理论假定，企业合意的资本存量与其产出水平之间存在一种稳定的关系；当产出加速增长时，投资就会增加。可以将总投资写成公式：$J = h(Y_{+1} - Y) + dK$。该理论其实也可以解释市场的开拓或市场需求的增长对生产性投资的拉动作用。在某种意义上也适用于中国政府赶超冲动或追求GDP 增长所驱动的投资增长。但是，这一理论存在多个缺陷：一是假定合意资本与产

① Dale Jorgenson and Robert Hall, 1967, "Tax Policy and Investment Behaviour", *American Economic Review*, June.

② Lawrence Summers, 1981, "Taxation and Corporation Investment: A q-Theory Approach", *Brookings Papers on Economic Activity*, 1.

出水平之间的比例被假定为固定不变的。实际上两者的相关系数是利率等资本成本的函数。如果利率上升，有可能出现劳动对资本的替代，从而改变资本与产出之间的比例关系。二是假定投资可以使实际资本存量等于合意资本存量，实际情况是调整资本存量是存在成本和时滞的。三是假定产能已处在充分利用水平。但是存在过剩产能的场合，产出增长只是提高产能利用率而无需增加投资。

第四，调整成本模型讨论了资本存量调整的成本和所需时间。与加速数模型的假定相反，调整成本模型认为存量的实际水平与合意水平并不总是相等的。企业需要相当多时间来计算和安排"合意的"资本水平。比如，投资建议需要可行性研究、市场营销分析和财务协调。投资决定做出后，还需要大量时间来建设新工厂，安装机器，培训工人操作新设备等。一些研究给出的结论是在一个给定年度内，实际资本和合意资本的缺口，通过投资加以弥合的不超过 1/3。因此，调整成本模型的投资函数可以表达为：$J=(K_{+1}-K)=g(K^*_{+1}-K)$，其中 $0<g<1$。g 或调整速率的大小由资本存量偏离合意水平的成本与投资增速过快的成本之间的平衡决定。另外当企业对它的生产技术没有把握，或给定资本情况下能生产多大产出没有把握时，企业从利润最大化角度也会选择对资本存量的逐步调整。

第五，托宾 q 理论讨论了股票市值对企业资本存量调整的影响。1982 年的诺贝尔经济学奖获得者，耶鲁大学教授托宾（James Tobin, 1918—2002）提出 q 理论。[①]托宾 q 定义为企业的股票市值除以企业资本的重置成本。资本的重置成本指的是在产品市场上购买该企业的厂房和设备需要支付的费用。因此，q 是通过金融市场获得该企业的成本与在产品市场上购买该企业资本的成本之间的比率。当 q 大于 1，意味着合意的资本存量大于实际的资本存量，投资应该增加；q 小于 1，则投资应该减少。托宾 q 有一定的实用性。上市公司股票市值很容易获取，资本的重置成本是现在复制同一家公司的生产能力需要多少成本。我们很清楚，q 比例大于 1 时，意味着企业应该扩张，因为市场给你的定价高于成本；反之，q 小于 1，企业就应收缩。资本成本已经超过市场给企业的定价。企业不应再扩张，而是随着折旧的发生减少企业的资本存量，或者将设备卖掉，回购股票注销，把钱还给投资者。在实际经济生活中，q 的变动并不能对投资的变动做出多大的解释，显然，q 无法适用非上市公司，而且投资还会受产出与现金流量等因素的影响。

第六，信贷配给理论讨论了融资条件对企业投资的影响。如果企业信贷是配给的，投资率不仅取决于市场利率和投资盈利性，而且还要取决于可供投资的资金的可

---

① 可参考 J. Tobin, 1969, "A General Equilibrium approach to Monetary Theory", *Journal of Money Credit and Banking*, February。

获得性,资金的可获得性本身在一定程度上取决于企业的现金流量。信贷配给现象的存在有两个原因:一是政府规定企业贷款利率上限,使利率低于市场均衡利率,投资需求大于储蓄的供给,想借款进行投资的企业受到配给的限制;另一原因是不确定情况下的风险差异。现实生活中,银行很难评价具体企业的风险。银行只能依据借款人几个可观察到的特征,虽然可观察到的信号并不能说明某个具体贷款的全部风险。经营规模就是银行经常使用的信号,与大公司相比,小企业获取信贷的难度要大得多。另外银行也会以企业净值的大小为基础做出信贷决定。特定企业的权益总值越高,其信贷受到配给限制的可能性越小。信贷配给理论的重要意义在于揭示:企业内部资源在决定投资总水平方面具有很大的重要性。信贷配给与调整成本一样,成为资本存量缓慢趋向合意水平的原因。

三、股票市场与经济增长的关系

人们通常将股票市场看作是国民经济的晴雨表。但是,股票市场的波动非常大,并且可能对经济的未来提供虚假的信息。尽管如此,一个功能健全的股票市场仍然与经济具有重要联系。图 3.1 给出的是美国标准普尔 500 股票指数与实际 GDP 变化曲线。我们可以发现两者关系呈现出三大特征。一是股票指数与实际 GDP 变化具有正相关关系。艾伦(Allen)等的一项实证研究也支持这一观点,2000—2018 年,除中国股市不显著外,德国、俄罗斯、日本和美国等多数国家股票市场长期投资收益变化与经济

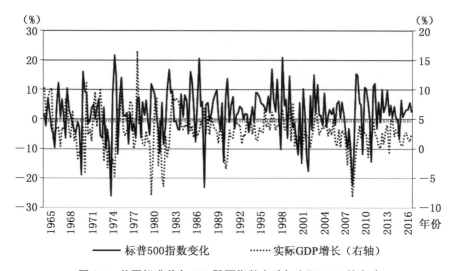

图 3.1　美国标准普尔 500 股票指数变动与实际 GDP 的变动

资料来源:根据美国经济分析局(BEA)和 Wind 数据计算。

增长具有明显为正的相关性。[1]二是股票价格指数的变化领先于经济增长率变化。这是因为股票市场投资者都是根据企业未来盈利前景决定买入还是抛售上市公司股票，而上市公司是各行各业的代表性企业。股票市场对于宏观经济的变动具有"春江水暖鸭先知"的先行指标功能。三是股票价格的变化比实体经济的波动大得多。图 3.1 是美国股票市场标准普尔 500 指数和实际 GDP 增长率之间 1965 年一季度至 2017 年二季度之间同步变化的示意图，可以看出两个指标基本同步变动。GDP 增长率(季度环比年化增长率)的最大波幅在−8％与＋12％之间，而股票指数变动的最大波幅则在−30％与＋30％之间。

股市和 GDP 增长之间的联系主要有三个机制，两个是需求侧的，一个是供给侧的。

首先，股价反映的是人们对未来资本盈利能力的看法，人们对未来悲观还是乐观既影响股价，又影响需求侧的企业投资，还影响 GDP 与就业的变化。托宾 q 理论和总需求—总供给理论给出了一个解释。人们要不要投资股票，很大程度上取决于对企业未来盈利能力或现金流的预期。对资本未来盈利的悲观预期会导致股价下跌，由于资本的重置成本相对稳定，股价下降意味着 q 比例下降。托宾 q 下跌意味着投资函数，即投资需求曲线向左下方移动，意味着在任何给定的利率水平下，投资需求减少。对未来资本盈利的悲观预期导致股价下跌，导致投资需求下降，结果是产品与服务的总需求减少，进一步导致产出与就业的下降。

其次，股价具有影响居民消费的财富效应。第二章的持久收入假说与生命周期消费理论都已经将财富看作是消费的重要决定因素。家庭消费与财富具有正相关关系，当股票价格上涨，股票以及家庭财富的市值增加，家庭消费也相应增长，消费增长有助于总需求的扩张和经济增长。财富对消费的影响具有两个部分。一是财产性收入，比如存款利息、股票红利以及出租房屋获得的租金等，成为支持家庭消费的直接收入来源。二是财富本身的消耗，财富增值可以支持更高的家庭消费水平。由于股票作为可交易资产，具有很高的流动性，股票价格上涨刺激消费的财富效应比流动性差、交易成本高的房地产价格上涨的财富效应高得多。当然，股票市场财富效应的强弱还取决于股票类资产在家庭财富中所占比重的大小。

最后，是供给侧的技术变化。股票市场价格变化的长期周期反映了高新技术领域的周期性变化。股票价格持续高涨或持续低迷很可能反映有关技术进步和长期经济增长的好消息或坏消息。如果情况确实如此，意味着潜在经济增长率或总供给更快的

---

① Franklin Allen, Jun (QJ) Qian, Chenyu Shan and Julie Lei Zhu, 2024, "Dissecting the Long-Term Performance of the Chinese Stock Market", *Journal of Finance*, vol.79, issue 2, 993—1054.

扩张或收缩。

由于健全的股票市场通常能更快地、更敏感地反映经济的未来变化,股票指数变化可以成为宏观经济的前瞻性指标,受到央行等宏观经济政策制定者的关注。

四、存货投资与房屋建设投资

(一)存货投资

库存持有量的变化是一种重要的、变动性很大的投资支出形式。

存货有三种基本类型:原材料、半成品和最终成品。每种存货大约都占制造业总存货的1/3。企业持有原材料存货主要出于成本节约。持有原材料与半成品存货,可节省时间,节约管理、通讯和运输成本,并且保证生产投入的随时供应。随着现代物流服务业的发展,这类用于生产的存货投资占比呈现下降趋势。

多数存货理论把注意力放在最终商品存货上。制成品的储存所需的支出包括利息、保险、储藏和折旧等成本。成品存货的动机主要有二:一是使生产平稳进行,避免生产受需求波动的影响,通过存货的投资与负投资可以让产量的波动要小于需求的波动;二是避免缺货造成的客户订单流失。

(二)住房投资

关于住房投资有两种定义。萨克斯从供给角度给出,住房投资是指在新房和公寓的建设以及现有住宅的改善和维护上的支出;曼昆定义则从需求角度指出"住房投资包括那些计划自己居住的人和计划向其他人出租住房的房东对新住房的购买"。两者的区别:前者指住房生产领域的建设和维修支出,住宅增量投资与弥补折旧的投资。后者不包括维修支出,并且主要从家庭购买角度定义。两者都不包括存量房的交易(二手房市场),因为住房产权的转手并不改变住房总量。

关于住房投资的分析通常从存量市场的均衡分析入手。第一,现有住房存量市场决定了均衡的住房价格;第二,住房价格决定住房投资流量的大小。考虑投资一幢公寓楼,再按市场租金 R_h 出租给房客的价值。假定单位房价为 P_h,折旧率为 d,下一期出售的价格为 P_{h+1}。 住房购买、出租、在下一期再出售的投资收益率为:

$$投资收益率 = [R_h + P_{h+1}(1-d)]/P_h \qquad (3.11)$$

如果允许人们在金融市场与公寓市场之间套利,金融市场的收益率应等于公寓市场的投资收益率,有 $(1+r) = [R_h + P_{h+1}(1-d)]/P_h$,再假定房价不变,有 $P_{h+1} = P_h$,就有

$$P_h = R_h / (r+d) \tag{3.12}$$

也即,房价等于住宅的租金除以资本成本($r+d$)。举例来说,假如100平方米住房的月租金是8000元,全年租金为9.6万元,如果利率为4%,折旧率为2%,那么,这套公寓的 $P_h = 9.6/0.06 = 160$ 万元。

　　因此,从经济理论上讲,租房需求决定住房租金的高低,租金和市场利率一起决定住宅的价格。而住宅价格的波动决定着新房的供给。如图3.2所示,当租房需求从 D_0 增加到 D_1 时,租金从 R_{h_0} 涨到 R_{h_1},房价从 $R_h/(r+d)_0$ 涨到 $R_h/(r+d)_1$,因此,新房的供给从 Q_{hs} 增加到 Q_{hs1}。这里对购房自住的家庭而言,我们可以假定他们投资住房并出租给自己居住。对理性的家庭投资者而言,无论是自住还是出租,以上基本原理是不变的。

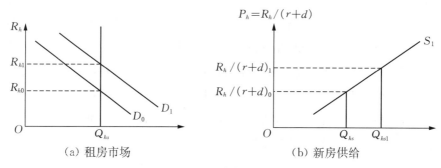

(a) 租房市场　　　　　　　　　(b) 新房供给

图3.2　住房市场均衡

　　住房需求的一般决定因素有:人口或家庭的年龄结构、实际利率、人均收入水平以及相关税收政策。置业年龄人口的增加与婴儿出生率的增加使住房需求增加,还常被看作住房"刚需";人均收入提高,购买能力增加,导致对住房需求增加。由于家庭购买住宅大都举借抵押贷款,实际利率的提高意味着投资成本的上升,进而会抑制住宅需求。税制和税收政策对住房需求的影响相比复杂一些。比如在美国,对利润开征的所得税会抑制投资,但是个人所得税则会鼓励购房。因为在计算纳税收入时可以抵扣贷款利息,也无须为租给自己居住的"租金收入"支付所得税。但是中国目前尚未开征房产持有税,房产税的开征及其税率的提高必定会对住房投资需求产生抑制作用。

第二节　中国固定资产投资行为的现状与问题

　　本节首先将对中国固定资产投资的现状、主要特征及其变化态势做出分析,然后探讨投资领域存在的问题及其背后的体制原因。

一、固定资产投资的现状与主要特征

中国投资行为的主要特征表现在四个方面：一是投资占 GDP 的比例非常高；二是国有经济部门投资存在软预算约束和更强的反周期性质；三是 2010 年以来固定资产投资[①]的增速出现快速下降；四是制造业、房地产和基础设施三大领域的投资出现分化，全球金融危机后政府主导的基础设施投资承担了稳定经济的重任，市场内生的经济增长速度未能见底并出现明显复苏。

图 3.3 给出了 1980—2022 年间中国、日本、韩国、美国与欧盟等国家和地区投资占 GDP 比例的变化态势。首先，作为老牌的发达经济体，美国和欧盟的投资率 1980 年以来长期维持在 20%—25% 之间。其次，日本在 20 世纪 90 年代初其人均收入达到了美国和欧盟的水平，成功迈入发达国家行列，在此之后其投资率从 1990 年的 34% 逐渐下降到 2022 年的 25%。最后，作为新兴发达经济体的韩国，其投资率保持在较高水平，21 世纪以来在 30% 以上波动。

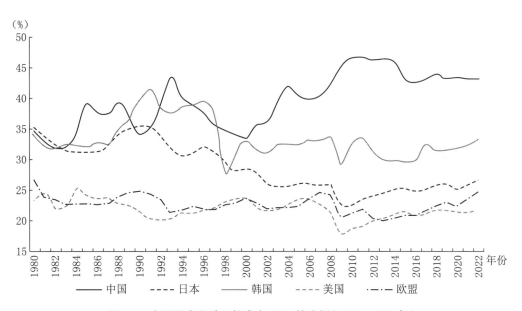

图 3.3　主要国家和地区投资占 GDP 的比例(1980—2022 年)

资料来源：世界银行"世界发展指标"(WDI)数据库。

---

① 固定资产投资是指以货币形式表现的、企业在一定时期内建造和购置固定资产的工作量以及与此有关的费用变化情况，包括企业用于基本建设、更新改造、大修理和其他固定资产投资等。

　　相比较而言,中国 2010 年的投资率高达 48%。从过去 40 年投资率的变化态势来看,中国出现过三轮投资率的大幅度提升。一是 1992 年后地方政府主导的投资高速增长,投资率从 36% 上升到接近 45% 的水平。由于严重的产能过剩与外部东南亚金融危机的冲击,投资率持续下滑至 21 世纪初的 35% 左右。2001 年加入WTO,中国赢得了大幅度拓展海外市场的战略空间,产能的海外释放和国企转制改革,激发了民间和政府基础设施投资的新一轮高潮。在国内投资过热和政府宏观调控的背景下,投资率在 42%—43% 间构筑了一个平台。在全球金融危机爆发后,政府通过鼓励投资、稳定增长的一系列政策,特别是 2009 年启动的四万亿项目将投资率拉到了历史最高水平。中国的投资率在 2015 年下降到 45%,但仍然处于相对高位。

　　如此之高的投资水平,随着出口贸易的回落必然导致日趋严重的产能过剩和投资增速的下滑。图 3.4 给出了 1992—2024 年 6 月间的固定资产投资累计同比增长速度。由图可见,投资增速已从 2011 年之前长期高于 25% 的水平(2004 年 2 月最高为 53.0%)快速下降到 2016 年以来的 10% 以下。

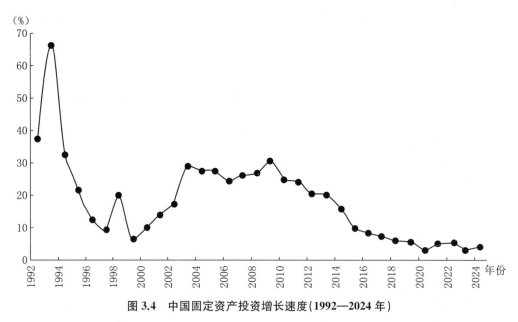

图 3.4　中国固定资产投资增长速度(1992—2024 年)

注:2024 年为 1—6 月累计同比增长速度。
资料来源:国家统计局。

　　图 3.5 给出了制造业、房地产业、基础设施建设和高技术产业分行业固定资产投资增速的变化。从图中可以看到,制造业和房地产业的固定资产投资自 2012 年以来持续下滑,相比较而言,基础设施建设的投资增速则在 2012 年初之后快速拉升,但在

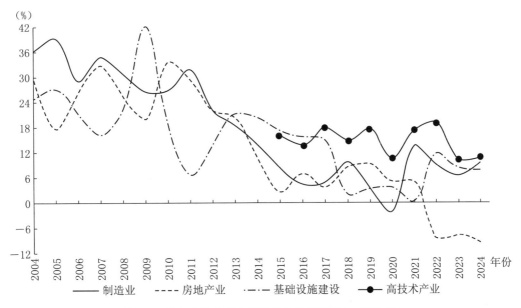

图 3.5　分行业固定资产投资增长速度（2004—2024 年）

注：2024 年为 1—6 月累计同比增长速度。基础设施建设投资额，是指交通运输、仓储和邮政，电力、燃气及水的生产和供应业，水利、环境和公共设施管理业，这三个行业投资额的总和。高技术产业包括高技术制造业和高技术服务业两类，其中前者包括航空、航天器、电子及通信设备等的制造业，后者包括电子商务服务业、信息服务业和科技成果转化服务业等。

资料来源：国家统计局。

新冠疫情前呈波动下行，疫情后再度上行。可以想见，如果没有以保增长为主要目的的政策性投资，投资增速和经济增长速度都会比现在的更低。高技术产业投资保持较高增速，但 2023 年出现减速。

图 3.6 给出了 2005 年至 2024 年初的民间与全国固定资产投资的累计同比增长速度。民间固定资产投资是指具有集体、私营、个人性质的内资企事业单位以及由其控股（包括绝对控股和相对控股）的企业单位在中国境内建造或购置固定资产的投资。2015 年之前民间投资增速一直高于全国平均增速，2015 年两者基本持平，从 2015 年末开始民间投资增速大幅度下跌并低于全国平均增速，之后至 2017 年上半年虽然有所上升，但仍然处于相对低点，且增速震荡调整，未见明显复苏。

图 3.5 和图 3.6 显示，投资增长速度从 2015 年上半年的 11.4％下降到 2016 年全年的 8.9％，主要是由于市场内生的民间投资持续下滑造成的。基础设施投资增长速度保持在 20％的水平上全靠政府主导、国有企业投资维持。因此，民间投资没有强劲反弹，国有部门基础设施建设的政策性投资弥补着民间投资的不足，以实现保增长的政策目标。只要民间投资没有明显复苏，就难言经济增长已见底复苏。

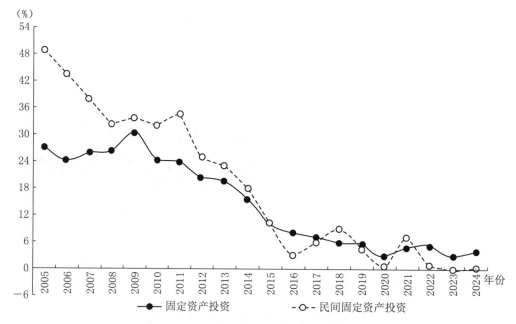

图 3.6　固定资产投资与民间固定资产投资同比增速（2005—2024 年）

注：2024 年为 1—6 月累计同比增长速度。国家统计局正式开始发布的民间固定资产投资数据为 2012 年 1—3 月份，之前历史数据口径为扣除国有及国有控股、三资企业后数据，口径比 2012 年 1—3 月后数据略小。

资料来源：国家统计局。

二、中国固定资产投资面临的主要问题

如前所述，中国传统经济增长模式的一个重要特征是政府主导的投资拉动。由于投资短期内表现为对投资品的需求，而中长期则表现为产能的扩张。投资拉动型增长模式的经常性后果就是产能过剩。因此，全球金融危机导致中国出口增速下滑后，制造业出现了较为严重的产能过剩。危机后为了避免增长失速或经济出现硬着陆，中国政府启动了大规模的"铁公基"投资项目，投资的 GDP 占比不减反增，其影响表现为对低端劳动力工资的拉升和对重化工业过剩产能的化解。但是由于主要依靠国有企业信贷支撑的投资活动，结果造成了挤出民间投资、降低投资效率和积累系统性风险的后果。

（一）重资产领域存在较为严重的过度投资和产能过剩

从图 3.3 中可以看到，中国投资占 GDP 的比例自 2000 年以来有两次大幅度提升，一次是在 2000—2004 年间，投资的 GDP 占比从 35% 提高到 42% 左右，由于通

货膨胀压力和政府对钢铁等行业投资的调控,2004年后投资率保持相对稳定。全球金融危机后,投资率再一次大幅度上升,从之前的42%上升至48%左右。另外,图3.5显示,除了政府主持的基础设施的投资具有保增长的反周期变动特征外,2012年前制造业与房地产领域的固定资产投资增速大都保持在30%左右的高水平。重资产行业的高速投资带来了三四线城市的房地产库存积压和制造业的产能过剩。图3.7是民间智库莫尼塔的研究报告中经模型推算出的中国、美国和韩国制造业产能利用率的变化态势。2012年中国制造业产能利用率在65%左右。此数据具有一定的可信度,因为IMF测算的中国制造业相近年份的产能利用率也在65%左右。虽然与东南亚金融危机后加入WTO前的经济调整期相比不算太低,但是2016年中国GDP的规模已是2000年的7.5倍。由此可见,过剩产能的规模要比当年大得多。另外,与图中的美国和韩国的产能利用率变化相比,中国的制造业产能利用率呈现出大幅度波动的特征。中国是制造业出口大国,制造业国际市场依赖性很大,因此,产能利用率的波动不仅受本国周期性因素的影响,还要受国际市场周期性波动的较大影响。

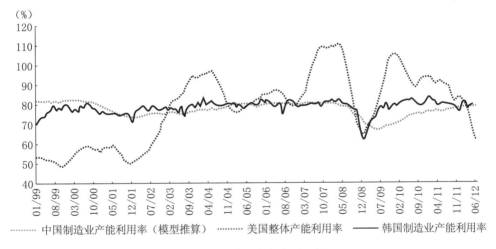

图3.7 制造业的产能利用率

资料来源:乔永远、周珞晏、杨程稀:《中国产能周期及产能利用率研究》,莫尼塔(上海)投资发展有限公司2012年7月研究报告。

(二)国有部门的债务快速积累

中国企业的固定资产投资更多借助于债务杠杆。由于商业银行中长期贷款的抵押品要求和商业银行放贷的国有制和大企业偏好,中国国有企业债务正在快速积累。

第三章　投资的理论与实践

我们发现,2007 年以来信贷更多是用于支持低效率国有经济部门投资的。图 3.8 非常清晰地显示出 2017 年前民营企业去杠杆与国有企业加杠杆的债务结构分化。首先,国有企业通常不以利润最大化为主要目标。国有企业高管具有内在的投资偏好或规模扩张冲动,因为他们对人、财、物的支配权和他们的行政级别及社会地位与他们所领导的企业规模成正比。其次,国有企业高管也必须更多按照政府的政策指令或指导性意见开展投资与企业经营活动,因此,国有部门投资活动具有非常明显的反周期特征,外部危机冲击和经济下行时期保增长的政策要求驱动更多国有部门的投资。最后,中国的商业银行具有强烈的国有制偏好,并且其信贷活动也需要体现国家信贷政策的要求,在经济下行时积极支持政策性的投资项目。可见,国有企业的软预算约束与商业银行的所有制偏好是造成债务结构分化的重要原因。根据中国民生投资集团的数据,以 2015 年为例,这一年的民企、国企、央企的净资产收益率分别为 10.59%、2.87%、1.89%;而三类企业的杠杆率分别为 50.4%、74.5%、89.5%。收益率和杠杆率方向正好相反。

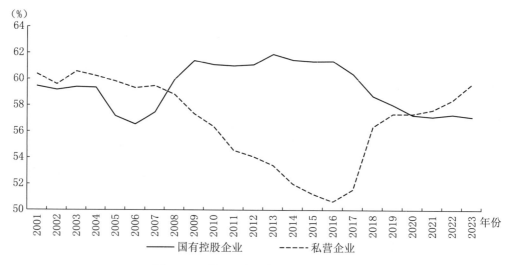

图 3.8　两类工业企业资产负债率的变化

资料来源:国家统计局。

但 2017 年开始私营企业的负债率快速上升,并在 2020 年仍超过国有控股企业。可能有两个因素可做出解释:一是棚改货币化点燃了房地产投资及建材产业的企业投资热情,笔者了解,其间有企业产能扩张了 25 倍。二是民企在新能源等新型产业的投资高速增长,地方政府也以极度优惠的招商引资政策给予激励。

(三)投资效率持续下降

从经济学逻辑上看,如果投资有足够的产出效益,宏观的债务/GDP 比例也应随着微观企业资产负债率下降而下降。尽管工业企业资产负债率与上世纪末相比已下降近 10 个百分点,但工业企业宏观债务/GDP 比例却是持续上升的。两者显然背道而驰,为什么呢?

为了分析宏观债务比例的动态变化,我们可将增量债务与增量 GDP 的比例 $\Delta D/\Delta Y$ 写成:$\Delta D/\Delta Y = \Delta D/I \times I/\Delta Y$。那么导致债务增长(即 $\Delta D/\Delta Y > 1$)的原因可归为两个因素:一是 $I/\Delta Y$ 变大,即增量资本产出率($ICOR = I/\Delta Y$)上升,增加一单位产出需要比以往更大的投资额,也即投资效率不断下降;二是 $\Delta D/I > 1$,即债务没有全部转化为投资,一部分新增债务可能被僵尸企业用于借新还旧,也可能被企业用于发工资或缴纳税费等其他用途。

图 3.9 显示了按资本形成和全社会固定资产投资两个口径计算的 $ICOR$。以资本形成计算的,记为 $ICOR_f$,已从 2007 年的 2.21 增加到 2014 年的 6.21。说明全球金融危机以来实际投资的效率已出现严重的恶化。另外,以全社会固定资产投资计算的,记为 $ICOR_i$,则从 2011 年的 4 倍快速上升到 2014 年的 10.51 倍和 2015 年的 17 倍。李迅雷认为,全社会固定资产投资与资本形成之间的差异主要是土地溢价、拆迁费用、之前生产并已计入 GDP 的产品购买、利息成本和回扣等挪用资金计入固定资产投资而不计入资本形成所造成的。[1]由于 PPI 不断下行,拆迁和产品购买费用明显上升的可能性不大,再假定回扣挪用等占比给定不变,那么最大的变数应该是土地溢价和利息成本。

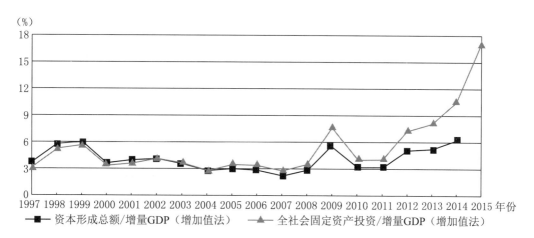

图 3.9 增量资本产出率(ICOR)

资料来源:国家统计局。

---

[1] 李迅雷:《我们离发达国家有多远;GDP 高增长真相》,微信公众号"李迅雷金融与投资",2016 年 4 月 3 日;《三驾马车跑得究竟如何——统计数据表象背后》,微信公众号"李迅雷金融与投资",2016 年 4 月 10 日。

由此可见，企业平均资产负债率下降的同时宏观负债率却大幅度上升，原因首先在于投资的低效率，债务可能支持着过剩产能的扩张，无法有效增大 GDP 分母，致使 D/Y 上升；其次在于新债大量被用于支付越来越多的利息费用和不断上涨的土地费用。

因此，我们在关注宏观杠杆和企业债务问题时，应更多关注银行信贷资源的错配或信贷更多支持低效率投资的结构性问题。银行信贷资源的错配不仅体现在企业层面，而且也体现在对地方政府的过度放款上。在潘英丽等主编的国际论文集中，瑞士学者让-路易斯·阿兰德（Jean-Louis Areand）用中国 1 658 个县市 2000—2005 年的 8 248 个样本数据进行的实证检验发现，国家信用担保导致信贷规模超出社会最优水平。中国县市贷款与 GDP 比例每增加 1%，当地人均 GDP 下降 0.164%，贷款与 GDP 比例从 20% 增加到 120%，人均 GDP 的增长从正的 2% 下降为 −4%。[1]其背后的经济学逻辑是银行信贷支持了低效或无效的投资项目，利息支付成为向银行输送资源并导致当地人均收入下降的渠道，但最终银行贷款的本金也难以收回。由于银行体系的国家信用担保，通过银行信贷支配和浪费的社会资源成本未来必定需要通过显性或隐性税收分摊至全体纳税人。2000—2005 年中国经济处在增长加速时期，增长率从 8% 上升到 10%。相比较而言，2010 年以来中国经济处在增长衰减阶段，增长率从 10% 下降到 2016 年的 6.7%。可想而知，这一时期地方政府用于没有企业进驻的工业开发区建设和"鬼城"或"空城"上的投资，其低效率对中国经济必定有规模更大和更深远的不利影响。

（四）国有部门债务违约风险快速上升

陆婷和余永定的研究表明，如果中国企业的投资效率与利润率继续下降，企业直接融资占比、银行利率和通货膨胀率保持现水平不变，在中国经济维持 7% 左右增长目标的情况下，中国企业债务对 GDP 的比例在 2020 年将超过 200%。届时企业 40% 的收入将用于支付利息。[2]

除了非金融企业，特别是国有企业债务问题较为严重以外，地方政府债务问题也是十分严重的。在新一轮的政绩工程开始后，地方政府债务的隐性增长非常迅猛。地方政府和国有企业债务的增长是不可持续的，原因在于存量债务已经很高。

地方政府的投资效率十分低下。除了瑞士学者让-路易斯·阿兰德的上述研究成

---

① 让-路易斯·阿兰德（Jean-Louis Areand）：《信贷配给、银行救助政策以及信贷的负面影响：基于中国的实证检验》，载潘英丽、胡永泰、杰弗里·萨克斯和钱军辉主编：《十字路口的金融体系：国际经验与中国选择》，中国金融出版社 2013 年版。

② 陆婷、余永定：《警惕中国公司债务危机》，载潘英丽、黄益平主编：《激辩去杠杆：如何避免债务—通缩》，中信出版社 2016 年版，第 69—76 页。

果外,另外笔者的硕士生高瑜用 1985—2015 年的数据所做的实证分析也显示,国有经济部门用于固定资产投资的信贷占 GDP 的比例与 GDP 增长率之间也存在负相关系数(−1.227),并且在 1‰ 显著性水平下显著。[①]由于商业银行信贷支持了低效率或无效率的投资项目,可以推断,这类贷款存在比较大的违约风险。

三、中国经济高投资、低效率的体制原因

如前所述,中国固定资产投资的主要特点与问题可总结为高投资率、高增长、高杠杆的三高特征和结构失衡、低效率和高风险三项后果。

(一)高投资率与低消费率是同一问题的不同侧面,具有相同的原因

消费比例过低,从供给与需求两方面助长高投资率。一是消费比例低意味着储蓄率高;高储蓄意味着有更大比例的剩余产品可用于扩大再生产,从而成为高投资的资本来源或要素供给保障。二是消费比例低意味着内部消费需求不足和产品供给过剩,从需求拉动角度要求高投资拉动经济高增长。而消费比例过低的主要原因在于:城乡二元经济结构和农民工未能市民化抑制了农民家庭的消费;独生子女政策和社会保障等公共服务供给不足造成了一定意义上的强迫储蓄;而贫富两极分化和消费金融的发展滞后也抑制了消费的增长。这些造成中国高储蓄的因素一定程度上为高投资的正当性提供了支持。关于消费比例过低的问题,本书第二章已有充分讨论,此处不再赘述。

现代宏观经济学中有个资本的黄金律理论,探讨投资与消费适度比例问题。其基本原理是假定决策者可以设定社会经济的储蓄率,以决定消费水平最高的经济稳定状态,促进作为社会成员的个人福利最大化。使消费最大化的稳态资本规模称为资本的黄金律水平。更多的资本意味着更多的产出,但是更多的资本也意味着更多的产出必须用于替换被损耗的资本。资本的黄金律水平最简单的决定公式是资本的边际产出等于折旧率,两者相等时资本规模最为合适。如果资本的边际产出低于折旧率,那么社会的投资率显然已超出了适度水平,降低投资率将提高长期的国民福利水平。中国应属此例。需要通过促进城乡平衡发展、放开生育补贴二胎、扩大公共服务供给和缓解贫富差距等社会政策刺激消费,调整消费与投资比例,以促进社会经济福利的提升。

---

① 高瑜:《国家信用担保下的信贷体系与经济增长》,上海交通大学 2017 年硕士学位论文。

（二）金融的国家信用担保与城市土地国有制促进了债务支持的固定资产投资的扩张

与发达国家企业更多内部融资相比，中国企业则主要依赖外部融资。而与发展中国家相比，中国企业的外部负债要高很多。这在很大程度上与大型银行的国家控股和大型企业的国有制或国家控股有关。中国银行体系在资金融通上占绝对支配地位，就在于大型银行的国家信用支撑。国家控股商业银行，包括国有企业控股或地方财政控股的股份制商业银行很大程度上具有国有制偏好和政府项目偏好，从而使信贷在国有经济领域的投放不会受到信息不对称、经营绩效与流动性欠佳的约束。因为同属国有或国家控股，大型银行在给大型国有企业贷款时通常并无信用方面的障碍。早在20世纪90年代，国有商业银行给国有企业贷款就有"肉烂在锅里"的说法。这种国家信用担保使相应的信贷规模远远超出了适度水平。2015年国有和国有控股企业平均负债率接近75%，中央国企更是平均高达89%。相比较而言，民营企业的负债率仅为50%左右，但民营企业的经营绩效要比国有企业好很多。

另外，由于城市土地的国有性质，地方政府基础设施建设项目可以通过土地抵押获得银行信贷的支持。城市基础设施建设具有投资规模大、建设周期与投资回收期长的特点。由于城市土地的国有性质，基础设施项目建设的完成可以通过周边土地升值的方式将项目的外部收益内部化，支持地方政府实施基础设施的滚动开发。因此，政府以土地抵押贷款从事基础设施项目建设成为中国高速公路、城市交通、城际高铁、新城建设等基础设施快速发展的成功经验。政府基础设施建设也极大地促进了制造业和房地产业的发展，后者通过土地和固定资产抵押贷款也以高杠杆的方式加快了扩张的速度。

（三）投资拉动型经济增长得到中央政府持续的政策支持

中国从一个一穷二白的农业大国，建设成为全球制造业规模最大、经济规模第二大的经济体，很大程度上由政府主导、投资拉动型的增长模式决定。政府70余年持续推进"赶超战略"，将GDP增长作为首要经济目标。中央政府长期采取各种优惠政策支持产业投资。主要政策如下：

首先是金融抑制政策。这是后起国家普遍采取的发展政策。主要特征是官方将利率水平控制在市场均衡水平以下，通过低利率政策降低企业融资成本，以此鼓励企业投资，并以行政配置或产业倾斜政策将廉价资本导入重工业等需要加快发展的特殊产业，健全工业体系，推进工业化战略。就股票市场而言，政府站在企业的立场上，帮助企业筹集廉价资本。

其次是将资源使用费或相关税收控制在相对低的水平,以降低企业中间产品生产成本。比如在价格改革过程中,电力等基础设施产业的价格长期保持低水平,以促进投资和产业发展,并对这类因价格抑制面临亏损的产业和企业实行国家财政补贴。此后,由于资源的过度开发和环境污染等原因,政府提高了与资源相关的税费率,以促进企业降低能耗和污染。

第三节　中国房地产投资以及房地产与城市发展问题

房地产在中国经济增长和金融安全中具有举足轻重的作用。1998 年房改之后,中国城市房价持续大幅度攀升,并与居民收入增长存在较大背离,引发政府、产业界和社会各方面的高度关注。在这个背景下,中国房地产市场是否存在泡沫,一直是学术界、政策制定者和社会公众普遍关心的问题。2015 年下半年开始,在经历了之前一段时间全国性的市场低迷后,部分热点城市房地产价格又呈现出新一轮上涨态势。这一轮的快速上涨从深圳开始,在上海继续,并向二线城市延展,再次引起了社会各界对房地产泡沫膨胀的担忧。在此背景下,中央政府将房地产调控上升到国家经济安全的高度,提出了因城施策的总体意见。一线和二线城市地方政府也相继出台限购限售和收紧信贷等调控政策。

本节将首先讨论房地产市场的现状、特征和存在的主要问题,然后归纳总结国内专家学者促进房地产与城市健康发展的相关政策建议。

一、房地产市场的现状、特征与主要问题

房地产发展是否健康,通常有两类指标可判断。一类指标衡量房价是否存在泡沫。这类指标有房价/收入比、利息/租金比。前者可看作是房屋的相对价格,相对人们的收入或购买力而言的价格水平,衡量作为家庭居住的耐用消费品价格是否合理。后者衡量房地产作为一种家庭投资品是否值得拥有。从投资收益率角度看,不同资产的适度组合比例是由每种资产边际收益率相等这一点决定的。不考虑交易成本和流动性差异来讲,房地产资产配置的规模可由利息租金比决定。当住房租金率高于银行利率(后者可看作持有房产的利息成本),人们可增持房产,反之应减持或不投资房产。因此,利息租金比例可以衡量一种投资品价格是否具有泡沫。另外一类指标衡量房地产存量是否合适。在新房市场上表现为市场需求中投资投机需求所占比例的高低。

在房地产存量方面表现为房屋空置率的高低,既包括房地产开发商未售的库存,也包括居民手中的空置房的多少。

对房地产市场的现状与问题,专家在以下方面达成了基本共识:①

第一,中国房地产市场已从过去的供不应求步入现阶段的结构性过剩,考虑到待售、在建与新开工等未来供给能力和置业人口数量的变化,中国房地产市场正从局部过剩演变为总量过剩。中国商品房建设和销售在 2013 年前后达到峰值,现已经告别高增长时代。西南财经大学的中国家庭金融调查与研究中心的数据显示,2013 年,中国城镇住宅市场的整体空置率达到 22.4%,比 2011 年上升 1.8 个百分点。据此估算,城镇地区空置住房约为 4 898 万套,高于其他国家和地区。图 3.10 给出了置业年龄(20—49 岁)人口和房屋新开工面积的统计曲线。两者分别在 2011—2013 年见顶。

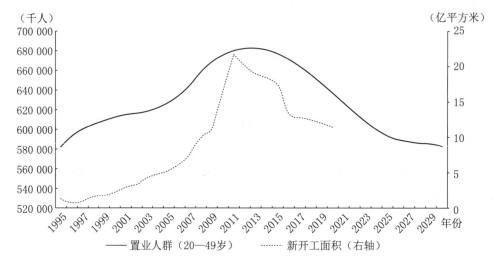

图 3.10　置业人群与住宅新开工面积变化态势

资料来源:国泰君安证券。

2017 年 7 月 6 日,国家统计局在官网上一篇题为《居民收入持续较快增长,人民生活质量不断提高》的文章提到,2016 年全国居民人均住房建筑面积为 40.8 平方米,其中城镇居民人均住房建筑面积为 36.6 平方米,农村居民人均住房建筑面积为 45.8 平方米。以国家卫生计生委提供的权威数字,2015 年家庭的户均人数下降到 3.02 人计算,中国户均住房建筑面积约为 123.2 平方米,已超过英国、德国、荷兰等发达国家。②

---

① 参阅陈杰、陆铭、黄益平、潘英丽主编:《房地产与城市发展:问题及对策》,中信出版社 2017 年版。

② 据《每日电讯报》(*The Datly Telegraph*)报道,2015 年剑桥大学调查了 1.6 万户英国家庭后发现,家庭户均居住面积仅为 76 平方米,其中 55% 家庭居住面积远远小于伦敦室内设计标准中的规定。

第二,由于地域性和异质性特点,中国房地产市场在区域和城市间出现了明显的分化,并且这一分化趋势未来仍将延续和加强。从需求角度看,不同城市、不同区域的就业机会、收入增长和公共服务供给等吸引人口流动的因素存在很大的差异。从供给角度看,特别是土地供给对不同地区、不同城市的房价和市场分化产生了非常重要的影响。

表 3.1 给出了 33 个城市的房地产市场的四类影响因素。其中存量消化期是当期累积可销售面积除以过往 6 个月的平均销售面积,存量消化期越长,代表库存积压越严重。累积购地销售比是当期全部已购土地面积与当期销售面积的比例关系,超过100％意味着未来有更多土地和房屋投入市场。二手房与新房的比例衡量二手房市场的发展水平。这一比例反映房地产市场的成熟度,上海、深圳和北京等一线城市土地与新房供给减少,二手房交易活跃,意味着这些城市住房的流动性或变现能力更好。常住人口增速与年龄结构是房地产需求的重要决定因素。

表 3.1　2016 年 4 月影响城市房地产市场的主要因素

城市	存量消化期(月)	累积购地销售比	二手/新房比例	人口增速	城市	存量消化期(月)	累积购地销售比	二手/新房比例	人口增速
合肥	3	118％	0％	0.7％	广州	10	89％	77％	1.4％
东莞	5	67％	45％	−0.4％	北京	10	97％	154％	2.3％
苏州	5	70％	59％	0.2％	成都	11	87％	71％	0.8％
珠海	5	—	63％	0.0％	杭州	11	99％	43％	0.7％
南京	5	99％	70％	0.4％	宁波	11	180％	73％	−0.3％
深圳	7	29％	161％	29.9％	福州	12	116％	88％	1.2％
南昌	7	143％	37％	1.4％	重庆	14	135％	23％	0.6％
济南	7	213％	50％	1.0％	无锡	15	96％	27％	1.0％
郑州	8	—	51％	1.3％	惠州	16	90％	11％	0.6％
佛山	8	103％	39％	0.8％	西安	17	135％	17％	0.5％
中山	9	32％	27％	0.6％	沈阳	19	—	45％	0.4％
武汉	9	202％	20％	1.2％	昆明	21	174％	33％	0.5％
上海	9	75％	210％	1.1％	天津	21	202％	77％	3.5％
南宁	9	118％	22％	1.0％	常州	22	145％	0％	0.2％
厦门	9	94％	103％	1.8％	海口	29	85％	0％	0.3％
长春	10	147％	49％	0.3％	大连	31	174％	72％	0.3％
长沙	10	86％	21％	1.2％					

资料来源:程沄:《房地产的限与购:对二手房市场的分析》,载陈杰、陆铭、黄益平和潘英丽主编:《房地产与城市发展:问题及对策》,中信出版社 2017 年版。

中国当前土地供给与人口流动方向的不匹配是导致不同城市房地产市场加速分化的重要原因。中国在一些人口流入的大城市(特别是特大城市)限制土地供给,地方政府甚至将控制土地供给的增长作为缓解人口流入压力的政策措施。土地供给的限制导致一二线城市的房价持续并快速上涨,对工资和办公用房租金等企业经营成本造成了持续上升的压力,不利于实业发展,不利于各类人才的集聚和大城市规模经济优势的发挥,也不利于大城市在区域经济一体化过程中发挥积极的龙头作用。而在人口流出的中西部地区和三四线城市新增土地供给所占比例近几年却在不断上升,致使出现房地产过度开发和鬼城现象。

第三,中国一二线部分城市房价已存在较大的泡沫。图 3.11 和图 3.12 分别给出了房价收入比与换算为美元的城市住房绝对价格。在图 3.11 给出的 19 个城市中,北上深港的房价收入比名列前四,成都略超伦敦,呼和浩特甚至都已超过了东京。

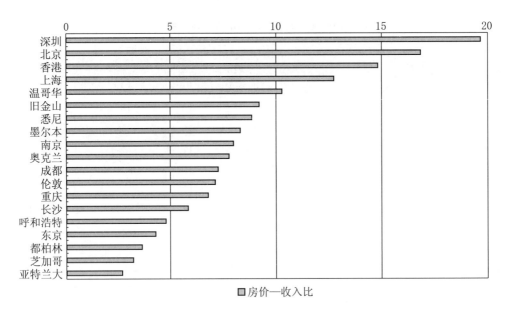

图 3.11 2013/2014 年度部分主要城市房价收入比的国际比较

资料来源:《经济学人》(*The Economist*)杂志,人口统计研究(Demographia)网站。

图 3.12 是 2016 年 7 月以 6.67 元人民币兑 1 美元的汇率换算的中国与美国主要城市住房绝对价格。北上广深的房价已远远超过美国旧金山、纽约等一线城市;天津和杭州的房价也已高过美国的首都华盛顿特区。一线城市租金/房价比大多低于一年期利率的 40%,其倒数房价/租金比类似于股票市场的市盈率已达 50—60 倍。

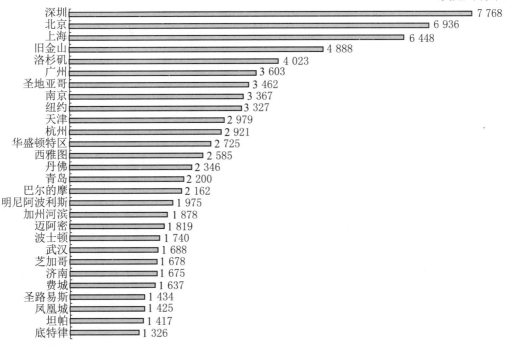

（美元/平方米）

图 3.12　2016 年 7 月中美主要大城市住房绝对价格

注：中国数据为 2016 年 7 月二手房每平方米售价均值，并以 2016 年 7 月平均汇率（6.67 元人民币元/美元）换算成美元价格；美国数据为 2016 年 7 月所有房产（新建房和二手房）每平方米售价中位数。所有数据均未作季节调整。

资料来源：链家（中国），Zillow（美国）。

　　房产泡沫的危害是十分明显的。房价过高，意味着作为房产多头的城市原住民与作为房产空头的城市新人之间财富的反向转移，导致更大的社会不公与贫富两极分化；普遍拉高城市的商务成本，导致大城市人才引进困难，规模效益、集聚效益的发挥受到限制；引发人为的投机风潮，引起社会资源的错配，泡沫破灭还将引发银行危机。

　　过度投资与房价泡沫的生成与中国地方政府对土地财政的依赖、信贷资源错配、税收缺失、收入分配差距拉大和发展不平衡等众多因素相关。

　　第四，中国家庭将三分之二以上的资产配置在了房地产上。家庭将房地产作为主要投资工具存在多种原因。一是全球货币量化宽松和负利率环境以及中国较长期流动性宽松和利率下行的趋势使家庭投资者产生通货膨胀忧虑，期望通过所持房地产的价格跑赢通货膨胀。在中国租金收益率仅为持有房产利息成本（首付款利息以 3—5 年期存款利率计，抵押贷款利息直接由相关利率计算）的 40% 左右，因此，人们购入住宅并持有很大程度上寄希望于房价的涨幅可弥补两者的利差。当存在通货膨胀预期时，人们有理由相信这一点。二是我们实体经济中传统产业存在较为严重的产能过剩，而新兴产业的发展受到市场准入限制、市场秩序缺失等问题的影响，导致"好企业荒"引发"资产荒"。这使银行和家庭都将房地产作为仅有的应对信贷风险和通货膨胀风险的好资产。三是现有法律制度在保护私有产权方面仍存在缺陷，特别是上市公司治理结构很不完善，损害中小投资者的内部人交易时有发生。相对企业股权而言，房地产的产权是非常明晰的，作为私有产权完全处在家庭或房产持有人的掌控之下。相比较而言，人们购买股票把储蓄交给了企业投资或者经营时，中小投资者实际上无法掌控，无法影响企业决策。四是户籍制度的限制、城乡之间与城市之间公共服务供给的不平等，使房产成为享有城市优质公共服务的入场券，而变得十分抢手了。正如第二章的分析，从确定的人口老龄化趋势来看，中国在国民财富积累上存在结构失衡，陷入以物质财富积累而不是以有效提高经济社会未来生产力来应对老龄化挑战的误区，属个体理性行为导致集体非理性结果的状态，需要政府在宏观战略指导下推进体制机制变革，来促进家庭投资行为的调整。

专栏 3.1 给出日本房地产市场泡沫的案例分析。专栏 3.2 给出了中国香港与新加坡房地产市场与房地产政策的比较分析。

专栏 3.1　日本的房地产泡沫

1991 年日本在"泡沫经济"破灭之后陷入了长达二十多年的衰退期，被称为是"失去的二十年"，至今仍难言复苏。"泡沫经济"是如何形成的？其破灭的危害程度为何如此之大？应该说，两个问题的答案都与房地产市场泡沫的形成和破灭有着莫大的关系。

二战后日本房地产市场的发展可以分为两个阶段，即 1955—1991 年的上涨阶段和 1991 年之后的下跌阶段。日本统计局数据显示，1955—1991 年间的上涨阶段，日本住宅用地价格上涨了 83 倍，而六大主要城市住宅用地价格上涨了 211 倍。其中上涨阶段又可以分为三个时期，即快速上涨期、缓慢上涨期和疯狂上涨期。

1955—1974 年是快速上涨期。20 年间日本全国住宅用地价格上涨 30 倍，而六大主要城市上涨 40.6 倍。1975—1985 年是缓慢上涨期，10 年间日本住宅用地价格仅上涨 77%，六大主要城市上涨 89%。1986—1991 年是疯狂上涨期。六年内日本全国住宅用地价格平均上涨 51%，而六大主要城市上涨 169%，六大城市之外的中小城市上涨 47%。可见，这一时期大城市地价涨幅远远大于中小城市，而此前两段时期差异并不大。

房价方面,1975—1991 年间日本所有城市名义房价上涨了 167%,六大主要城市房价上涨 407%,但同期日本名义人均 GDP 从 4 281 美元上升至 28 541 美元,上涨了 607%,成功迈入高收入国家行列,以日元计价则是上涨了 315%。可见,此一时期全国房价平均涨幅低于名义收入涨幅 148 个百分点,但六大主要城市房价涨幅大于名义收入涨幅 92 个百分点。因此,1975—1991 年间的房地产市场泡沫主要体现在六大主要城市上。

日本政府在 1987 年意识到股票市场与房地产市场存在双重泡沫,于是采取了严厉的行政措施、财政政策和货币政策来挤泡沫。1987 年 7 月财务省发布行政指导,要求金融机构严格控制在土地上的贷款项目,此后房地产贷款增速迅速下降,到 1991 年日本商业银行实际上已经停止了对房地产业的贷款。1987 年 10 月日本政府调整土地收益税,重点监管持有不超过 2 年的"超短期持有者"的房地产交易。日本央行从 1989 年开始连续 4 次加息,再贴现率从 1989 年 5 月的 3.25% 上升到了 1990 年 8 月的 6%。一系列措施最终刺破了泡沫,但后果之严重却大大出乎日本政府的预料。

1991 年后日本房地产市场迈入了漫长的下跌阶段,全国住宅用地价格从 1992 年开始持续下跌,至 2016 年跌幅为 53%,而六大主要城市跌去了 65%,仅约为最高点的 1/3。数据显示,1992—2000 年间,日本六大主要城市住宅用地价格下跌 55%,中小城市跌幅仅 19.4%。2000 年之后地价的跌幅趋缓。

日本房地产市场泡沫的形成和破灭既有长期基本面因素,也有货币金融因素,同时也不能排除国际压力造成的日本政府政策应对失当。长期基本面因素主要包括人口的总量及结构变化、经济增长和城市化进程等。1955—1974 年是日本经济的快速增长期,GDP 年均增长 9.3%,人口总量增长 22%,处于置业阶段的人口(20—50 岁)增速更快,城市化率也从 56% 上升到 75%,可以说这一时期的地价房价的快速上涨有基本面的支撑。1975—1991 年是日本经济的第一次增速换挡期,GDP 增长率放缓至年均 4.4%,人口增速下降,置业人口增速放缓,城市化率增速则大大降低,16 年间仅从 75.7% 上升到 77.5%。1991 年之后,日本人口总量从 90 年代后期至 21 世纪前 10 年始终维持在 1.27 亿人左右,2010 年后开始绝对减少。1992 年,日本 15—64 岁的劳动年龄人口占比达到 69.9% 的最高值,之后开始持续下降,2015 年为 60.8%。老龄人口占比则快速上升,2005 年之后日本成为全世界范围内人口抚养比最高的国家。与之相对应,日本经济从 1992 年开始进入第二次增速换挡期,至 2015 年间的 GDP 年均增速低至 0.8%,经济增长几近于停滞。由此可见,1991 年之后地价房价的下跌就不难理解了。

货币金融因素方面。20世纪70年代中期，日本开始了经济金融的自由化和国际化进程，1985年日本政府发表了《关于金融自由化、日元国际化的现状与展望》报告，揭开了日本经济和金融全面自由化、国际化的序幕。1985年"广场协议"签订后日元大幅度升值，这使得日元资产吸引力大增，在金融自由化和国际化的条件下，房价疯狂上涨和日元升值无疑有很大关系。日元升值造成出口规模萎缩和经济下滑，为促进经济增长，日本央行大幅降低利率，再贴现率从1984年的5％下调到1987年的2.5％，1986—1990年间，日本国内货币供应量显著扩张，M2增速1985年初仅为7.9％，1987年5月至1990年9月间，M2同比增速平均高达11％。过量流动性和低利率助涨了房地产泡沫。国际压力方面，20世纪80年代初期日本迫于美国的压力过早实施了金融自由化和日元国际化政策。1985年9月的"广场协议"，实质是美国为削减对外贸易赤字迫使主要贸易盈余国升值其货币，其中日元的升值幅度最大。1987年美国出现股灾，美国政府建议日本暂缓加息以吸引资本回流美国。日本政府也担心提高利率可能会推动日元升值，引起经济衰退。在这种情况下，日本央行决定维持低利率政策。在本应该实施资本管制和紧缩性货币政策以把泡沫消灭在萌芽期时，日本政府却反其道而行之。

日本泡沫经济破灭的后果非常严重，经济增长长期停滞和长期通货紧缩并存，居民财富大幅缩水，企业资产负债表恶化，银行不良资产率上升，央行资产负债表大幅扩张，政府债台高筑。2016年3月，日本10年期国债收益率甚至跌至负值，这反映了日本经济未来前景仍不乐观。

资料来源：任泽平、熊义明：《日本房地产泡沫的催生、疯狂、破灭和教训》，载陈杰、陆铭、黄益平、潘英丽主编：《房地产与城市发展：问题及对策》，中信出版社2017年版，第86—97页。

专栏3.2　中国香港和新加坡房地产市场比较

中国香港和新加坡都是典型的小型、开放的高收入经济体，两者都是海港城市，土地面积和人口规模基本相近，产业结构大致雷同，在文化上融合了东方儒家文化和西方价值观，因此社会制度也近似。但是在房地产市场领域，中国香港和新加坡却具有很大差异，其中的原因和社会效果值得深入思考。

专栏表3.1为中国香港和新加坡两地房地产市场的基本情况。

从表中可以看出，中国香港虽然土地面积多于新加坡，但土地开发比率和住宅用地比率都不到新加坡的一半，因此中国香港的人均居住面积也仅为新加坡的一半。另一组差异较大的数据是公营房屋住户的比率，新加坡有80％的居民居住在由政府开发建设的房屋中，而中国香港此比率仅为46％。造成这种差异的主要原因在于两地

专栏表 3.1　中国香港和新加坡房地产市场基本情况

	中 国 香 港	新 加 坡
总土地面积、人口	1 108 平方公里,734 万(2016 年)	719 平方公里,561 万(2016 年)
人口密度	6 621 人/平方公里	7 797 人/平方公里
土地开发比率	24.1%	54%(2010 年)
住宅用地面积及占总土地面积比率	76 平方公里,6.68%	100 平方公里,14.0%(2013 年)
人均居住面积	15.0 平方米	30.0 平方米
公营房屋住户占总住户比率	45.9%(其中公屋 30.7%,居屋 15.2%)	80.1%
自置居所住户比例	68.7%	90.8%

注:(1)数据来自中国香港特区政府统计处和新加坡统计局;(2)除括号内注明之外,其他均为2015 年数据。

房地产市场的体制和机制不同。

　　中国香港居民的房屋性质有公屋、居屋和私人住宅三种。公屋是由香港特区政府下属机构香港房屋委员会和香港房屋协会兴建的,是政府为低收入阶层提供的租金低廉的居所。香港特区政府统计处的数据显示,截至 2015 年底,两家协会管理着 78.32万个公屋单位,共 75.69 万户、约 214 万人(占全港人口约 29%)居住于公屋单位。居屋是香港"居者有其屋"计划的简称,是为一些收入不足以购买私人楼宇,又不合资格(或不愿意)入住公屋的居民提供的另一种选择。居屋也称为"资助自置居所房屋",即由中等偏低收入群体在获得政府一定的补助之后自行购置的房屋。2015 年底,共有39.60 万个住宅单位和 37.63 万住户(占全港住户的 15.2%)居住在居屋中。私人住宅则是完全由市场开发兴建和销售的房屋,政府不加干预,主要由中高收入群体和高收入群体持有。2015 年底,香港共有 151.64 万所私人房屋单位,住户数量为 132.02 万户(占全港住户的 53.5%)。

　　新加坡的房屋性质有两种,即组屋和私人住宅。组屋是由新加坡政府下属部门建屋发展局承担建筑的公共房屋,目前是 80% 的新加坡人的住所。新加坡自建国以来,已经兴建超过 90 万个组屋单位,建屋发展局一直通过"居者有其屋"计划以低于市价向低于一定收入标准的住户出售组屋单位,契约期为 99 年。2015 年,组屋的房型中约七成是面积在 90 平方米和 110 平方米的三居室和四居室。可见,组屋虽然是政府为中低收入群体提供,但其居住质量仍可称完善。新加坡的房地产中另有不足总数20% 的私人住宅,由私人发展商兴建,面向中高收入群体销售。

　　在对中低收入群体的住房补助方面。中国香港的公屋由财政拨款兴建,以极低的租金向低收入群体提供,2015 年公屋的每月租金在 320—4 260 港元之间,平均约为1 700 港元。面向中等收入群体销售的居屋一般也由政府兴建,但也会引入私人发展商参与建设，居屋建设用地的地价会比市场地价低 30% 至 50%，因此房价会比市场价更低，但居屋持有者在转让时需按市场价补足地价。新加坡在补助居民购买房产方面，除了以低于市价销售组屋外，还允许居民使用优惠利率的中央公积金和建屋发展局贷款；对于收入特别低的阶层，政府还直接提供购房津贴。

不管是公屋和居屋，还是组屋，都只限本地永久居民申请租赁或购买。中国香港和新加坡对于投资和投机性质的市场炒作都严厉打击。在私人住宅二手市场上，对不满一定年份（中国香港为 3 年，新加坡为 4 年）出售房产的，征收 4% 至 20% 不等的额外印花税。对于非本地居民购买房产的，分别征收 15% 和 18% 的境外买家税。

总体来看，新加坡居民的居住质量要明显高于中国香港，这是和新加坡政府在住房市场上的强势主导地位分不开的。新加坡政府从立国之初便积极地填海造地，五十年间陆地面积从 582 平方公里增加至 719 平方公里。填海造地甚至导致了与邻国的领土争端和贸易纠纷，也面临着国内生态保护团体的反对，但新加坡政府不为所动。新加坡的土地开发比率过半，土地被首要考虑住宅用途。新加坡政府向来重视改善居民居住质量，自建国之初便颁布法令规定政府有权征用私人土地（当前新加坡土地约 85% 属国有），以保证组屋所需用地。

比较而言，中国香港在上述两方面与新加坡的差距很大。香港特区政府一直奉行"积极不干预"的自由主义政策，在房地产市场也是如此。自由市场经济竞争使得香港社会两极分化严重，底层居民的居住条件很差。香港公屋制度缘起于一场偶然事件，1953 年圣诞节深水埗的一场大火灾令 53 000 多人无家可归，政府遂决定兴建临时安置居所，之后逐渐演变为当前的公屋制度。香港社会在改善各阶层居住质量方面都难以达成基本共识，政府又受限于从港英时代留存至今的复杂冗长的法律程序问题，以及各利益相关团体的阻碍等因素，一直难以有效推进土地开发和建屋计划。例如整个土地开发流程动辄就需要 11—14 年，再如在 2002—2011 年间，特区政府曾停止兴建及出售居屋，这在一定程度上造成了当前房地产市场供求失衡。早期留存的法令（1994 年通过的《保护海港条例》）和某些生态保护团体的反对使得香港政府在填海造地方面作为寥寥，在生态保护地兴建公营房屋时也大受掣肘。

或许中国香港只有在私人住宅市场领域领先于新加坡。香港有 53.5% 的住户拥有完整产权的私人住宅，其市场交易更为活跃。香港的卖地收入是特区政府的第二大财政收入来源，如果再加上土地和房产交易的印花税收入等，与其第一大收入来源——利得税——相比也不遑多让。高比例的房地产相关税费收入一定程度上促成了香港低税率自由港的美誉。新加坡虽然从表面上看有 90.8% 的住户是自置居所，但全部住户的 80％ 是组屋住户,而组屋的申请和买卖都有严格限制,产权并不完整。新加坡居民一生只有两次机会申请购买组屋,但只能同时间拥有一所组屋,住满 5 年后才可以在组屋二手市场上买卖,买卖也只限于地上物的使用权。组屋市场实际已经被政府垄断,完全按照政府制定规则运行,市场机制被抑制,个人自由选择的空间非常狭小。新加坡政府的房地产相关收入远低于香港,这也部分导致了其个人所得税最高税率比香港高四成以上。

或许可以用这句话来总结中国香港和新加坡的房地产市场,中国香港更追求个人自由和市场效率,对社会公平的重视不足;新加坡正好相反,高度重视社会公平,但也损失了个人自由和市场效率。

资料来源:黄友嘉、周文港:《中国香港与新加坡的房屋和土地问题及其政策的比较分析》;何泺生:《为什么新加坡能,中国香港不能》,载陈杰、陆铭、黄益平、潘英丽主编:《房地产与城市发展:问题及对策》,中信出版社 2017 年版,第 98—126 页。

二、健全房地产与城市发展的对策建议[①]

专家一致认为,我们需要尊重城市发展和区域发展的基本规律,在人口大量流入的东部沿海地区,特别是一线和二线城市,增加土地供给,适当调整工业、商业、住宅和容积率等土地使用结构;扩大住宅的供给和租赁服务,优化住宅品种的多样性,以适应不同层次、不同收入家庭的实际需要。2017 年 7 月,广州市人民政府办公厅印发《广州市加快发展住房租赁市场工作方案》,允许将商业用房等按规定改造成租赁住房,改建后的租赁住房,土地使用年限不变,调整后用水、用电、用气价格按照居民标准执行,但不得将改造后的租赁住房进行销售。并在具体措施的第一条中即提出"赋予符合条件的承租人子女享有就近入学等公共服务权益,保障租购同权"。这将代表一二线大城市普遍的政策取向,有助于提高城市化的集中度,并缓解房价上涨的社会压力。

关于地级与地级以下房地产去库存,专家建议通过设立蓝印户口制度、发展共有产权制度、推进普惠住房金融制度、改进公共基础设施与服务供给、鼓励农地承包权和农村住宅的出租等政策举措,以实现农民工市民化为目的,达到消化城镇住房库存的效果,增进农民工的生活质量和整体福利,参见专栏 3.3。

另外,专家也建议政府应引入房地产税,并拓宽家庭投资渠道。贾康认为,保有环

---

① 详见陈杰、陆铭、黄益平、潘英丽主编:《房地产与城市发展:问题及对策》,中信出版社 2017 年版。

节的税收可缓解供需矛盾,减少泡沫因素;可完善分税制,优化地方公共服务和投资环境;提高直接税比例,缓解中低收入家庭税收痛苦;通过"抽肥补瘦"缓解收入和财富分配的不平等;作为支持社区和地方辖区公共服务提供的地方税,纳税人天然会要求对如何征、如何花的知情权,这也是国家治理现代化、国家社会生活现代化进程中税制的现代化配套。另外,政府也需要为好企业的发展创造更好的生态环境,强化私有产权和知识产权的保护,促进人力资本的投资,健全市场秩序和权责的界定机制,以此促进具有技术与文化内涵的消费品生产和消费服务业的发展,构建起家庭投资、实业发展、国民福利增进之间的有效实现机制。[①]

专栏3.3　专家关于农民工市民化的住房政策建议

第一,借鉴曾经的蓝印户口制度,将购房住户纳入居住证覆盖人群。全面推进并完善居住证制度,凡购房不再考虑就业或者缴纳社保的年限,享受和户籍居民平等的公共服务和基础设施。尤其是农民工子女有平等接受教育的权利,政府给购房者与户籍居民平等的就业与创业机会,并将农民工纳入就业与创业服务体系,给予服务和支持。

第二,探索实施商品房共有产权制度,实施住房产权分割出售。一方面开发商资金紧张,亟待去库存,另一方面,农民工购买力有限,要解决纽结,实现多赢。实行产权开发商部分持有,部分出售给购房者的办法。共同到银行办理并获得抵押贷款。开发商与购房者可按3∶7、5∶5、7∶3比例持有,开发商将持有产权部分租给业主,并商定未来若干年以怎样的价格全部出售给购房家庭。

第三,建立普惠住房金融制度,实现政策性和商业性覆盖农民工。针对目前存在的政策性金融和商业性金融对农民工的排斥状况,建立普惠的政策性住房金融体系,扩大公积金对中、低收入居民的覆盖,将公积金覆盖到农民工,并实施实行异地提取购房制度;建立商业性普惠金融体系,让农民工获得与户籍居民平等的商业住房抵押贷款机会,同时加快完善农民住房财产权等抵押与担保制度。

第四,允许和鼓励农民工转让土地承包权,出售和出租住房。这成为"人地挂钩"视域下农民工家庭住房问题解困的根本举措。农民工在农村的财产权保护和市场化交易,不仅有助于资源合理利用,而且有助于其在城镇安居。需总结试点经验,抓紧切实改革土地制度,全面推广土地承包权流转、宅基地使用权转让和集体收益分配权

[①] 贾康:《地产税有必要而且可行》,载陈杰、陆铭、黄益平、潘英丽主编:《房地产与城市发展》,中信出版社2017年版,第202—215页。

落实。

　　第五,改进地级以下城市的基础设施与公共服务。建立与常住人口挂钩、分级负责的财政体制,加大对行政级别低的城镇的转移支付力度,建立农民工住房补贴制度。加快制定向小城市倾斜的投资政策,引导产业项目和基础设施建设在住房支付能力强的小城市布局,提高其就业吸纳能力,改变我国城市就业吸纳能力和住房支付能力错配的现状,激励更多的农民工在小城镇购房和永久性迁徙。

　　资料来源:倪鹏飞:《农民工购房市民化:不仅仅是为了去库存》,载陈杰、陆铭、黄益平、潘英丽主编:《房地产与城市发展:问题及对策》,中信出版社 2017 年版,第 16—25 页。

第四章 金融基本功能的理论与实践问题

2023 年 10 月 30—31 日中央金融工作会议在北京召开。五年一度的全国金融工作会议以中央的名义召开,一词之差,体现了党中央对金融工作的极度重视和强化对金融工作集中统一领导的意志。金融领域存在风险隐患较多、服务实体经济质效不高、金融乱象和腐败问题屡禁不止、监管和治理能力薄弱等问题。会议强调必须坚持党中央对金融工作的集中统一领导,坚持以人民为中心的价值取向,坚持把金融服务实体经济作为根本宗旨,坚持把防控风险作为金融工作的永恒主题,坚持在市场化法治化轨道上推进金融创新发展,坚持深化金融供给侧结构性改革,坚持统筹金融开放和安全,坚持稳中求进工作总基调。

金融是现代经济的核心,国民经济的血脉,国家竞争力的重要组成部分。但是在宏观经济学中金融体系的运行机制及其宏观与结构影响却未能得到系统的理论分析和阐述。在中国与西方具有不同的体制、机制、文化传统和发展目标的背景下,中国金融改革一度停留在技术层面,并有食洋不化之倾向,造成一定程度的资源配置低效以及腐败乱象和系统性风险的持续积累。笔者将在本章和第五章从理论、实践和政策历史两个方面系统探讨中国金融问题、金融高质量发展和金融强国建设所要求的金融供给侧结构性改革路径。

本章内容安排如下:第一节将从阐述金融的本质入手探讨金融与经济的关系,阐述金融在现代经济中的核心作用与基本功能。系统分析金融体系的投资中介与资源配置的效率问题,探讨货币信用资本的本质、金融存在的理由、广义利息的起源以及金融在国民经济中的核心作用,讨论金融资源错配等问题,澄清实践中关于金融 GDP 的认识误区。第二节探讨虚拟经济、金融"脱实向虚"以及金融体系创造信用货币的功能。

第一节　金融的本质与基本功能

邓小平同志指出,金融是现代经济的核心。这是非常有洞察力的判断。金融在国民经济中确实占据核心地位。但是,现代宏观经济学的一个重大缺陷就是没有对金融的宏观经济地位和职能做系统的分析。宏观经济学在国民经济恒等式中引入储蓄等于投资的公式($S＝I$),假定储蓄自动转化为投资,进而将整个金融体系排除在宏观经济分析之外。因此我们需要探讨金融存在的理由是什么,然后讨论金融如何发挥其核心作用。

一、金融存在的理由:社会分工的演进

为了弥补理论上的缺陷,我们需要回归本源,讨论金融存在的理由是什么。先从自给自足的农业社会说起。假定某些年风调雨顺,粮食丰收,一家之长的农民老爸需要决定扣除吃用和种子后的余粮用来做什么,养猪喂鸡,换头小牛,还是生儿育女。三者分别有着提高短期生活质量,提高中期生产能力,提高长远生产能力、实现代际传承安享晚年三种目标。农民老爸将做出一种选择或者采取三种选择的某种组合,实施家庭投资计划。在这里,他已经行使了今天复杂金融业的基本职能:一是将储蓄(余粮,也即可用于扩大生产或提高生产能力的资本)转化为生产性投资;二是从家庭的实际需要和福利最大化要求出发进行了资本的有效配置。储蓄在家庭内部实现了向生产性投资的转化。现代社会与传统农业社会的本质区别在于社会分工。这种分工不仅超越家庭、超越地区,而且迅速超越国界。因此无论从专业知识要求、海量信息处理、投资的规模及其所面临的风险来看,个人或家庭已经不再具有直接投资的能力,必须依赖金融业(或广义的投资中介服务业)提供中介服务。这就是金融存在的理由。

金融是提供投资专业服务的中介机构和平台,作为中介,金融业本身是分工的产物,也是分工演进的一种体现。金融内部分工已经从银行、交易所平台,发展到各类财富管理基金、私募股权投资、风险投资等提供间接和直接投资服务的众多细分行业,以期实现与社会生产的复杂分工相适应的金融分工,实现专业化的优势。但是金融业的基本职能并无变化。

通过金融业的中介,以家庭为主的社会储蓄转化为生产性投资,并在不同产业、不同企业、不同地区和投资期限长短不一的项目中进行配置,直接或间接地满足社会复

杂多样的最终消费需求。由于需求的多样性、产业分工的复杂性、未来的不确定性和创新的探索性，投资失败与资源错配也必定会经常发生。因此，金融业必须对风险定价，并将风险进行分级，再分配给具有不同风险偏好和承受能力的投资者，让他们得到与风险匹配的投资收益。同时市场也具有内在的纠错机制，使资源错配尽快得到纠正。与银行体系的风险高度集中不同，股票与债券市场因为参与者众多，并且股权和债权可以交易或转手，因而在分散风险方面具有更大优势；更适合高科技、现代农业等高风险行业以及大健康、大文化和消费服务业等轻资产行业筹集长期资本。由于参与市场的中小投资者鉴别和监督融资企业的能力先天不足，股权和债券等资本市场发展对保护中小投资者防范商业欺诈的法律制度和有效监管有更高要求。笔者于1993—1994年在美国纽约大学进行的富布赖特研究项目探讨了美国20世纪30年代证券市场规范化问题，保护中小投资者防范商业欺诈是美国证监会（SEC）的基本宗旨，也是美国建成全球最发达资本市场的成功经验。

可见，社会分工的复杂性及其未来的不确定性使家庭丧失了直接投资的能力，这是金融中介服务业存在的理由，也是金融业内部专业化分工不断发展的原始动力。

二、金融的基本功能

（一）货币和货币资本

金融的重要性与资金的性质有关。什么是资金？银行行长们天天与资金打交道，金融交易员天天操盘的也是资金。但是让他们给资金下个定义却有点困难。另外资金与货币是一回事吗？如果不是一回事，两者又如何区分？

资金是货币资本的简称。货币资本与货币是有区别的。

马克思曾经给货币下过定义，货币是从商品世界中分离出来的一般等价物。充当货币的商品可以与任何商品进行交换。今天由各国央行发行的纸币包括之后派生出来的各类支付账户内的电子货币都是各国法律赋予特殊职能的法偿货币，可以用来交换任何商品、服务和资产，也可用于债务的偿付。这是货币特性，也就是它拥有充分的流动性或被所有人接受的特殊性质。货币的一个功能是给人们提供流动性便利，但是货币并不能给持有者带来收益。货币的另一个功能是价值贮藏，作为价值贮藏物，货币成为持有财富的一种形式。但是货币仅仅提供流动性便利而不带来收益，这是它区别于各类金融资产的一个特点。在央行拥有货币发行权，并且其货币发行没有硬性限制的场合，货币并非是最好的价值贮藏物，因为它会因通货膨胀而贬值。

货币资本是什么？

我们可以从经济学家对资本的定义中把握货币资本的本质。古希腊将资本定义为生息资本。法国重农学派代表之一的杜尔哥将资本看作是物质资本，也即剩余产品。有政治经济学之父美誉的英国古典经济学家亚当·斯密将资本定义为生产资本。

奥地利学派的代表，曾经三度出任奥地利财政部部长的庞巴维克的资本概念值得重点阐述。庞巴维克认为，"一切生产的最终目的，是制造满足自己需要的物品，亦即制造用于直接消费的财货或消费品"。生产可以多种方法进行，最重要的可以分为两种：一是直接生产方法，即把劳动作用于自然因素后直接生产出供人们消费的物品；另一种是间接生产方法，即人们的劳动先生产为制造消费品所必需的生产资料。这就是他所言的"资本主义的生产"，由此引出"资本只是迂回生产过程中某些阶段里出现的中间产品的集合体"。[①]这就是他所定义的生产资本，也是从国家层面理解的资本，国家资本。他关于资本的第二概念是能够带来利息的物品，即获利资本，后者又称私人资本。前者与生产有关，后者属于分配需要研究的利息问题。

马克思的资本定义涉及货币资本、生产资本和商品资本，并且探讨了这三种方式相互转换的资本运动。马克思认为，生产资本或"产业资本是唯一的这样一种资本的存在方式，在这种存在方式中，资本的职能不仅是占有剩余价值或剩余产品，并且同时创造剩余价值或剩余产品"。[②]"作为生息资本，并且特别在它当作生息货币资本的直接形式上，资本作为主体，作为一种可卖的物品，取得了它的纯粹的拜物教形式，$G—G'$。第一，在这样一个形式上，资本的一切特性都已经消失，它的现实要素也已不能辨认。货币正好是这样一个形式，在其中，商品作为使用价值的差别都已消失，由这些商品和它们的生产条件构成的各种产业资本的差别也都已消失；在其中，价值——在这里也就是资本——是当作独立的交换价值存在的……第二，它所生产的剩余价值（在这里也是在货币形式上）也表现为资本本身应得的东西。像生长表现为树木的固有属性一样，生出货币表现为资本在货币资本形式上固有的属性。"[③]

马克思认为，货币资本是资本运动的起点，作为垫付资本，通过生产性投资转化为生产资本或产业资本；生产资本的运用创造出各种满足市场需求的商品，其中包含了剩余价值或剩余产品。这里生产资本转化为商品资本，商品资本还须回到货币资本形态，这个资本运动才算完成，进而进入下一轮资本运动。马克思将商品资本向货币资本转化的过程称为"实现"，"实现"是一个"惊险的跳跃"，因为商品卖不出去，产业资本家不仅剩余价值无法实现，而且垫付资本也可能收不回来。资本运动自货币资本始，

① 庞巴维克：《资本实证论》，商务印书馆1981年版，第53、58页。
② 马克思：《资本论》，人民出版社1964年版，第2卷，第37页。
③ 马克思：《资本论》，人民出版社1964年版，第3卷，第449页。

再回到货币资本形态，只是必须实现增殖，有 $G—P\cdots W—G'$，其中 P 和 W 分别代表生产资本和商品资本……表示生产过程，$G'=G+\Delta G$，为实现增殖后的货币资本总价值。

我们结合第二章所讨论的基本概念和原理，再来讨论由家庭储蓄形成的资本所采取的形态。假定社会总产出为 100 单位，全部转化为家庭收入，其中 60 单位被家庭用于消费，另外 40 单位构成家庭的储蓄。这 40 单位的储蓄代表的是没有被消费掉的社会剩余产品。它们在物质形态上可以是资本品也可以是消费品。如果是资本品，它们可用于投资，形成新的生产线，扩大再生产过程。如果是消费品，储蓄可转给劳动密集型产业的企业，用来雇用更多劳动力，推进农村剩余劳动力的吸收或城市化。就家庭货币收入而言，它分为两个部分。一部分用于消费支出，这部分仍然发挥其一般等价物的货币功能，作为家庭购买力对消费需求提供支撑。另外一部分储蓄是以生息的货币资本形态存在的，这部分资本的运用要求保值增值，给持有人带来一定的收益。这部分资本或借助银行体系的存贷款业务，或通过股票或债券市场的投融资活动，转让给企业使用，成为企业进行生产性投资或扩大再生产的垫付资本。这里的垫付资本就是对社会剩余产品（资本品）或稀缺生产资源的支配和使用权。

货币资本实际上就是社会剩余产品或（更广意义上的）社会稀缺生产资源的支配和使用权。

（二）广义利息的起源及分配——兼论金融业正当收益的法理基础

为了深入理解"金融是现代经济的核心"和当前系统性金融风险的形成机理，我们还需要从广义利息起源或金融业获取收益的法理基础进行阐述。

庞巴维克提出了西方主流金融学或财务学中利息的"时间价值论"。他认为，人们由于对未来缺乏想象力或存在意志上的缺陷以及生命的短促多变，会低估未来，给现在物品的估值高于对未来物品的估值，因此放款方（相当于借出现在物品）要求借款方还款时补偿相当于现在物品与未来物品间的估值差价，即利息。此外，现在物品具有技术上的优越性。现在物品可以促成资本主义的迂回生产，而迂回生产具有更高的生产率。他指出，假如一个人虽然有生产资料，但没有现在消费品，他不得不把所有的生产资料用于生产消费品。如果他既有生产资料又有消费品，他就可以通过迂回的资本主义生产方式生产出更多的消费品。比如一个没有生活资料的渔民只能用两只手去捕鱼（即进行直接生产），他每天可能捕到三条鱼并全部吃掉。如果他能借到 90 条鱼，维护一个月的生活，并在此期间造出一只船和一张渔网。这样从下月起，他就可用船和渔网来捕鱼，每天可捕到 30 条鱼，一个月可捕到 900 条鱼，除偿还 180 条鱼外还有很多剩余。"他借到的九十条(现在的)鱼对他的价值,不仅大大超过了九十条鱼,而且还超过了他用来偿付债务的一百八十条(未来的)鱼"。[①]庞巴维克认同使用生产工具的迂回生产方式具有更高的生产率,但是他强调,现在消费品作为垫付资本为劳动者进入更高生产率的迂回生产过程创造了条件。

马克思认为,剩余价值是生产领域的工人创造并为资本家所榨取的。他指出"尽管利息只是利润,即执行职能的资本家从工人身上榨取的剩余价值的一部分,现在却反过来,好像利息才是资本的真正果实,表现为某种本原的东西"。[②]

笔者在21世纪初研究马克思的虚拟资本和现代虚拟经济时,对利息起源有了新的思考和发现。[③]在此,笔者将庞巴维克的资本实证论与马克思的《资本论》结合起来,提出我的"资源配置优化论",它能同时解释利息起源和金融业在现代经济中的核心作用。

就现代货币经济而言,由家庭储蓄积累而成并以货币和金融资产形式持有的私人资本实际上是对社会剩余产品或稀缺生产资源的支配和使用权。现代金融业的资金融通使社会剩余产品或稀缺生产资源的支配和使用权从分散状态实现了集中和转移,从而使更多的社会生产资源从闲置或低效率使用的状态转移到高效率的生产部门中去;高效率生产部门在社会资源总量不变条件下给社会创造出一个新增的财富。这个新增财富就是全社会的剩余价值或广义利息,它在产业部门创造,却源起于社会生产资源配置的优化和更高效率的使用。在庞巴维克上述经典案例中,渔民借到90条鱼,这意味着作为社会剩余产品的支配与使用权已从储蓄者转移到了劳动者手中,剩余产品的转手,不仅使鲜鱼从面临毁坏(或鱼干面临闲置)的状态转变为渔民食粮的有效使用状态,而且使渔民的劳动力资源进入到更高生产率的迂回生产方式中去。

从这个案例中可以看到马克思与庞巴维克的区别在于:马克思强调劳动者在生产过程中的主观能动性和创造性,强调剩余价值在产业领域由劳动者创造的合理性;虽然马克思强调了无产者从封建庄园的人身依附关系中解放出来,除了拥有自身劳动力以外一无所有的状态是资本主义生产方式得以运行的前提条件,但是马克思并没有强调劳动力从低效率生产方式转向资本主义高效率生产方式的资源配置优化对于社会生产率的提高或对于剩余价值创造的重大社会意义。庞巴维克则强调了储蓄(剩余产品积累或财富积累)和生产的重要性。储蓄决定了采用迂回生产方式的可能性和迂回生产过程的长度(相当于生产技术密集程度),而生产则是剩余价值的创造过程,是技

---

① 庞巴维克:《资本实证论》,商务印书馆1981年版,第275页。
② 马克思:《资本论》,人民出版社1964年版,第3卷,第448页。
③ 详见潘英丽:《虚拟经济的演进机制及其两重性的探讨》,《华东师范大学学报(社科版)》2001年第5期,中国人民大学复印资料《经济理论》2002年第1期全文转载。

术或更高生产率得以实现的过程。这是因为马克思是一个革命的理论家，其《资本论》的历史使命是唤起无产阶级的革命，而不是探讨如何建设一个美好的社会主义社会。相比较而言，庞巴维克不仅是优秀的经济学家，还三次出任奥地利财政部部长，是参与国家治理的实干家，他面临的是如何管理经济的社会实践问题。

因此，我们不能教条主义地对待马克思的理论，而是要随着经济和社会演进去不断地发展马克思主义。比如马克思认为，食利者阶层是剥削阶级，并最终将会消亡。显然，这与中国社会主义经济发展现阶段的客观规律和内在要求不符。事实上随着社会进步，随着中国从一个一穷二白的农业大国转变为发达的富裕国家，老百姓将先后积累起日益增加的财富。中国绝大多数家庭的收入也将由工作收入和财产性收入构成。而且随着人口的老龄化，财产性收入也将成为老年家庭养老生活的主要支撑。

由此，笔者的重要结论是，储蓄作为对剩余产品和稀缺生产资源的支配和使用权，经过金融体系的中介和有效配置，这部分生产资源从闲置或低效率使用状态转而被成长性产业高效率使用，进而在资源总量不变的情况下实现社会产出或社会财富的增加；或者这些资源转为人力资本和技术的积累，提高经济的长期增长能力。

三个利益集团将参与社会新增财富的分配。一是资源闲置或低效率使用的家庭部门。家庭储蓄者参与新财富分配的理由有四：家庭是投资的最终委托人，金融机构和企业都是投资与生产经营活动的代理人而已；家庭让渡储蓄资源成为社会资源优化配置的前提条件；社会由家庭组成，以家庭为单位的社会消费是社会生产的最终目的；家庭消费是产能有效利用和经济持续增长的前提条件，这是因为随着国家富裕程度的提高和人口老龄化，在消费的决定性因素中，财产性收入与工作收入相比其重要性会相应上升。二是金融业通过它的高品质中介服务，实现了社会资源配置的优化，这是金融业分享新增财富的法理基础。金融业本身并不直接创造财富，我们说金融业是现代经济的核心，主要是因为金融业通过动员和配置社会资源的支配和使用权，拥有引领产业和经济发展方向的特殊地位，金融体系的有效性决定了社会资源配置的有效性；反之金融的扭曲与低效率则会导致资源错配与耗散，产业结构失衡以及财富的两极分化。三是创造财富的高效率生产部门理应获得新增财富的重要组成部分即正常利润，其中技术领先或创新性企业还可以拥有超额利润。全球范围需要健全制度，促进金融业在实现资源配置优化的过程中获取合法或正当的收益，同时需要防范金融集团通过操纵市场或行政垄断在未能优化资源配置甚至扭曲资源配置的情况下获取巨额利润。

（三）金融的基本功能及其在国民经济中的核心地位

如前所述，金融业是以货币资本的经营为主业的，或者说以社会稀缺资源支配和使用权的集中配置为主业的。它与具体产业和企业不同,它超越单个产业或者说凌驾于所有产业和企业之上,它的主要职能是分配社会稀缺生产资源的支配和使用权。比如说银行信贷放给谁呢?日常经营活动中企业有时会出现资金链紧张。银行给你贷款,你日子好过很多,在产品销路不错的情况下还可以扩大投资实现企业的发展。假如银行不给贷款,甚至一起抽回现有贷款,企业资金链很有可能会断裂。金融在现代经济中的核心地位是由货币资本的性质和金融的基本功能决定的。金融体系有两个基本功能。

第一个功能是金融中介功能,即将社会储蓄转化为生产性投资的功能。金融中介功能决定了储蓄能否有效转化为投资以促进经济增长,否则就会导致有效需求不足和经济衰退。由于货币资本是社会稀缺资源的支配和使用权,银行存贷款业务和资本市场融资功能决定了储蓄这种社会剩余产品在多大程度上得到利用。假定总产出中40单位储蓄只有30单位转化为生产性投资,那就意味着仍有10单位社会剩余产品处在闲置状态而无法利用。这会导致企业产能过剩和经济衰退。在自由贸易条件下,这10单位剩余产品会卖到国际市场上去,表现为一国的贸易顺差。因此,持续的贸易顺差可能有两个原因:一是本书第二章第二节已经讨论过的本国消费比例过低,储蓄率过高。二是本国的金融中介不足或效率过低。如第二章生命周期消费理论所揭示的那样,年轻人需要负债以支持他们的教育投资和各项消费。但是在实践中,有些银行宁愿借钱给大学造楼,也不愿给学生提供教育贷款。在全球或国内经济低迷或回落时,银行惜贷或顺周期收缩,则会强化经济衰退的趋势。

第二个功能是资源配置功能。银行放贷的间接融资和资本市场的直接融资在行业间、企业间、地区间,以及生产及非生产领域间的配置直接决定着社会稀缺资源配置的有效性。2008年之后,中国金融体系曾出现过较为严重的资源错配问题,造成了经

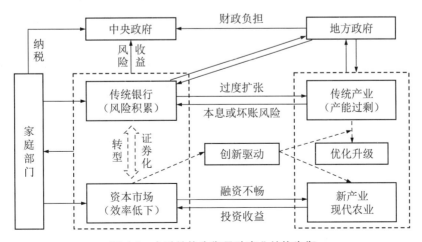

图 4.1　金融结构失衡导致产业结构失衡

济结构的失衡和系统性风险的积累。

首先，金融结构过度依赖银行体系的间接融资，造成了资金在产业间的错配。图4.1从宏观经济四大部门关系角度揭示中国金融结构失衡和金融资源错配如何造成产业结构失衡的内在逻辑。从广义社会融资总额的数据来看，通过银行与影子银行系统的资金融通所占比重高达80%—85%。由于存在抵押政策要求，银行中长期信贷主要投放在制造业、房地产和地方政府基础设施建设项目，导致这些重资产行业出现严重的产能过剩。图4.1的上半部分反映了国家信用支持的银行信贷过度扩张，引发重资产领域过度投资、产能过剩、库存积压和系统性风险积累的结果。图4.1的下半部分，反映资本市场特别是股票市场由于市场信用基础缺失、信息披露不实以及监管不到位或者缺乏违法惩治的威慑性等原因导致金融资源错配和低效率的问题。股票市场建立之初政府的主要目的是帮助企业筹集廉价资本而非保护中小投资者防范商业欺诈，导致前期股票市场功能的财政化（1997—2009年）和民企融资占主导地位的后期（2010年之后）对上市公司监管的缺失。①投资者权益未能得到有效保护，导致市场信心长期低迷，市场融资功能经常瘫痪，阻碍了资本流入高新技术产业、现代农业和各类轻资产产业，造成产业结构的不平衡和有效供给不足。

其次，金融体系在企业融资层面存在与效益背离的错配。商业银行的企业贷款存在明显的国有制和大企业偏好。银行存在"垒大户"和国有制偏好。2015年，民企、国企和央企的净资产收益率分别是10.59%、2.87%和1.89%，但三类企业的负债率分别是50.4%、74.5%和89.5%。贷款的实际投放与企业经营效益负相关。②商业银行对央企和地方国企的偏好，并不仅仅在于这些企业的实力和资信，还在于中国国情下特殊的"免责文化"。对于各类国企的资产投放，即使未来发生了风险，在追责时常常要远轻于其他性质的企业。早在20世纪90年代国有银行将贷款放给低效率国有企业时就有"肉烂在锅里"的说法。另外，如果授信客户所从事的行业或产业是在监管部门的各类指引名单上的，那在未来的风险责任承担上，也可以有很多从轻从缓的余地。那些"煤电油运"等产能过剩的行业、那些步履艰难的"僵尸"企业，顺理成章地成为过去各类信贷资金投放的政策倾斜方向。图4.2给出了年度中美企业债券融资占GDP的比例和中国企业债券市场融资的所有制结构，反映了金融危机后中国企业债券融资的大幅度增长，以及债券融资严重向国企倾斜的事实。地方国企和央企债券融资分别占到45%和47%的份额。

---

① 我们在第五章讨论中国金融抑制政策的历史时再展开讨论。
② 数据来源于中民投在2017年夏季达沃斯论坛夜场分论坛中的发布。

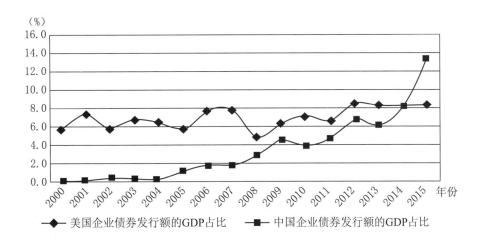

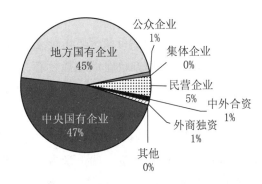

图 4.2　中美债券融资比较(上)和 2015 年债券融资的所有制结构(下)

资料来源：Wind。

再次,金融资源在地区之间配置的有效性较难评价,地区发展差距拉大和中西部地区资源低效率使用同时并存。

早在 20 世纪 90 年代和加入 WTO 前后几年,金融资源的配置更多流向了沿海地区,拉大了沿海地区与中西部地区的发展差距。在特定时点上中国可利用生产资源的数量是给定的,就如一个大蛋糕。但是各个省市在蛋糕中所占份额是有弹性的。信贷等金融资源作为对社会生产资源的支配和使用权,其在不同地区的配置很大程度上决定了各个省市可利用资源在国家资源总量中所占比重。改革开放后,沿海地区支配更多社会生产资源的原因是多方面的。

(1) 外资本币化。中国在 20 世纪 80 年代后期采取了对外商的"两年免税、三年减半"税收优惠政策,吸引和利用外资。根据利用外资的双缺口模型,发展中国家利用外资主要是弥补国内储蓄不足和外汇不足。但是,中国在国内储蓄和外汇都不缺的情况下大量利用外资,很大程度上是将外资作为支配内部资源的杠杆使用的。比如引进一个 100 亿美元的投资项目，100 亿美元并非全部花在采购国外先进技术装备上。可能 10 亿美元用于购买国外设备和资源，还有 90 亿美元换成了人民币，用于支配和使用国内的土地、设备、原材料和劳动者。如果项目投资很有效率，我们还可将其抵押给国内银行，获得更多银行贷款，再用这些贷款投资做第二个项目。这就是沿海地区利用外资比较成功的"滚动开发"。外资在这里充当了资本金，为利用信贷杠杆提供了支撑。沿海地区通过外资流入撬动国内信贷，进而支配和使用国内更多的资源。2005 年中央政府取消了给外商的税收优惠政策。地方政府在招商引资时也更多看重跨国公司是不是世界 500 强，是否在技术上具有领先地位。这时利用外资更大程度上是补充国内有效率企业组织的不足。这些外资企业带领沿海地区经济加入全球的产业链分工，在增加出口、创造就业、增加 GDP 和税收方面发挥积极作用。

（2）"西部开发"和"东北振兴"等资源的行政配置未能达到期望效果，造成了社会资源的低效或无效使用。2003 年开始，地方政府用地指标存在向中西部倾斜的政策，中西部省份土地供给份额从 2003 年的 30％左右上升到 2012 年和 2013 年的 55％，有土地抵押，就可获得银行的信贷支持，地方政府的融资很大程度上造成了边远地区大量闲置的开发区和"鬼城"。①事实上，我们 2013 年的一项研究成果揭示了信贷占县域 GDP 的比重与当地人均收入存在负相关关系。瑞士学者让-路易斯·阿兰德用中国 1 658 个县市的 8 248 个样本数据进行的实证检验发现，国家信用担保导致信贷规模超出社会最优水平。中国县市贷款与 GDP 比例每增加 1％，当地人均 GDP 下降 0.164％，贷款与 GDP 比例从 20％增加到 120％，人均 GDP 的增长从正的 2％下降为 −4％。②其背后的经济学逻辑是银行信贷支持了低效或无效的投资项目，利息支付成为向银行输送资源并导致当地人均收入下降的重要机制，但最终银行贷款的本金显然难以收回。

（3）投资环境决定了有效率企业组织的发育程度，进而影响资本的流向。"东北振兴"和"再振兴"未见实效，很大程度上是由于投资环境没有根本的改善。"投资不过山海关。"沿海地区与中西部、东北相比两个最大的优势：一是经济开放度更高，经济运行的体制、机制和游戏规则与国际更为接轨，因此有效率企业组织更多，能量也更大；二是在地理位置上离国际市场距离更近，产品出口和原材料进口的运输成本更低。由此可见，在缩小地区发展差距方面，我们需要在劳动力流动和投资环境的营造上做出

---

① 参阅陆铭：《土地供给、房价与中国经济竞争力》，载陈杰、陆铭、黄益平、潘英丽主编：《房地产与城市发展：问题及对策》，中信出版社 2017 年版，第 145 页。

② 让-路易斯·阿兰德：《信贷配给、银行救助政策以及信贷的负面影响：基于中国的实证检验》，载潘英丽、胡永泰、杰弗里·萨克斯、钱军辉主编：《十字路口的金融体系：国际经验与中国选择》，中国金融出版社 2013 年版。

更多制度的变革和政策努力。陆铭在其《大国大城》中提出一个很重要的思想,缩小地区差距不应追求地区 GDP 总量的平衡,而是应追求人均 GDP 的平衡。这可通过放松和取消户籍制度,允许当地居民走出去自谋出路。在某些生产资源给定不变情况下,减少人口可以提高劳动生产率和人均 GDP 水平。比如农业的土地资源或旅游景点资源给定情况下,提高当地居民人均收入,不能靠一些没有比较优势的制造业项目,而是要让更多的人走出去,提高当地留守居民的人均资源拥有量。不应强调总量平衡,而应强调地区人均收入的平衡。笔者在《东北振兴的增量改革》一文中强调了在旧体制上复制新制度的困难,建议在东三省传统体制和传统经济相对薄弱的地区创设"体制改革和产业发展的特别行政区",通过营造全新的制度环境,吸引增量资本和民间企业发展当地经济。

最后,金融业资源配置的有效性还取决于资金投入生产领域还是非生产领域。2016 年银行的大量信贷是提供给家庭的住宅抵押贷款。其中 8 月份数据最为典型,当月给家庭的中长期消费贷款增加 4 759 亿元,而给企业的中长期贷款则净减少了 220 亿元。另外,我们可以看到,2016 年前三季度的房地产交易面积增长 20%多,但是交易额却增加了 43%。两个增长率的差异反映的是房价的上升。这说明住宅抵押贷款相当一部分的作用是推高房地产价格。还有不少房地产开发商贷款用来支持土地的竞拍,制造了一个又一个"地王",对房地产泡沫的膨胀起着推波助澜的作用。另外,前些年在财富管理的投资品类中,另类投资吸引了不少资金,字画、古董、葡萄酒和普洱茶的过度炒作,对社会经济发展并无积极意义。古代字画价格走高是因为它们是稀世珍宝,高价使它们流入收藏大家的手中,后者有能力提供严苛的技术条件来保存它们。但是其中不排除一些出于洗钱和行贿受贿目的的交易,也有假冒伪劣等欺诈行为充斥其间。日益增多的社会资金配置到非生产领域,只能说明经济发展出现了结构性问题,或者说明体制机制存在较为严重的扭曲。纯粹的金融交易也属非生产领域,我们将在虚拟经济和金融"脱实向虚"的标题下再作系统讨论。

总之,资金是社会稀缺生产资源的支配和使用权,金融资源配置的有效性决定着社会资源配置的有效性。在商品供给短缺或市场需求不存在约束的情况下,凭借国家信用和建立在国家信用基础上的土地财政,国内的投资和产出通过增加杠杆实现了快速增长,金融或信贷的扩张成为中国经济增长的加速器。但是随着出口和房地产市场需求的衰减,金融的过度扩张及其助长的产能过剩则埋下了系统性风险的隐患。金融作为现代经济的核心部门具有"成也萧何,败也萧何"的效应。

第二节　虚拟经济、金融"脱实入虚"与金融体系创造货币的功能

对金融业爱恨交加似乎已成全球趋势。地方政府很喜欢金融业，金融业对 GDP 贡献不小，还可为本地经济发展提供更多资金支持。金融从业者的薪酬列各大行业之首，金融也成为大学最热门专业。与此同时，社会对金融颇有微词，比如"企业为银行打工"、金融业"暴利"，还有"脱实向虚""自娱自乐""金融乱象丛生"等等。中央政府则为金融的系统性风险焦虑不安，要防"黑天鹅"，更要防"灰犀牛"。金融"脱实向虚"趋势十分明显：不仅出现资金在金融体系内的空转，金融中介链的拉长致使产业融资成本上升，而且大量产业资本也转而介入金融领域。金融"脱实入虚"实际上是虚拟经济过度膨胀的表现。

虚拟经济的过度膨胀存在全球范围的周期性和结构性的特征。虚拟经济的过度膨胀通常有以下三个一般原因：一是实体经济发展面临周期性或结构性障碍；二是货币信贷过度宽松；三是金融业未能受到有效监管。本小节将先给出虚拟经济定义，再讨论其一般原因和在中国的特殊成因。

一、虚拟资本与虚拟经济

虚拟经济的定义较为混乱，主要是判别标准不一。一种标准是从生产力、技术或物质存在形态进行判别的；另一种标准是马克思倡导的，是从生产关系的角度，也即从价值与剩余价值创造与否的角度去判别的。这是政治经济学意义上的判别标准。李晓西曾有定义，"虚拟经济是指相对独立于实体经济之外的虚拟资本的持有和交易活动，虚拟资本是市场经济中信用制度和货币资本化的产物，包括银行信贷信用如期票和汇票、有价证券如股票和债券、产权、物权及各种金融衍生产品等"；[1]成思危也曾给出过相关研究和定义，"虚拟经济是指与虚拟资本以金融系统为主要依托的循环运动有关的经济活动，简单地说就是以钱生钱的活动"。[2]

笔者曾研究马克思的虚拟资本及虚拟经济形成的原因。[3]马克思的虚拟资本概念

---

[1] 李晓西、杨琳：《虚拟经济、泡沫经济与实体经济》，《财贸经济》2000 年第 6 期。

[2] 转引自李晓西、杨琳：《虚拟经济、泡沫经济与实体经济》，《财贸经济》2000 年第 6 期。

[3] 潘英丽：《虚拟经济的演进机制及其两重性的探讨》，《华东师范大学学报(社科版)》2001 年第 5 期，收录中国人民大学复印资料《经济理论》2002 年第 1 期；潘英丽：《中国经济与金融转型研究》，格致出版社、上海人民出版社 2012 年版，第 187—205 页。

具有以下性质：第一，虚拟资本是作为垫付资本参与剩余价值分配，从而能够带来收益的生息货币资本。第二，虚拟资本获得了独立在再生产过程之外的运动形式，取得了一种获取利息或红利收益（似乎是自行增殖）的能力。虚拟资本说它是资本，是指它具有增殖能力或具有参与剩余价值分配的权利，说它是虚拟的，是指其相对独立于生产过程，不参与剩余价值的创造。虽然独立的运动形式使生出货币表现为其本原的或固有的属性，但是货币产生货币，价值产生价值，只是一种虚幻的表象，一种思想方法上的错乱。虚拟资本是以有价证券的形式存在并给持有人带来一定收入的资本。在理解了钱能生钱是一种虚幻的表象的前提条件下，虚拟资本也就等同于我们今天所说的权益资本或金融资产。

我们运用马克思界定虚拟资本的思想方法来界定虚拟经济。虚拟经济与实体经济的区分应该以经济活动是否创造价值（或财富）为判别标准。如果这种经济活动创造价值或财富，那它就是实体经济，而不管其是创造物质产品还是精神产品，不管其是直接创造还是间接创造。如果不创造价值或财富，而只是参与财富的分配或再分配，这种投机活动就属于虚拟经济范畴。这可看作广义的虚拟经济。为了突出虚拟经济的现代特征及其与金融全球化的关系，笔者倾向于将真正意义上的虚拟经济定义为是一种与虚拟资本的交易相联系的投机经济，也就是通过虚拟资本的买卖来获取利润的交易活动的总和。

（一）早期的、具有阶段性特征的虚拟经济

马克思在《资本论》第二卷"货币资本的循环"一章中指出："以实在货币为起点和终点的流通形式 $G \cdots G'$，最明白地表示出资本主义生产的动机就是赚钱。生产过程只是为了赚钱而不可缺少的中间环节，只是为了赚钱必须干的倒霉事。因此，一切资本主义生产方式的国家，都周期性地患上一种狂想病，企图不用生产过程做媒介而赚到钱。"马克思所指的"周期性地患上一种狂想病"就是世界经济史上各种大大小小的投机狂潮。

金德尔伯格对投机狂潮所做的历史和理论的系统分析最为经典。根据金德尔伯格的分析，这些周期性发作的狂想病通常有以下一些共同特性。（1）投机狂潮由一些重要的政治和经济事件触发。触发因素有战争、战争的结束、农产品歉收、新市场的开发、创新、利率下降、固定汇率制度的崩溃等事件。（2）投机狂潮有着极其重要的货币背景。几乎每次投机热潮都伴随着货币和信贷的大规模扩张。（3）欺诈和被欺诈的倾向同经济繁荣时期的投机倾向相当。欺诈是经济繁荣时期贪婪地追求财富的必然结果。（4）投机狂潮或经济过热会导致危机的爆发。继外部冲击、投机热潮和金融危机之后将爆发经济恐慌，随着经济恐慌而来的将是经济的大崩溃。（5）当两个或两个以上的商品或资产成为投机对象时，金融危机将更加严重。当房地产市场与股票市场同时或先后崩溃时，崩溃会冲击银行体系，使金融危机更为深重。"关于恐慌和狂热的文章不计其数，已非我们的心智所能及。但有一点是肯定的，在一些特定的时期，总有许多愚蠢的人拥有许多愚蠢的钱……每间隔一段时间，这些人的资本——我们称之为国家的盲目资本，出于与当前目的不一致的原因，特别巨大而冲动。它在找人吃掉它时，出现了'资金灾'；当它找到这个人时，出现了'投机'；而在它被吃掉后，出现了'恐慌'。"①

（二）当代虚拟经济的结构性特征

20 世纪 70 年代以来，虚拟经济发展到一个新的水平，发生了从阶段性到结构性的演变。

（1）虚拟经济以信用制度和货币的资本化为前提条件。金本位制度崩溃后，信用货币和银行信用的扩张已使虚拟资本的扩张突破了自然和技术的障碍。货币的资本化和银行信用的扩张都是虚拟经济膨胀的基础性条件。货币具有内在矛盾的两重性质。一方面，货币是一种公共产品，货币的顺畅流通和价值稳定可以通过提高交易效率为人们提供巨大的社会利益；另一方面，货币又始终固有着私人商品的性质。商业银行具有通过信贷活动创造货币的功能，但商业银行的信贷受到利润目标驱使，银行必须在获取收益和保障资金安全之间做出决策，而银行决策的选择绝对具有周期性特征。在经济过热时期，乐观主义盛行，典型结果是贷款过多；在低迷时期，又会出现恐慌，引起严厉的信贷紧缩。因此，货币相互矛盾的性质要求社会对其进行谨慎的管理。

（2）货币的战略价格利率与汇率的自由化成为虚拟经济演变的导火索。美国经济学家古特曼指出："解放货币的这两种战略价格却给金融领域造成更大程度的不稳定……当各国央行因日益严重的滞胀被迫放弃国家对货币价格的管制时，它们都失去了曾使它们最有效地控制货币在推动经济增长方面的矛盾状态（既是公共产品，又是私人商品）的手段。从此，货币、信贷与经济活动之间的互动发生了彻底的变化，而这种变化不利于就业和经济增长。"②浮动汇率和多元货币储备体系的确立，高新技术在金融领域的运用已使国际金融市场变得更为神经质、更为情绪化、更为变动不安和急剧震荡。

（3）金融的自由化、电子化和网络化使信用货币的私人商品性质得到加强，金融

---

① 见金德尔伯格：《经济过热、经济恐慌及经济崩溃：金融危机史》，北京大学出版社 2000 年版，第 8—10 页，第 94、120 页，以及前言。

② 参阅弗朗索瓦·沙奈等：《金融全球化》，中央编译出版社 2001 年版，第 3 页、第 58 页。

机构的创新则使新货币形式大量繁殖。比如 20 世纪 60 年代欧洲美元市场的创新,创造了既是私人的又是无国界的银行货币形式。又比如货币市场基金的创新、阿里巴巴支付宝与余额宝的创新,已将货币的交易动机和投资动机结合在一起,使这种新货币形式更具利率弹性。私人支付体系的扩张也对中央银行支付体系的垄断地位形成严峻的挑战。区块链等互联网技术为各类交易提供保密和安全保障技术,已使"信息货币"成为可能。而信息货币的加密交易强化了货币的私人商品性质和虚拟经济的自由市场经济性质,使政府的金融监管面临更大挑战。

(4)虚拟经济的膨胀还以财富管理行业的兴起和为金融投资者提供流动性保障的金融交易市场为前提。机构投资者凭借其在信息获取和处理上的优势,操纵或控制了规模越来越大的社会资金。信息时代的一大矛盾是极为廉价的技术已经使信息的取得成为相当容易的事,但是由于信息量规模巨大,以最快速度获得有效信息的成本却相当昂贵。只有最有实力的投资者才能装备最先进的技术设备或以最高价格最迅速地获取有效信息,进而在金融市场上获得最多的收益。信息时代的这一矛盾使财富和权力越来越集中。其次,与我们通常理解的情况不同,对冲基金等机构投资者控制的市场决策更集中,投资过程自动化程度更高,交易和持有金融资产的时间有可能也更短。

(5)金融衍生产品的开发和金融市场的全球一体化已使虚拟经济超常规扩张和增长。过去几十年,金融衍生产品市场得到了突飞猛进的发展。金融衍生产品不仅可用于套期保值,管理企业或金融机构资产负债的价格风险,而且借助高杠杆已成为高效的金融投机工具。根据国际清算银行(以下简称"BIS")三年一次的《外汇及场外衍生品交易市场调查》的最近一期(2022 年),2020—2022 年全球外汇市场日均交易额为7.5 万亿美元。按这个数字推算,年交易额约为 2 738 万亿美元。其中真实交易需求,我们用 IMF 公布的国际收支(BOP)数据,全球汇总的经常项目(即货物贸易、服务贸易、主要收入、次要收入四项之和)的借项和贷项的平均值(全球汇总的借项和贷项是差不多的),2020—2022 年平均是 33.35 万亿美元。再加上经济合作与发展组织(以下简称"OECD")公布的全球 FDI 流量数据,2020—2022 年平均是 1.47 万亿美元。可以得到全球贸易投资的真实需求约 34.82 万亿美元,仅占外汇年总交易额的 1.27%。

二、中国金融的"脱实向虚"

(一)中国金融"脱实向虚"的主要特征

全球金融危机发生后,中国金融"脱实向虚"表现突出。

首先,金融部门在一次分配中所占比例已超出新增财富总额。我们发现,2014

年以来,金融增加值占 GDP 的比例已超过中国经济的增长率。图 4.3 给出了 1990 年以来金融增加值占 GDP 比例的国别比较。其中两个时间节点值得关注。第一个是 2006 年,当年中国金融增加值的 GDP 占比在 4.6% 左右,与德国水平相当,并且与之后的日本、德国和俄罗斯处在相近的水平。2007 年金融增加值的大幅上升可以股市的大牛市做出解释。2008 年全球金融危机发生后,中国的金融增加值的占比持续上升。第二个值得关注的时间节点在 2014 年。当年中国经济增长率是 7.4%,而金融增加值占比也达到 7.4% 的水平,之后中国金融增加值的比例不仅超过了中国的经济增长率,而且超过了全球金融最发达国家英国和美国的金融增加值比例。

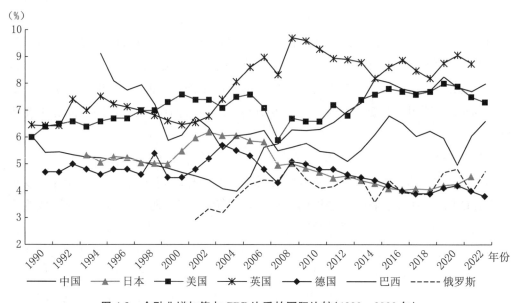

图 4.3　金融业增加值占 GDP 比重的国际比较(1990—2022 年)

资料来源:Wind。

这里我们需要澄清一个关于金融 GDP 的错误认识。在经济实践中,政府和市场人士往往将金融 GDP 看作是金融业对 GDP 的贡献。事实上,金融 GDP 只是金融业运行过程中占用的社会资源或获得的经济增长成果,因为金融业本身并不直接创造财富。金融 GDP 占比超过了经济增长率,只是说相当于或大于 GDP 增量的国民财富部分已经在一次分配中归金融部门拥有。

世界银行和 IMF 将存贷款利差或金融机构佣金收益看作是金融运行效率的反向指标。银行部门利差越大,金融机构佣金水平越高,说明金融业运行的效率越差。如果我们用一年期存贷款基准利差与同期贷款基准利率的比例看作是银行业运行效率的负相关指标,那么如表 4.1 所示,这一指标从 1995 年的 9%上升到 2015 年的 65%。也许行长们会说,高利差是为了帮助银行抵销贷款的坏账损失。1999 年中央政府在基准利率下调的过程中,增加了近一个百分点的基准利差,目的确实是以利差补贴帮助国有银行冲销政策性坏账,只是民生银行等新兴股份商业银行并无政策性坏账,却搭此便车得到了急速的扩张。但是 2006 年前后国有企业盈利状态良好,国有控股商业银行和整个银行体系也已全面达到国际银行的稳健指标。理论上讲,有效率的银行信贷配置应该是支持有效率的投资和生产活动的,而有效率的投资和生产活动是不会派生坏账的。银行不良资产的产生恰恰说明信贷的配给是低效或无效的。金融资源的低效率配置或错配如何成了金融机构获得高收益的理由了呢?如果说高收益是为了抵补高风险,那么中国的银行体系却是在国家信贷担保前提下获取高收益的。高收益归金融部门内部人所有,而金融资源错配及其所形成的系统性风险则由国家财政兜底或通过央行增发货币救助分摊给全体社会成员。

表 4.1　存贷款基准利率及其利差与贷款利率的比值(%)

	1 年期存款基准利率	1 年期贷款基准利率	存贷款利差	利差/贷款利率比值		1 年期存款基准利率	1 年期贷款基准利率	存贷款利差	利差/贷款利率比值
1991-04-21	7.56	8.64	1.08	12.5	2007-09-15	3.87	7.29	3.42	46.9
1993-05-15	9.18	9.36	0.18	1.9	2007-12-21	4.14	7.47	3.33	44.6
1993-07-11	10.98	10.98	0.00	0.0	2008-09-16	4.14	7.20	3.06	42.5
1995-01-01	10.98	10.98	0.00	0.0	2008-10-09	3.87	6.93	3.06	44.2
1995-07-01	10.98	12.06	1.08	9.0	2008-10-30	3.60	6.66	3.06	45.9
1996-05-01	9.18	0.98	1.80	16.4	2008-11-27	2.52	5.58	3.06	54.8
1996-08-23	7.47	10.08	2.61	25.9	2008-12-23	2.25	5.31	3.06	57.6
1997-10-23	5.67	8.64	2.97	34.4	2010-10-20	2.50	5.56	3.06	55.0
1998-03-25	5.22	7.92	2.70	34.1	2010-12-26	2.75	5.81	3.06	52.7
1998-07-01	4.77	6.93	2.16	31.2	2011-02-09	3.00	6.06	3.06	50.5
1998-12-07	3.78	6.39	2.61	40.8	2011-04-06	3.25	6.31	3.06	48.5
1999-06-10	2.25	5.85	3.60	61.5	2011-07-07	3.50	6.56	3.06	46.6
2002-02-21	1.98	5.31	3.33	62.7	2012-06-08	3.25	6.31	3.06	48.5
2004-10-29		5.58	3.33	59.7	2012-07-06	3.00	6.00	3.00	50.0
2006-04-28	2.25	5.85	3.60	61.5	2014-11-22	2.75	5.60	2.85	50.9
2006-08-19	2.52	6.12	3.60	58.8	2015-03-01	2.50	5.35	2.85	53.3
2007-03-18	2.79	6.39	3.60	56.3	2015-05-11	2.25	5.10	2.85	55.9
2007-05-19	3.06	6.57	3.51	53.4	2015-06-28	2.00	4.85	2.85	58.8
2007-07-21	3.33	6.84	3.51	51.3	2015-08-26	1.75	4.60	2.85	62.0
2007-08-22	3.60	7.02	3.42	48.7	2015-10-24	1.50	4.35	2.85	65.5

资料来源:中国人民银行网站。

由此可见，从广义利息或社会新增财富的分配来看，金融业获得的份额已超出其合理的水平，而且其超额部分是以金融资源错配为前提的。

其次，出现资金融通链条拉长和资金空转的倾向。从社会融资总额的数据来看，银行信贷占比已从 2002 年的 91.9％下降到 2013 年的 51％，同期委托贷款和信托贷款两项合计则从 0.9％增加到 2013 年的 25.3％。央行发布的存款类公司对非存款金融机构的债权数据提供了另一佐证。存款类金融机构对非存款类金融机构的债权存量已从 2012 年末的 6 万亿元增加到 2016 年的 27 万余亿元，2013 年以来的年增长率分别为 43.6％、46.5％、53.46％、48.23％。2017 年金融宏观审慎监管致力于压缩金融部门内部的杠杆率，才使这一指标的增长速度下降至 5.5％。

最后，实业资本"脱实向虚"。最先是部分国有企业成为信贷的倒卖者，以基准下浮 10％的优惠利率从银行获得贷款，再由集团内财务公司等金融子公司以高利率放贷给其他企业的方式套取官方和非官方市场的利差，以金融利润弥补或掩饰其实业的亏损。然后有越来越多的国有企业和民营企业集团积极布局金融业务，通过获取各类金融牌照成为金融控股集团。由于国家信用担保的正规金融体系和非官方市场的分割以及两个市场间扭曲的高利差，这些从实业转向金融的控股公司大都实现了金融收益的大幅度增长，并在规模上超过了产业的收益。

（二）金融"脱实向虚"的背景和直接原因

一个重要背景是企业收益率下滑以及自然人信用体系的缺失。企业收益率下滑与传统产业的产能过剩、新兴产业的发展面临瓶颈有关。金融领域出现的"资产荒"本质上是"好企业荒"。金融业支持实体经济发展需要有载体，这个载体首先是有效率的企业组织，然后是理性与诚信的家庭消费者或个体经营者。好企业或有效率企业组织的发展会面临一些困难。比如国有企业凭借行业准入限制和各类补贴政策的过度扩张抑制了民营企业的发展空间，而教育、健康、文化娱乐等轻资产行业和消费服务业则因监管、市场自律机制的不健全以及拥有专业技能和敬业精神的劳动者供不应求而难有快速的发展。相比较而言，由于个人信用体系和金融低成本服务模式的缺失，金融对家庭与个人的消费信贷以及对农民等个体经营者的金融支持则难以有效落地。比如，近年来快速兴起的"现金贷"，其实质是"高利贷"，通过高利率覆盖更高的坏账概率。具有"普惠性"标签的现金贷并不能消除其"害人"的可能性。因为它们的"大数据"分析仍然无法区分贷款是用于人力资本投资等发展性需要还是用于支持借款人的"不良嗜好"。

面对"金融不为实体经济服务"的指责，我们需要做具体分析。追求经营绩效的民营企业在未来发展前景不明朗时通常并无融资需求，而预算软约束、以短期政绩为追求目标的地方政府和国有企业的融资需求往往并不具有财务的健全性。银行拒绝此类贷款要求正是其审慎经营的正常行为。这就告知我们，金融不是简单服务各类实体经济活动，而是要为健康的社会经济发展提供有效并可持续的服务，这是需要通过基础性制度建设和金融改革去创造条件的。

与实体经济相比较，房地产与金融领域显现超高的短期收益率，吸引了大量信贷与社会资本投入其中。其重要背景是全球金融危机后为保增长而实施过度宽松的货币信贷政策导致了非金融部门负债率的大幅度上升，各类借款人利息负担已达 GDP 的 17％至 18％的规模。另外，房地产金融化、资产证券化、金融交易杠杆的使用以及出于监管套利的金融产品与渠道创新等，使更多新增贷款、产业资本介入到制造资产泡沫、追逐短期暴利的投机活动中去。这些短期暴利与击鼓传花式的投机行为使爆发流动性危机以及整体金融危机的风险急剧上升。

简要总结金融"脱实向虚"的原因如下：传统产业产能过剩，规模扩张已近极限；新兴产业发展尚处幼稚阶段，商业模式不成熟，行业自律与监管缺失更使经济转型迟缓而艰难；金融生态环境恶化，如国有部门软预算约束盛行，市场合约实施的有效性无法保证；股份制金融机构的内部激励机制与约束机制不对称，有强烈的短期盈利压力和投机冲动；金融监管部门追求"改革创新"政绩或监管不作为；政府财政功能的金融化与金融风险的财政兜底，更助长了融资双方的机会主义行为。

三、金融体系货币创造的两重性

货币在市场经济活动中发挥计价单位、交易媒介和价值储藏手段的功能。货币具有公共产品的性质，由于货币的使用，交易无须像物物交换场合以需求的双向一致性为前提，交易的便利性和交易效率的提高促进了社会分工与市场规模的扩大，极大地增进了全社会的利益。但是货币对社会利益的增进要求货币供给与经济发展的客观需要相适应。货币供给量不足会导致通货紧缩，反之，货币供给量过多会引发通货膨胀。

经济学中关于货币与经济关系的分析存在两种理论。一种是货币中性论，又可称为货币数量论。这种理论认为，货币只是"面纱"，货币数量的变化仅仅影响商品的一般价格水平，而不会影响产出、就业和产业结构等实体经济活动。以弗里德曼为代表的现代货币主义承认货币供给变化对实体经济存在短期影响，但其长期影响是中性的。另一种是货币非中性理论。这种理论最早由瑞典学派创始人维克赛尔提出，[1]并

---

① 参阅维克赛尔：《利息与价格》，商务印书馆 1982 年版。

为凯恩斯所接受。[1]货币非中性理论认为,货币数量的变化不仅影响物价,而且会影响就业、产出、产业结构,甚至影响收入与财富的分配。

各国中央银行承担货币发行和维护物价稳定的职能,而商业银行在信用货币创造中发挥着重要作用。目前普遍用于衡量一国货币供给量的指标是 M2,M2 是现金加银行的全部活期和定期存款。中央银行的货币发行或货币政策直接调控的是基础货币(Mb),M2 的规模相当于多倍的基础货币。货币银行学教科书给出两者的一般关系为:M2 $=mm \times$ Mb,mm 为货币乘数,$mm = (c+1)/(c+r)$,因此

$$M2 = [(c+1)/(c+r)] \times Mb \qquad (4.1)$$

其中 c、r 分别为现金存款比例和储备占存款的比例。中国现阶段的现金比例约为 4%,法定准备金率 7%,假定银行体系超额准备金率为 5%,那么可以算出中国的货币乘数大致为 6.5 倍。互联网金融减少了人们持有现金的需要,这将提高商业银行信用货币创造能力和货币乘数。中央银行调低法定储备比例也具有同样的作用。由此可见,商业银行信用货币创造在中国货币供给机制中扮演着相当重要的角色。后文将系统讨论中国中央银行货币政策及其影响,本小节重点讨论商业银行信用货币创造及其影响的两重性。

在中国,人们普遍担心未来会发生较为严重的通货膨胀。一个经常引用的事实是

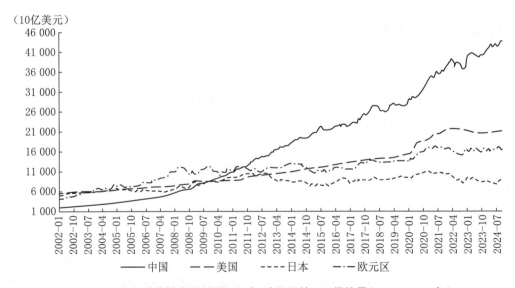

图 4.4　以美元计价的中国、美国、日本、欧元区的 M2 供给量(2002—2024 年)

资料来源:Wind。

---

[1]　参阅凯恩斯:《货币论》,商务印书馆 1986 年版。

中国的 M2 与 GDP 的相对水平远超发达国家。图 4.4 给出了 2002 年以来中国、美国、日本和欧元区以美元计的 M2 的变化态势。与 2004 年相比,2024 年 6 月美国的货币数量增加 3 倍,中国则增加了 13 倍,日本增加 19％,欧元区增加了 119％。中国 M2 数量高增长的特点很大程度上由 M2 的统计口径和中国的金融结构特征决定。M2 由现金和商业银行活期和定期存款决定,而中国资金融通 90％是直接和间接通过商业银行进行的,股票市场公开发行和增发融资仅占 3％左右。M2 接近 80％由银行存贷款业务创造,央行基础货币发行仅占 20％左右。M2 数量高增长并非因为央行货币过度发放,而是金融对银行体系的过度依赖所致。我们通过国际比较发现,中国人民银行的资产规模 2015 年以来与日本央行相差无几,但中国 GDP 总量以购买力平价计是日本的 4.6 倍。

其实,中国 M2 如此惊人的增长,一个重要的原因在于中国资金融通高度依赖银行体系的金融结构。图 4.5 给出中国与美国、欧元区和日本的金融资产结构。从中可以计算出,2019 年,美国的银行资产在金融资产中仅占 17.9％左右,未清偿债券余额和股票市值分别占 45.4％和 36.7％左右。欧元区与日本银行资产分别占 54.4％和 37.6％左右。相比较而言,中国银行资产占比高达 67％。2007 年后,中国股票发行较长时间处于“瘫痪”状态,虽然 2014 年开始债券市场出现快速增长,但之后又因违约事件而陷入相对停滞阶段。因此,企业和地方政府仍然更多依赖银行融资,并导致派生存款增长。M2 除现金外仅计入与银行体系相关的各项存款,这就使中国 M2 规模及其增长比更多依靠资本市场直接融资的发达国家高得多。能更好地反映经济的金融

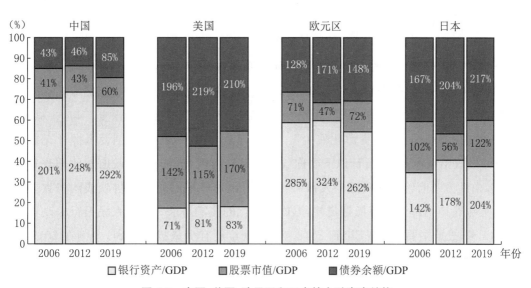

图 4.5　中国、美国、欧元区和日本的金融资产结构

资料来源:Wind。

化程度的指标是金融总资产占 GDP 的比例。仍以 2019 年的数据为例，美、日、欧元区分别为 463%、543% 和 483%，中国是 437%。可见，中国经济的金融化程度略低于发达国家，[1] 尚属正常，与中国经济的增长速度与发展水平仍相适应。

中国金融的问题在于资金融通更多通过银行体系而非资本市场的直接融资，这种与发达国家相差甚远的金融结构的负面影响在于经济金融风险的高度集中。如前所述，资本市场与银行相比的最大优势在于一级市场的投资者与二级市场的交易者成千上万，因此以股票和债券发行融资的企业其经营风险或地方政府债务清偿风险可实现市场化的分散。相比较而言，中国商业银行信贷或信用货币的高速度增长必然意味着借款人的负债率与宏观杠杆率的不断上升。过度负债从宏观层面看具有透支未来的特性。固定资产投资泡沫将以过剩产能与闲置房地产的形式导致社会资源的浪费，而金融资产与房地产价格泡沫的无节制膨胀则将以崩溃的方式导致泡沫的破灭，这将导致企业和中低收入家庭资产负债表的失衡，进而引发投资和消费的收缩，经济持续衰退或低迷。

笔者赞同货币的非中性理论。笔者认为，无论是央行的货币发行，还是商业银行信用货币的创造，其对经济和社会的影响具有两重性。货币创造促进经济增长和社会发展的积极作用是有条件的。只有在生产资源未能充分利用的前提条件下，并且货币投放的方向与渠道都正确无误的场合，货币创造才能动员生产资源并将其引入有效率的生产领域，促进就业、经济增长和社会福利的增进。反之则有可能导致产业结构失衡、资源闲置浪费、系统性风险的积累、贫富两极分化，最严重的会导致金融危机甚至社会经济危机的爆发。

我们可以通过讨论几种场景来理解货币创造的两重性。

假定一国经济处在衰退和消费品产能过剩状态，中央银行可能通过支持政府赤字财政或购买政府新发行债券的方式，将新增货币投放给中央政府用于扶贫或向贫困家庭发放消费券，通过刺激消费需求，减少消费品库存，并促进生产的恢复。与这一场景相似的中国案例是"棚改货币化安置"。2014 年底，中国人民银行创设抵押补充贷款（PSL）发放给国家开发银行（以下简称"国开行"），由国开行向地方政府发放棚改专项贷款，由地方政府给当地拆迁户发放补偿款，再由这些家庭用作首付款或购房款。他们再向银行申请部分住房抵押贷款，形成市场化的住宅需求。中国人民银行棚改货币化的 PSL 投放主要在 2015 年到 2018 年，2019 年还有少量投放，PSL 余额在 2019 年 11 月达到峰值 3.60 万亿元。之后有部分回笼，2024 年 11 月的余额下降到 2.36 万亿

---

① 数据来源为 World Federation of Exchanges，World Economic Outlook，BIS，Bankcope 及各国央行。

元。[①]PSL 的定向投放，其积极意义在于刺激低收入家庭的住房需求，在改善这些家庭居住条件的情况下，促进了三四线城市去库存，改善了地方政府和房产商的现金流，在降杠杆和稳增长中达到了应有的作用。但是，这种将杠杆从三四线城市房地产开发商和地方政府转移给低收入家庭部门的做法也带来了一些负面的影响：一是在一二线城市限购、限贷、限售、限价的背景下，引发人口流出地的三四线城市房价上涨，在投机资本炒作和普通百姓跟风的背景下，低收入家庭很可能举债购买了超出其未来支付能力的房产，在二手房市场很不发达的背景下，引发低收入家庭超标的住宅消费和未来医疗、养老等基本服务消费之间的结构失衡，并导致财富从低收入家庭转向房产开发商、商业银行和房产多头等利益集团的逆向再分配。相比较而言，如果国开行给地方政府的棚改专项贷款由政府以略高于成本的协议价格从房产商手中收购库存房产，再按基本保障的福利标准分配给低收入家庭，或由政府房产管理部门廉价租给低收入家庭，则可以比目前的"棚改货币化安置"更好地增进这一群体的经济福利。

再假定一国经济处在市场经济发展的初级阶段，大量生产性资源处在闲置和低效率使用状态。此时中央银行可以实施超过经济增长的货币扩张政策，并通过商业银行有效的信用货币创造和信贷投放，动员和引导闲置生产资源进入高效率生产领域，进而促进经济高速增长。这方面有两个中国案例可提供支持。一是 1979—1994 年改革开放最初 15 年中国收获货币化红利的政策实践。1979 年中国的货币化程度（由 M2/GDP 表示）仅为 25%，广大农村经济刚刚开始商品化和货币化，土地的家庭承包责任制的推行和农民生产的市场化产生大量货币的交易需求。这一时期中国货币的年增长速度高达 25%，经济增长 9% 左右，通货膨胀率 8%，其中 7—8 个百分点属于超额货币供给，这部分货币增长并未转化为通货膨胀，而是适应了农村经济和城市非公经济市场化发展的货币交易需求，在促进了经济高速增长的同时，获得了每年相当于 GDP 5%—6% 的货币化红利。[②]此后在 1998—2013 年间，中国的住宅商品化改革取得很大的成功，实现了 2016 年城镇居民人均住房面积达到 40.8 平方米的发展成就。土地的货币化在中国的城市化进程和城市基础设施及道路建设方面的巨大贡献也是有目共睹的。2013 年中国置业人群（20—49 岁）见顶回落，房地产新开工面积从 2011 年起急剧下降，市场发展接近饱和，但是由于住宅双轨制中保障房供给政策受阻、土地财政以及土地使用指标的地区错配等因素，造成了银行信贷在土地竞拍、房地产开发和抵押购房等领域的严重错配，房地产发展出现地区和结构失衡，空置率上升，房价泡沫膨

①　以上数据均来自中国人民银行。其中大部分投放在三四线城市，地区的具体分布尚无权威数据。
②　参阅张杰：《中国的货币化进程、金融控制与金融交易》，载张杰：《制度、渐进转轨与中国金融改革》，中国金融出版社 2001 年版。

胀,资源浪费与系统性风险大规模积累。

最后,我们假定一种通货膨胀套利的场景。假定生产资源充分利用,或者生产领域存在体制、机制或核心生产要素短缺等瓶颈制约而无法扩大相应商品和服务的生产和供给,此时信用货币的过度创造与投放会出现结构性通胀套利机会与金融投机盛行。货币信贷过度扩张而供给存在相应瓶颈时,能在第一时间获得信用货币的利益集团通过购入或囤积供给弹性低、需求弹性高的商品或资产即可等待价格上升后抛售获利。按照弗里德曼的货币理论,货币增发到价格上涨大致有 6—18 个月的时滞,因此在货币扩张源头能第一时间获得银行信贷的利益集团和个人可通过在商品和资产领域的投机实现通货膨胀套利。过去十余年中现实经济生活中的典型领域是囤积一线城市的土地、房产或并购控股金融机构。比如通过虚假注资、大规模融资、多层嵌套建立起来的金融控股集团,就属此类。体制机制的扭曲,监管的缺失与信用货币的过度宽松难辞其咎。其结果是导致财富转移的逆向再分配与贫富两极分化。

可见,有效管理信用货币的供给,畅通资金融通的渠道,健全市场经济基础性制度,完善投资环境,是金融促进实体经济和社会可持续发展的前提条件。我们将在第五章回顾金融抑制政策的历史演变后,在讨论中国金融转型时作系统分析。

第五章　中国金融抑制政策的历史演变与未来金融转型

上一章我们讨论了金融的基本功能以及我国金融业在发挥这些功能时出现的偏差。本章将重点探讨中国金融抑制政策的阶段性特征,金融抑制政策的历史贡献及其未能及时退出造成的金融扭曲以及对中国经济社会产生的负面影响,并系统阐述党的二十大后中国金融转型的内在逻辑和改革方向。

第一节　中国金融抑制政策的历史演变与阶段性特征

金融抑制政策是很多发展中国家都曾采用的某种经济发展政策,也是中国实施70年尚未退出的行政配置社会资源的基本金融政策。本节将先阐述金融抑制政策的一般特征;再分析新中国成立以来金融抑制政策的不同阶段及其特征。

一、金融抑制政策的基本特征

低利率政策与行政配置廉价资本是其两个基本特征。

（一）官方低利率政策

首先,中国官方利率水平或银行体系的存贷款基准利率长期是由国务院决定的,官方汇率和资本账户管制政策的调整也都属于国务院决策范围。[1]政府将官方利率定

---

[1]　中国人民银行原行长戴相龙曾经在复旦大学国际金融研究院成立大会的主题演讲后的问答环节中谈到中国人民银行的职责范围,明确指出这一点。

在市场均衡水平之下的目的主要是,通过压低资本成本鼓励固定资产投资,推进工业化战略。利率是资金的使用成本,中国企业固定资产投资大部分依靠信贷资金的支持,自有资本只占一小部分。20 世纪 50 年代中国选择了从重工业起步的工业化道路,重工业又是资本密集型产业,需要大量资本投入;低利率政策是中国工业化战略的金融配套政策。其实,日本战后经济恢复时期,政府也实施低利率政策,通过将利率保持很低的水平促进投资和经济增长。

（二）廉价资本的行政配置

当官方利率低于市场均衡利率水平时,廉价资本就会供不应求。廉价资本如何分配? 谁有权优先获得廉价资本的支配和使用权? 金融抑制的第二个特点是廉价资本的政府行政配置。图 5.1 给出资金的市场供给曲线 S 和需求曲线 D 以及由市场供求的均衡点决定的均衡利率 R_e,官方低利率 R_o 处在低于均衡市场利率的某个水平。在官方利率水平上,市场的资金需求 D_o 远远大于资金的供给 S_o。有限供给的资金如何在更大需求方进行分配? 我们可将供不应求场合的资金配置方式总结为如下几种:一是由排队顺序决定。信贷额度给定前提下,符合放贷条件的申请人,谁先来申请,银行就先给他放款,直到信贷额度用完为止。二是由长官意志决定。比如某银行省分行,省领导给行长打个招呼或批个条子让银行放款,这属信贷活动的行政干预。三是产业政策决定资金的投放。中央政府通过以前的国家计委或现在的国家发改委实施产业政策,由原银监会和证监会配合提供资金融通方面的支持。原银监会给商业银行发布指导性意见,要求实施对某些产业和项目的信贷倾斜政策。由于原银监会是商业银行直接的监督和领导部门,商业银行大都会认真执行原银监会的政策和意见。[1]证监会则主要通过股票发行审批部门执行上市融资的产业倾斜政策,比如以前证监会曾经要求企业股票发行融资必须符合发改委规定的七大战略新兴产业的行业要求。四是由银行行长的意愿决定。除了商业上的稳健审慎要求外,银行行长通常会有人情、人际关系的考虑,还会有权钱交易方面的安排。廉价资本的行政配置是滋生金融腐败的温床。五是灰市加价。借款企业获得银行信贷的实际成本超过官方规定的利率水平。一种潜规则是银行要求借款企业将贷款中的一部分以活期存款的方式存入银行。比如银行给企业放款 1 亿元人民币,要求其中的 2 000 万元存到企业在本银行的活期账户里。银行收到的是 1 亿元的贷款利息减去 2 000 万元活期存款利息,但企业可支配使用的贷款只有 8 000 万元,实际使用贷款的利息成本已远远超过政府规定的利率水

---

[1] 比如 2009 年中央政府启动 4 万亿"铁公基"项目投资时,银监会曾要求商业银行给地方政府融资平台提供贷款支持,后又因地方政府项目低效率和过度负债等问题要求银行收缩给地方政府融资平台的贷款。政策的一刀切性质与政策自身的多变很容易产生不稳定效应。

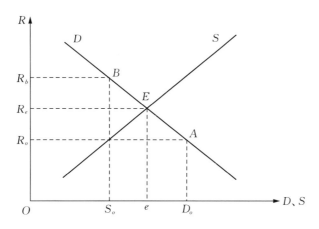

图 5.1　官方低利率政策下的信贷配给

平。中国人民银行金融稳定局原局长谢平曾主持过一个金融调查,企业获得资金的实际成本通常要高 4—5 个百分点。

金融抑制政策会形成官方与非官方两个平行市场和两种利率,并诱使具有融资特权的利益集团在两个市场间进行套利。在官方利率低于市场均衡利率水平时,由民间预期投资收益率或资金需求的紧迫程度决定的出价,也即图 5.1 中的非官方市场利率 R_b 将高于没有利率管制下的均衡市场利率 R_e,并且远高于官方利率 R_o。全球金融危机发生后,如表 4.1 所示,中国一年期贷款的基准利率在 6％左右,2015 年 10 月已降至 4.35％。但是以 2016 年 6 月 23 日浙江温州地区民间融资综合利率指数反映的情况看,一年期年化利率仍高达 18.34％。相比较而言,国有企业特别是大型央企曾经可以按基准利率下浮 10％的利率获得商业银行贷款。国有企业成为在两个市场间套利的主体力量,随着贷款利率的提高,银行信贷违约风险相应上升,但是高利差实际上为国有企业截获,而不是由银行获得以抵补高风险。另外,国有商业银行的分支机构违规进行表外高息揽存和高息放款,导致贷款大规模坏账时有发生。中国建设银行恩平市支行 1998 年曾如此违规操作,表外高息揽存和放款规模高达表内资产负债规模的 10 倍,获取的高利差收益藏入支行的小金库,用于内部分配,结果表外贷款全都收不回来。低利率管制加行政配置导致体制机制的扭曲,金融腐败滋生,金融资源错配,进而导致产业结构失衡和系统性风险的积累。

二、金融抑制政策的四个阶段及其主要特征

中国金融抑制政策可分为四个阶段。

第一阶段是转移农村剩余形成资本原始积累的时期,从 1953 年开始并于 1985 年

结束。

1953 年中国政府通过设立国家垄断经营的农村供销社实施农产品的统购统销，并开始采取工农业产品价格"剪刀差"政策。农民生产的农产品必须卖给国家，工业部门生产的农业生产资料如化肥、农用生产工具等也通过供销社卖给农民。这样，政府通过国家垄断经营实施压低农产品收购价格、抬高农用工业品价格，将农村的剩余产品（相当于农民家庭的储蓄）几乎无偿地转入国有部门形成工业利润，国有企业利润上交国家，形成国家资本的原始积累。

新中国成立后，国家将发展重工业放在优先地位，其首要目标是通过重工业的发展建立起强大的国防，从根本上改变 1840 年鸦片战争以来"落后挨打"的命运。当时城市化率也就 15％左右，除了接管民国时期积累的民族工业资本外，只能通过转移农村剩余价值到工业部门来实现资本的原始积累。直到 1978 年，农业部门为国家的工业化政策提供了最主要的资金来源。据农业问题专家毕泗生估计，这一时期国家以"剪刀差"方式从农村获取的转移收益大约为 6 000 亿至 8 000 亿元。[①]同期国有经济固定资产投资总额为 14 420 亿元，其中国家的投资总额为 8 451 亿元。如按 8 000 亿元计，这意味着通过价格"剪刀差"转移的资本分别占到政府对国有企业固定资本投资的 95％和国有企业所有固定投资的 55.5％。1985 年政府最终停止了统购统销和价格"剪刀差"政策的实施。

第二阶段是货币化利益的收获期，时间大致从 1979 年到 1994 年。

1978 年底，中国政府开始放松对私营经济发展的严厉限制，并允许在农业部门实施双轨制。农户可以在完成规定额度的国家收购任务以后，将剩余的农产品在刚刚解禁的农贸市场上以市场价格出售。这一波始自 1979 年的市场化浪潮对金融部门的影响显著，因为这也启动了新一轮的中国经济货币化过程。随着越来越多的农产品不再由国家统一定价收购，而是由市场供给决定价格，中国经济的货币化得到进一步推进。

货币化过程，作为一种金融现象，使得政府可以通过大规模的货币创造获取不断增长的铸币税，以此作为支持工业化政策的主要资金来源，同时又不致因超发货币而导致持续的高通胀。麦金农在《经济市场化的秩序》中分析东欧国家市场化改革过程中政府财政收入下降，并伴随恶性通货膨胀的情况。[②]他发现中国政府财政收入的下降却没有伴随严重的通货膨胀，并将其称为"中国之谜"。按照弗里德曼的货币理论，货币增长率减去经济增长率就等于通货膨胀率。1978—1996 年间，中国的 M2 年均增长率为 25.2％，减去 GNP 增长率 9.7％，理论上讲，中国应该会发生平均 15.5％的通

---

① 转引自毕泗生：《中国农业农村农民前沿问题报告》，人民日报出版社 2003 年版，第 95 页。
② 经济学定义的恶性通货膨胀是每月超过 50％，每天超过 1％的通货膨胀。每月 50％的通货膨胀率意味着一年内物价上升 100 倍，三年中上升 200 万倍。参阅曼昆：《宏观经济学》（第六版），中国人民大学出版社 2009 年版，第 97 页。

胀,但是平均通货膨胀率只有 6.82%。还有 8.68% 的超额增长的货币增量去哪儿了？实际上,货币去了那些原来不使用货币的部门,即农产品生产和销售的市场化和货币化程度提高吸收了央行超发的货币部分而没有引起通胀。本来,货币化程度低是落后的表现,现在农业生产的商业化,以及央行为适应商品经济的发展多印钞票交给财政部花,不仅没有引起大的通胀,还促进了国家的固定资产投资,并通过物价补贴等财政支出推动了价格改革的推进。货币化利益的收获完全是一种帕累托改进,几乎所有人都从中得益而没有大的损失。[①]

如图 5.2 所示,1992 年 M2 占 GDP 比例接近 100%,1993—1994 年通货膨胀快速上升至 20% 以上。这意味着货币化利益已经耗尽,通过货币超发支持政府支出的政策不再具有可行性。《中国人民银行法》于 1995 年颁布,法律赋予中国人民银行稳定物价的重要职能。此后政府开始严格控制 M2 的增长率,使其维持在年均 20% 以下,1994 年中国推进了中央与地方政府的分税制改革,大幅度提高了中央政府的财政收入比重。1993—1996 年的高通胀也标志着中国经济这一轮的货币化过程已基本结束,自此以后,货币供应量和通货膨胀的对应关系也变得更加紧密。

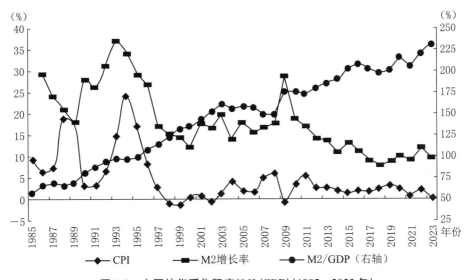

图 5.2　中国的货币化程度(M2/GDP)(1985—2023 年)

注:本图以国家统计局修订 2023 年 GDP 前的序列数据为基础。
资料来源:国家统计局、中国人民银行与作者计算。

[①]　这一价格相对稳定时期的唯一例外是 1988 年,当年 CPI 增长了 18.8%,并引起了全国性的抢购风潮。一些学者和机构分析了这一时期货币化过程的铸币税收入并做了估算,比如张杰:《制度、渐进转轨与中国金融改革》,中国金融出版社 2001 年版;谢平:《中国金融制度的选择》,上海远东出版社 1996 年版。

第三阶段是银行功能的财政化时期,时间与上一阶段有一定交叉,始于 1985 年"拨改贷"政策的实施,终于 1998 年,因为从 1999 年开始,政府采取一系列政策帮助国有银行剥离不良资产,进行资产重组和股份制改革。

改革开放前半期具有"藏富于民"特征。城乡个人收入占 GNP 的比例从 1978 年的 50%增加到 1995 年的 70%。相比较而言,国家总的财政收入占 GDP 的比例则从 1979 年的 34%下降到 1997 年的 10.7%。其中,中央政府财政收入占总财政收入的比重从 1985 年前一度达 50%的水平下降到 40%,如果考虑地方政府预算外收入的话,中央财政收入的比重则下降至 20%。①改革开放过程中,由于内部大规模的隐性失业,国有企业长期存在亏损。1985—1994 年通过财政预算渠道给国有企业的各类补贴平均为 GDP 的 5.63%。由于政府财政实力的下降,这一时期的财政补贴是逐年下降的,从 1985 年的 7.5%下降到 1994 年的 2.2%。另一方面,通过国有金融渠道的隐性补贴迅速上升。1987—1995 年公共部门的平均赤字占 GDP 的比例为 11.16%,其中通过银行部门融资占 GDP 的比例达到 7.09%。除此之外,国有企业的资本结构也呈现出银行贷款代替国家注资的趋势。比如 1994 年国有企业的负债率平均为 80%,其中 80%的企业负债率为 90%以上。银行通过高利率政策②吸收居民存款,替代了政府的税收功能,在"拨改贷"的金融资源配置过程中,它又替代政府对国有企业进行财政补贴性质的政策贷款。国有银行不仅为国有企业的固定资产投资提供信贷资金支持,而且还向陷入亏损的国有企业发放工资贷款、"饺子贷款"、"安定团结贷款",起到了稳定国有经济和整个宏观经济的作用。

这一时期,政府推进存量维稳、增量改革的政策。在维护国有经济稳定和安定团结政治局面的前提下,加快了"三资"企业、民营企业和个体经营等非公经济的发展;通过非公经济的发展吸收国有部门"减员增效"时释放的下岗工人;在党的十五大提出推进国有资本从竞争性行业退出的战略调整时,又通过民营企业收购或承接亏损的国有企业产权,实现了渐进式经济改革的阶段性成功。

1998 年,国际市场估算的中国四大国有银行不良资产比率高达 48%。这一时期国有银行不良贷款的积累可以看作是中国经济改革的社会成本在国有银行体系内部的沉淀。亚洲金融危机的发生和加入 WTO 五年后对外资全面开放人民币银行业务的承诺,要求我们尽快完成国有银行的重组,使其达到国际通行的稳健指标。

第四阶段是股票市场功能财政化的时期。这一时期可从 1997 年中国证监会颁布 15 号文件开始到 2007 年短暂的大牛市前结束。

---

① 这一时期学术界有"弱政府"和"弱财政"的讨论。
② 存款基准利率从 1991 年的 7.56%提高到 1993 年的 10.98%,再加上与通货膨胀率挂钩的保值贴补率。

在银行功能财政化时期,为维持国有经济的稳定,国有商业银行积累了大量的不良资产,特别是在东南亚金融危机的冲击下,中国南方出现了以广东国际信托投资公司对外债务违约为标志的局部性金融危机。政府不能再让国有企业继续拖累国有银行,国有银行也必须立即进行资产重组,以恢复正常经营。证监会15号文件就是在此背景下发布的,其中要求"证券工作必须为国有企业改革和发展服务,必须为国有企业增加资本金,收购有发展前途的亏损企业尽心尽力"。此文件表明,政府启动了股票市场功能的财政化,以期实现改革成本从国企和银行体系向社会转移的分摊。由于国内股票市场尚处不规范和欠发达状态,难以承接国有企业大规模 IPO 融资,因此,大型国有企业股份制改制后首先赴香港联交所发行和上市。在境内股票发行方面,政府通过额度管理(即控制股票供给)维持相对高的发行市盈率,尽可能降低股权融资成本,并通过发行审批和上市额度分配将低成本融资特权提供给政府指定的国有企业。

相比较而言,国有银行的资产重组、股份制改革以及上市融资要复杂得多。1999年中央政府允许"工农中建"四大国有银行各自成立一家资产管理公司,将合计 13 000多亿不良资产予以剥离;同期,政府还在基准利率下调过程中将存贷款基准利差(如表4.1 所示)从 2.61% 增加到 3.6%,通过利差补贴,帮助国有商业银行冲销坏账;另外政府还通过财政注资、外汇储备注资和央行再贷款等方式增加银行资本金,然后引进外资银行作为战略投资者,进行股份制改制,最后完成在香港联交所上市融资。

2007 年 9 月底,来自内地的 H 股、红筹股和中资民营企业股的市值占全部港股市值的 58.10%,成交量占全部港股的 72.4%。其中红筹股是指在香港或海外注册,

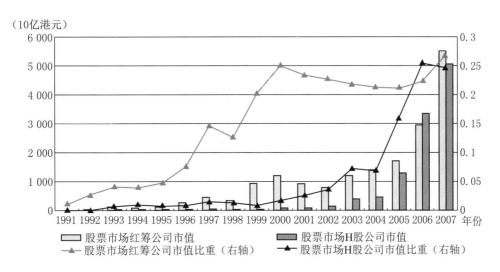

图 5.3 香港股市的红筹股和 H 股的市值占比

资料来源:香港证券交易所。

由中国资本拥有上市公司已发行股本 30％或以上的股份,控制权掌握在中资手中,业务则集中于香港或内地,或两者兼而有之。H 股是指注册地在内地、上市地在香港的国有企业股。图 5.3 显示 1996 年和 2004 年红筹股和 H 股开始大量上市。香港股票市场在国有企业和国有银行的股份制改革和股权融资方面发挥了重大的积极作用。

图 5.4 显示,在 1990—2023 年间,股票市场主要是为国有企业增加资本金、扩大投资提供融资服务的。大部分年份国有企业的 IPO 融资额所占比重都在 70％以上。

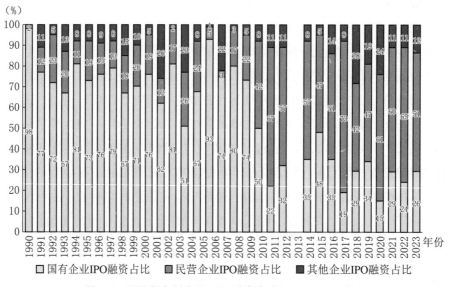

图 5.4　不同所有制企业 IPO 融资占比(1990—2023 年)

资料来源:Wind。

已有很多经济学家从理论和实证两个方面讨论过国有企业的低效率现象,此处无须赘述。从企业的治理结构和笔者曾在央企担任专家委员会委员的经验来看,央企高管偏好追求企业的规模扩张,因为规模扩张意味企业高管对人财物支配权的扩大,行政级别和社会地位也相应提高。尽管部分央企因行业垄断地位每股收益看起来不比民企逊色,但是大都只是纸上富贵,现金流紧张,拿不出真金白银用于红利分配。图 5.5 给出了 1993—2023 年全部上市公司的股息率(以当年分配的红利除以年末股票总市值得到)以及一年期存款和三年期贷款的官方基准利率。我们得到的结果是,在 2012 年前,A 股上市公司的年平均股息率是 1.99％,而这一时期一年期存款利率平均为 5.03％,三年期贷款利率平均为 7.93％,平均通货膨胀率为 2.56％。因此,买入股票长期持有的实际股息率为负。企业上市融资几乎不把红利分配的内在要求考虑在

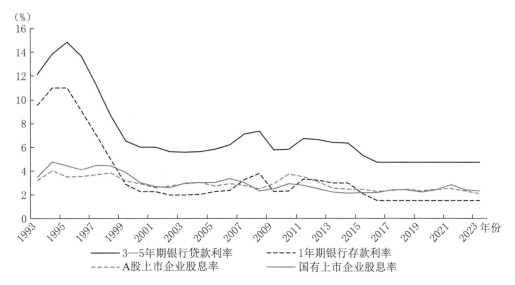

图 5.5　上市公司股息率与银行存贷款利率的比较(1993—2023 年)

资料来源:Wind。

融资成本之中,导致中国少数拥有股市融资特权的企业普遍出现过度融资和低效率投资的倾向。艾伦等的研究成果表明,1992—2013 年中国股市长期投资收益率与经济增长的相关性仅为 9.67%,并且统计意义上并不显著。[①]

因此投资者信心低落,选择用"脚"投票,导致市场低迷和融资功能的经常性"瘫痪"。图 5.6 显示了上证所设立以来曾有 9 次中止 IPO,2004 年前 4 次,共 17.5 个月;2004 年以来 5 次,长达 46 个月,近 1/3 的时间股票发行市场陷入瘫痪。

以上统计和实证分析表明,中国股票市场这一时期的主要功能是帮助企业筹集廉价资本,而非为家庭投资者分享中国高成长成果提供金融投资便利,如果 IPO 企业主要是国企,我们可以将市场融资定义为财政转移,2010 年创业板设立,民营企业融资占主导地位后,市场性质发生了很大变化,我们在后面适当之处再做分析。

除了股市外,银行信用货币创造功能也以房地产为载体,表现为土地的货币化和财政化。从图 5.2 提供的 M2 增速和 CPI 增速相关数据来看,21 世纪前 10 年 M2 的平均增速在 18%—20% 之间,经济增速 10%,CPI 计量的通货膨胀率平均为 2%—3%,此时超额货币供给增速仍在 6—7 个百分点。理论上讲,中国经济的货币化进程已在 20 世纪 90 年代上半期完成,那么这些超额货币为何没有引起相应的通货膨胀?

① Franklin Allen, Jun (QJ) Qian, Susan Shan, and Julie Lei Zhu, 2015, "Explaining the Disconnection between China's Economic Growth and Stock Market Performance", Working Paper.

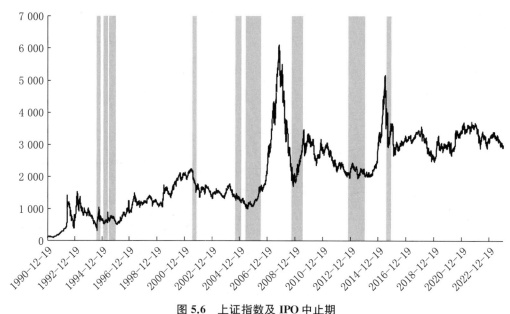

图 5.6 上证指数及 IPO 中止期

资料来源:Wind。

它们去了哪里呢? 答案是土地的货币化和财政化吸收了这些超额货币。

根据 2002 年 7 月 1 日国土资源部颁布的《招标拍卖挂牌出让国有土地使用权规定》,经营性土地全部实行"招拍挂"方式。自此,在无偿转让、协议出让之外,中国土地供应出现了"招拍挂"的新形式。图 5.7 给出了 2012—2023 年间土地出让金的规模及其在地方财政收入中的每年占比。银行体系创造的信用货币部分通过房地产开发贷款和家庭住宅抵押贷款以土地财政收入形式转移给了地方政府。地方政府官员追求任内的政绩,积极推进基础设施建设,并通过各种税收优惠与补贴政策招商引资。民营企业为主的下游消费品产能、国有企业为主的资源类和重化工业产能都出现了快速扩张。与此相对应的家庭部门则致力于攒钱买房或分期偿付住宅抵押贷款,家庭置业投资一定程度上抑制了消费需求的增长,而农民工家庭城乡两地分居的状态也抑制了中国低收入家庭的消费需求释放。因此,尽管货币增长远超经济增速,但除了农业产出波动和猪周期等因素影响 CPI 波动外,以 CPI 反映的通货膨胀并不严重。只是由于地价和房价的节节攀升,国民经济运营成本和投资成本都已相应上升,吸收了超额投放的货币,但也导致经济的国际竞争力快速下滑,并孕育和积累着人民币贬值的预期。

20 世纪 90 年代以来金融功能财政化的实际意义在于实现经济改革成本的社会化分摊。我们可以把经济改革看作一项制度基础设施建设。与城市基础设施建设相同,制度基础设施建设也会先有投资和成本发生,然后才能进入改革红利的收获期。

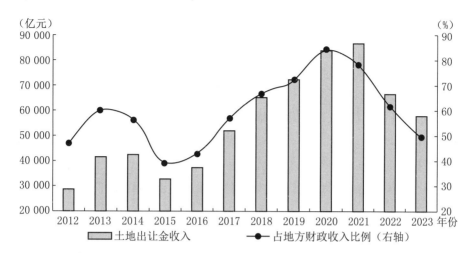

图 5.7　土地出让金收入及其占地方财政收入比重(2012—2023 年)

资料来源:根据 CEIC 数据计算。

一项可行的重大改革必然要求改革的成本和改革的红利能在社会成员之间以及所涉及的两代人之间实现平等的分配。我们可以将 90 年代维持国有经济稳定的成本(以国有企业制度性亏损和国有银行沉淀的坏账表示)简化为改革前期发生的必要成本,而改革的红利表现为一项改革完成后的经济增长和主要社会群体收入和财富的增长。那么,具有社会公平意义的改革要求将前期的改革成本与后期的改革红利在两代人(国有部门早期退休或下岗安置人员与 21 世纪先富起来的群体)之间实现跨时期的社会分摊。

这种前期改革成本与后期改革红利之间的跨时期的社会化分摊,本来可以借助政府信用完成,即通过政府在前期发行长期国债支付改革成本,并通过经济高速增长期的税收来偿还政府所欠债务的方式实现。但是这样做政府会面临两个不确定性:一是改革能否取得成功并无百分百的把握;二是改革取得成功并产生改革红利,但政府能否有效征得所需税收也是不确定的。因此,政府很自然地先后动用了可直接支配的国有商业银行和股票发行融资的行政审批制度。政府先由国有商业银行提供政策性贷款承接前期改革成本,并通过之后的股票融资的财政化使用和土地财政等方式实施改革成本的社会化分摊。政府成功盘活了国有商业银行,并对国有资本战略调整后留存下来的国有企业进行了注资,使得国有经济旧貌换新颜,与民营经济一起得到了快速发展。

可以说,从 1985—2006 年以银行功能财政化和股票融资功能财政化为主要特征的金融抑制政策在促进中国阶段性经济改革的完成,促进中国工业化战略实现阶段性成功方面做出了积极的贡献。其政策实践具有合理性或相应的法理基础。因为,改革成本与改革红利跨时期的代际分摊，使经济改革拥有政治上的可行性，并且因此获得社会的公平性。

随着中国房地产市场的快速发展和加入 WTO 后制成品出口的快速增长，中国经济以政府主导、投资拉动、产能过剩、关停并转的不稳定增长模式转变为政府主导、投资拉动、产能过剩、出口释放的持续高增长模式。21 世纪前 10 年中国经济实现了平均 10.6％的高速增长。退出竞争性行业并集中在上游产业的国有企业经营业绩明显改善。国家控股商业银行和新兴股份制商业银行借助高利差政策和经济环境的改善也实现了资产规模的急速扩张，银行业整体稳健指标达到国际水平，2006 年盈利已是 2004 年的 10 倍。

总结前四个阶段、50 余年的历史经验可以发现，中央政府通过压低资金价格的金融抑制政策补贴企业，以促进固定资产投资和经济增长，并在需要的时候对不同部门或利益集团的资源进行再分配，以实现危机成本的社会化转移或分摊，达到维持社会、经济和金融稳定的效果。但是长期来看，此种金融抑制政策有着效率损失和贫富差距扩大等不利影响。特别是垄断占有体制性租金的利益集团已成为阻碍改革、阻碍金融抑制政策退出的重要政治力量，造成中国经济严重的结构失衡，金融系统性风险的持续积累和社会矛盾的日益加深。

第二节　金融体系的扭曲及其影响

我们在上一章讨论金融基本功能时，探讨了 2008 年后中国金融业出现在产业间、企业间、地区间和生产性与非生产性四大领域的资源错配问题。为何中国金融业会出现如此偏差？我们在强力推进除恶打黑、金融反腐等治标举措的同时，也需要梳理清楚相关体制扭曲因素，以期能从治本的层面健全市场在金融资源配置中发挥决定作用所需要的基本条件。

我们认为，2006 年之后的十多年可以看作是金融体系扭曲的时期，也是一个金融资源配置低效率和系统性风险持续积累的时期。金融体系扭曲的原因首先在于我们错失 2006 年市场化改革良机，未能及时退出金融抑制政策，然后在于未能"自上而下"推进整体金融改革，而是"自下而上"基于寻租的、碎片化的、技术层面的改革，造成金融机构的趋利性冲动、政府行政干预和国家信用担保三者间的矛盾和冲突。相比较而言，让市场在资源配置中发挥决定作用所需要的市场经济基础性制度始终未能健全，导致金融资源错配，固定资产投资的低效率、资产泡沫与杠杆率高企等系统性风险不断积累。

一、错失市场化改革的时间窗口

2006 年可能是中国政府退出金融抑制政策、全面启动金融市场化改革的最佳时间窗口。作出这一判断有以下依据：

第一，与改革开放之前"节约每一个铜板用于社会主义建设"时期产品极为匮乏的状况相比，2006 年以来的制造业产能已走向日益严重的过剩，廉价资本供给只会助长低端制造业和房地产业的过度扩张而不是产业的升级。

第二，此时国有企业已全面盈利，国有控股商业银行的绩效也得到明显改善。由金融体系承担的改革成本实现社会化分摊的历史使命已经完成。政府本应及时退出股市的财政化功能和银行体系的高利差补贴政策，否则金融体系就会变成社会财富从最终债权人或中小投资者向拥有廉价资本融资特权的金融机构和企业快速转移的工具。在股权分置改革完成后，通过行政手段控制股票供给以维持市场的高市盈率，客观上为成本极为低廉的大小非高价减持或抛售创造了条件，造成有利于特殊利益集团的财富再分配，有失社会公平和正义。

第三，居民储蓄及资本供给已从极度稀缺变得相对宽松，需要市场寻找和甄别更有效的投资领域以适应社会日益多样化与个性化的最终消费需求。人口老龄化趋势及其对财富积累的内在要求也需要政府将重心放到保护家庭最终债权人或中小投资者的权利上来，通过有效的金融监管制度和市场约束机制，确保资本的有效配置和民众通过金融投资渠道有效分享实体经济发展的成果。

第四，2006 年还是中国政府加入 WTO 时承诺向外资银行全面开放人民币银行业务的时间节点，银行业对外资开放的同时也应合乎逻辑地允许民营资本准入。股票市场平均市盈率在 2005 年降到股市建立以来的最低点，市场开始复苏，上证指数从 998 点开始上行。市场平均市盈率越低退出行政审批制度的冲击越小，成功概率也越大。无论是对外承诺还是内部市场条件，2006 年都是放宽金融业的市场准入、退出行政管制、健全法律和监管制度的有利时机。

二、形成金融系统性扭曲

金融抑制政策没有退出，并非没有金融改革，只是金融改革更多停留在"条条""块块"的、碎片化的技术层面，而没有系统性和根本性的改革。强化市场准入，缺乏市场退出；强化内部激励，缺乏市场与监管约束；推进利率和汇率的市场化改革，缺乏对刚性兑付与软预算约束的破除；反复尝试股票发行的市场化定价，却不探讨发行审批制的退出；强化金融机构、产品和市场的创新与扩张，缺乏对损害债权人与中小投资者利益的金融违约、商业欺诈和市场操控行为的严厉惩治。结果只能是制度性扭曲更多，套利空间更大，既得利益集团地位更巩固，长期经济社会危害更甚。

2007 年以来的金融改革和发展，大体可归纳为如下特点：

金融机构以股份制改制、股权融资和并购重组等方式实现规模扩张。金融机构上市后，具有非常强的逐利和扩张动力。季报、年报等信息披露要求带来盈利的市场压力；薪酬、股权激励等都与业绩指标挂钩；金融扩张与经济增长的顺周期性，信贷扩张与资产价格的正反馈机制，以及"大而不倒"定律，都使金融机构具有透支未来、转嫁风险、快速套现收益的内在冲动。相比较而言，金融监管部门干部派去金融机构任职的传统使监管更为"温情"或"不作为"。

金融分管部门管辖权限的争夺和政绩竞争助长了金融业态的规模扩张和失序。金融分管部门并非单纯的金融监管部门，而是身兼金融监管、金融发展和国家金融政策执行者等多种职能。它们相互之间存在权力与政绩的竞争。以原银监会为例，除了监管这一专业职能外，银监会还扮演国务院信贷政策执行者和银行业发展促进者的角色。让自己管辖的银行更多上市融资并得到发展显然是本部门政绩的体现。另外，银监会也架不住地方政府的游说，放开了城商行跨地区设立分行的口子。同样道理也适用于证监会、原保监会和中国人民银行。以非金融企业债券为例，主要由中国人民银行（通过银行间市场交易商协会）、中国证监会和国家发改委分管发行，并由人民银行和证监会分管银行间市场和交易所市场的交易。在 2005 年之前，非金融企业债市场除了证监会管理的少量可转债品种之外，几乎完全由发改委管理的企业债垄断，市场几无生机。"条条"之间的竞争始于 2005 年人民银行推出短期融资券，当年债券存量增速高达 150% 以上。2009 年人民银行推出的中期票据与发改委的企业债、证监会的公司债属性上并无很大差异。"条条"之间权力的争夺使中国非金融企业债在 2005—2012 年短短的 7 年间翻了 20 多倍。①其实，银行间债券市场的发展无助企业降杠杆，也无助中小民营企业融资，因为超过 90% 的债券融资企业仍然是国有企业；而且，银行间债券的购买者仍然是银行，因此也无助于分散企业债务违约风险的功能，银行间债券市场也许为银行提供了资产变现的流动性，但是真正的市场流动性须由危机时的检验而非由正常时期的交易量构成。

金融扩张呈现控制权的分散化。地方政府在争夺全国金融资源上竭尽所能，致

---

① 参阅殷剑锋：《关于我国财政金融体制改革"顶层设计"的思考》，《比较》2012 年第 8 期，总第 65 期。

力于建设区域金融中心,创设各类资产交易平台,发展多元金融机构,并加紧城商行、农商行跨地区的全国性扩张,孕育了巨大的金融风险。以东北某城商行上海分行为例,一家地级市城商行居然能把网点开到直辖市,开业后快速扩张的压力驱使该行把大量的资产投入到"钢贸"等高危行业,近年来暴露的坏账率超过60%,整个分行班子全部被撤换。另外,不少地方政府也将商业银行当"提款机"使用,要求地方商业银行,或以财政存款为筹码要求全国性银行的分行或支行给政府指定的项目或企业提供贷款。

商业银行的总分行制度得到加强而不是弱化,这与金融分权趋势并无矛盾。总分行制度一定程度上是商业银行快速做大,进而将风险集中转嫁国家财政的重要机制。城商行跨地区设立分支机构得到允许和批准,并且以尽可能快的速度"跑马圈地"。商业银行盛行"大而不倒"或"规模安全"。银行界有一个"1%"的隐性共识:一家银行的总负债只要达到M2的1%就达到了安全边界。于是,商业银行规模不到一千亿的,使劲冲一千亿;一旦达到,下个目标就是冲五千亿,再冲万亿俱乐部,以此获取国家财政兜底的特殊待遇。总分行制度的一级法人负责制也导致银行资产低效率配置的"垒大户"现象。商业银行长期"垒大户"的经营策略造成了信贷向央企、国企和地方政府项目过度倾斜的配置,导致前一章所言的经济结构失衡、系统性风险积累和银行自身资产流动性的下降。

金融主管部门单兵突进地推进利率、汇率和股票发行定价的市场化改革,引起较大的市场波动,体现出改革思路的混乱和改革的碎片化倾向。我们将在第六章讨论对外经济关系时讨论人民币汇率改革问题,并在第八章讨论货币政策时分析利率市场化改革。此处仅对股票发行定价的市场化改革做具体分析。

1993—1998年股票发行采取官方定价制度,证监会规定发行市盈率在13—16倍之间。实际的年均发行市盈率在14—15倍之间。1999年至2001年10月间证监会开始推进新股发行定价的市场化,允许发行人与承销商参与新股定价。新股发行价出现大幅度上升。2000年和2001年前10个月平均发行市盈率高达29.5倍和33.6倍。鉴于发行价上升过快,证监会不得不在2001年11月至2004年间实施发行市盈率上限不得超过20倍的规定,并将之前由地方政府推荐上市公司的做法改为由券商推荐的通道制。2005年证监会再度启动市场化定价,推出发行定价的询价制度,发行市盈率不再受限制,并逐年走高。表5.1给出了1999—2012年新股年均发行市盈率和A股二级市场年均市盈率,以及新股上市首日的涨幅。2005年以来,除2007年大牛市之外的历年新股发行市盈率都高于二级市场的年均市盈率。特别是2009年和2010年新股年均发行市盈率分别高达53倍和59倍,是当年市场平均市盈率的2.3倍和2.5倍。新股首日涨幅在20%—200%之间。这意味着即使一级市场认购的新股长期持

表 5.1　发行市盈率与市场年均市盈率(%)

年　份	A股年均市盈率	新股年均发行市盈率	新股首日涨幅
1999	39	17	115
2000	54	30	159
2001.1—2001.10	52	34	131
2001.11—2001.12	39	18	166
2002	39	19	127
2003	36	18	73
2004	31	17	70
2005	18	20	45
2006	22	24	86
2007	52	30	195
2008	27	27	116
2009	23	53	71
2010	23	59	41
2011	18	46	20
2012	12	30	24

资料来源:Wind。

有都将陷入亏损。市场陷入长期低迷,IPO也陷入最长的暂停期,市场融资功能处于瘫痪。2014年重启IPO后,证监会重新回归发行定价的行政管制,规定了IPO市盈率上限不得超过23倍。

中国股票发行价格的市场化改革如此反复而失败,一定程度上反映了部门主导型改革的选择性偏好。按照微观经济学理论,市场均衡价格由供求达到平衡时实现,供求决定价格,价格调节供求。但是在中国股票市场上我们实行发行审批制度,发行股票融资是少数企业享有的特权,或限于国有企业,或符合产业倾斜政策,或政府背景深厚;每年股票发行也存在额度管理。因此在供给管制、需求膨胀背景下,仅仅推行价格市场化,必定导致发行价节节攀升。结果是寻租空间极度拓展;IPO大规模超募,上市公司拿来还贷、买房置地甚至购买理财产品;①大股东挪用上市公司资金占比高达60%以上;财经媒体上门讨要"封口费"等不一而足。与上市融资端的狂欢对应的是市场遭遇竭泽而渔,投资者亏损累累。财富从家庭投资者转向有特权背景的企业和大股东,投资者信心与市场的崩溃也就不可避免。

---

① 至2011年末,281家创业板公司超募100%—200%的占40%,超募200%以上的占40%,其中最多的为超募778.92%。

三、源于政府职能未能及时转换

金融改革主要停留在部门主导的技术层面,很大程度上在于政府职能的转变进展不够。

中国政府是增长型政府,始终将促进经济增长作为主要职责。新中国成立之初提出"赶英超美"口号,改革开放之初提出 2000 年翻两番发展目标,2012 年党的十八大会议报告提出至 2020 年两个翻番的目标。经济增长是建立强大国防、摆脱贫穷落后、改善人民生活、体现执政合法性的物质基础。增长型政府也就是投资型政府,政府重视投资,并且自身从事大量投资活动。图 5.8 给出现中美两国政府财政在个人转移支付与投资性支出方面的比较。中国政府财政中投资性支出超过 30%,而对个人转移支付不到 8%。这还没有算入国有企业投资占比。中国国有企业投资占总投资的比重 20 世纪 80 年代约为 68%,21 世纪前 10 年仍高达 47%。[1]如上一章所述,资金是社会稀缺生产资源的支配和使用权,以投资和增长为己任的政府一定会将金融政策作为增长政策中最重要的组成部分。

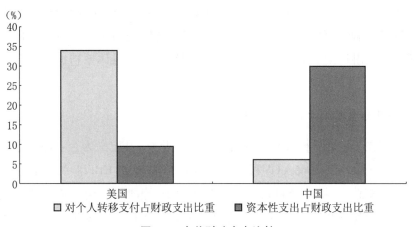

图 5.8　中美财政支出比较

资料来源:彭文生:《渐行渐近的金融周期》,中信出版社 2017 年版。

政府将金融作为经济增长政策工具,主要有两个表现:一是政府对金融资源的配置进行行政调控以体现政策意图,为此政府必须为金融机构提供信用担保,并为金融机构可能承担的政策性损失兜底;二是政府利用金融市场主要是帮助企业特别是国有企业筹集廉价资本,而保护债权人和中小投资者防范商业欺诈的目标居次要地位。

_____

① 引自殷剑峰:《关于我国财政金融体制改革"顶层设计"的思考》,《比较》2012 年第 8 期,总第 65 期。

2003 年以后金融分权态势得到发展，地方政府通过土地批租、土地抵押和地方融资平台获取银行信贷，国有企业和民营集团公司也通过并购和控股金融机构争夺金融资源。有的地方政府对本地企业表现出强烈的"父爱主义"，对本地企业的信贷违约、环境污染、食品安全隐患等违法违纪行为，仍持宽容态度。甚至地方司法和执法部门也有严重的地方保护主义。

在政府的职能和立场给定不变的前提下，监管部门的改革只能停留在有利于企业和产业发展融资的领域，停留在有利于金融业自身发展的领域，无法构建并强化对上市公司、贷款企业和举债的地方政府的监管和优胜劣汰。在缺乏市场和法律有效约束的情况下，地方政府、各类企业和金融机构都机会主义盛行，大肆利用货币信贷盲目扩张，投机套利，追逐短期利润而将风险抛给国家财政或指望央行最终收拾烂摊子。

由此可见，系统性风险不断积累，并渐行渐近地进入"算总账"的阶段。

四、金融体系扭曲的影响：低效率、高风险与社会矛盾的集聚

2017 年 11 月"中国经济开放论坛"在北京大学国家发展研究院召开"十九大后的金融改革"的闭门研讨会。本小节介绍论坛中王戴黎关于企业偿债成本的分析[①]和彭文生关于中国金融周期的分析[②]，从中可加深理解中国金融体系造成的低效率和高风险影响。

（一）不断积累着企业债务违约风险

王戴黎建立了一组中国非金融企业偿债成本指标，其定义为企业净利息支出和本金偿还总额占企业可支配收入（即税息折旧及摊销前利润，EBITDA）的比重。分子和分母同属流量概念，测量口径自洽一致。另外，BIS 等国际机构的跨国研究发现该指标对系统性风险积累和金融危机爆发有很强的预警作用。王戴黎的研究的主要成果由表 5.2、图 5.9 和图 5.10 给出。表 5.2 给出了他所测算的国有企业、房地产开发企业和工业企业的融资利率和偿债成本。可以看到，国有企业偿债成本在 2015 年和 2016 年均突破 100%，也即在平均意义上全国国有企业可支配收入已不足以对其债务还本付息。

---

① 参阅王戴黎：《中国非金融企业偿债成本分析》，载黄益平、潘英丽主编：《新时代开启中的金融改革》，格致出版社、上海人民出版社 2018 年版。

② 参阅彭文生：《新格局下的金融周期》，载黄益平、潘英丽主编：《新时代开启中的金融改革》，格致出版社、上海人民出版社 2018 年版；彭文生：《渐行渐近的金融周期》，中信出版社 2017 年版。

表 5.2　国有企业、房地产开发企业、工业企业融资利率与偿债成本估计(％)

融资利率				
样本年份	国有企业	房地产开发企业	工业企业(方法一)	工业企业(方法二)
2011	8.3	9.3	6.5	6.9
2012	8.3	8.0	7.0	7.5
2013	5.9	8.8	6.6	7.0
2014	5.9	7.5	6.6	7.0
2015	5.2	7.5	6.2	6.6
2016	4.6	8.0	5.6	5.9
偿债成本(BIS13 年假设)				
样本年份	国有企业	房地产开发企业	工业企业(方法一)	工业企业(方法二)
2011	64.2	53.8	17.3	21.2
2012	69.0	63.3	20.5	22.3
2013	91.7	62.3	21.8	23.1
2014	96.2	67.7	22.7	24.1
2015	123.3	75.2	22.5	26.2
2016	116.6	70.0	21.9	24.1

资料来源:Wind,王戴黎测算。

图 5.9 分解了国有企业利息净支出与本金偿还支出。参考 BIS 贷款期限为 13 年的债务等额偿还假设,2016 年国有企业利息净支出占偿债成本和可支配收入的比重为 37.3％和 43.5％。国有企业利息净支出占偿债成本的比重(37.3％)低于占可支配收入的比重(43.5％),意味着偿债成本高于可支配收入。这与表 5.2 国有企业可支配

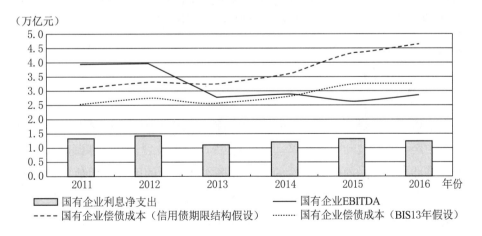

图 5.9　国有企业偿债成本估计

资料来源:Wind,王戴黎测算。

第五章　中国金融抑制政策的历史演变与未来金融转型

收入已不足以还本付息一致。对债务偿还期限的假设可能是解释国有企业偿债成本高于可支配收入,尚未触发大范围债务违约的原因。国有企业实际债务偿还期限可能比文章假设的更长。

为了预测企业未来偿债能力的变化,王戴黎做了图 5.10 的三种情景分析。在模拟宽松货币政策的情景二及紧缩货币政策的情景三中,国有企业偿债成本均高于基准情景——前者是由于企业债务余额增速过快,后者则由于企业收入和 EBITDA 率出现显著下滑。利用历史数据模拟的不同货币政策取向的情景意味着过度紧缩和过度宽松的货币政策都将导致企业偿债成本的上升。

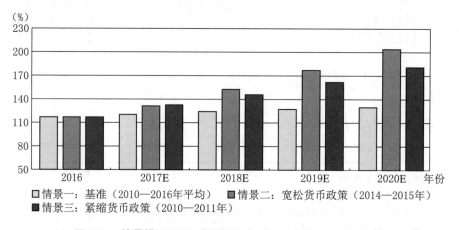

图 5.10　情景模拟:国有企业偿债成本(占 EBITDA 比重)变化

注:以上模拟中偿债成本估计的关键指标包括贷款(及债券)余额、主营业务收入、EBITDA 率和已获利息倍数。偿债成本估计样本为 2010—2016 年。其中 2010—2011 年为 4 万亿投入后的货币政策紧缩期,2014—2015 年是经济增速下滑时货币政策宽松期。作者以 2010—2016 年平均、2010—2011 年以及 2014—2015 年三个时期上述四项关键指标的增速,作为不同情景的输入变量进行模拟。

资料来源:Wind,王戴黎测算。

(二)中国金融周期所处阶段及其隐含的风险

彭文生认为,金融周期源自金融的顺周期特征,使得金融波动对宏观经济的影响不像传统的经济周期波动那么频繁,但是一旦资产泡沫破裂、发生金融危机,就会造成很大的经济冲击。金融的顺周期性的一个最根本和主要的因素是房地产。房地产的长存续期与回报期使其成为信贷的优良抵押品,银行信贷和作为抵押品的房地产相互促进:信贷扩张,房价上涨;房价上涨,抵押品价值上升,银行放贷意愿增强,房价进一步上升,两者呈螺旋式上升一直到泡沫破裂、房价下跌,整个过程逆转。从房价上升、加杠杆转向房价下跌、去杠杆,就形成金融周期。一个完整的金融周期大概持续 15—

20年,而经济周期只有 1—8 年。金融周期的代表性指标是银行信贷和房地产价格,传统经济周期的代表性指标是经济增长和通胀。

彭文生根据银行信贷和房地产价格估算了中美欧的金融周期。观察图 5.11 可以发现,美国金融周期上一次的拐点是次贷危机,之后经过几年痛苦的调整,房价下跌、去杠杆,到 2013 年下半场调整见底,美国开始进入新一轮金融周期上升阶段,这是美国经济表现较好、美联储进入新加息周期的原因。欧元区的金融周期拐点以 2011 年的欧债危机为标志,希腊、西班牙没有独立的央行,房地产泡沫破裂后,银行出问题只能靠政府救助,银行债务危机演变成了政府债务危机。欧美金融周期下半场调整的时候,中国正处于金融周期的上升阶段,在某种意义上讲,当时中国金融周期的繁荣——房地产的繁荣和信贷扩张,拯救了全球经济。但是,到了 2024 年,三大经济体的金融周期已处在不同阶段。中国金融周期在 2017 年已达高点本应下行,但是由于 2016 年棚改货币化拉动了加杠杆的房地产投资在中西部的扩张,以及 2020 年全球新冠疫情的冲击下美欧日量化宽松支撑的需求扩张拉动 2021 年中国出口增长,中国信贷增长和金融周期继续上升,直至 2021 年达到顶点,随后以房产商的债务违约为特征开始了周期下行和债务通缩阶段。相比较,2022 年 2 月俄乌军事冲突爆发后美欧出现严重通货膨胀,政策利率快速上升,经济出现衰退迹象,金融周期也开始出现下行。全球呈现经济慢性萧条、社会政治动荡的不稳定态势。

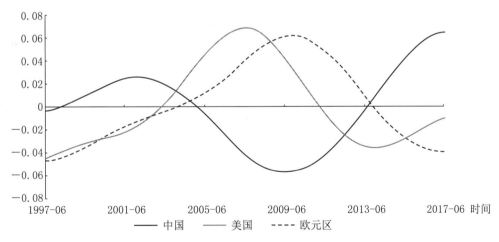

图 5.11　2017 年中国金融周期接近顶部

国际学者定义的银行危机有两个特征:一是政府当年用于银行救助的成本超过 GDP 2%;二是出现了存款人的挤兑。西方实行存款保险制度后存款人挤兑已经很少发生。中国银行或者国家控股或者地方财政是大股东,因此通常不会爆发西方那样的显性危机,但是银行坏账最后还是会通过央行或财政救助的方式转嫁给社会。我们的隐性金融危机与西方显性危机相同的是成本都要由纳税人承担;不同的是西方"快刀斩乱麻",更多主体将分担危机成本,而我们的危机是隐性的、问题解决起来并不彻底,坏账更多由国家承担,给社会带来的负面影响比西方更大、更持久。

(三)造成持续的资源耗散、社会分化和老龄化社会隐患

笔者曾在 2005 年提出"以金融体系为中介的社会资源耗散机制"①,揭示了政府将银行信贷作为第二财政,同时又为银行提供国家信用担保,造成社会资源低效率配置和耗散的问题。随着产能过剩、坏账集中爆发和银行功能衰退,政府再通过财政注资、央行再贷款、股市注资和存款人利差补贴等方式帮助银行冲销坏账,恢复其基本功能。与彭文生类似,笔者认为,改革开放以来中国已形成两大信贷周期。1985—1998年间为信贷扩张与坏账积累阶段,1999—2007 年间为坏账剥离、信贷占 GDP 比例收缩的阶段。2008—2016 年进入第二个周期的信贷扩张、坏账积累阶段,本来 2017 年经济将再次进入坏账处置与信贷收缩阶段。但棚改货币化的政策干预将信贷扩张期延后并进一步推高,使坏账的积累步入积重难返的境地。在第一个周期,银行更多发挥了维稳和促进渐进改革成功的积极作用。2006 年以市场准入为核心的金融改革被搁置,2008 年以来银行信贷的扩张导致金融资源错配,对财富分配和经济的可持续发展产生很大的负面效应。如果政府再以财政资源或央行再贷款冲销坏账等"无痛疗法"以稳定的名义维持扭曲的金融体系,必定会导致更大的社会不公和社会危机隐患。

如第二章和第四章所述,家庭储蓄实际上是人口红利的体现。源于人口红利的高储蓄转化为高投资是十分自然的。但是投资必须有利于未来劳动生产率和有效供给能力的提高,有利于家庭财富的积累,以满足老龄化人口养老的需要。现代社会分工的发展和复杂化,使家庭作为最终储蓄者大多丧失了投资能力,只能将储蓄通过金融部门中介转给产业部门用于生产性投资。后者创造就业和利润,给家庭提供工作收入和投资收益,并生产更多更好的产品和服务满足家庭和社会的需要,以此形成螺旋上升的可持续发展。

金融中介的低效率和扭曲,破坏了这种螺旋上升的可持续发展路径,造成中国家庭收入与财富分配的不平等和财富减值问题。

首先货币信用的扩张加剧了贫富分化。彭文生估算的各行业实际收入对 M2 的弹性系数,即 M2 增长 1% 各行业收入的变动情况,发现银行和保险、房地产分别排在第一位和第二位,通货膨胀也给大宗商品生产部门带来收入较快增长,相比较而言,教

---

① 潘英丽:《具有内在缺陷的中国金融体系的市场化改革》,载潘英丽:《中国经济与金融转型研究》,格致出版社、上海人民出版社 2012 年版。

育文化、科学研究领域出现实际收入下降的态势。①另外,图 5.12 显示,2012 年以来中国财富基尼系数已从之前 0.68 快速上升至 0.83 的极度不平等水平。

其次,社会资源的耗散和资产泡沫的膨胀意味着居民财富面临贬值的巨大风险。当今社会普遍存在"小富不安"问题。其一,中国家庭财富近 70% 是缺乏流动性的房产(见图 5.13);2016 年财富增值的 68% 来自房价的上涨;大城市房价普遍存在泡沫并面临减值风险。其二,居民持有的金融资产长期存在亏损。②其三,通过出口创汇积累

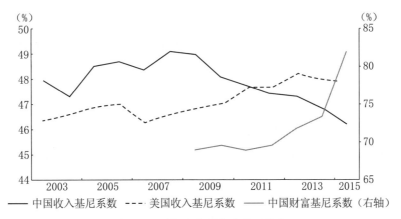

图 5.12 近年来中国贫富差距拉大

资料来源:Wind,瑞信全球财富报告,联合国人口署。

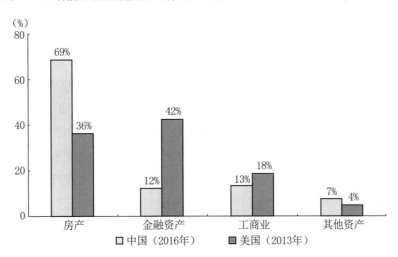

图 5.13 中国居民财富以房产为主

资料来源:家庭金融资产配置风险报告(2016),西南财经大学中国家庭金融调查与研究中心。

---

① 彭文生:《渐行渐近的金融周期》,中信出版社 2017 年版。
② 参阅 Franklin Allen, Jun (QJ) Qian, Susan Shan, and Julie Lei Zhu, 2015, "Explaining the Disconnection between China's Economic Growth and Stock Market Performance", Working Paper。

第五章 中国金融抑制政策的历史演变与未来金融转型

147

的国民财富以官方外汇储备和民间外汇资产形式储存,中国外汇净资产存在负收益或持续减值。2004—2023 年中国外汇净资产从 2 764 亿美元增加到 29 082 亿美元,但外汇净资产收益率仅 2007 年和 2008 年为正,分别为 0.31% 和 1.48%,其他历年收益率都是负的。损失较大的年份分别是 2011 年、2013 年、2022 年和 2023 年,资产净收益率分别为 −5.05%、−4.74%、−6.6% 和 −5.5%。

第三节　经济转型的内在要求与金融服务经济社会发展的基础条件

如前所述,资金是社会稀缺资源的支配与使用权,金融资源的配置决定了社会资源的配置。中国金融体系的扭曲造成了中国经济与社会结构的失衡。因此,中国经济转型要求金融转型,而金融转型决定了中国经济转型能否实现。本节将先讨论中国经济转型的内在规定性及其对金融转型的要求,然后再讨论金融转型的重心以及金融整体改革主要方向。

一、中国经济转型的紧迫性及其客观要求

如前所述,中国经济是生产型经济,一种政府主导、债务和投资拉动型的增长模式。主要表现为由物质财富的积累驱动,并以抵押贷款支持的制造业、房地产和配套基础设施建设的规模扩张。产能过剩或重资产闲置成为近年来的严重问题。高盛集团 2024 年的一份研究报告对代表中国经济增长 22% 的七个重要的全球性制造业做了抽样分析,指出其中五种产能已超过全球需求的总和。太阳能组件产能为全球需求的 2 倍,产能利用率为 44%;锂电池为 1.5 倍,产能利用率 61%;电动车为 1.2 倍,产能利用率 54%;空调设备为 1.2 倍,产能利用率 62%。建筑机械 1.1 倍,产能利用率 30%。超过 50% 的产能以零或负现金利润率运行。重资产行业产能的过度扩张,引发了美欧关税制裁等去中国化围堵的国际环境恶化;企业亏损和裁员也造成了债务违约风险和社会失业问题的加剧。

表 5.3 给出七国集团(以下简称"G7")国家人口、消费和 GDP 的全球比重。从趋势看,2000—2019 年间 G7 国家人口的全球占比下降了 1.4 个百分点,GDP 全球占比下降了 20 个百分点。消费占比下降了 17.42 个百分点。发达国家经济和消费市场的重要性明显下降。他们的 GDP 占比和消费占比的大幅下降仍然是未来相对确定的趋势。这在某种意义上表明,以美欧市场为目的地的亚洲出口导向型发展模式已经走到头了。

表 5.3 G7 国家人口、消费和 GDP 的全球占比(％)

		1970年	1980年	1990年	2000年	2010年	2015年	2016年	2017年	2018年	2019年	2020年
美国	人口占比	5.57	5.13	4.73	4.61	4.47	4.37	4.35	4.33	4.30	4.28	4.25
	消费占比	37.87	26.16	27.79	32.19	25.89	27.00	27.34	26.94	26.83	27.33	27.95
	GDP占比	35.96	25.31	26.22	30.42	22.66	24.31	24.59	24.09	23.93	24.51	24.75
日本	人口占比	2.81	2.63	2.34	2.07	1.85	1.73	1.71	1.69	1.67	1.65	1.62
	消费占比	5.54	8.79	11.84	13.69	8.88	6.08	6.63	6.16	5.99	6.01	
	GDP占比	7.12	9.79	13.78	14.74	8.70	5.92	6.56	6.08	5.85	5.89	5.88
德国	人口占比	2.12	1.77	1.50	1.34	1.18	1.11	1.11	1.10	1.09	1.08	1.07
	消费占比	7.00	8.99	7.81	5.74	5.14	4.43	4.49	4.47	4.57	4.41	4.59
	GDP占比	7.23	8.42	7.79	5.77	5.13	4.47	4.55	4.54	4.62	4.45	4.55
法国	人口占比	1.41	1.24	1.10	1.00	0.94	0.91	0.90	0.89	0.88	0.88	0.87
	消费占比	4.77	6.31	5.66	4.07	4.25	3.45	3.43	3.39	3.44	3.28	3.36
	GDP占比	4.97	6.21	5.58	4.04	3.99	3.25	3.24	3.19	3.24	3.12	3.11
英国	人口占比	1.51	1.27	1.08	0.96	0.91	0.89	0.88	0.88	0.88	0.87	0.87
	消费占比	4.95	5.78	5.45	5.42	4.31	4.46	4.03	3.74	3.80	3.69	3.70
	GDP占比	4.38	5.00	4.81	4.92	3.75	3.91	3.53	3.28	3.32	3.24	3.20
意大利	人口占比	1.46	1.27	1.07	0.93	0.86	0.83	0.82	0.81	0.80	0.78	0.77
	消费占比	3.78	4.31	5.34	3.51	3.52	2.66	2.64	2.61	2.64	2.48	2.43
	GDP占比	3.80	4.23	5.19	3.39	3.23	2.45	2.46	2.41	2.43	2.29	2.23
加拿大	人口占比	0.58	0.55	0.52	0.50	0.49	0.49	0.49	0.49	0.49	0.49	0.49
	消费占比	3.08	2.45	2.73	2.15	2.57	2.22	2.16	2.19	2.17	2.15	2.15
	GDP占比	2.94	2.43	2.61	2.21	2.44	2.07	2.00	2.03	2.00	1.99	1.94
G7 合计	人口占比	15.46	13.87	12.36	11.43	10.69	10.32	10.26	10.18	10.11	10.02	9.94
	消费占比	66.99	62.79	66.62	66.77	54.56	50.30	50.72	49.50	49.45	49.34	
	GDP占比	66.41	61.39	65.98	65.49	49.91	46.39	46.94	45.63	45.37	45.49	45.67

资料来源:世界银行"世界发展指标"(WDI)数据库。

中国未来的对外经济的战略重心将是与东盟的产业链重构与融合发展。表 5.4 给出中国与东盟国家人口、GDP 与最终消费支出等总量及其全球占比的数据。东盟 10 国的 GDP 总量与消费支出全球占比仅为 3.6％和 3.22％。因此,中国在向东盟输出产能的同时,还需要以国内市场的对外开放促进地区互补型的融合发展。因此,从外部环境的变化态势看,中国经济必须从出口导向型转向内需导向型。

另外,就以人为本发展理念看,中国存在内部资源配置的重大失衡问题。制造业大而不强,关键科技被卡脖子;贸易产业(制造业及其配套领域)存在过度投资,而非贸

表 5.4　2022 年中国与东盟 10 国主要的人口与经济指标

	人口		GDP			最终消费支出	
	百万	全球(%)	10 亿美元	总量/全球(%)	人均/全球人均(%)	10 亿美元	全球(%)
印度尼西亚	275.50	3.46	1 319.1	1.31	35.0	769.7	1.11
菲律宾	115.56	1.45	404.3	0.40	28.9	358.0	0.51
越南	98.19	1.23	408.8	0.41	30.1	238.2	0.34
泰国	71.70	0.90	495.3	0.49	59.0	356.7	0.51
缅甸	54.18	0.68	59.4	0.059	9.7	44.3	0.064
马来西亚	33.94	0.43	406.3	0.40	92.7	263.4	0.38
柬埔寨	16.77	0.21	30.0	0.030	13.0	19.6	0.028
老挝	7.53	0.095	15.7	0.016	20.8	15.1	0.022
新加坡	5.64	0.071	466.8	0.46	593.6	170.6	0.25
文莱	0.45	0.006	16.7	0.017	258.7	6.6	0.010
10 国合计	679.45	8.545	3 622.3	3.60	40.5	2 242	3.22
中国	1 412.18	17.76	17 963.2	17.86	102.4	9 609	13.81
世界	7 951.15	100	100 562.0	100		69 583	100

资料来源:世界银行"世界发展指标"(WDI)数据库。

易产业(由消费服务业、生产者服务业和公共服务供给构成)投资不足,发展滞后。为此笔者提出一个三部门、三市场的内循环分析框架,剖析内循环为主体的高质量发展需要的政策与制度保障。

图 5.14 的内循环由家庭、企业和金融中介三部门,以及劳动、消费和金融三市场循环构成。政府部门未列其中,但政府部门具有对三部门、三市场有着规划、指导和政

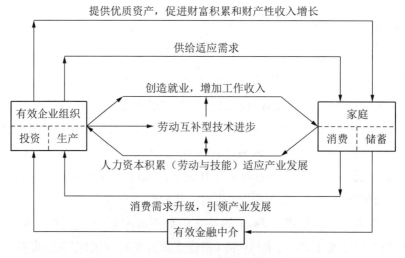

图 5.14　一个三部门、三市场的内循环分析框架

策调控的重要作用。

内循环的内核是劳动市场循环。有效企业组织创造就业，为家庭提供工作收入；家庭进行人力资本投资（生儿育女与接受教育和培训）以适应产业发展。劳动市场的有效循环要求政府采取相应的政策促进劳动技能与生产技术之间的相互适应。"在核心的要素市场循环方面，面向企业的就业政策导向有两个，即促进劳动互补性技术的应用；以及对劳动密集型（消费服务业）和人力资本提升型（技能培训等）产业给予相应的激励。"[①]劳动互补型技术可以减轻劳动强度、降低技术要求，大幅提高劳动生产率，帮助更多劳动力获得力所能及的工作。另外，教育培训产业有很大的发展空间。未来技术院校需要与各行业领先企业深度合作，由他们提供细分产业的技术专家和实习基地，培训和培养更多高技术工人和消费服务工作者。比如，养老服务岗位就业缺口非常大，而且人性化和综合能力要求很高，其职业教育需要中西医学院、医院和应用技术专家参与其中。

其次是消费市场循环。企业以市场需求为导向组织生产，由人口年龄与收入结构变化决定的消费升级引领着产业发展，以此为家庭提供性价比良好的消费品和消费服务。目前服务消费需求一定程度上受到社会保障不足与消费服务产业发展滞后的抑制。《国务院关于促进服务消费高质量发展的意见》提出挖掘基础性消费潜力，激发改善型消费活力，培育壮大新型消费，增强服务消费动能，优化服务消费环境的规划指导意见和相应的政策部署。揭示了餐饮住宿、家政服务、养老托育、文化娱乐、旅游、体育、教育培训、数字、绿色和健康消费十大领域的产业与事业发展机会。

最后是金融或资本市场循环。在企业和家庭之间存在金融中介部门。由于社会分工的日益复杂，家庭丧失了传统农业社会具有的储蓄和投资的完整功能，必须将储蓄交给金融中介机构代理投资。金融中介部门的核心功能是发现和培育有效率的优秀企业组织。这要求金融机构在消费需求日益增长的产业，培育能创造就业岗位并提供高质量产品与服务的优秀企业。优秀企业发行优质金融资产（按时还本付息的贷款和债券、持续增值或红利丰厚的股权或可交易股票）供家庭直接或间接持有并分享其成长成果。总之，金融中介部门的金融服务必须促进创造价值的生产活动，只有这样，有效的资本市场循环才能通过财富增值，促进家庭财产性收入的增长和消费的相应增长。这对老龄化社会具有特殊重要性，因为老年人不再有工作收入，他们的老年生活质量主要取决于财产性收入或财富的消耗。反之，金融资源的错配，导致资源浪费和财富的毁灭。在此背景下财富管理会陷入宏观上的零和博弈，其实际效果可能是加速贫富的两极分化和经济发展的不可持续。资本市场的良性循环需要健全的基础性制

---

① 潘英丽：《新发展格局中的就业新趋势与结构性就业对策》，《探索与争鸣》2022 年第 3 期。

度，一是政府需要转变立场，从帮助企业筹集廉价资本，转到强化家庭委托人地位，有效保护家庭中小投资者的权益，防范商业欺诈。二是健全信息披露制度和对市场欺诈行为有效实施严刑峻法的惩处。

二、健全金融有效服务社会经济的基础制度

从价值判断上看，金融对经济增长和社会经济福利的促进作用都是有条件的，而寻求增值则是资本的本性，是无条件的。就如经济活动可以分为生产性与分配性两类，金融的活动也可分为生产性（或福利增进性）和分配性两类。金融可以帮助高成长产业和高效率企业实现快速发展，并通过住宅抵押贷款、教育贷款和消费金融服务直接增进社会经济福利。但是，在缺乏良好的市场秩序和监管治理的背景下，金融大概率会沦为特权阶层和强势财团攫取社会财富的工具，并导致贫富加速分化。

另外，在现代金融中纯粹金融交易的积极意义在于：创造市场流动性，而流动性本身是有价值的；通过证券化资产的交易实现企业产权或债权的转移，有助于分散风险，帮助高新技术产业与轻资产行业获得风险资本的支持，实现快速发展；通过套利性交易使各类市场的价格趋于均衡，在要素自由流动条件下，价格趋向均衡也是通过提供激励实现资源优化配置的过程。但是，在市场准入限制和价格行政管制背景下，金融交易更大可能是导致财富逆向再分配，特别是在大规模使用杠杆的场合，还会积累更多系统性风险，引发金融市场泡沫的生成和破灭，进而通过（各国的）央行救助或（中国的）财政兜底，将危机成本转嫁给全社会。

那么，创造什么样的条件，可提高金融增进社会福利的普惠性，并约束其不稳定性和财富逆向再分配负面效应？笔者认为以下四方面条件是至关重要的。

（一）创造稳定的货币信用环境

银行体系实行部分储备制度后就拥有了创造货币的功能。在货币创造过程中，除了央行基础货币投入外，商业银行体系的存贷款业务可通过贷款派生存款的方式创造超过基础货币多倍的信用货币。货币创造促进经济增长或增进社会经济福利的潜能首先取决于生产要素是否充分利用。如果存在非充分就业或生产要素闲置场合，货币通过财政渠道或定向渠道投放给低收入阶层用于消费，消费需求增长可消化（消费产业）过剩产能，促进投资复苏，实现就业和产出的增长。反之，在生产要素充分利用场合，信用货币的扩张则会导致通货膨胀的发生以及由通货膨胀加剧的收入与财富的不平等。另外，货币信贷投放的渠道对金融的福利效应也具有重要影响。增量货币或信贷提供给特定利益集团用于房地产或金融资产的炒作，提供给地方政府追求短期政绩

的低效率项目,提供国有企业用于产能的过度扩张,就会导致投资泡沫膨胀、社会资源错配和浪费,以及经济运行成本或系统性风险的大幅度上升,产生财富两极分化的负面效应。

近年来,全球范围出现了实体经济低迷和金融投资与交易领域的繁荣。在美国,实物资产(房地产、大宗商品和收藏品)与金融资产(股票市值与长期政府债券)的相对价格已从 20 世纪 80 年代初的 0.9 左右下降到 2015 年的 0.15。对此可以做供给与需求两方面的解释:一是供给侧有技术进步和中国参与全球分工带来生产成本和制成品价格以及通货膨胀的持续下降;二是全球央行和银行系统过度宽松的货币和信贷投放,使金融投资领域出现持续的繁荣或资产泡沫膨胀。

稳定的宏观货币环境要求货币信贷的投放与经济增长的客观需求相适应。弗里德曼关于货币政策"单一规则"的思想为我们提供了重要启示。弗里德曼在讨论以经济稳定增长为目标的货币政策时,建议美国按经济的趋势增长率(3%)与货币收入弹性(1.8)的乘积给出以固定货币增长率(5.4%)投放货币的单一规则。[1]我们可以借鉴弗里德曼"单一规则",给定中国每年货币信贷的增长速度。以未来的潜在增长率与经济货币化的客观要求(比如现代农业的市场化过程中对流动资金的客观需要,以及农村土地入市需要吸收的流动性等)规定货币信贷总量的稳定增长速度,以此稳定未来价格预期,抑制炒作房地产与金融资产的投机动机。

(二)构建个人和企业信用的共享数据库,确立规范有序使用私密信息的法律体系

互联网技术大幅度降低了零售金融服务的成本,促进了普惠金融的发展。但是由于小微贷或现金贷公司仍然无法分辨借款人的偿债能力、偿债意愿以及资金的真实用途,短期逐利动机驱使下出现了高利贷和"裸照贷"等乱象。个人和小微企业信用数据共享机制的缺失已成为普惠金融发展重要障碍之一。我们在加强监管和治理的同时还需要解决普惠金融的这一痛点问题。当前需要打破信用数据为企业和政府部门垄断并用于牟利的碎片化局面。可通过人大立法明确信用数据的公共产品性质并规范信用数据的适当使用方式,以保护个人和企业数据非公开的私密性质。有效利用互联网、大数据等现代信息技术,发展全社会共享的征信系统。在个人信息的查询使用方面,可借鉴美国将个人社会保险号码作为开启个人信用档案数据库钥匙的成功经验,将个人社会生活中的各种信用记录纳入同一档案,在获得个人许可前提下供单位招聘用人、金融机构放款和干部考核等查询使用,让信用成为个人和企业最为珍惜并给当

---

① Milton Friedman, "the Role of Monetary Policy", *American Economic Review*, Volume LVIII March 1968 Number 1.

事人带来切实利益的无形资产。只有通过建立规范有序的信息收集、查询和使用的制度和公开上市企业信息的有效披露制度，才能提高市场透明度，促进储蓄向有效的生产性投资（包括人力资本投资）转化，提升市场发现价格的有效性，进而促进资源的优化配置。

（三）完善金融机构社会责任的相关法律并加强监管

20 世纪 80 年代美国金融界出现过关于金融基础服务要求的讨论。这是因为经济金融发展到一定水平后，金融服务已成为家庭生活的必需品。如果金融业对部分家庭或有色种族人群产生非财经类的歧视政策，将严重影响这些家庭提高生活水平和质量的机会。考虑到金融业是政府特许经营的行业，从事金融业的机构享有一定的垄断经营特权，因此政府也应规定金融机构必须承担的社会责任。比如美国有一个针对银行信贷活动的"社区再投资法"，规定银行必须完成的社区贷存比，以避免银行将当地资金大规模转移到其他地区，加剧地区发展的分化。目前中国商业银行总行大都要求分支机构将所吸收存款上缴总行，再以内部调剂价调剂使用。据调研，中西部不少县域的当地存款只有 20％用于本地，80％被银行抽走，致使这些地区用于发展的可支配资源大幅度减少，加剧了地区间发展差距。另外，银行不应该为产生污染等负外部性的项目提供贷款融资；金融机构在销售金融产品时，产品性质与风险必须充分披露，消费者有充分的知情权；金融机构高风险产品不能销售给没有承受能力的客户，等等。

三、强化金融转型并有效服务实体经济所需要的基础条件

功能良好的金融体系需要健全的制度保障。明确了金融有效服务实体经济发展所需要的条件，我们也就明确了金融改革开放的正确方向。

图 5.15 显示 1999—2023 年间中国、美国和欧盟三大经济体各自储蓄占全球的比例。2009 年中国储蓄总量占全球的比重为 18.1％，超过了美国的 14.9％，2012 年达到 22％，超过了欧盟当年的 19.2％。2016 年中国的储蓄占比已经远超欧美，三者的储蓄占比分别为 26.7％、16.1％和 19.9％。但是从图中可以看到，中国储蓄占比在 2015 年达到顶峰（27.43％），并开始出现回落，这与人口老龄化过程中作为净储蓄人群的壮劳力开始减少有关。储蓄是一国产出扣除消费后的剩余产品，是可用于扩大生产能力的新增资本。如何有效利用目前尚名列全球第一但已处在衰减阶段的这部分社会资源实现中国经济平衡、可持续发展，是我们面临的大课题。这需要先明确经济转型与产业发展方向，再探讨与经济增长新动能相适应的金融业态和市场的发展。

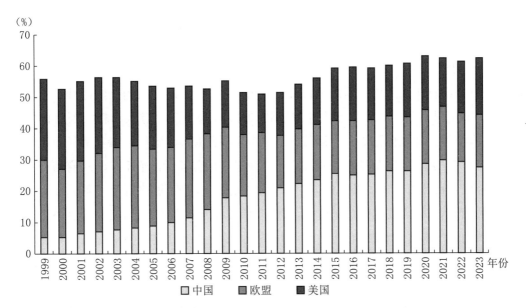

（％）

图 5.15　中国、欧盟和美国的储蓄占全球的比重（1999—2023 年）

资料来源：世界银行。

　　金融业是服务业，因此首先需要解决"为谁服务"的问题。当前金融业面临严重的"资产荒"。"资产荒"首先是"好企业荒"，因此经济和金融改革需要在健全企业发展和创新创业环境方面有实质性进展。重点有以下三个方面：

　　首先，需要培育有效率的企业组织。因为有效投资和有效率的生产都需要企业去组织落实。多年来中国利用外资与其说是弥补储蓄和外汇不足，还不如说是弥补有效率企业组织的不足。①我们在成功利用外资的同时，一定程度上延缓了中国有效率企业组织的发育和成长，进而降低了内部投资和中资企业对外投资的有效性。培育好企业，需要两方面的制度变革。一是保护私有产权。只有有效保护私有产权，民营资本家和企业家才可放下包袱，做大做强实业，致力于创新、升级和经营"百年老店"。东北经济衰落与"投资不过山海关"有关，而后者很大程度上又与缺乏尊重私有产权的制度环境有关。二是防范商业欺诈。融资企业信息的真实、充分和及时披露是市场透明度和市场有效配置资源的必要条件。如果分不清优劣，银行和市场就无法避免资源错配，只能依赖抵押和国有制背景。2010 年以来股票市场 IPO 融资中，民企占比已上升到 70％以上，政府需要通过强势监管和严刑峻法保护中小投资者防范商业欺诈。唯有如此，才能发挥市场优胜劣汰的功能，为好企业做大做强腾出空间。这也是美国近百年来的成功经验。

① 参阅潘英丽：《有效利用外资理论研究》，华东师范大学出版社 1997 年版。

其次,需要拓宽产业投资渠道。未来产业发展的重心应该是与 14 亿老百姓的最终需求相关的消费服务业,包括医疗保健、体育健身、文化娱乐、休闲旅游、教育培训等。新冠疫情前几年出国旅游人次每年都在 1 亿以上,部分影片也在不断刷新票房纪录,说明旅游休闲和文化娱乐需求已经出现井喷行情,目前供给侧在软件、硬件、经营理念方面都跟不上。消费服务业与制造业的本质区别在于生产、销售与消费同时发生,具有个性化和人性化要求。目前面临三类发展瓶颈:市场准入管制、责任界定与纠纷处置机制的缺失,以及具有专业技能与职业操守的劳动者供给不足。政府需要在放宽对外资和民营资本市场准入的同时,鼓励商业模式创新,加快行业经营标准与行为准则的确立,同时需要加强市场监管,形成既保护消费者合法权益,又保护服务企业合法经营的制度环境。2024 年 7 月 29 日国务院印发《关于促进服务消费高质量发展的意见》发布,对促进各类服务消费需求,促进服务供给协调发展,优化服务消费环境,强化政策保障,提出系统要求并做出部署。

再次,需要为优秀企业家人才和金融投资家人才提供更宽松的发展环境。好的企业家人才有能力挖掘市场机会,能有效组织人、财、物和技术资源,并且具有锲而不舍的专业精神和良好的职业操守,能将企业做得"大而强"或"小而美";而好的金融投资家对产业发展趋势、对人性都有深刻理解,能尽快找到好的企业家,与他们形成良好的战略联盟,支持他们的事业发展。政府应放宽投资机构平台建设,强化投资管理人才的资质要求和投资行为监管,放松投资服务市场的准入,实施具有国际竞争力的税制,吸引国外高端投资服务机构进入,为中国产业投资提供高质量服务。

最后,需要转变政府职能,退出金融的第二财政功能与政府信用担保。自 1985 年"拨改贷"政策实施以来,银行信贷和股票市场融资曾先后作为国有企业解困和改制的财政工具。出于保增长和产业发展需要,人民银行和原银监会分别承担着国务院要求的货币和信贷扩张政策。又由于中央与地方在财权和事权关系上的不对称,地方政府通过融资平台和土地批租将银行信贷作为第二财政资源使用,地方政府的软预算约束和中央政府的信贷担保一起导致信贷过度扩张和低效率使用,积累了很大债务违约风险。当前需要加快政府行政体制改革,使其职能从地区经济经营者向市场秩序维护者转变,使其立场从帮助企业筹集廉价资金,转向保护投资者和债权人权益。为此需要改革税制,让地方政府税收从主要来源于企业转向更多依赖消费税和财产税,并通过将业务教育、基本医疗保障等公共服务事权上收中央政府,实现中央与地方财税关系的基本平衡,同时要加快推进财政的民主化进程,规范发展地方政府债务市场。加快确立和完善地方政府的市场信用,促进人口和产业的集聚,提升城市化效能。

第四节　金融的增量改革、存量改革与监管改革

我们从未来发展空间的角度将股票市场改革称为金融的增量改革,而将银行体系的改革称为存量的结构性改革。另外金融监管体制改革也是绕不开的重要改革内容。本节将分别予以讨论。

一、金融增量改革:引入股票发行注册制的相关改革

(一)股票市场改革与发展的战略意义

就近中期而言,"新股改"是中国经济金融转型的突破口,其重要的战略意义主要体现在以下三个方面:(1)健全的股市通过对风险承受能力不同的资本进行分层,对未来具有不同收益与风险的项目进行评估定价,以此实现股权投资与融资的撮合交易,促进一国高新技术产业的发展。(2)功能健全的股市可为上市公司并购整合产业资本提供便利。在功能有效的股市上,管理有效、技术领先的企业可以合理价格以并购、换股等方式,淘汰落后企业,纳入存量资本,实现资源整合和优势互补的协同发展,快速做大做强。这可消化闲置产能、促进产业升级,快速提升存量资本经营效率,形成一批充满活力并具国际竞争力的世界 500 强企业。(3)股市的健康发展有利于降低企业负债率,化解银行体系的系统性风险。

健全股市功能的中长期战略意义还在于:(1)健全股市功能有利于国企改革和国有资本保值增值。国有企业的使命除了执行国家重大战略任务外,还需实现国有资本的保值增值。国企需要收缩战线,除保留 20% 布局在国家重大战略产业外,80% 的国企需要通过资产证券化方式退出日常经营活动。国有资本可通过财务投资搭民营企业有效经营体制和机制的便车,实现自身的保值增值。在金融市场上,政府的主要职能将从为企业筹集廉价资本提供信用担保,转向监管企业合法经营,保护中小投资者和国家财务投资者的权益不受侵害。实现国有资本从直接经营企业到财务投资转换,需要一个健康成长的股市提供有效的操作平台。(2)健全股市功能有利于居民实现大类资产的合理配置,分享经济增长成果,应对人口老龄化挑战。当前中国的高储蓄率主要源于人口红利。在不能养儿防老,金融资产又不提供投资回报的背景下,城镇居民选择以房养老的投资策略,城镇家庭 69% 以上的资产配置在房地产上。这是个体理性集体非理性的。因为揭去货币面纱,所谓以房养老,实际上是老一代人用住房与下一代人创造的剩余产品进行代际交换。在人口结构代际失衡情况下,未来壮年一代

创造的剩余产品与服务难以为老一代提供养老保障。应对人口老龄化挑战要求当前的高储蓄更多用于生育、教育培训、健康和高新技术的开发应用，以此提高劳动人口数量、质量和工作年限，提高未来经济的整体生产率。转变增长模式、提升内部消费比例既要求家庭部门金融资产的收益与经济同步增长，又需要具有技术和文化内涵的消费品和即时消费服务业的快速发展。其中关键是要建立起确保中小投资者公平分享产业发展成果的市场基础性制度，以此实现我国消费与生产的动态平衡。（3）健全股市功能有助于中国建成全球经济金融强国。中国未来在全球的经济定位将是制造业和金融的强国。金融强国的外在特征就是人民币国际化。这要求中国具有规模巨大、流动性充分、安全性良好的金融市场来满足各国央行和国际投资者对人民币储备资产和流动性管理的需求。因此未来中国稳健的金融结构应介于美国和德国之间，间接与直接融资的比例应从目前的 7：3 转变为理想的 3：7。另外，从金融结构演变的内在规律来看，中国目前进入中高等收入发展阶段，股市和政府债券市场也将进入快速发展时期。健全股市功能可以说是中国经济金融强国建设不可逾越的步骤或阶段。

（二）健全股市功能的"新股改"举措

让市场发挥资源配置的决定作用需要政府承担起维护市场秩序、有效保护消费者和投资者权益的职责。笔者提出股票市场基础性制度建设的"一个中心，两个基本点"的新股改方案。

"一个中心"就是以政府立场和职能的转变为中心。保护中小投资者防范商业欺诈是美国证监会 90 年来监管的基本宗旨，也是美国建成全球最发达资本市场的成功经验。中国政府应该将确保上市公司与中小投资者利益的一致性作为政府的基本立场和主要职能，将监管的基本宗旨和工作重心放在防范商业欺诈、保护中小投资者权益上。因为市场透明度是市场有效配置资源的前提条件，如果企业和市场欺诈行为得不到应有的惩罚，市场就无法正常发挥其资源配置的决定作用。

"两个基本点"是以发行注册制降低市场估值和以集体诉讼法律制度提高犯罪成本作为两个改革的着力点。

发行注册制的实施，可通过扩大股票供给，降低发行和交易的市场估值，提高整体市场的长期投资价值；可通过放松市场准入，促进劣质上市公司的平稳退市，抑制垃圾股炒作，确立长期投资理念；降低发行市盈率意味着提高股权融资的成本门槛，可抑制上市寻租行为，将股权融资机会提供给真正具有成长性的好企业。建议对二级市场现有投资者实施补偿政策，可避免注册制改革的推出对市场的冲击。具体做法可以根据投资者持股数量提供相应的认股权证，后者可以折扣价认购新股，并挂牌转让。充分考虑并设计好受损投资者的补偿机制，选择市盈率尚低但经济复苏前景开始明确的时间窗口,并增加机构投资者入市等举措完全可以消化吸收注册制对两级市场可能的冲击。

提高欺诈等金融犯罪成本重点是强化对上市公司和金融机构的监管和执法有效性。具体举措有:(1)提高市场透明度。健全会计、审计和信息披露制度;开发利用大数据、云计算等先进信息技术共享平台;健全股指期货市场和个股期权制度,前者可避免市场暴涨暴跌,后者可以市场机制约束上市公司行为。强化公司内部人持股计划中激励与约束的对称性,惩治内部人通过盈余管理和分配政策操纵股价、高价套现的投机行为。(2)完善立法程序、强化司法的独立性。建议全国人大委员会下设立由法学家、国际法律专家和代表中小投资者利益的著名律师参与的证券立法委员会,全面修订和健全相关立法,通过立法者利益中性、立法过程透明和民众参与确保立法程序的合法性。在上海自贸试验区和深圳经济特区探索设立全国金融专业法院,试点去地方化与去行政化的司法制度改革,提升司法的独立性。(3)强化监管和法律制裁的威慑性。建议从政府行政部门中分离证监会等监管职能部门以提高其监管和执法的独立性、专业性、权威性和有效性,解决监管激励机制缺失和监管不作为问题。在监管和惩治中引入刑法,提高量刑标准,并将处罚重心从法人机构转向法律责任人。(4)健全民事集体诉讼制度。对商业欺诈行为的惩治需要自上而下的监管与自下而上的市场约束相结合。健全集体民事诉讼制度可以帮助投资者有效运用法律工具进行自卫、自救,通过寻求法律援助维护自身的合法权益。

需要加快政府行政体制改革和职能的转换。股市基础性制度的变革要求政府的立场和职能有根本的转变,即从帮助企业筹集廉价资本转换为保护中小投资者防范商业的欺诈,需要从亲企业、重 GDP 转向亲民众、重社会公平和正义。只有这样才能实现融资企业、家庭投资者和国家利益的多方共赢,促进生产和消费的动态平衡发展。因此,我们建议:(1)在条件成熟的情况下积极改革地方政府增值税分成制度为消费税、财产税和资本利得税征收制度,以此消除地方税收收入对 GDP 增长的过度依赖;促进政府立场从帮企业到保民生的转变。(2)加快财政预算制度和财政民主化改革,强化政府自身的市场信用,促进政府债券市场快速发展。消除政府对商业银行和金融市场的行政干预,摆脱金融功能财政化的路径依赖。(3)加快中央与地方财税关系的改革,促进地方政府信用与国家信用的分离,促进地方政府债券市场发展并引入市场对地方政府投融资行为的约束。(4)根据城市群发展的客观要求逐步推进行政区划和政府行政体制改革,减少层级,精简机构,转变职能,提高政府行政效率。

内地 A 股和香港 H 股市场以指数计已分别从 2021 年和 2018 年持续下跌 4 年和 7 年。从 2024 年 8 月 23 日股指看,科创板指数只有 2020 年 9 月最高点的 39%,创业板是 2021 年 9 月高点的 43%,上证指数内为 2021 年 12 月高点的 77%。如果扣除"工农中建"四大银行，以及中长电力、中国神华和中国石化的指数贡献，上证指数应相当于高点的 65% 以下。而恒生指数与 18 年高点相比也只有 53%。中国股市的熊市走势原因是多方面的。一是以房地产价格下行为主要特征的重资产行业的产能过剩、结构性萧条和债务通缩压力，导致相关板块上市公司财务状况的恶化。二是市场风险偏好的下行和中美利差倒挂引发资金流出股市和中国市场。三是不同行政区划间经济的碎片化和中央各部门政策的不一致性。地区经济的碎片化表现为地方政府基于政绩竞赛、税收利益在招商引资方面展开的恶性竞争导致固定投资过度扩张，以及包括新兴产业在内的重复建设和产能过剩。政府各职能部门政策的不一致性也主要出于对政绩和部门利益的追求，以及对经济问题系统性、复杂性的认识不足。比如证监会关于退市的简单化做法，以及科创板上市速度过猛，发行市盈率过高，监管不到位等问题。再有中国人民银行与财政部在扩张性财政与货币政策的协同方面的不和谐声音，以及有些部门对教培和游戏行业的监管，都对市场信心产生了负面影响。最重要的原因是政府在解决中国重大经济结构问题方面，未能推进系统和有实效的全面改革，以提振市场信心。

当然，中国当前的结构调整和全面深化改革是一个渐进的过程，因此，股票市场短期内更多的将是结构性投资机会。高新技术产业经过行业内的整合，将有长期发展机会，另外成熟产业具有良好治理结构和高股息分配的上市公司也将会持续受到投资者追捧。总体而言，政府坚持保护中小投资者防范商业欺诈的立场，并以有效的立法、司法和执法体系给予保障，理性的家庭投资者将会减持长期贬值的房产，而增持能有效抗击通胀的股票资产，并加大对人力资本投资。

我们建议股票市场可以设立更多消费服务板块，比如养老产业板块。养老储蓄可通过养老投资基金投资优秀养老企业的产权和已上市股票，形成家庭养老需求促进养老企业成长，后者的成长成果又以投资收益方式返给老年家庭分享的开放式良性循环。通过股市，实现养老金融与养老产业高质量可持续的闭环发展。

二、金融存量改革：银行体系的结构改革

（一）改革背景：银行业存在产能过剩和结构失衡

一个行业是否过剩，理论上可用利润平均化趋势解释。资源最优配置状态应该是各个行业获得同样的平均利润。当一个产业产品供不应求时，该行业会有超额利润。如果资本可以自由进出，超额利润会吸引更多投资进入，使产品的市场供给趋于饱和，最终生产企业都只能获得平均利润。如果产能过剩，行业内的企业已经不能获得社会平均利润，一个直接指标就是该行业已经不能获得投资者要求的回报率。从这个指标

来看,钢铁等重资产行业亏损很厉害,肯定是过剩了。

银行业可能已经是产能过剩行业。银行看起来还是盈利的,但是这种盈利状况是由行政垄断、政策补贴、虚假不实和不可持续等多种因素决定的。银行业可能在不久的将来陷入整体亏损。如此判断的主要依据有:(1)银行业严格限制市场准入所形成的特许权价值已经受到第三方支付、互联网金融等严重侵蚀。(2)曾经为了帮助国有银行消化政策性坏账、相当于两个百分点的高利差补贴虽然未能在 2006 年退出,但终将因互联网金融、新兴银行带来的竞争,以及非金融部门负债率过高的降低利息负担要求而消失。利差正在缩小并且还将继续缩小。表 4.1 显示 1999—2012 年中国一年期基准利差都在 3%—3.6% 之间,国有银行的实际利差也在 3 个百分点之上。但是 2017 年缺乏零售网站的新兴银行通过发行短期大额存单的利率已高达 4%—5%,其利差已急剧下降至 1% 左右。假定银行收入 70% 来自利差,缩小一个百分点利差,银行就将减少 25%—30% 的利润。(3)银行资产质量随经济杠杆率的上升而下降,借新还旧掩盖了企业违约真相,2017 年银行公布的不良率在 2% 左右,并且存在上升趋势,隐性的不良资产比例显然要比这高得多。银行存在寅吃卯粮的问题。当前重资产行业去产能的力度还是相对温和的,未来随着去产能、去杠杆力度的加强和僵尸企业的退出,银行坏账仍将进一步暴露。(4)金融体系有其自身的演变规律,随着人均收入的增长,银行间接融资比例会下降,而股票与债券等直接融资比重会上升。如前所述,金融强国建设要求中国的银行资产占金融总资产的比例从目前 70% 左右未来下降到 40% 以下。另外当前经济去杠杆也意味着银行信贷的增长速度需要低于 GDP 的增长速度。因此传统银行的存贷款业务占比的下降是相对确定的。

银行体系内部结构的失衡主要表现有三:一是商业银行业务受到政府过度的行政干预,扮演第二财政角色,同时也依赖国家信用,无法确立市场信用和市场约束机制。二是大银行与小银行发展比例失衡,相当于社区银行的城市合作银行和农村银行大都通过合并和股份制改制做大并上市融资成为跨地区的大银行,银行股东和银行内部高管都有强烈的动机实现规模扩张,以加入"大而不能倒"的大银行俱乐部,通过总分行制度下的系统性影响的提升让国家兜底,导致商业银行激励机制的扭曲。短期利润由内部人与股东分享,而经营风险则转嫁国家财政。三是政策性银行发展不充分。历史上,政策性金融都由国有银行承担,国有银行商业化和股份制改革后,其驱利动机大幅度上升,而政府通过行政干预要求商业银行承担政策性业务,则造成金融资源配置的低效率和国家信用担保导致的扭曲。因此,一些重要的经济和社会发展领域长期得不到银行业的持续支持,"绿色金融""普惠金融"等政策性色彩很强的金融业态发展得到倡导和鼓励,但是具体如何发展,仍有重大的理论和实践问题需要探讨。

（二）银行体系结构改革的主要内容和备选方案

首先，银行业需要存量改革以完善银行业内部结构和业务结构。

首先，可实施与规模成正比的存款保险费率动态调节制度。促进民营银行发展必须以健全的存款保险制度为基础，因此中国存款保险制度建设与民营银行的市场准入应该齐头并进。该制度必须将存款保险作为所有吸收居民存款银行的法定要求，并可实施存款保险费率与银行规模正相关的定价政策，以抑制商业银行在规模上的过度扩张。目前，中国的大银行大都已是上市公司，并在市场压力下以规模扩张和利润最大化为经营目标。由于"大而不能倒"定律，大银行的系统重要性和道德风险会给银行体系带来系统性金融风险以及相关救助的社会成本，因此，有必要通过规模递增的保险费率为金融系统性风险和银行危机提供社会性拨备。就上市大型商业银行的股东回报而言，大型银行破产风险相对较小，股东的股权投资收益率应与公用事业企业或准国债收益率相当。由此可见，规模累进的存款保险费率有其内在的合理性。

其次，需要逐步放宽商业银行业务限制，促进商业银行经营模式的多样性。

商业银行竞争战略可分为低层次规模扩张型、中间层次的低成本有效经营和高层次差异化发展三类。中国银行体系规模扩张模式已经走到尽头，降低成本提高效率成为各商业银行转型发展的着力点。短期内中国银行业降低成本仍存在一定空间，但其作用是相对有限的。多样性与差异化发展是商业银行长期发展的根本出路。因此监管部门需要放松业务管制，并做好业务发展的咨询和服务工作，帮助商业银行走好差异化发展的道路。

中央政府需要责成金融监管部门放开商业银行的非银行无风险业务。这类业务应具有三大特征：无风险、有利于增进消费者福利、有利于提升企业的品质和经营有效性。银行可基于各自的比较优势，自主选择各类服务业的需求与供给之间的中介服务业务，实现资产低增长甚至零增长背景下的轻型化、个性化发展。这类银行业务的放松管制有意义在于：符合国民经济去产能、去杠杆的客观要求。以存贷款为主业的传统银行本身也已产能过剩，在不可能向西方那样破产退出的情况下，可通过放松业务管控，实现盈利模式的转型，以表外无风险非银行业务收入，消化吸收表内资产损失。银行中介服务范围的扩大可极大地促进作为中国经济短板的生产者服务业和消费服务业的有序发展。提高服务类企业的市场适应能力和行业内优胜劣汰；培育并帮助服务类优秀企业快速成长，提高家庭服务消费的选择范围和性价比。银行服务平台具有规模效益和市场监管优势，特别适合无法进行事前质检的消费服务业的中介服务。政府还可制定相应监管规则，要求银行对平台上达成交易的产品与服务供应商实施监督和信用担保，既可有效保护消费者权益，又可让银行更为贴身地鉴别优秀服务企业，帮助它们做大做强。因此，金融监管部门需要允许大型商业银行拆分总部业务和职能

（数据信息技术服务、人力资源服务、财会审计等）部门为子公司，并建立线上（各类消费服务供求链接与预约）交易平台，拓展非银行无风险业务。在有效促进服务业有序发展的同时实现自身基于比较优势的轻型化和个性化发展。

再次，需要强化政策性金融的积极作用，提高金融业服务于实体经济的包容性。

经济和金融转型需要市场化金融与政策性金融的协调发展。市场性与政策性金融协调发展要解决两个问题。一是健全金融机构的激励机制与行为规范。银行体系自身具有创造货币和信贷的功能，信贷扩张在给投资主体形成固定资产或金融资产的同时也给他们创造了相同数额的负债。当银行体系通过信贷扩张（其他金融机构和企业通过更高财务杠杆）追求最大利润的时候，国民经济极易出现投资泡沫的膨胀。泡沫的形成给金融机构带来巨额短期利润，而泡沫破灭则会导致投资者资不抵债，进而导致金融体系的崩溃。结果不仅是系统性风险将大部分转嫁给国家财政，而且企业和金融机构资产负债表的修复将导致国民经济长期停滞甚至衰退。因此，如何约束金融机构的短期逐利冲动，坚持金融业为实体经济服务，在优化资源配置的合法性基础上分享经济成长成果，需要形成有效的制度保障。需要通过金融交易杠杆率的规定、金融机构合理利润边界的界定、薪酬制度的设计等制度安排，消除金融机构和金融从业者追求短期暴利的机会和内在驱动力。二是需要明确政策性金融的定位和相关制度设计，促进政策性金融的发展。比如，对农业、环保、教育培训、养老等具有重大战略意义和社会效益的领域，需要构建相应的政策性金融体制和运行机制推进其发展。

除了更有效地发挥国开行等现有政策性银行的积极作用外，我们建议通过制定相关法律，创设国家人力资源开发银行，来促进中国的职业教育和劳动者技能培训。加快发展职业教育对于促进经济转型具有重大意义。产业升级需要从低薪低能力向高薪高能力的用工转变；制造业的"瘦身"、服务业的发展需要将低端制造业就业人员经职业培训转向服务业，也需要将进城农民培训成为合格的服务业从业人员。通过职业教育与技能培训，提高国民素质、促进机会均等、缩小收入分配差距、扩大就业和社会稳定也是建设和谐社会的客观需要。我们建议每年从国家教育经费中提取相当于GDP 0.5%—1%的经费，通过设立国家人力资源开发银行，专款专用，按受教育人数拨给产学结合的职业教育或技能培训项目，并以贴息贷款等优惠政策支持培训加劳务派遣等新型商业模式的发展，以此促进中国的技术创新和产业升级。国家人力资源开发银行可定位为人力资源开发投入与服务机构。职能是国家职业教育资金的投放、信息服务和相关政策、制度的建设与实施。资金来源于国家与地方财政拨款与长期债券融资。资金用途主要放在职校质量评估基础上按学生人数拨款；技能培训项目拨款；培训与劳务派出类企业贴息贷款；教育券发放等。并通过建立全国联网数据库，提供可即时查询的人力资源与就业信息，并提供相应服务。国家人力资源开发银行也可承担技能考级、资格证书等相关标准与制度的制定、实施和专家支持。

三、金融监管改革

党的二十届三中全会对健全货币政策和宏观审慎政策双支柱调控框架、健全金融监管体系、守住不发生系统性金融风险的底线等方面提出了新的要求。为完成这一历史性任务，金融监管改革势在必行。

中国金融监管主要采取的是分业监管模式。相比金融业态的多元化、银行业的混业经营以及金融控股集团快速发展，银行、证券与保险分业监管模式留下了大量的监管真空地带。另外金融监管部门职能的多重性、相互间的竞争性以及用人体制的僵化，使中国金融监管体系难以应对金融业的发展和市场变化，存在独立性、有效性和权威性不足的问题。钱军辉从金融稳健性要求和监管可行性角度提出了监管改革思路。他将金融监管改革的首要任务定义为提高金融监管的全面性。为提高监管全面性，金融改革的重点应放在改善各专业监管的协调机制，改革人事和薪酬制度，以保留和培养金融监管人才。①

（一）提高金融监管的全面性

金融监管的全面性体现在监管对象、监管行为和监管方式上。金融机构监管要严格把握市场准入，监控金融机构的总体杠杆、期限和流动性错配程度，尤其是具有系统重要性的金融机构需要保有较宽的安全边际。监管部门还需调整监管范围，实现跨部门合作，有效消除监管真空，有效监管非传统型金融机构。金融机构行为（或业务）监管的全面性要求既严格监视和惩处违法违规行为，又要甄别异常经营行为，防患于未然。在监管方式上，全面性要求监管部门对金融控股集团实行综合监管，以消除可能的监管漏洞和监管套利机会，并提高监管效率。

（二）推进监管协调机制改革

有效的金融监管必须兼顾监管的专业性和全面性，这在监管制度设计上要求分业监管模式和统一监管模式之间进行调和（tradeoff）。在中国当前的分业监管体系下，最确定的改革是健全分业监管部门之间的协调机制，并提高其协调的有效性。有效的协调机制要求有效的信息共享。新的协调机制（相对于之前的"一行三会"部际协调会

---

① 参阅钱军辉:《金融监管的首要任务与两个重点》，载黄益平、潘英丽主编:《新时代开启中的金融改革》，格致出版社、上海人民出版社 2018 年版。

议)可以设置一位负责人,接受上级(比如人大或国务院)授权和问责,拥有对分业监管团队监督和问责的权力。参考"金融卫士"(sentinel)的提议,[1]建立对监管机构以及协调机制进行监督的独立机构,定期向社会发布金融监管的评估报告,并提出未来金融监管改革的方向性建议。新的协调机制可以负责人为首,建立统一研究中心,有权获得各专业监管团队所搜集的数据,相对独立地开展与金融市场和政策相关的研究,为所有专业监管团队提供研究支持。研究人员应公开从国内外人才市场招聘,不进入行政编制,可效仿高校的长聘制(tenure)建立长期留用制度。协调机制和金融卫士负责人也可以公开招聘,经全国人大确认,并采用较长任期。

(三)加快人事和薪酬制度改革

成功监管的前提是发现和评估问题,这需要监管人员有很强的独立性和专业性。监管部门的人事制度应与独立性的要求相契合,允许监管人员有其他可选的职业路径,因而敢于挑战成见和上级的主观判断。尤其是关键岗位的高级监管人才,应尝试打破编制和行政级别的限制,尝试从市场公开招聘,并允许他们离职重返市场。多元化的职业前景不仅是年轻人挑战权威的底气,也是年轻人成长的根本激励。切不能以"防止人才流失"的名义阻止人才流动。但是对高级监管人才重返市场应有一定限制,比如从监管部门离职后不能到被监管公司就职,至少要经过一定期限,以防止监管人和被监管公司之间的利益交易。薪酬制度应打破一般公务员标准限制,参考市场水平制定薪酬标准。目前公务员和国企高管工资普遍偏低,导致员工士气低落,官员腐败和人才流失。央行和金融监管部门作为最接近市场的政府部门,应在人事和薪酬制度改革上率先突破,为其他政府部门人事和薪酬改革提供经验。

---

① Ross Levine,2012,"The Governance of Financial Regulation:Reform Lessons from the Recent Crisis",*International Review of Finance*,12(1):39—56.

第六章 全球化调整期的对外贸易和人民币汇率

　　我们在第一章导论中讨论了 1980 年以来中国 GDP 增长与国际贸易相关指标的变化态势,我们看到了中国经济的国际地位得到了不断的提升。数据也清晰地表明,中国经济持续的高增长与中国经济对外开放、参与全球分工有着紧密的联系。中国以人均收入仅为世界平均水平 9%、占全球 22% 的人口参与到全球化分工体系中去,廉价劳动力的低成本优势以及加入 WTO 后国际市场的深度开发,使中国的政府主导、投资拉动、产能扩张、出口释放的经济增长模式的潜能得到了充分的发挥。当前中国已是全球最大的贸易国,以购买力平价计的 GDP 总量也已在 2014 年超过美国,2018 年以市场价格计量的 GDP 总量也将超过当时由 19 个国家构成的欧元区。国际社会认为中国是全球化的最大得益者,而中国经济的快速增长也拉动着全球经济的增长。

　　但是,全球金融危机后,欧美国家经济相对低迷,民粹主义和贸易保护主义日益抬头。自特朗普出任美国总统后,中美贸易摩擦不断,中国经济发展的国际环境开始恶化。中美贸易关系会如何发展? 美国对华战略是否已从建设性接触转向全面扼制? 另外,与中国持续的贸易顺差相联系的是 2005 年汇改以来人民币的长期升值及 2014 年中期以来出现了较大的贬值压力。“8·11”汇率中间价定价制度的改革客观上唤醒了市场贬值预期,带来了不稳定影响。因此接下来中国汇率制度如何改革,人民币汇率未来变化态势如何,这些市场极为关注的重要话题,本章将予以重点讨论。

　　本章内容做以下安排:第一节简要叙述国际收支和国际贸易理论的基本原理;第二节在讨论中国的国际收支现状的基础上分析中国出口导向型经济增长模式存在的问题以及面临的外部挑战;第三节在汇率的相关概念及理论做简要介绍后重点分析中国人民币汇率制度的历史演变、人民币汇率变化趋势以及人民币汇率制度未来改革的方向。

第一节　国际收支与国际贸易的极简理论

一、国际收支平衡表

就如一家企业的现金流量表是记录其年度收支一样，一个国家也有一个国际收支平衡表用来记录一国涉外的各项收入和支出。IMF给国际收支平衡表的定义是：一国（或一个地区）一定时期内对外政治、经济和文化交往所产生的全部国际经济交易的系统记录。我们重点讨论一下国际收支平衡表的结构。

国际收支平衡表作为系统记录一定时期内各种国际收支项目以及金额的统计报表，共分成五个大类：

一是经常项目，包括四个部分。（1）贸易收支，也称有形贸易收支，包括商品的进口和出口。（2）服务贸易收支，也称无形贸易收支，包括运输、旅游、通信、建筑、保险、国际金融服务、计算机和信息服务、专有权使用费、各种商业服务、个人文化娱乐服务等各种劳务收入和支出。（3）收益，包括职工报酬和投资收益，前者如菲律宾女佣汇回国内的工作报酬，中国央企在海外承担工程项目获得的员工收入等，后者有中国官方持有美国国债获得的利息收入，也有外资企业在华获取并汇回国的利润等。（4）经常性转移，指单方面、无对等的交易，也称单方面转移。包括所有非资本转移的单方面转让，可分为私人转移收支和政府转移收支。前者如侨民汇款、年金、馈赠等，后者主要包括政府间的经济和军事援助、战争赔款、捐赠等。

二是资本项目，主要包括资本转移和非生产、非金融资产的收买和放弃。资本转移可以是现金形式也可以是实物形式。如果采用实物形式，资本转移包括固定资产所有权发生的变更，但没有得到任何回报，或根据债权人和债务人双方的协定全部或部分减免债务人的财务负债，债权人也不从债务减免中得到任何回报。如果采用现金形式，则大多表现为投资捐赠形式，即交易一方向非居民提供购置某项固定资产的全部或部分资金。具体来说，各级政府部门的资本转移有债务减免、投资捐赠、资本转移的税款，向非居民支付的大规模资本损失或未保险严重事故的赔偿；其他部门的资本转移有移民转移、债务减免和其他转移如投资赔款、补偿支付和巨额捐献等。非生产资产的交易是指货物和服务的生产所需要的、但不是创造出来的如土地和地下资产等有形资产的交易。非金融资产的交易是指无形资产的交易，如专利、版权、商标、经销权等以及租赁或其他可转让合同。

三是金融项目,反映居民与非居民之间投资与借贷的增减变化,其中包括三个项目:(1)直接投资,是指对外国企业拥有 10％以上的股权,从而拥有管理发言权的投资。如私人企业在海外创办企业,或用获得的利润在当地再投资等,直接投资常以跨国公司为载体。(2)证券投资,是指对有价证券和股票的购买和售卖。与直接投资不同,证券投资关心的不是企业的长期前景而是资本价值上升带来的收益。(3)其他投资,反映了与非居民进行的有关金融资产、负债方面的所有交易,主要由货币和存款交易、贷款交易和贸易信贷交易等构成。

四是错误与遗漏项。按照国际收支平衡表编制的原理,借方和贷方应相等,余额为零,但是由于统计资料来源不一、资料不全、资料本身错漏等原因,国际收支平衡表经常出现借方余额或贷方余额,因此,需要设立这个项目来人为估算错漏总额,以轧平国际收支的差额。

五是储备及相关项目,是指储备资产、额外融资、使用基金组织贷款和信贷的交易总值。官方储备是指一国金融当局持有的储备资产及其对外债权,包括货币黄金、外汇、分配的特别提款权和在 IMF 的储备头寸(普通提款权)。一国国际收支出现顺差或逆差时,最后必须通过增减其官方储备资产来获得平衡。储备与相关项目实际上也是一个平衡项目,因为资本外流净额在借方需由货币当局提供本国储备资产,从外国央行或国际货币基金会组织借入货币,这些都属于储备的变动。

二、极简贸易理论

贸易理论主要解释国家之间贸易为何会发生,以及自由贸易带来的好处。我们对主要贸易理论提供一个最为简洁的表述。

(一)亚当·斯密的绝对优势理论

亚当·斯密提出了绝对优势理论。他认为交易双方都应出口比对方更有优势的产品。以下表为例:如果美国投入单位生产要素可生产 100 吨牛肉和 200 吨钢材,而日本投入同样单位的生产要素可生产 80 吨牛肉和 300 吨钢材,那么,美国生产牛肉相对日本具有绝对优势,而日本生产钢材具有绝对优势。

	牛肉	钢材
美国	100 吨	200 吨
日本	80 吨	300 吨

那么美国应该专注于生产并出口牛肉,而日本则专注生产和出口钢材。现假定美国全部要素投入生产牛肉,可得到 200 吨牛肉,日本全部要素投入生产钢材,可得到 600 吨钢材。现在美国有 1 吨牛肉＝2 吨钢材,或 1 吨钢材＝0.5 吨牛肉;在日本有 1 吨牛肉＝3.75 吨钢材,或 1 吨钢材＝0.266 7 吨牛肉。如果不考虑运输成本,日本出口到美国的 300 吨钢材可换回 100 吨牛肉,比自己生产多得 20 吨牛肉,而美国则可多得 100 吨钢材。因此,只要两国之间的运输成本小于 20 吨牛肉或小于 100 吨钢材,贸易对双方都是有利可图的,可以增进两国的经济福利。

（二）李嘉图的比较优势理论

大卫·李嘉图提出比较优势理论。以下表为例,在牛肉和钢材的生产上,美国都比日本具有优势,但是美国在牛肉的生产上优势相对较小,钢材生产的优势更为明显;日本虽然两种产品的生产都处于劣势,但其牛肉生产的劣势较小。1 吨牛肉的机会成本在美国是 3 吨钢材,在日本是 2 吨钢材;1 吨钢材的机会成本在美国是 1/3 吨牛肉,在日本是 0.5 吨牛肉。

	牛肉	钢材
美国	100 吨	300 吨
日本	80 吨	160 吨
合计	180 吨	460 吨

因此日本应生产牛肉,美国应生产钢材,然后再进行双边贸易。这将增进两国和整个世界的经济福利。如下表:

	牛肉	钢材
美国	0 吨	600 吨
日本	160 吨	0 吨
合计	160 吨	600 吨

通过全球分工和贸易,两国的收益都增加。美国用 200 吨钢材就可以从日本换到 100 吨牛肉,比自己生产多 100 吨钢材。日本用 80 吨牛肉可以从美国换 240 吨钢材,比自己生产可以多得到 80 吨钢材。两国牛肉少了 20 吨,钢材却增加了 140 吨,20 吨牛肉换 140 吨钢材,也是合算的。原本两国的产品交换比例是 1：2 或 1：3,现在达到 1：7。

（三）资源禀赋区位理论：H-O 模型

斯密与李嘉图都假定只有一种生产要素,即劳动。以后经济学家假定有多种生产要素。瑞典经济学家赫克歇尔与俄林(1977 年获诺贝尔奖)提出了涉及多种生产要素的资源禀赋区位理论,又称 H-O 模型。两位经济学家强调,各国的生产要素禀赋是不同的。探讨不同生产要素在不同国家资源中所占的比例与它们在不同产品生产投入中所占的比例之间具有相互作用。

假定存在土地和劳动两种生产要素,用来生产给定数量的棉布和粮食。农民可以用较少土地和较多劳动(精耕细作方式)来生产粮食,也可用较多土地和较少劳动(粗放的方式)生产粮食。但是相对而言,粮食生产是土地密集型的,即生产同一单位粮食土地的需要量比劳动更多;而棉布生产是劳动密集型的,也即生产同一单位棉布需要的劳动比土地更多。两个部门生产各自产品的土地和劳动的比例取决于劳动和土地的相对价格 w/r。再假定一国同时生产粮食和棉布(价格分别为 P_F 和 P_C),每个部门中生产者之间的竞争将保证每一种产品的价格等于该商品的生产成本(此处成本已包含企业正常利润)。生产成本取决于要素价格。如果地租高一些,任何使用土地投入的商品价格也不得不高一些。要素的相对价格 w/r 与商品的相对价格 P_C/P_F 具有一一对应的关系。如图 6.1 所示,给定棉布的相对价格 P_C/P_{F1},工资与地租的比例等于 w/r_1,对应的两种产品生产中土地和劳动的比例分别为 T_C/L_{C1} 和 T_F/L_{F1}。如果棉布的相对价格上升到 P_C/P_{F2},工资与地租的比例等于 w/r_2,这将造成两个部门使用的土地劳动比例上升。

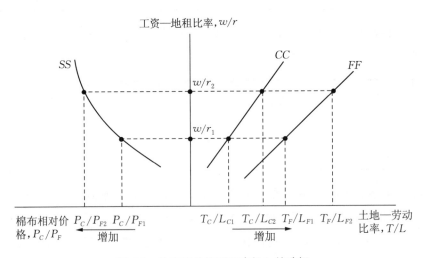

图 6.1　从商品价格到要素投入的选择

在商品相对价格和工资、地租比例给定情况下,土地与劳动在两个部门的配置由图 6.2 给出。方盒的四边表示一国劳动总供给(盒的长度)和土地总供给(盒的高度)。棉布生产中的要素投入从左下角开始衡量,粮食生产的要素投入由右上角开始衡量。

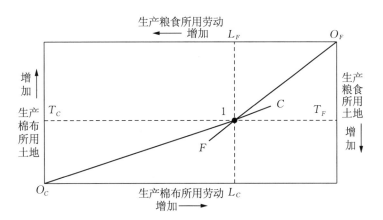

图 6.2　土地和劳动在两个产业部门的配置

给定两部门要素投入比例,棉布与粮食部门生产要素使用分别处在 O_CC 和 O_FF 直线上。

　　土地供给增加表现为盒子高度的增加,如图 6.3 所示。两部门资源配置从点 1 转变为点 2,表明更多的土地和劳动被用于粮食生产,棉布产量下降,粮食产量增加,其增长的幅度超过土地供给的增长幅度。也就是说,土地供给的增长将使土地密集型产业得到更多发展。

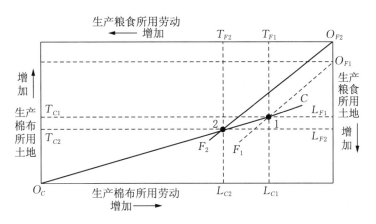

图 6.3　土地供给的增加

　　这在图 6.4 中得到表现。土地供给的增加使一国生产可能性边界从 TT_1 外推至 TT_2,而且向粮食方向移动的幅度更大。

　　资源供给变动对生产可能性的偏向性效应是理解资源禀赋差异如何导致国际贸易的关键。土地供给的增加使一国生产可能性向偏于粮食的方向扩张,而劳动供给的增加使生产可能性向偏于棉布的方向扩张。因此,土地对劳动的相对供给比较高的国

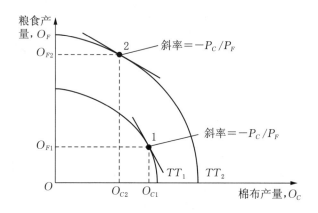

图 6.4　要素供给与生产可能性边界

家在粮食生产上具有相对优势,因此,一国生产本国相对充裕资源的密集型产品比较有效。一国资源充裕与否取决于土地对劳动的相对数量而不是绝对数量。比如 A 国有劳动力 8 000 万,土地 2 亿亩;B 国有劳动力 2 000 万,土地 2 000 万亩,虽然 B 国劳动力绝对数量小于 A 国,但 B 国仍然是劳动力充裕国家。因此,世界上并不存在所有资源都充裕的国家,不管一国是如何地大物博和人口众多。

图 6.5 的 RS 和 RS* 分别代表本国和外国的相对供给曲线,由于国际贸易导致相对价格趋于一致,棉布与粮食的相对价格各国是相同的,因此可用同一条曲线 RD 作为相对需求曲线。贸易前两国各自市场的均衡点分别为点 1 和点 3。这意味着没有国际贸易时,劳动充裕国家的棉布价格较低。发生贸易后两国价格趋于一致,均衡点为点 2。棉布相对价格的上升,导致本国棉布产量增加和相对消费量减少,这使本国成为棉布的出口国和粮食的进口国。相对应,外国的棉布价格下降,进而成为棉布的进口国和粮食的出口国。

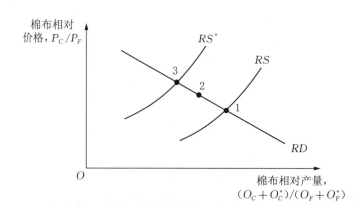

图 6.5　贸易使相对价格趋同

H-O 模型的主要结论就是各国倾向于出口本国充裕资源密集型的产品。

贸易导致相对价格趋同,相对价格的变动又对土地和劳动的收入有强烈的影响。棉布相对价格的上升使以两种产品价格衡量的劳动收入的购买力增强,以两种产品衡量的土地收入的购买力减弱。粮食价格上升产生的影响正好相反。国际贸易收入分配效应的一般结论是:一国充裕要素的所有者从贸易中获利,稀缺要素的所有者因贸易而受损。我们可以得出对中国和美国的贸易模式有意义的相关结论。在美国,高技术工人比较充裕而低技术工人比较稀缺,这表明,国际贸易使美国的低技术工人利益受损。相比较而言,中国主要出口相对低端的制成品,因此,低技术工人可从国际贸易中得到更多利益。这一分析为近年来欧美民粹主义和贸易保护主义的抬头提供了一个经济学的解释。

(四)规模经济、完全竞争理论与倾销的经济学解释

许多国家之所以进行贸易和从事专业化生产主要出于两个原因:一是国与国之间在资源上或技术上存在差别,因此各国选择生产自己擅长的产品并与其他国家交易;二是规模经济(或边际收益递增)使每个国家只能在一些有限的产品和服务上具有专业化生产的优势。前面讨论了以比较优势为基础的贸易模型,也就是说国与国之间的差异是导致贸易的唯一原因。这一小节我们将介绍规模经济在贸易中所扮演的角色。

随着边际收益递增,大企业往往比小企业更有优势,因此市场趋于被一家(垄断)或几家企业控制(寡头垄断),因此市场也就从完全竞争假设过渡到不完全竞争市场假设。规模经济理论又称 D-S 模型,以迪克西特(A. Dixit)和斯蒂格利茨(J. Stiglitz)两位经济学家的首字母构成。国际贸易使各国既能利用规模经济来生产种类有限的产品,同时又不牺牲本国居民消费的多样性。克鲁格曼以此解释发达国家之间的贸易。我们举一简单例子说明规模经济在贸易中的重要性。表 6.1 列出了一个假想产业的投入产出关系,该产品的生产仅需要劳动这一种投入。现假定一国有劳动 30 单位,并生产两种产品,表中数据给出一种产品产量增加时所需要的劳动投入,比如生产 10 单位产品需要 15 单位劳动,生产 25 单位产品需要 30 单位劳动。规模经济表现为产量增加时单位劳动投入的下降。

现假定世界上有两个国家,具有生产此两种产品的同样技术,最初各自每种都只能生产 10 单位产品,每种产品生产需投入 15 单位劳动。全世界需要用 30 单位劳动生产某种产品的 20 个单位。现假定 A 国在此一种产品的生产上投入 30 单位劳动,并放弃另一种产品生产,这种产品可生产出 25 单位。由此可见,某种产品集中到一国生产时,同样投入下可多生产出 25% 的产量。因此,两国都可专注生产不同产品并开展国际贸易。就可实现的劳动生产率或规模经济效益而言,在封闭经济场合,

表 6.1　某一假定产业的投入产出关系

产量	总劳动投入	单位产品劳动投入
5	10	2
10	15	1.5
15	20	1.333 3
20	25	1.25
25	30	1.2
30	35	1.166 7

各国停留在 1.5 单位投入的水平上，而在开展国际贸易场合，单位投入已可下降至 1.2 单位。国际贸易的意义就在于：它使各国既能利用规模经济来生产有限品种的产品，同时又不牺牲消费的多样性。实际上，国际贸易还大幅度增加了可供消费的商品种类。由此可见，即使国与国之间没有技术上的差别，贸易仍为互利性的生产提供了机会。

　　行业内贸易　在发达国家的制成品贸易中，行业内贸易扮演了极为重要的角色，占据世界贸易的重要组成部分。因为随着时间的推移，工业化国家在技术水平及资本和技术工人的资源储备上已变得日益相似，因此在产业方面已没有明显的比较优势可言。国际贸易中出现了行业内双向贸易，可能主要由规模经济推动而非基于比较优势的行业间的生产专业化。行业内贸易具有重要意义，因为行业内贸易能让各国从更大的市场规模中获益，这种贸易中获得的利益要大于从比较优势中获得的利益。以汽车为例，消费者可购买的汽车型号从几种扩大到十几种或几十种，而同类汽车的价格则大幅度下降。

　　倾销　不完全竞争是规模经济的必然结果，但是不完全竞争也会给国际贸易带来一些问题。其中一个影响很大的问题是倾销。垄断竞争厂商的一个重要的能力就是可以对不同的客户进行差别定价，又称价格歧视。这在国际贸易中表现为厂商对同一产品的国内销售和对外出口时制定不同的价格。厂商对其出口产品制定比其国内市场要低的价格的行为称为倾销。倾销成立需要两个条件：一是产品属于不完全竞争行业，厂商拥有定价权；二是市场是分割的，国内居民不能轻易回购出口产品。倾销是企业利润最大化的战略。我们来举例说明。假定某企业国内销售 1 000 单位产品，在国外销售 100 单位。国内售价 100 元，国外售价 75 元。假定在国内价格下降 0.1 元可多售出一单位产品。企业多售一单位的收益是（99.9－0.1×1 000），也即边际收益是－0.1 元，得不偿失。反之，降低国外售价 0.1 元增加一单位产品销售，那么其边际收益为 64.9 元（＝74.9－0.1×100）。在国际贸易中倾销被认定为不公平的行为，虽然并没有充分的经济数据证明倾销是有害的。美国贸易法禁止外国公司在美国市场倾销,一旦发现有倾销行为将征收惩罚性的关税。

相互倾销 对倾销的分析意味着价格歧视可以促进国际贸易。假定两个厂商具有相同的产品和相同的边际成本,并且两个市场间的运输成本也相同。如果它们采取单一价格将不会有贸易;没有贸易,它们的垄断地位就不会受到挑战。但是引入倾销的可能性,贸易就会发生。它们知道在国内扩大销售将导致售价下降,而限制国内市场的销售量,以稍低的价格在对方市场销售一些则可增加利润。因为双方都将降价的负面影响转嫁给对手,而不是自己承受。进入且占有对方市场,并以高于边际成本但低于国内价格的售价销售其产品,成为各自的重要动力。即使有运输成本,贸易也会发生。更奇特的是,当 A 国的水泥厂向 B 国运送水泥时,B 国的某个水泥厂也在向 A 国运送水泥。由于倾销导致的同种产品的双向贸易就是相互倾销。如何评价这种表面上并无意义的贸易呢?答案是模糊的,因为当运费高昂时,相同或近似产品的来回运输显然是浪费;但是相互倾销消除了初始的垄断,导致一定程度的竞争,而竞争有利于消费者和社会福利的增进。并无好还是不好的明确结论。

(五)萨缪尔森对无比较优势产业的生产率提高导致对方受损的分析[①]

萨缪尔森 2004 年在当年美国学术杂志 *JEP* 夏季号上发表论文,以两国和两种商品模型讨论国际贸易问题。在遵循比较优势理论的情况下,两国各自生产具有比较优势的产品并相互交换各自的产品时,自由贸易增进了两国的福利。但是如果生产率提高,自由贸易增进贸易双方福利的结论是否还能成立?

萨缪尔森区分了两种情况:其一,一个国家在具备比较优势的领域,大幅度提高了生产率;其二,一国在原本不具备比较优势的领域,意外地提升了生产率,并以"衬衫换飞机"来当实例进行分析。他设想的第一种情形,造衬衫为中国的比较优势,当中国造衬衫的生产率大幅度提升(假定"提高到原来的 4 倍")之后,中国继续以衬衫换美国的飞机,不会损害美国的利益。因为中国造衬衫的生产率提高,美国造飞机的生产率没变,中国衬衫的相对价格就变得更加便宜,也即美国的贸易条件因为中国衬衫生产率的提升而得以改善。中国的贸易条件如何变化则取决于需求。在两国都把收入平均花费在飞机和衬衫这两种商品上,衬衫的技术进步也提高了中国方的福利。分析得以有力地证实了支持全球化的经济学家们的观点。但是萨缪尔森设想的第二种生产率进步,情形就迥然不同了。这种生产率进步不是发生在衬衫生产部门,而是发生在中国原本毫无比较优势的飞机制造部门。中国在自己的进口部门发生的技术进步,完全是"外生的"。作为一个思想实验,假设中国就在飞机制造部门出现惊人的技术进步,

---

① 参阅 Paul A. Samuelson,2004,"Where Ricardo and Mill Rebut and Confirm Arguments of Mainstream Economists Supporting Globalization",*Journal of Economic Perspectives*,18(3):135—146。

那样对美国经济的影响如何？他的答案是中国真的在飞机制造方面提高了生产率，那就可能"永久地损害了美国利益"。萨缪尔森声明"从我的上述分析中并不能得出应该还是不应该采取选择性的保护主义的结论"。他指出了"有时一国生产率的提高只能对自己有利，却永损他国的利益"。

萨缪尔森论文对后发经济在原先不具有比较优势的部门大幅度提高了生产率的假设很厉害地预见到了中国在原本不具有比较优势的高新技术产业领域摹仿创新、进口替代并最终赢得国际市场，后来居上的真实情景。这在很大程度上也揭示了2018年美国针对中国挑起贸易争端的深刻背景。

2018年3月23日北京时间周五凌晨，美国总统特朗普签署了一份针对中国"经济侵略"（China's Economic Aggression）的总统备忘录，宣布就中国在钢铁、铝贸易和知识产权方面的行为，向500亿美元的中国对美出口商品征收惩罚性关税，同时限制中国对美直接投资，中美贸易正在从之前的互补走向直接竞争。特朗普以造成美国贸易赤字的出口国为直接指向，以增进本国就业和扼制中国技术进步为目的，挑起了与中国的贸易争端。美国商务部长罗斯22日表示，知识产权是美国的未来，关税是一个长期过程的起点。美国贸易代表莱特希泽列出了对中国征收关税可能覆盖的十大高科技产业：新一代信息技术、自动执行功能的高档数控机床和工业机器人、航空航天设备、海洋工程装备、高技术船舶、新能源装备、高铁装备、农机装备、新材料、生物医药和高性能医疗器械。

（六）交易效率理论：杨小凯的新兴古典经济学

杨小凯是海外华人中非常优秀的经济学家，他的新兴古典经济学理论对于分析中国经济问题及其体制原因有很好的解释力。[1]杨小凯认为，国际贸易是国内贸易的自然延伸。

新兴古典贸易理论认为，经济生活中存在若干因素之间的两难冲突。这些因素包括专业化经济、交易费用[2]、多样化消费的好处以及管理多样化消费的费用。这个因素中可组合若干两难冲突：利用专业化经济与减少交易费用之间的两难冲突，多样化消费的好处和利用专业化经济之间的两难冲突；多样化消费的好处与减少多样化消费的管理费用之间的两难冲突。

人们折中两难冲突的空间与交易费用的大小和多样化消费管理费用的大小有

---

[1] 参阅杨小凯、黄有光：《专业化与经济组织——一种新兴古典微观经济学框架》，经济科学出版社1999年版；杨小凯、张永生：《新兴经济学——超边际分析》，社会科学文献出版社2003年版。

[2] 杨小凯将交易费用分为两类：一类是外生交易费用，通常与技术有关，比如运输费用或产品损耗等都属于外生交易费用；另一类是内生交易费用，涉及交易者的信用、市场规则等制度因素。

关。当交易费用很高时,高度分工引起的总交易费用可能会超过分工带来的好处,人们只能选择自给自足。在自给自足场合,每个人时间有限,生产很多产品时生产效率就会很低。很难想象一个人自己生产粮食、服装、汽车和楼房。因此人们只能放弃高度分工条件下才能生产出来的产品。自给自足就必须放弃消费的多样性,生产和消费最必需的几种产品。分工的好处超过相关的总交易费用时,人们会选择更高水平的分工。专业化的发展与不同产品种类的增加可以在低交易费用的场合同时发生。产品种类的增加的根本原因在于分工减少了每个人必须学习的时间与费用,提高了专业化水平,促进了生产率的提高,使得可以有更多的人力用于新的专业化产品的生产。这种分工的发展有赖于经济制度的改革,并能促进交易效率的改进。

新兴古典贸易理论为国内贸易和国际贸易提供了一个统一的理论内核。我们之前分析的贸易理论认为,贸易起因于国与国之间的外生比较优势,资源禀赋的差别,或对规模效益的追求。新兴古典贸易理论用交易效率解释发达国家之间的贸易为何大于发达国家与发展中国家之间的贸易。交易效率的提高会扩大市场容量,促进市场一体化,相互分割的局部市场将逐渐发展成一体化市场。一个大的市场就为折衷分工好处与交易费用之间的两难冲突提供了更大的余地。所以国际贸易是国内贸易发展的结果,其市场容量取决于交易效率的高低。

国际贸易之所以在国内贸易之后发展起来,是因为同国内贸易相比,国际贸易有一些额外的交易费用,比如国与国之间的关税,运输距离一般较国内贸易更长,国际贸易涉及通关检查、身份证及其他手续费,这使得国际贸易比国内贸易平均而言交易费用更高。一国卷入国际贸易的程度,可以用分工水平和交易效率来解释。发达国家因为交易效率高,均衡分工水平也比发展中国家高得多,因此更需要国际贸易来充分利用高分工水平的好处;而落后的国家因为交易效率低,均衡分工水平也低,国内贸易就能适应低分工水平,并不需要很多国际贸易。这在很大程度上解释了为何老牌资本主义国家总是不惜运用武力拓展国际市场,而落后国家则将国际贸易看作可有可无。中国清朝甚至采取闭关锁国政策。

新兴古典贸易理论与新古典贸易理论存在以下区别:(1)新兴古典理论强调交易效率的提高或交易费用下降的内生比较优势,而新古典理论强调外生比较优势,比如李嘉图的外生技术比较优势与 H-O 模型的外生资源比较优势。(2)新古典理论中纯消费者与厂商是绝对分离的,国内贸易是由于纯消费者不生产而发生,国际贸易却是基于比较优势而发生的,国际贸易只是代替部分国内贸易而已。相比较,新兴古典理论认为每个人的商业化程度都是内生的。贸易的范围和是否超越国界是交易效率提高背景下分工水平发展的结果。(3)在新兴古典理论中人口规模并不能直接对生产率有积极的正面影响。生产率由分工水平决定,分工水平则又由交易效率决定。交易效率很低时,即使人口规模很大,众多人口会分割成互不往来的地方市场,分工水平低,生产率也低。这与印度和中国改革之前庞大的人口规模对经济增长并无正面作用的事实相符。当分工效率很高时,众多人口就可被利用来实现很高的分工水平,分割的地方市场也会整合成统一市场,生产率得到提高。这与二战后的美国与中国香港早期发展吻合。因此新兴古典理论可以解释人口规模与经济增长的正负关系。这对中国经济改革开放和当前经济转型仍有意义。中国由于体制机制扭曲等内生交易成本很高,沿海地区先行加入国际分工体系,实现快速发展,但是国内市场则存在分割,存在发展的不平衡和不充分。全球金融危机后,中国经济对外发展空间受到一定限制,经济转型一定程度上需要提升内部交易效率,提高分工水平,开发更多新产品,提供更多消费服务,以降低经济增长和发展对国际市场的依赖程度。

三、开放经济条件下产品与资本的国际流动

(一)净出口的作用

我们在第一章导论中引入过国民收入核算恒等式,$Y=Y=C+I+G+NX$。国民收入核算恒等式说明了国内产出、国内支出和净出口之间的关系。稍做调整,有净出口公式:

$$NX=Y-(C+I+G)$$

即净出口=产出-国内支出。

此式说明,在开放经济中,国内支出无须等于产品和服务的产出。如果产出大于国内支出,净出口为正,称为贸易顺差,或贸易盈余;如果产出小于国内支出,净出口为负,称为贸易逆差或贸易赤字。中国长期存在贸易顺差,净出口对于弥补国内总需求不足,拉动经济增长有着重要的作用。

(二)贸易余额与国际资本流动

在一个开放经济中,金融市场与产品市场是密切相关的。为此,我们需要用储蓄和投资重写国民收入核算恒等式。我们从以下恒等式开始:

$$Y=Y=C+I+G+NX$$

两边减去 C 和 G 得到:

$$Y-C-G=I+NX$$

等式左边 Y 减去 C 和 G 得到的是国民储蓄 S, 因此有:

$$S = I + NX$$

进而可改写为:

$$S - I = NX$$

这种形式的恒等式表明, 一国经济的净出口总是等于其储蓄与投资之间的差额。等式右边的净出口又称贸易余额, 等式左边储蓄大于投资的部分被称为资本净流出。因此, 资本净流出等于贸易余额。如果, $S - I$ 和 NX 为正, 就有贸易盈余; 两者为负时就有贸易赤字; 两者为零则称为贸易平衡, 或平衡的贸易。

国民收入核算恒等式表明, 国际间为资本融通而发生的资本流动和国际间产品与服务的流动是同一枚硬币的正反面。一方面, 如果国内储蓄大于投资, 意味着有与这个差额相当的产品未能被国内消费投资等吸收, 从而需要卖到国外去, 另外额外的储蓄将用于向外国人放款, 外国人要求这些贷款是因为我们向他们提供的产品和服务多于他们卖给我们的产品和服务, 于是就有了贸易盈余。如果投资大于储蓄, 额外的投资就必须通过从国外借贷来融资, 外国贷款使我们进口的产品与服务大于我们的出口, 因此就有贸易赤字。这些关系在表 6.2 中得到总结:

表 6.2　产品与资本国际间流动可能的三种格局

贸易盈余	贸易平衡	贸易赤字
出口＞进口	出口＝进口	出口＜进口
净出口＞0	净出口＝0	净出口＜0
$Y > C + I + G$	$Y = C + I + G$	$Y < C + I + G$
储蓄＞投资	储蓄＝投资	储蓄＜投资
资本净流出＞0	资本净流出＝0	资本净流出＜0

国际资本流动可以采取许多形式。可以是直接投资, 证券投资也可以是借贷, 借贷在国际收支平衡表中列入其他投资项目。

另外, 我们这里讨论的贸易平衡衡量的是一国与世界其他地区的出口与进口之间的差额, 与两国双边贸易之间的平衡无关。贸易的总体平衡与否与一国的储蓄和投资关系相关, 而与双边的贸易平衡无关。一国可能对特定国家有巨额贸易赤字或盈余, 但总体上可以保持平衡。比如美国向澳大利亚出口 1 000 亿美元的机床, 澳大利亚向中国出口 1 000 美元的矿产, 而中国向美国出口 1 000 亿消费制成品。这里澳大利亚对美国、中国对澳大利亚、美国对中国都有双边贸易赤字, 但三国中每一国总体上都是贸易平衡的。经济学家认为一国总体贸易平衡是重要的, 而并不关注双边贸易关系。

相比较而言,政治家更为关注双边贸易关系,因为国际关系更多是国与国的关系,双边贸易的赤字与盈余在国际政治舞台上受到更多关注。

我们再讨论一下经常项目(CA)的意义。可以总结为以下几个公式。

(1)经常项目定义为贸易余额加上来自国外的净要素支付(NF),NF 是国际收支平衡表中收益项目的余额。有:

$$CA = X - IM + NF$$

(2)经常项目余额意味着海外净资产的变动:

$$CA = B^* - B^*_{-1}$$

其中 B^* 表示一国持有的海外资产,经济学通常假定为外国债券。如果贸易与收益项下有盈余,那应表现为官方或非官方海外资产的增加($B^* - B^*_{-1}$)。

(3)经常项目余额等于国民储蓄减去投资:

$$CA = S - I$$

此公式可用来表明,中国经常项目盈余很大程度上是国内投资不能完全吸收国内的高储蓄。

(4)经常项目余额等于国民收入减去吸收 A,A 就是国内总支出,$A = C + I + G$,

$$CA = Y - A$$

此公式表明,经常项目盈余意味着国内总需求不足,经常项目赤字意味着国内需求过高,比如美国家庭举债消费,美国联邦政府举债用于反恐等海外军事活动,就必然导致经常项目赤字。

四、国际收支函数

理论上国际收支分为经常项目和资本项目。我们将经常项目简化为贸易收支,则可以给出如下净出口函数:

$$NX = g - nY - mE\frac{P}{P^*}$$

其中因变量 NX 为净出口,自变量 Y 是本国的总产出或 GDP 总量。E 是汇率,采取间接标价法,又称应收标价法,指一单位本币可换取的外币数额,比如一元人民币可换取 0.16 美元。P 和 P^* 分别表示贸易品的国内价格和国际价格。$E(P/P^*)$ 又称实际汇率,是由汇率换算的同一种货币计量的国际与国内的相对价格,用来衡量一国出口的价格竞争力。

净出口函数的第一项 g 是常数项,表示不受产出、价格与汇率影响的进出口差额。这可能由资源禀赋决定,比如有一些战略资源必须进口,或者你有稀缺资源,各国都要到你这里来采购。比如各国对中国稀土最基本的需求,属于刚需,可能不受或很少受 GDP 增长或价格的影响。

第二项表示净出口与本国产出负相关。其中 n 为进口的收入弹性。相关理论假定出口不受本国产出影响,净出口与本国产出的负相关关系主要是因为进口与产出或收入正相关。产出增加时进口增加,在出口不变场合导致净出口下降。进口与产出的负相关关系可以有两种机制。一是进口消费品需求与收入正相关。如果进口的是正常消费品或奢侈消费品,那么产出或收入增加时人们对进口消费品的需求增加;由于奢侈品的收入弹性大于 1,收入增长时,奢侈消费品进口需求会增长得更多。二是进口原材料和中间产品也与产出的增长成正比。

第三项中的 m 为进出口需求的价格弹性。反映以同一种货币计量的国际与国内价格关系发生变化时,进口和出口做出多大反应。主要出口以及净出口都与实际汇率 EP/P^* 负相关,实际汇率上升(可以是本国名义汇率升值,也可以是本国物价上升,或者是两者共同发挥作用)时,出口下降,反之实际汇率下降时,本国出口增加。

资本流动函数有:

$$CF = a(R - R^*)$$

其中 R 和 R^* 分别表示在国内和国外的资本收益率。在讨论短期的金融资本流动时,R 和 R^* 可分别看作是国内利率和国际利率,在讨论跨境的长期资本流动或直接投资时,R 和 R^* 可看作是长期投资的预期收益率。国际利率或投资收益率的差异吸引资本流入或流出。

将以下两个函数合并,可得到国际收支函数:

$$BP = CF + NX = a(R - R^*) + g - nY - mE\frac{P}{P^*}$$

我们在分析国际收支现状与问题时可以将其分为两个部分:一个是经常项目,一个是资本项目。经常项目代表商品与服务贸易以及劳务收支,主要由贸易国产出与收入增长态势、双边与多边有效汇率以及各国的资源禀赋结构特征与产业结构决定。资本项目代表短期和长期资本的流动,主要受不同国家利率、汇率与投资收益率预期影响,当然也会受到各国关于资本市场和产业投资对外开放的相关政策和法律的限制。发展中国家通常资本比较稀缺,投资收益率相对比较高,但是我们发现,更多资本在发达国家之间流动,而且更多资本流动倾向于短期化。短期套利的交易占比越来越大,其中很重要的原因在于发展中国家的经济和政治具有更大的不确定性,政府政策的稳定性和透明度较差,特别是保护私有产权的法律制度不健全和资本管制等做法,导致国际资本的投资风险上升。

第二节　中国对外经济的基本特征与存在的问题

一、中国国际收支的基本状况

图 6.6 给出中国货物贸易、服务贸易和经常账户差额占 GDP 的比例。我们可以看到 1992—1993 年经济过热与通货膨胀率快速上升期货物贸易和经常项目顺差快速下滑并陷入逆差。1994 年中国实施官方汇率与外汇调剂市场汇率的并轨改革,官方汇率一次性贬值 57%,在扭转贸易逆差为顺差方面产生了积极效果。但是好景不长,1997 年从泰国发端的东南亚金融危机席卷亚洲多国,并向俄罗斯和拉美扩散。在货币金融危机中,泰国泰铢与美元汇率从 25 泰铢快速贬至 52 泰铢;印尼盾与美元的汇率更是从危机前的 2 000 盾换一美元贬至 1998 年的 14 000 余盾换一美元。

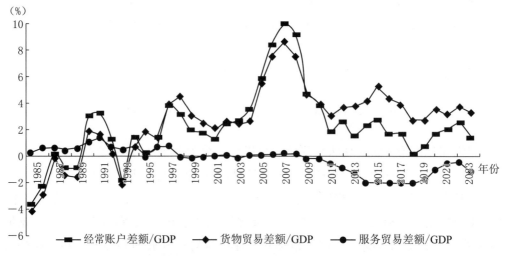

图 6.6　中国货物、服务贸易与经常账户差额占 GDP 的比例(1985—2023 年)

资料来源:国家统计局、国家外汇管理局。

在东南亚经济金融面临巨大压力的背景下,中国政府对外宣布人民币不贬值,以帮助稳定亚洲经济。人民币对美元汇率在1995年的8.3元保持了整整10年,直到2005年7月21日汇改时人民币汇率才步入变动或升值时期。因此,与东南亚国家相比,中国出口的相对竞争力大幅度下降,导致货物贸易顺差持续下降,2001年末加入WTO才使货物贸易和经常账户的顺差占GDP比例转而上升。加入WTO后的出口是21世纪以来中国经济增长的重要发动机。之前中国的经济增长出现大幅度波动,原因在于开放度不高的背景下,我们的增长模式是政府主导、投资拉动、产能过剩、关停并转。政府主导的投资拉动型经济由于第二章所述的原因导致的消费需求不足而出现发展水平相对较低阶段的周期性产能过剩。政府不得不靠行政手段压缩产能,导致经济急剧下滑和大幅度波动。相比较而言,加入WTO真正使中国政府主导、投资拉动型增长模式的潜能得到施展——转变为政府主导、投资拉动、产能过剩、出口释放。经济增长率从2001年的8%加速至2007年的14.9%。连续七年的加速增长,这在加入WTO之前从来没有发生过。另外,全球金融危机前中国服务贸易基本保持平衡,但此后出现日益扩大的逆差,其中旅游、保险、专利使用费等项目解释了逆差的重要部分。

由于中国企业的外汇收入大都以结售汇的方式卖给结售汇银行,而银行再将多余的头寸卖给央行,因此,贸易顺差大多转化为央行(或国家外汇管理局)外汇储备增量。相比较而言,在非官方经济活动中,国际收支更多年份表现为双顺差,即经常账户顺差与金融账户顺差的并存,金融账户顺差应表现为外资流入超过本国资本的对外投资。图6.7给出中国非储备金融账户余额的变化。从中可以看到除2012年外,金融危机前后金融账户存在资本净流入。2014年开始出现资本外流,并且在2015—2016年出现加速外流的态势。2014—2016年的逆差分别是-514、-4 345与-4 161亿美元。其背后的推动力有人民币的贬值预期、境外融资企业加速外债的偿还、企业出现较为激进的对外投资和并购活动;2015年的股灾和"8·11"汇改波动,引起资本恐慌性外流。2017年非储备金融账户恢复顺差,顺差规模为1 486亿美元,与2016年相比有了很大的改善。国际收支改善的关键之一是其他投资项由负转正。其资产方由2016年的-3 499亿美元下降至2017年的-769亿美元,这意味着中国对外提供的跨境信贷出现了明显收缩。二是直接投资在2017年由负转正,中国政府对对外直接投资的管理明显加强,导致对外投资下降。三是证券投资项在2017年也由负转正,外国投资者显著增加了对中国债券市场的投资。尽管国际收支整体改善,但仍存在隐忧:地下渠道资本外流的规模依然显著。2017年误差与遗漏项的净流出依然高达2 219亿美元,与前两年相比,资本外逃并未出现明显改善;服务贸易逆差2 654亿美元,显著高于2015—2016两年,背后可能也有隐蔽的资本外流。张明认为,2017年国际收支改善的主要原因在于:央行收紧资本外流管制措施取得成效;人民币兑美元汇率预期由贬值转为双向波动;金融业去杠杆和监管的加强使货币市场与债券市场利率显著上升,拉大了境内外利差,吸引了资本流入;经济触底反弹;债券通为更多外国机构投资者投资国内债市提供了便利。①

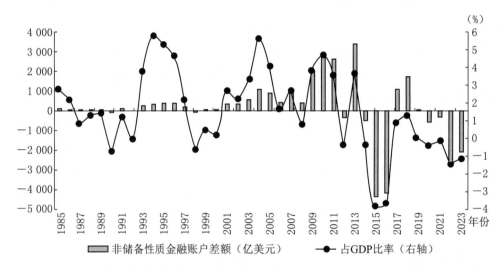

图 6.7　非储备性质金融账户差额及其占 GDP 比例(1985—2023 年)

资料来源:国家统计局、国家外汇管理局。

如图 6.6 和图 6.7 所示,1994 年以来中国持续保持了货物与经常账户的顺差,而非储备金融账户除 1997 年和 2008 年外在 2014 年前也保持了持续的资本净流入,这就是贸易与资本项下的双顺差。因为中国人民银行长期承担了维护汇率稳定的职能,中国人民银行在双顺差背景下为避免人民币过快升值而不得不入市干预,大规模买入外汇,致使中国官方外汇储备的大规模积累。但 2020 年新冠疫情和中美大国博弈导致资本外流,和中资企业对"一带一路"沿线国家和地区的投资,资本净流出增加。

二、中国出口导向型增长模式与全球经济不平衡

在国际环境的未来不确定性日益增加的背景下,中国需要转型,以改变经济的对外过度依赖。因此,需要进一步认识中国出口导向型经济的本质及其内在局限性。

改革开放 40 余年来中国经济增长模式可以分为两个阶段。一是加入 WTO 之

---

① 参阅张明:《中国国际收支改善的结构与原因》,《中国外汇》2018 年 4 月期专栏文章。

前,中国对外贸易规模相对较小。增长模式是政府主导→投资拉动→产能过剩→关停并转。经济出现大起大落的增长态势。二是加入 WTO 后,增长模式修正为出口导向型,表现为:政府主导→投资拉动→产能过剩→出口释放。出口市场的开拓充分释放了中国政府主导、投资拉动型经济增长模式的潜能。

出口导向型增长模式可从需求和供给两方面理解其本质。从需求角度看,出口导向型增长模式的本质是化解城乡二元经济结构和政府公共产品供给的不足造成内部消费需求不足。从供给角度来看,出口导向型增长模式的本质是借助国际产品市场实现我们两代壮劳力的生产的剩余产品价值即人口红利,并借助发达国家金融市场积累外汇资产以实现这种人口红利的储存和向下一时期消费的转换。在人口结构代际平衡状态下,现代壮劳力的剩余产品生产能力体现为对下一代的生育和抚养能力,通过培育下一代人的未来剩余产品生产能力实现对老一代人的赡养。中国 20 世纪 70 年代后期开始实施的独生子女政策在给 21 世纪最初 10 年带来巨大人口红利的同时也导致了人口结构的代际失衡,埋下了未来经济和社会发展的重大隐患。全球化与加入WTO 给中国提供了现代壮劳力剩余产品生产能力得以实现的重大机遇,但是对长期的、代际平衡的可持续发展问题的忽略和对国际市场的过度依赖会使中国在未来国际货币、经济和政治动荡不定的背景下面临巨大风险。

表 6.3 给出了世界主要国家人口和消费在全球所占比例,以及人均收入水平的数据。从表中可见,美国 2002 年人口占全球比例为 4.58%,消费却占到了 35.42%。2016年这两个比例分别为 4.34% 和 28.55%。相比较而言,中国 2002 年人口占比 20.46%,消费总量占比仅为 3.34%。2016 年这两个比例分别为 18.58% 和 10.69%。需要指出的是,消费比例及人均收入都以美元计量,2002 年中国人民币存在低估,人民币兑美元大致为 8.30 元,因此当年美国消费比例可能高估,而中国可能是低估的。自 2005 年 7月的汇改到 2016 年人民币对美元升值超过 31%,这一年的消费占比可能存在高估的可能性。2016 年,美国人均消费支出为 49 790 美元,中国人均消费仅为 4 355 美元,只占美国水平的 8.7%。

表 6.3　世界主要国家人口和消费在全球占比(%,现价美元)

		1995 年	1999 年	2002 年	2005 年	2008 年	2010 年	2012 年	2014 年	2016 年
美国	人口占比	4.66	4.62	**4.58**	4.53	4.50	4.46	4.42	4.38	**4.34**
	消费占比	27.62	32.46	**35.42**	31.44	27.57	27.09	25.63	25.81	**28.55**
	人均消费支出	24 172	28 823	**32 960**	38 184	42 779	43 240	45 252	47 151	**49 790**
日本	人口占比	2.20	2.10	2.03	1.96	1.89	1.85	1.80	1.75	1.71
	消费占比	16.10	13.15	11.39	9.78	8.01	8.92	8.82	6.55	6.63
	人均消费支出	29 879	25 725	23 913	27 464	29 493	34 388	38 351	29 994	29 424

（续表）

		1995年	1999年	2002年	2005年	2008年	2010年	2012年	2014年	2016年
欧元区 （德法除外）	人口占比	3.08	2.94	2.87	2.82	2.78	2.73	2.68	2.63	2.57
	消费占比	10.21	9.67	9.82	11.13	11.60	10.27	8.91	8.84	7.97
	人均消费支出	13 525	13 486	14 622	21 741	29 152	26 795	25 970	26 903	23 477
德国	人口占比	1.43	1.36	1.31	1.27	1.21	1.18	1.13	1.11	1.11
	消费占比	8.54	6.73	5.89	6.06	5.81	5.20	4.77	4.92	4.49
	人均消费支出	24 375	20 316	19 115	26 397	33 404	31 414	32 893	35 342	30 630
法国	人口占比	1.04	1.00	0.98	0.97	0.95	0.94	0.93	0.91	0.90
	消费占比	5.47	4.64	4.33	4.79	4.81	4.29	3.85	3.88	3.45
	人均消费支出	21 396	18 982	18 751	27 203	35 236	32 552	32 489	34 040	29 086
英国	人口占比	1.02	0.97	0.95	0.93	0.91	0.91	0.90	0.89	0.88
	消费占比	4.21	5.17	5.25	5.67	5.01	4.27	4.15	4.41	3.98
	人均消费支出	16 925	21 806	23 644	33 689	38 236	33 563	36 157	39 741	34 150
中国	人口占比	21.21	20.83	**20.46**	20.06	19.63	19.35	19.08	18.82	**18.58**
	消费占比	1.86	2.76	**3.34**	3.45	4.80	5.95	7.75	9.16	**10.69**
	人均消费支出	358	544	**697**	947	1 706	2 192	3 174	3 896	**4 355**
金砖五国 （中国除外）	人口占比	22.96	23.16	23.29	23.38	23.42	23.42	23.38	23.33	23.27
	消费占比	5.42	4.44	4.21	5.59	7.53	8.63	9.21	8.99	7.47
	人均消费支出	963	787	770	1 317	2 243	2 627	3 076	3 085	2 429

资料来源：苏立峰根据 Wind 数据计算。

此表数据说明，全球的消费是完全不平衡的，美国相对少的人口，消费占比很大，中国还借钱支持他们的高负债消费，这将难以为继。中国再依赖美国市场显然是不明智的。美国的储蓄率很低，其实也很好理解，美国贫富两极分化，穷人只能举债消费，富人因股市、房地产不断创新高或资产泡沫带来的财富增值刺激消费。这其中存在很大的脆弱性。欧美高收入国家的消费全球占比的长期趋势是不断下降的。中国经济增长过度依赖外部市场，我们借钱给美国人，鼓励他们高消费，同时我们又持有美元资产，必然会面临更多贸易摩擦，更多美元资产价格风险和长期战略风险。

图 6.8 给出中国、美国、德国和日本四个国家货物与服务贸易出口总额在全球所占比例。可以看到，中国在 2012 年赶上并超过美国，成为全球第一大贸易出口国家，占比超过 11%。相比较而言，1985 年日本这一比例达到 9%，迎来了严重的美日贸易摩擦，美国还通过"广场协议"压制日元升值。日元从 250 日元兑一美元升值到 1995年的 79 日元兑一美元。为了避免出口受阻引起经济衰退，日本央行错误地采取了低利率的宽松货币政策，导致房地产与股市同时出现巨大的泡沫。1990 年开始泡沫破灭，日本地价指数在此后 5 年跌去 50%，然后在下一个 10 年再跌去了 50%。经济增长失去了 20 年。现在中国出口贸易总额已超过美国，全球份额接近 13%。

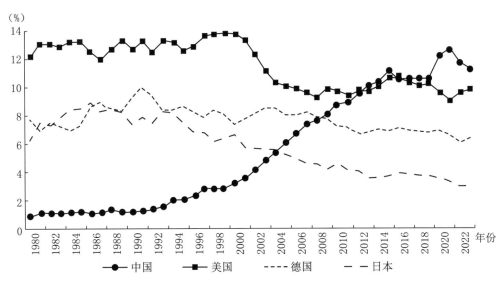

(%)

图 6.8　中美德日四国货物和服务贸易出口额占世界的比重(1980—2022 年)

资料来源:世界银行"世界发展指标"(WDI)数据库和作者计算。

三、中美贸易摩擦与中美博弈中的美国诉求

特朗普出任美国总统后提出"美国利益优先""让美国更伟大"等施政宣言。其需要重点解决的经济问题就是持续的贸易逆差。美国的贸易逆差在全球占 50% 左右,其中美方统计数据显示有 47% 的贸易逆差来自中国。中国首当其冲成为美国发动贸易制裁的对象。其实,中国出口中很大一部分是来料加工或进料加工产业的出口,以出口产品增加值计算,美国对华的贸易逆差不超过 30%。中国出口产品中大量使用来自韩国、日本和东南亚国家的中间产品,我们与这些国家存在贸易逆差,它们的产品通过中国组装后出口到美欧,一定程度上中国是"代人受过"。

关于中美贸易摩擦德意志银行首席经济学家张志威团队做了很好的研究。[1]他们提出"总销售差额"的统计口径。总销售差额是比较美国通过出口和子公司在中国销售的货物和服务和中国通过这两种方式向美国出售的货物和服务得到。比如,2015 年美国对中国的贸易差额为 -3 675 亿美元,但总销售差额仅为 -304 亿美元。考虑到来料加工、跨国公司销售,其实中美之间贸易差额并没有看上去那么大。

---

① 参阅张智威、曾立:《从产业角度分析中美贸易战风险》,载潘英丽、冯绍雷主编:《全球化的未来:中国面临的挑战与角色转换》,中信出版社 2017 年版;张智威、熊毅:《估算中美两国相互的商业利益规模》,Deutsche Bank Research,2018 年 3 月 26 日。

中美贸易摩擦实际上是手段而非目的。其目的是要遏制中国经济的扩张,特别是要遏制中国高科技产业的未来发展。华为是中国最领先的跨国企业之一,表 6.4 列出了华为 2016 年和 2017 年的销售收入增长及其不同的国家地区结构。从中可看到三个特征:华为 2017 年销售收入增速已经从 2016 年 32％下降至 15.7％;其在美洲的销售收入 2017 年已出现负增长,2016 年美洲销售收入增长 13.3％,2017 年则下降了 10.9％;出现了去全球化的态势。华为海外各地区所占比重全部下降。中国国内销售占比从 2016 年的 43.3％上升到 2017 年的 50.5％。可见,中国的跨国公司在海外的发展将变得更为艰难。

表 6.4　华为销售收入、增长率及其地区占比(亿元,％)

	2017 年	2016 年	2017 年同比增长	2017 年业务占比	2016 年同比增长	2016 年业务占比
中国	3 050.92	2 365.12	29	50.50	41	43.30
欧洲中东非洲	1 638.54	1 565.09	4.70	27.10	22.50	30
亚太	744.27	675	10.30	12.30	36.60	12.90
美洲	392.85	440.82	−10.90	6.50	13.30	8.50
其他	209.63	169.71	23.50	3.47		5.30
总计	6 036.21	5 215.74	15.70	100	32	100

资料来源:刘正伟:《华为 2017 年报解读》,凤凰网科技 2018 年 3 月 31 日。

我们对中美关系的看法如下:

中美经济关系已经从互补,走向了直接竞争。贸易摩擦只是美国扼制中国的一个开端。未来贸易争端将主要集中在知识产权和高科技产业领域。

同时,全面遏制中国正在成为美国的共识。他们的对华战略的大讨论形成的初步共识是:(1)中国已经超越俄罗斯,成为美国未来必须全力应对的主要战略竞争对手,竞争不仅仅是在经济领域,不仅仅在亚洲,是全方位的、全球性的。(2)美国原先的对华战略,即建制性接触的战略,已基本失效,必须改弦更张。(3)未来五到十年,是中美战略竞争的关键期,这几年内如果不能有效加以遏制的话,中国将势不可挡。

值得注意的是,美元体系、高科技企业全球垄断地位和本土股票市场,成为美国全球霸权地位的相互支撑体系,其中核心还是美国高科技的全球领先与垄断地位。

美元体系的一个重要支柱是石油交易的美元计价。这是美元供给自动创造需求的机制。当美国大规模发行美元时,石油必定会涨价,这就要求所有石油进口国增加美元的持有,由此创造了全球对美元的需求。不过,目前这个支柱有点不稳。沙特与美国的石油美元计价的 50 年合约已经到期,沙特现在也没有续签,结果如何尚悬而未决。

近年来美国形成了美国股市增值机制。美国通过量化宽松向国内外注入大量美元，全球投资者用来投资美国股票。美国成年人 61％参与股市，中产阶层 80％以上参与股市。美股增值具有很大的财富效应拉动国内消费。

另外，高科技企业的全球垄断地位引发相关上市公司股票市值暴涨。而股票市值大幅度上升对巩固高科技企业的国际领先地位和市场垄断具有促进作用。两者形成正循环机制。以英伟达为例，该公司在 2022 年末到 2024 年中的一年半时间内涨了 10 倍。它随便减持一点，就可以大规模投入研发，去海外投资或并购。这说明，美国扩大货币供给带来的股市上涨，对高科技企业形成了有力支持。美国不差钱，可以不断"烧"钱支持高科技发展。这是股市增值机制对高科技产业的支撑。美国股市要靠高科技七巨头支撑。2022 年末到 2024 年中期，美国 16 个公司的市值占到股票市值的 44％，贡献了股市增值部分的 77％。少量具有国际垄断地位的科技领先企业支撑着美国股市。股市的持续上涨则吸引海外投资者更多持有美元进入美股市场。近年来海外证券投资中对美国债券投资的比例已从 48％下降到 25％。高科技拉动股市，股市上涨又吸引全球投资者增值美元，投资美国股市。美元坚挺并非美元值钱，而是全球最重要的基础商品和全球最赚钱的上市公司是用美元计价的。近年以来，美国股票市值已从全球 40％多上升到 65％以上。美国股市泡沫也在不断增大。美国高科技企业在全球的垄断地位和盈利能力成为美国股市和美元体系重要基石。这在很大程度上说明了美国为何对其他国家优秀企业的争抢和打压无所不用其极，例如法国的阿尔斯通、日本东芝芯片企业、中国华为和抖音。它们或被抢走，或被打压，或被搞垮。由此可见，中美科技竞争具有零和博弈的性质，不应对美国打压政策的缓和抱有幻想。

相比较，中国的资本市场在发现和培育高科技企业并帮助它们做大做强方面，作用尚有限。比如，中国的"独角兽"企业大部分是美国风险资本进行首轮、第二轮的投资。投完后，国际资本必定会让这些企业去美国上市。因此只有在美国的法律体系和市场上，它们可以在获得多倍收益的情况下退出。美国风险资本培养中国"独角兽"，中国"独角兽"借助国内大市场做起来，然后去美国上市，高成长成果主要为美国资本和其他跨国资本获取，并且成为美元体系的实业支撑力量。就国际经验看，韩国等国家教训也是很深刻的。韩国大企业在全球很有影响，但其股本大都也为跨国资本控制。政府政策还向大企业倾斜，导致中小企业发育不良。本国老百姓"卷"几个大企业的就业岗位，"卷"得不结婚不生子，生育率快跌破 0.7％，政府不得不将提高生育率作为国家紧急任务。

四、美元体系的脆弱性和贬值风险上升

2016 年中国的外汇资产为 6.466 6 万亿美元,外汇负债为 4.666 万亿美元,外汇净资产为 1.8 万余亿美元。由于中国长期实施结售汇制度,央行为了维持人民币汇率的稳定,也经常参与外汇市场,买入或卖出美元。又因对外贸易与投资长期存在双顺差,导致官方外汇储备大规模积累。图 6.9 显示,官方外汇储备在 2013 年达到顶点,接近 4 万亿美元。之后 3 年出现一定程度的回落。在官方外汇储备中有近三分之二是美元资产。因此,未来美元贬值会导致中国重大利益损失。美元汇率波动的影响因素十分复杂,但未来 3—5 年甚至十年的长期趋势仍是可以预判的。

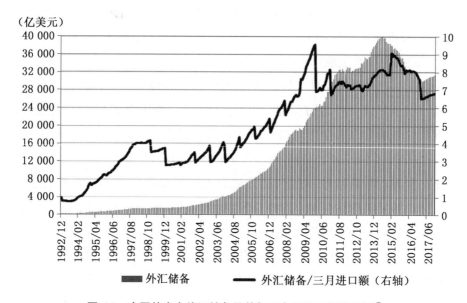

图 6.9 中国的官方外汇储备及其与三个月进口额的比例①

资料来源:国家统计局、中国人民银行。

笔者 2016 年末曾推测,美元可能已步入十年贬值期。当时做出这一判断有三个依据。

一是花旗集团 2010 年关于美元长期走势的专题报告提出,美元波动存在十年熊市和五年牛市更替的规律。从图 6.10 中可看到三个高点,三个上升期大致为 5 年,而

---

① 适度国际储备理论认为,外汇储备主要用于应付进口和还债等不时之需,三个月进口数额可以看作适度外汇储备规模的一种简单测度。官方外汇储备接近三个月进口额的 9 倍,说明存在储备过多,过于集中在官方的问题。

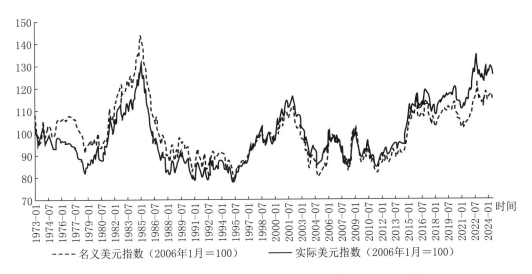

图 6.10　美元指数(对主要发达经济体)的变动(1973—2024 年)

资料来源:Wind。

前两个下降时期都在 10 年左右。2017 年 1 月,第三个高点已过。未来美元很可能开始步入十年的贬值期。

　　二是美国 GDP 的全球占比已从本世纪初的 33％下降至 2015 年的 23％左右。美国的全球经济地位已经持续下滑,特别是美国产业结构中贸易品生产能力持续下降。美国最强的产业是军工等高科技产业、农业和金融业。农产品生产及其出口潜力由于各国农业保护政策和多哈农产品贸易谈判无果而受到限制。相比较,美国政府自己限制高新技术产品的出口,而和平年代军火生意也不太好做。因此,美国需要在服务贸易方面有更多输出,包括更多进入高成长国家的金融市场,以实现其金融资本的全球配置和高额回报。

　　三是美国政府财政赤字和债务面临加速增长趋势。图 6.11 是美国财政部 2011 年发表的财务报告,展现了 1980—2010 年财政收入和支出的实际情况,以及对 2010—2085 年财政收支演变态势的预测。就 2010 年的时间节点看,总财政收入为最下方的线,占 GDP 15％;中间的线是非利息支出,占 GDP 比例超过 23％;包括利息支出在内的总财政支出(最上方曲线)占比达 25％。当年存在 10％的财政赤字。上面两条线之间的距离是美国政府的利息支付。从美国财政部对未来的预测看,2017—2018 年是其财政状况最好时期,总财政收入增加,非利息支出下降,两者达到基本平衡,两曲线出现黏合。之后正常的财政收支又将出现赤字,特别是随着债务规模的增长,美国政府利息支出将大幅度增长。

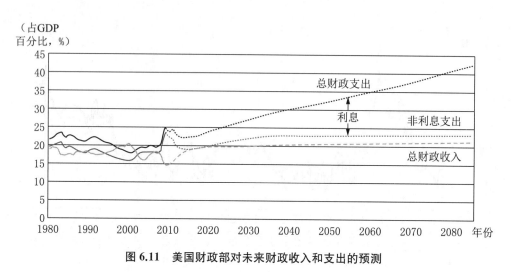

（占GDP
百分比，%）

图 6.11　美国财政部对未来财政收入和支出的预测

资料来源：Department of Treasury：Citizen's Guide to the Fiscal Year 2010，Financial Report of the United States Government，Published March 2011.

其实，美国财政部的这个预测严重低估了后面几任总统的花钱能力，也未能预见到特朗普不以常理出牌的政策对财政状况产生的巨大压力。美国 1776 年建国开始直到 1980 年，所积累的联邦政府债务只有 9 077 亿美元。从里根出任总统到小布什卸任，1981—2008 年政府债务积累到 10 万亿美元。奥巴马任期的八年债务快速增加到 20 万亿美元。目前，特朗普和拜登任内不满 8 年，联邦政府债务已增长到 2024 年的 35 万亿美元。随着美国人口老龄化和劳动参与率的下降，债务状态的持续恶化估计难以逆转。

现在我们可以重回到美元长期走势的内在规律上来。如图 6.10 所示，美元的长期变化确实呈现出十年熊市与五年牛市不断更替的规律。背后左右美元走势的基本因素是什么呢？笔者认为这是美国对外经济持续逆差、外债不断增长以及美元和美联储国际地位共同决定的，也是美国全球战略的内在需要。从国际经验来看，发展中国家对外贸易逆差超过 8％就会爆发货币和金融危机，无论是拉美的墨西哥、巴西，还是亚洲的泰国和印度尼西亚，都有这样的先例。2008 年全球金融危机的爆发由美国次债危机引发，也是在美国贸易逆差规模超过 GDP 6％之后发生的。因此刺激出口，包括教育、旅游等服务贸易出口，控制贸易逆差过快扩张要求美元更长期、更大幅度的贬值，而且美国作为对外净债务国，美元贬值也有助于减轻债务负担。但是美元如果一贬而不可逆，其作为国际货币的全球地位将受到致命打击。因此，美元仍然需要有相应的升值期来平衡各国央行和市场投资者对美元和美国金融资产的供求。美元虽然实行自由浮动汇率制度，官方并不对每日的汇率波动进行干预，但是美元的长期变化仍然受到美国官方的主导。其主要机制有三:一是美联储与市场保持持续的沟通,通过政策利率的调整引导全球金融资本的流入或流出,以影响美元走势;二是通过财政部喊话(以"操纵汇率"等罪名要求贸易竞争对手国货币升值)或国际协调(如广场协议迫使日元升值)影响双边汇率或多边汇率的变化;三是通过制造地缘政治事件或局部战争,吓跑国际资本,打压目标国经济和货币影响力。2017年至2021年美元具有波动下行趋势。2022年俄乌冲突发生后大幅上升,与1999年科索沃战争后类似。2024年7月开始了明显贬值的趋势。

　　总而言之,中国经济对外部市场的依赖度过大。随着欧美消费的全球占比持续下降,民粹主义、孤立主义抬头,贸易摩擦会越来越多,美元或美欧金融资产的风险也会日益增加;而发展中国家较长时期内消费购买力仍显不足,对这些地区的直接投资或债权积累面临很大的国家风险。因此中国经济发展的国际空间收缩。另外,与外部风险持续上升相对应,中国出口导向型经济,在资源环境上透支未来,贫富两极分化日趋严重,随着超级老龄化时代的到来,爆发内部社会危机的风险日益增加。因此,我们亟须加快经济转型,从政府主导、投资拉动、产能过剩、出口释放的增长模式转变到市场主导、不充分领域发展、激励内部消费、实现消费—投资平衡的、高质量的可持续发展。

第三节　人民币汇率制度变革与汇率变化态势

　　汇率是一个极为复杂的货币价格,受到国际经济、国际金融、国际和地缘政治等多因素的影响。自20世纪70年代上半期国际汇率进入自由浮动和跨境资本自由流动的时代后,国际汇率的波动与短期金融资本全球套利对世界经济的稳定发展,对发展中国家经济参与全球分工带来不利影响。改革开放以来,出口对中国经济的拉动具有举足轻重的作用,中国政府在人民币汇率制度安排方面有很多经验值得总结。发达国家以"操控汇率"质疑中国的汇率政策也使中国在汇率制度改革方面面临压力。汇率制度如何改革,人民币汇率未来如何变化,成为学界和实业界十分关注的问题。

　　本节在给出汇率相关定义的基础上,分析中国人民币汇率制度的历史沿革、主要特征及其在中国对外经济发展中的积极作用,对2014年以来人民币贬值压力及其原因进行分析,并探讨未来人民币汇率的变化趋势。

一、汇率定义

（一）名义汇率

汇率又称外汇汇价或外汇行情，是不同货币之间的兑换比率或比价，或者说是以一种货币表示另一种货币的价格。在外汇市场上汇率有两种标价方法：直接标价法和间接标价法。直接标价法又称应付标价法，是指用一定单位的外国货币作为标准来计算折合多少单位本国货币的标价法。比如 2018 年 3 月 13 日美元与人民币的汇率为 100 美元＝632.18 元人民币。间接标价法又称应收标价法，是指以一定单位的本币为基准，来计算应收多少外币的标价法。比如 1 英镑＝1.385 6 美元，或 1 美元＝0.721 7 英镑。

名义汇率是由官方公布的或在市场上通行的、没有剔除通货膨胀因素的汇率。名义汇率包括名义双边汇率和名义有效汇率。前者指外汇市场上报出的两种货币的比价。后者是指一国货币与其各个贸易伙伴国货币的名义双边汇率的加权平均值，权数取决于各贸易伙伴国在本国进出口贸易中所占的份额。名义有效汇率（NEER）反映一国出口的综合竞争力。

（二）实际汇率

实际汇率是在名义汇率的基础上剔除了通货膨胀因素后的汇率。实际汇率包括实际双边汇率和实际有效汇率。实际汇率是由名义双边汇率按同一时期两国相对通货膨胀率调整而得。其公式为：$e_1 = E \cdot P / P^*$，式中 e_1 为实际双边汇率，E 为应收标价法表示的名义汇率，P 为本国价格指数，P^* 为外国价格指数，本章第一节的国际收支函数中即有实际汇率这一自变量。实际有效汇率（REER）是指一国货币与其各个贸易伙伴国的货币的实际双边汇率的加权平均值。实际有效汇率不仅考虑了所有双边名义汇率的相对变动，还剔除了通货膨胀对货币自身价值变动的影响，能够综合反映本国货币的对外价值和相对购买力。

（三）内部实际汇率 e_2

内部汇率是经济学家在使用两种商品模型分析经济结构变动及其原因时使用，日常生活中并无直接标价和使用，特指一国内部贸易品与非贸易品的相对价格。在讨论对外实际汇率 e_1 时，经济学家假定国内外贸易产品是均质的或完全可替代的，$e_1 = E \cdot P / P^*$ 中 P 与 P^* 并非不同产品价格，而是完全可替代产品的国内与国际价格。在考虑一国还存在非贸易产品和市场时，贸易品与非贸易品的相比价格有可能因多方面的冲击而发生变动,进而引起生产资源在两个不同部门之间的流动及配置,带来产业结构的变化。

e_2 可表述为非贸易品与贸易品的相对价格:$e_2 = P_n/P_t$,服务业特别是消费服务大都面对面提供的即时服务,具有不可跨国贸易的性质。因为无法通过进口来增加供给,因此非贸易品需求增长时会导致内部实际汇率的持续升值。与对外实际汇率存在长期趋向购买力平价(或趋向于一)的趋势不同,即使在固定汇率制度下,内部实际汇率也会长期趋向升值,造成非贸易商品持续比贸易商品昂贵的特征。

在中国,这一点表现得更为明显。比如,中国在 2003—2008 年间人民币汇率相对低估,因此出口企业较为有利可图。比如,适度汇率在 6.5 元人民币兑一美元,而官方汇率维护在 8 元,那么在国际市场卖出价格为 10 美元的一个产品,就可换回 80 元人民币,比汇率 6.5 元时可多得 15 元人民币。如果企业成本是 75 元,仍可盈利。但是汇率为 6.5 元时,这类企业将被淘汰。因此汇率低估使出口更有利可图,进口的人民币成本则更为昂贵。这样的政策会带来以下不利影响:一是导致产业结构失衡,出口制造业过度发展,非贸易的消费服务业发展滞后,造成如学前教育、医疗、家政等服务的价格快速上升,越来越昂贵。二是导致国内资源过度开采,土地和矿产等非再生产资源价格上升,透支未来,破坏了生态环境。三是面临贸易赤字国家反倾销等贸易保护政策的打击,补贴了外国消费者和外国政府,导致国民福利的损失。

因此,确定适度的汇率中间价并让市场汇率拥有适度弹性是很重要的。我们将提出名义有效汇率目标区管理的改革方案,以期适应中国经济对外开放和可持续发展的客观要求。

二、人民币汇率制度及其对美元汇率的历史演变

1948 年 12 月中国人民银行在现今河北省石家庄市成立,并开始发行人民币。此后 60 多年,人民币与其他货币的兑换安排呈现多样的阶段变化,经历过钉住单一货币(美元或英镑)、钉住或参考一篮子货币,实行汇率"双轨制"、单一的官方汇率制或市场汇率制和以市场为基础的管理浮动汇率制度等多种汇率制度。详见表 6.5。

表 6.5　人民币汇率制度年表与特征

时　期	汇率制度与汇率调整的基本特征
1949 年 10 月—1955 年 3 月	人民币汇率实行管理浮动安排
1955 年 3 月—1971 年 12 月	1955 年 3 月 10 日人民币币值改革后,人民币钉住美元(1 美元兑换 2.6 到 2.46 元人民币),以适应布雷顿森林体系(BWS)的运行

(续表)

时　　期	汇率制度与汇率调整的基本特征
1971年12月—1974年8月	1971年8月15日美国关闭"黄金窗口"后,人民币改为钉住港币和英镑,对美元升值
1974年8月—1985年12月	钉住由15种货币构成货币篮子。人民币汇率偏高,1980年7月8日1美元兑1.4480元人民币
1981年1月—1985年1月	人民币"复汇率":一是1981年起国家根据平均换汇成本确定对外贸易内部结算汇率;二是官方汇率频繁、小幅变动,实行可调整的钉住美元制。各年贬幅为:1981年13.6%,1982年9.7%,1983年9.75%,1984年28.6%,最终1美元兑2.8元
1985年1月—1993年12月	汇率"双轨制":官方汇率与外汇调剂价。(1)1985年初,取消对外贸易内部结算价,官方汇率继续为可调整的钉住美元制。1月到10月,根据出口换汇成本和实际经济情况,将汇率从1美元兑2.8元人民币调整为3.2元人民币,贬值14.3%。此后1986年7月5日、1989年12月16日、1990年11月17日分别下调到1美元兑3.7036、4.7221、5.7221元人民币。这一阶段特点是频率慢(间歇性)、幅度大、方向贬。IMF 1986年10月首次将我国归为管理浮动制。1991年4月9日我国宣布实行管理浮动汇率制,开始浮动微调,频率快、幅度小、方向贬。(2)外汇调剂价。在全国35个城市的104个调剂中心形成市场调剂汇率,涵盖80%的贸易账户交易涉及的外汇供求
1994年1月1日—2005年7月20日	1994年初"汇率并轨",人民币汇率调整为1美元兑8.69元,并建立全国统一的银行间外汇交易中心,4月9日宣布实行"以市场供求为基础、单一的、有管理的浮动汇率制"。1994年银行间市场人民币兑美元交易价日浮动幅度0.3%。但是,1995年5月后趋于稳定,尤其亚洲危机后维持在1美元兑8.27元附近。1999年IMF按事实分类将中国归为钉住美元汇率制度
2005年7月21日—2008年7月	人民币兑美元一次性升2%,汇率调整为1美元兑8.11元人民币,并宣布实行"以市场供求为基础、参考一篮子货币进行调节、有管理的浮动汇率制"。此三年间人民币对美元累计升值21%。2007年银行间市场人民币兑美元交易价日浮动幅度扩大至0.5%
2008年7月—2010年6月18日	作为美国次债危机的应对举措,中国政府重新将人民币与美元挂钩,1美元兑6.83元人民币左右
2010年6月19日—2014年1月	2010年6月19日人民银行继续推进"以市场供求为基础、参考一篮子货币进行调节、有管理的浮动汇率制"改革,并事实上允许对美元汇率日波幅达0.5%。2012年4月16日起,银行间市场人民币兑美元交易价日浮动幅度扩大到1%

时　　期	汇率制度与汇率调整的基本特征
2014 年 1 月至今	2014 年 1 月人民币汇率开始双向浮动，尝试发挥汇率调节宏观经济和国际收支自动稳定器的作用。3 月 17 日起将银行间即期外汇市场人民币兑美元交易价浮动幅度由 1％扩大至 2％，银行柜台汇率报价区间由 2％扩大至 3％，之后又取消商业银行对客户美元挂牌买卖价差限制。2015 年 8 月 11 日，人民币在岸汇率向香港利岸汇率水平靠拢，开启一轮显著的贬值走势。同时，强调人民币兑美元汇率中间价报价要参考上日收盘汇率，做市商每日银行间外汇市场开盘前，参考上日收盘价，并考虑外汇供求及国际汇率变化向外汇交易中心提供报价。2015 年 12 月 11 日中国外汇交易中心发布人民币汇率指数 CFETS，加大参考一篮子货币的力度，更好地保持人民币对一篮子货币汇率基本稳定。2016 年 2 月人民银行进一步明确了"收盘价＋一篮子货币汇率变化"的人民币兑美元汇率中间价报价机制，增强了汇率形成机制的规则性、透明度和市场化水平。2017 年 5 月引入外汇市场自律机制，组织各报价行在报价模型中引入逆周期因子，从而使"中间价＝收盘汇率＋一篮子货币汇率变化＋逆周期因子"，以对冲市场顺周期性，防范"羊群效应"。2018 年 1 月随着美元走弱和中国跨境资本流动和外汇供求趋于平衡，人民币对美元汇率中间价报价行基于自身对经济基本面和市场情况的判断，陆续将"逆周期因子"调整至中性。为应对贸易摩擦和美元走强，2018 年 8 月重启了"逆周期因子"以适度对冲人民币贬值方向的顺周期情绪。另外，2015 年 11 月 30 日 IMF 执董会决定 2016 年 10 月 1 日起将人民币纳入特别提款权货币篮子（SDR），人民币在篮子中权重为 10.92％。2022 年 5 月 11 日，SDR 篮子货币构成中，人民币权重上调至 12.28％，美元权重由 41.73％上调至 43.38％，欧元、日元和英镑权重分别由 30.93％、8.33％和 8.09％下调至 29.31％、7.59％和 7.44％

资料来源：吴信如、潘英丽、张志超：《汇率与开放宏观经济理论》，格致出版社 2023 年版；Guijun Lin and Guijun Lin and Ronald Michael Schramm and Ronald Michael Schramm，2003，"China's Foreign Exchange Policies since 1979：A Review of Developments and an Assessment"，*China Economic Review*，Vol.14，246—280；中国人民银行：《货币政策执行报告》（有关各年）。

　　为了更直观地展示各阶段人民币汇率变动的情况，图 6.12 大致描绘了 1955—2019 年中国汇率制度和人民币兑美元汇率的历史轨迹。

　　1994 年初中国进行了外汇管理和汇率形成机制的系统性改革，建立了全国统一的银行外汇市场（批发市场）和服务于微观个体的"结售汇"市场（零售市场），实行"以市场为基础的、单一的、有管理的浮动汇率制"。此后，人民币汇率机制经历 1997 年亚洲金融危机后钉住美元、2005 年 7 月参考一篮子货币、2008 年 7 月美国次债危机爆发后再行钉住美元、2010 年 6 月再次参考一篮子货币的四次转换，从而使人民币对美元

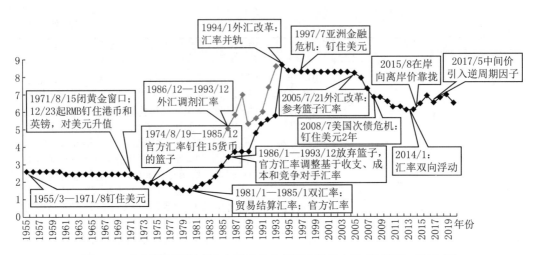

图 6.12　人民币汇率制度和人民币兑美元汇率的历史演变(1955—2019 年)

汇率的变动表现出 5 个阶段的特征:(1)在 1994—1997 年中的 3 年半内,人民币汇率从 1 美元兑 8.7 元逐步变动到 1 美元兑 8.27 元人民币,人民币对美元累计升值约 5%;(2)在 1997 年亚洲金融危机爆发到 2005 年 7 月的 8 年内,为避免亚洲货币的竞争性贬值和支持该区域早日走出危机,中国政府将人民币与美元挂钩,将人民币汇率控制在 1 美元兑 8.27 元附近;(3)2005 年 7 月中国将人民币对美元一次性升值 2%,并放弃人民币钉住美元而转向参考一篮子货币的汇率政策,此后 3 年人民币对美元持续升值,累计升值幅度达 21%;(4)2008 年 7 月,为应对美国次债危机,中国重新将人民币钉住美元,此后 2 年间汇率维持在 1 美元兑 6.83 元人民币的水平上;(5)2010 年 6 月,重回参考一篮子货币的管理浮动汇率制度,人民币对美元汇率开始双向浮动,并在此后扩大了浮动幅度限制。

　　IMF 对中国汇率制度的定义是亚洲金融危机到 2005 年 7 月 21 日是(钉住美元的)"传统钉住";7 月 21 日同美元脱钩后实施了"爬行钉住美元";2008 年 8 月至 2010 年 6 月是(钉住美元的)"稳定安排";2010 年 6 月之后是"类爬行安排"。2010 年后的汇改详见表 6.5。

三、2014 年以来人民币汇率的升贬值与汇率制度改革

(一)从"类爬行升值"到"阶梯状贬值"

　　图 6.13 给出 2010 年后人民币对美元的名义汇率变化。2010 年 6 月人民币退出钉住美元并参考一篮子货币后出现了从"类爬行升值"到 2014 年开始的"阶梯状贬值"

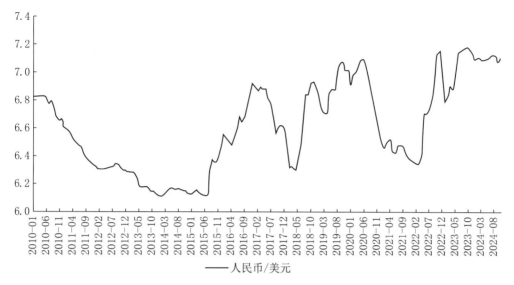

图 6.13　人民币兑美元汇率（2010 年—2024 年）

的变动。人民币汇率在疫情期间升值，不过 2022 年因疫情和后来的房地产企业债务违约风险等问题而出现较大贬值。

这一时期人民币贬值因素有：成本优势日益丧失，人口红利消失与劳动力成本上升；土地与环境成本急剧上升；资金成本上升；产能过剩、经济下行效率恶化等。加工贸易顺差使国际社会高估人民币汇率的低估幅度，贸易平衡的均衡汇率理论误区导致前期人民币的过度升值，欧洲、日本与新兴市场经济体竞相贬值。国内市场信心不足，加剧了贬值压力，人民币的内外购买力差异大，经济探底未见新动力，个人不安全感上升。特朗普出任美国总统，助推了更为强势的美元走势。

决定人民币汇率走势的有四类基本因素：贸易顺差、经济增长、外汇储备和国内外投资者资产配置要求。前三项都决定人民币有升值趋势。境内外投资者资产配置则具有方向相反的两种市场力量。中国居民希望更多持有海外资产，海外投资者同样希望拥有更多的中国资产，人民币贬值预期具有"自我实现"的正反馈机制。2015 年 8 月 11 日汇改前后贬值预期主导着市场，而汇率对基本面的反应相对较小。

从长期来看，资本双向流动的需求较为强烈。由于国内长期实施资本管制，居民资产组合配置中海外配置份额极小，特别是国内居民房地产配置比率高达 70% 左右，远高于美国等发达国家 35%—40% 的比重，而从国内房价—收入比和租售比相对水平看，房地产价格存在较大泡沫。因此富裕家庭资产组合调整中减持国内资产（特别是房产）增持国外资产成为一个长期趋势。另一方面，从资产组合配置需求看，外国资本也有长期流入的要求。在日本和韩国股票市场中，外国投资者持股的市值近年来维持在 30％左右,美国股市的外国投资持股也占到 20％以上。相比较而言,中国股市外国投资者持股的市值占比仅为 2％左右。在美国政府债券市场上,外国投资者债权份额高达三分之一,这是美元作为国际储备货币的地位决定的。即使在日本和韩国政府债券市场上,外国投资者持有的债券余额也在 10％以上。相比较而言,中国政府债券的外国投资者所持份额仅为 4％左右。与这三个国家相比,中国股票和政府债券市场的对外开放度很低,这与人民币国际化的内在要求不符。未来更多开放国内政府债券市场和股市是大势所趋。外国证券投资的流入有助于人民币走强。

总之,从经济基本面因素看,人民币具有长期升值的潜力。从资本流动因素看,贬值压力与升值要求也可相互抵消。但是 2015 年"8·11"汇改后,人民币贬值预期迅速强化,并对汇率形成较大的压力。因此我们有必要讨论"8·11"汇改以及之后中国人民银行干预政策的变化对人民币汇率的影响。

(二)"8·11"汇改与逆周期因子的引入

2015 年 8 月 11 日,中国人民银行宣布实施人民币汇率形成机制改革,主要内容包括:(1)参考收盘价决定第二天的中间价;(2)日浮动区间为±2％。这是人民币汇率形成机制迈向市场机制的重要一步。人民币汇率每天贬值 2％,产生"唤醒贬值预期"的实际效应,新的中间价形成机制仅仅实施三天即被取消。

2016 年 2 月,中国人民银行明确宣布实行"收盘价＋篮子货币"的定价机制。当日中间价＝前日中间价＋[(前日收盘价－前日中间价)＋(24 小时货币篮子稳定的理论中间价－前日中间价)]/2。即当日中间价由前日收盘价和保持货币篮子在 24 小时内稳定这两个因素决定。新汇率形成机制使人民币贬值速度和贬值预期显著下降;美元走势具有不确定性,参考一篮子货币使得人民币对美元汇率呈现双向浮动特点,有助于打破市场单边预期,避免单向投机;提高了政策的透明度。但是这次汇改并没有推动境内外汇市场建设,也没有完全消除贬值预期,并且产生了两个难以克服的问题:外汇市场无法出清;央行难以根据国内经济的基本面实施独立的货币政策。

理解人民币汇率的形成及其变化的核心是理解中间价如何决定。2017 年 5 月 26 日,中国人民银行通过中国外汇交易中心对外宣布人民币汇率中间价定价机制中引入"逆周期调节因子"。因此,人民币汇率中间价的决定因素包括三项:市场供求、篮子汇率和逆周期因子。其函数表达式可写为:

中间价 ＝ 前日中间价 ＋ a(前日收盘价因子) ＋ b(篮子汇率因子) ＋ c(逆周期因子)

前日收盘价因子反映市场供求;篮子汇率因子实质上引入了人民币对美元汇率

变化的随机波动项;逆周期因子引入了中国人民银行对市场供求的调节。如果说"8·11"汇改意味着中国人民银行放弃中间价定价权,那么逆周期因子的引入意味着中国人民银行部分收回了人民币汇率中间价的定价权,发挥了中国人民银行对市场预期的引导作用。在这个背景下,前期收盘价也是在中国人民银行引导下形成的,可以说中国人民银行在人民币汇率形成中仍然保持着主导权。具体可参阅张斌分析三大因子影响作用的文章。①

四、人民币汇率制度的未来选择

(一)人民币汇率制度选择的内在决定因素

关于人民币汇率制度选择,国内主流观点是实施市场化改革,即扩大人民币汇率弹性并最终走向自由浮动。其实人民币汇率制度的选择问题比我们想象得要复杂得多,需要弄清楚以下问题:(1)汇率制度选择的目的或想解决的问题是什么? (2)在现行的全球外汇市场和国内市场结构下,市场化决定的人民币汇率是否能有效发挥调节作用? (3)人民币汇率制度选择与人民币国际化是什么关系? (4)人民币汇率制度选择与国际汇率制度改革有什么关系?

首先,我们可以从理论和历史经验角度分析汇率制度选择的目标。各国汇率政策可归纳为两种类型:一是将名义汇率作为政策工具的实际目标模式,政府通过变动名义汇率来实现充分就业和国际竞争力等目标;二是名义锚模式。政府选择固定汇率制度,通过钉住强势货币以确立公信力和财政纪律,达到减低通货膨胀率的目标。中国曾先后采取过这两种模式。张志超认为中国 1980—1993 年间采取了人民币汇率制度的实际目标模式。人民币汇率调整的依据是主要出口商品的平均换汇成本,从钉住一篮子货币转向实际钉住一篮子商品价格指数,使人民币汇率更接近于以相对贸易品价格衡量的购买力平价关系。这使汇率实现基本稳定,并具有相当的灵活性。出口商在出口成本上的损失可以在汇率上得到补偿,从而确保了出口的盈利性。②1995 年 3 月至 2005 年 7 月在 8.3 元水平上人民币汇率回归到对美元的强硬钉住,体现了中国政府避免汇率波动引发不稳定的短期资本流动,以实现国际金融安全的战略意图。由于人民币主要钉住美元,而美元本世纪持续贬值,因此这一时期实施的名义锚模式也维护了中国的出口竞争力,增进了中国参与全球化的利益。从发达国家的历史

---

① 参阅张斌:《如何理解当前的人民币对美元汇率》,金融时报中文网 2017 年 11 月 30 日。

② 参阅张志超:《人民币汇率政策的制度迁跃:历史的视角》,载张礼卿主编:《汇率制度变革:国际经验与中国选择》,中国金融出版社 2005 年版,第 113—130 页。

经验来看,英美在主权货币国际化进程中都实行名义锚模式,通过维持本币与白银和/或黄金的固定汇兑比率,提升政府的公信力,并确立起本币作为关键国际货币的地位。英国在历经战争、国家信用危机、黄金储备大规模流失等重大事件的300余年中(1561年至20世纪20年代)始终维持英镑对白银和黄金的固定兑换率。[①]可见,无论发达国家还是发展中国家,汇率制度的选择都由本国的长期发展战略决定,并为其服务。

其次,需要讨论浮动汇率调节机制的有效性问题。选择自由浮动汇率制度的国家通常都接受市场有效性假说。但是实践证明市场有效性假说不能完全成立。汇率对贸易不平衡的调节作用并不明显。历史上日元对美元超过100%的升值也没能消除日本对美国的贸易顺差,[②]2005年汇改之后人民币对美元升值30%以上也没能减少中国对美国的贸易顺差。当前全球外汇市场年交易额已高达1 400万亿美元,其中具有贸易投资等真实背景的外汇交易仅占3%,高达97%的交易都源自投机套利的需要。汇率变动超越实体经济客观要求,扭曲着社会资源配置,并带来经济和金融的系统性不稳定。汇率制度是公众形成其汇率预期的基础,并会影响这种预期的内容,市场化程度较高的浮动汇率制度,有利于投机资本单边汇率预期的"自我实现",对政府外汇管理形成冲击。另外,国内经济结构与体制因素影响汇率调节机制的有效性。具体而言:(1)就出口企业激励机制看,有 $P = EP^* - C$(P 为出口企业单位产品利润,E 为人民币汇率,P^* 为国际售价,C 为企业的单位产品成本)。中国制成品出口企业成本存在劳动、资本、工业用地、矿产资源等众多成本扭曲因素,企业内部成本低于社会成本,环境成本则大部分外部化。通过理顺要素价格不仅有助于减少扭曲,而且可达到汇率变动同样的调节作用。要素价格市场化改革应优先于汇率的市场化改革。(2)地方政府采取竞争性的招商引资政策导致重复建设和内部市场分割,多头对外的无序竞争导致出口换汇成本过高。中央政府依据换汇成本确定的汇率水平出现低估,导致国家利益流失。竞争性行业的内部整合和市场一体化比汇率市场化更为基础和重要。(3)汇率变动促进产业结构调整,要求放松服务业市场准入限制和人力资本的瓶颈的制约。因此,有效发挥相对价格的调节作用首先需要健全市场经济的体制和机制。

最后,人民币汇率制度选择应考虑人民币国际化和国际汇率制度改革的客观要

---

① 著名历史学家布罗代尔指出,"英国因为处于需要保卫的岛屿一隅之地,因为她力求闯进世界的舞台,因为她清楚地认识有待打败的对手,她不得不处于紧张的进攻态势,英镑的稳定性不过是它的一个作战手段而已"。布罗代尔对英镑长期稳定性所做的解释也同样适用于之后处于进攻态势的美元和欧元。参阅费尔南·布罗代尔:《十五至十八世纪的物质文明、经济与资本主义》,生活·读书·新知三联书店1993年版,第417页。
② 参阅麦金农、大野健一:《美元与日元:化解美日两国的经济冲突》,上海远东出版社1999年版。

求。人民币国际化的核心利益在于，中国参与全球化的经济活动可通过国际商品和资产的人民币计价，摆脱汇率风险，并取得战略定价的主导权。计价功能的发挥是人民币国际化的核心，并且以货币自身价值的稳定为前提。我们的实证分析表明汇率波动与货币国际化显著负相关。[①]人民币国际化战略规定了我们汇率制度选择应奉行名义锚模式。后者是人民币国际化战略的基本要件。人民币稳中有升有助于人民币国际化。鉴于美元贬值态势，人民币需要与美元脱钩。另外，国际汇率制度改革方向应该是建立国际汇率联合管理委员会，实施国际浮动汇率的目标区管理。人民币汇率制度的选择也需要与国际汇率制度未来改革方向相适应，而不是加入无序的自由浮动。人民币汇率包括未来国际汇率制度可能都需要过渡到波幅较小目标区管理浮动汇率制度。

(二)人民币有效汇率动态目标区管理方案

我们主张未来人民币汇率制度安排可选择有效汇率动态目标区管理模式。[②]

我们的方案是借鉴新加坡成功经验，实行约翰·威廉姆森(John Williamson)概括的"一篮子货币、区间、爬行"(Basket，Band，and Crawl，简称 BBC)为特征的汇率管理模式，[③]构建有效汇率管理的动态目标区。其中，中心汇率根据巴拉萨—萨缪尔森效应[④]和中国与主要贸易伙伴的劳动生产率的增长率差异来选择，在实际有效汇率意义上保持每年 2% 左右的升值幅度；而目标区宽度则根据经常项目的汇率弹性和基本平衡目标来确定，可初定在中心汇率上下 5% 的变动幅度内，允许人民币汇率在爬行带内浮动。当汇率超出"政策带"的情况下，管理者反向操作使汇率回归到"政策带"内来。

图 6.14 描绘了 1994 年外汇体制改革以来人民币名义和实际有效汇率的历史走势和有效汇率管理的动态目标区。图中三条直线构成人民币有效汇率变动的"政策

---

① 参阅吴君、潘英丽：《人民币国际化的条件与潜能：来自全球 8 种主要储备货币历史的实证证据》，载潘英丽等：《国际货币体系的未来变革与人民币国际化》，格致出版社、上海人民出版社 2014 年版，第三卷第五章。

② 吴信如、潘英丽、张志超：《人民币汇率制度的历史演变与未来选择》，参考潘英丽等：《国际货币体系未来变革与人民币国际化》，格致出版社、上海人民出版社 2014 年版，第三卷第九章。

③ John Williamson, "The Case for a Basket, Band and Crawl(BBC) Regime for East Asia", in David Gruen and John Simon, 24 July, 2001, *Future Directions for Monetary Policies in East Asia*, conference Proceedings, Reserve Bank of Australia.

④ 巴拉萨-萨缪尔森效应是由 Balassa 与 Samuelson 首次提出，可参阅 Bela Balassa, 1964, "The Purchasing-Power Parity Doctrine: A Reappraisal", *Journal of Political Economy*, Vol.72, No.6, 584—596. 巴拉萨-萨缪尔森效应是指在经济增长率越高的国家，工资的实际增长率也越高，实际汇率上升也越快的现象。当贸易品部门(制造业)生产效率迅速提高时，该部门工资增长率也会提高。国内各产业工资水平都有平均化趋势，尽管非贸易部门(服务业)生产效率提高不大，但是工资也会以大致相同的比例上涨，引起非贸易产品对贸易产品的相对价格上升。这种相对价格的变化在固定汇率条件下，会引起非贸易产品价格上涨，进而引起总体物价水平的上涨。如果为稳定国内物价而采取浮动汇率，则会引起汇率上升。两者都会使实际汇率上升。

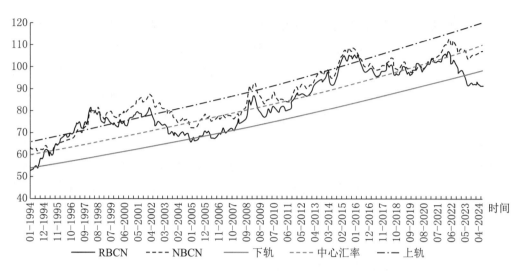

图 6.14　人民币有效汇率管理的动态目标区（1994 年 1 月—2024 年 7 月）

带"，虚线、粗线与下线分别为上轨、中心汇率和下轨。中心汇率按照每年 1.8%（或每月 0.15%）的速度上升；而上、下轨在中心汇率＋/－5% 的位置，代表允许有效汇率变动的"政策区间"。目标区宽度的设置主要考虑了汇率变动对实际 GDP 增长的影响。黄万阳等基于 1987—2003 年数据估计出人民币实际有效汇率贬值 10% 将促进中国实际 GDP 增长 1% 到 2%。如果将经济增长速度控制在潜在增速上下 1% 的范围内，那么人民币实际有效汇率允许变动的幅度应为 10% 左右。[1]另外威廉姆·克莱恩（William R. Cline）、约翰·威廉姆森估计人民币实际有效汇率变动对中国经常项目差额与 GDP 之比的影响弹性是 0.3—0.45。[2]因此，我们可把经常项目差额与 GDP 之比控制在＋/－3% 的可持续范围内，实际有效汇率的允许波动幅度在大约上下 10%（即 3%/0.3）到 6.6%（即 3%/0.45）之间。因此，从内外综合平衡角度，综合考虑人民币有效汇率变动对经济增长、物价稳定和国际收支平衡的影响力度，近中期期将人民币有效汇率管理目标区间宽度设定在＋/－5% 是谨慎且合适的。从图中过去 30 年的经验数据来看，1998 年 1 月至 2002 年 3 月名义与实际有效汇率超越上轨出现高估时，经济出现下滑和通货紧缩。2004 年 6 月至 2008 年 6 月名义与实际有效汇率下降并突破下轨出现低估时，经济出现过热和通货膨胀。这也说明，有效汇率变动过大超出目标区间时有必要进行干预。随着中国经济承受能力的增强和资本管制的放松，未来可以逐步

---

[1]　黄万阳，贺蕊莉，陈双喜：《人民币实际汇率与经济增长关系的实证研究》，《大连海事大学学报（社会科学版）》2005 年第 2 期。

[2]　William R. Cline，2008，"Estimating Consistent Fundamental Equilibrium Exchange Rates"，Peterson Institute for International Economics Working Paper 08-6；William R. Cline and John Williamson，2010，"Estimates of Fundamental Equilibrium Exchange Rates"。

将"目标区"宽度扩大到＋/－10％。

有效汇率虽然是一国货币兑换一篮子货币的比价，但是在有效汇率管理时，只需对主要货币汇率进行干预，并不需要在外汇市场同时对所有的篮子货币价格进行干预。在现有市场架构下，人民银行只需要通过中国外汇交易中心制定人民币兑换美元的中间价，并在必要时填补市场超额需求或吸纳超额供给，即可把有效汇率引导到目标区间或者说政策带内。具体来说，当名义有效汇率超出图6.14所示的目标区上轨，人民币应对美元贬值；反之，超出下轨时应对美元升值。

中国人民银行原行长易纲指出"人民银行将继续深化人民币汇率形成机制改革，完善以市场供求为基础、参考一篮子货币进行调节、有管理的浮动汇率制度，加大市场决定汇率的力度，增强人民币汇率弹性，保持人民币汇率在全球货币体系中的稳定地位"。[①]这与我们的观点是完全一致的。

（三）人民币汇率的未来走势

我们认为，在央行适度增加人民币汇率弹性，力求保持人民币汇率在全球货币体系中的稳定地位的政策框架下，人民币汇率双向波动，稳中有升的长期趋势可以保持，并且不排除政府可选择放大波动区间，在发挥汇率调节作用的同时，强化区间上下限对市场的引导作用。表6.6给出有效汇率回到目标区中轨时人民币对美元汇率的测算。2018年3月20日美元指数为89.898 7，银行间外汇市场人民币对美元汇率的中间价是6.324 6。与我们按模型测算的水平相比，高估2.7％。我们对此的解释是，央行维持人民币2—3个百分点的高估，是对美国强势贸易政策的某种让步。我们曾预期2018年美元指数有短期反弹的可能性，人民币汇率如果回调至6.5—6.6元的水平是比较适度的，有助于稳定结构去杠杆过程中的经济稳定。在守住不发生系统性风险的底线，2024年1—6月美元指数在105点之间波动，那么，人民币对美元汇率的适度水平会在7.07元上下。如果允许有效汇率围绕中心汇率在正负5％的区间内波动，那么人民币对美元的市场汇率变动可以在6.72至7.42元之间。人民币与美元的汇率当然在很大程度上要受到美元自身变动的影响。如前所述，我们曾预期2017年后美元可能已经进入十年贬值期，后由于俄乌冲突对欧洲的不利冲击，以及美联储应对通胀的连续升息，引起美元大幅升值。人民币则因为房地产行业和地方政府债务违约风险的上升，以及美国去中国化的打压造成人民币对美元的持续贬值。目前人民币汇率有低估，特别是实际有效汇率严重低估。长期升值趋势或"人无贬基"仍然可以成立。

---

① 参阅《易纲谈2018年货币政策思路》，《中国金融》2018年3月19日。

表 6.6　与适度有效汇率水平相当的人民币对美元汇率测算

2024 年 7 月底 人民币 NEER	NEER 目标区中轨	回到中轨 NEER 需变动率（%）	人民币对 美元汇率
106.42	109.7	3.08	7.227 6

美元指数	美元指数相对 2024 年 7 月底变动（%）	人民币对 美元需变动（%）	人民币对美元的 汇率目标
104.03	0	2.61	7.038 8
110.00	6	−0.12	7.236 0
105.00	1	2.17	7.070 8
100.00	−4	4.45	6.905 6
95.00	−9	6.74	6.740 4
90.00	−13	9.03	6.575 3
85.00	−18	11.31	6.410 1
80.00	−23	13.60	6.244 9

注：数据由吴信如测算得到。

第七章　对外投资与人民币国际化

　　自 2000 年中国实施"走出去"战略以来,中国企业对外投资合作发展迅速。经过多年的发展,中国企业对外投资不仅规模迅速增长,而且对外投资的区域范围不断拓展,涉足领域和投资模式日益多样和深化。2010 年中国开始推进人民币跨境贸易结算和人民币离岸市场的发展。2013 年 9 月习近平在中亚地区演讲中提出"丝绸之路经济带"重大倡议,倡导政策沟通、设施联通、贸易畅通、资金融通、民心相通的协同发展思路,并于同年 10 月在雅加达印度尼西亚国会的演讲中阐述了"21 世纪海上丝绸之路"构想。"一带一路"倡议作为中国重大对外经济战略也予以积极推进。2015 年,中国对外投资首超吸引外资,开始步入资本净输出阶段。2016 年 10 月人民币获准成为 SDR 篮子货币。但无论是对外贸易、跨境投资,还是人民币离岸市场的发展,都出现了一波三折,有进有退,需要不断总结经验,稳步推进。

　　本章内容做如下安排:第一节讨论中国对外投资现状、全球投资面临的共同挑战,以及中国跨境投资存在的问题和未来对外投资发展政策。第二节就人民币国际化的目标、路径和推进方式简明阐述我们在此领域已经取得的研究成果。

第一节　对外投资的现状、问题、未来挑战及其应对

一、近年来中国对外直接投资现状与趋势性特点[①]

　　近年来中国企业对外投资快速增长。2015 年中国对外直接投资首次超过外国直

---

① 本小节参阅苗绿、王辉耀、唐蓓洁:《中国企业海外投资趋势与模式分析》,载潘英丽、冯绍雷主编:《全球化的未来:中国面临的挑战与角色转换》,中信出版社 2017 年版。

接投资流入,成为对外资本净输出国,中国对外直接投资流量为 1 456.7 亿美元,同比增长 18.3%,超越日本,位列全球第二,美国和日本分别位列全球第一和第三。另外,这一年中国对美国的直接投资也首次超过美国对华投资。对外投资呈现一些重要特点。

(1)中国企业投资亚洲、欧洲和北美地区较多,近年来对"一带一路"沿线的投资成为亮点。从地域分布来看,中国对"一带一路"直接投资主要集中在东盟地区、南亚和西亚地区,对中东欧地区投资增长迅速。从产业分布来看,主要领域为能源、交通运输和信息技术。

(2)制造业投资为主,投资领域呈现出多元化趋势。中国企业海外投资领域从过去的能源、资源类投资逐渐转向包括高新技术、服务贸易在内的多元化领域,涵盖了国民经济的 19 个行业大类,投资倾向于新兴产业和实体经济。商务部数据表明,2016年,中国企业对制造业,信息传输、软件和信息技术服务业以及科学研究和技术服务业的投资分别为 310.6 亿美元、203.6 亿美元和 49.5 亿美元。其中对制造业投资占对外投资总额的比重从 2015 年的 12.1%上升为 18.3%;对信息传输、软件和信息技术服务业投资占对外投资总额的比重从 2015 年的 4.9%上升为 12.0%。一批加工制造、技术研发、资源开发等领域的跨国并购项目得以实施。图 7.1 给出了 2021 年海外投资的产业分布状况。

(3)企业海外并购规模和作用凸显。中国企业海外并购规模进入了爆发期,并购的地位和作用凸显,有利于中国产业结构调整和转型升级。商务部数据表明,2016

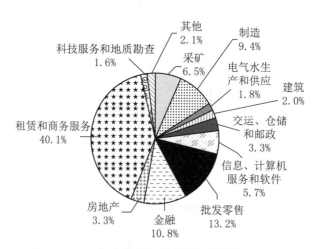

图 7.1 2021 年中国企业对外投资存量的行业分布

资料来源:国家统计局。

年,中国企业共实施对外投资并购项目 742 起,实际交易金额 1 072 亿美元,涉及 73 个国家和地区的 18 个行业大类。其中对制造业,信息传输、软件和信息技术服务业分别实施并购项目 197 起和 109 起,占中国境外并购总数的 26.6% 和 14.7%。根据 CCG 分析的 2000—2016 年上半年中国企业对外投资案例,跨国并购案例占总案例数的 88%。中国企业海外并购主要是为了获得资源、技术、品牌和市场渠道。相对于跨国并购,中国企业在海外的绿地投资数目相对较少,但是投资金额超过海外并购金额,主要是劳动密集型和资源密集型企业选择在欠发达或是发展中国家进行投资,以获得原材料和劳动力。

(4) 中国企业参与境外经贸区建设,创设海外投资平台。中国境外经贸合作区建设初具规模。根据格里芬数据公司收集的数据,截至 2018 年底,中国企业建成的境外产业园区 182 个,分为农业、轻工业、重工业、高新技术、物流和综合产业六大类,产业园区已成为中国企业在境外开展汽车、摩托车、机械、电子、化工、纺织、服装等优势产业合作的集聚式发展平台。

(5) 中国企业"走出去"意愿强烈。从企业自身发展战略的角度来考察,中国企业普遍对"走出去"有强烈意愿。CCG 对中国企业"走出去"进行调查,受调查企业均表示有"走出去"的发展规划。从"走出去"融资来源看,67% 的受调查企业靠自身利润积累实施"走出去"。由于大部分受调查企业为民营企业,可以看出民营企业的融资能力有所增强;越来越多的企业通过寻求合作伙伴,整合优势资源来获得投资;政府拨款和私募资金等正在发挥作用,但力度有待提升。

二、中国对外投资存在的问题

(一)企业微观层面

CCG 调查显示:国际人才缺乏、文化差异大、政策不熟悉构成企业国际化经营最大的制约因素,调查结果如图 7.2。

国际并购律师和国际仲裁委员会专家陶景洲博士对中国企业海外并购的主要问题做了深入分析。他认为,我们在对外投资时更多寻求政府承诺而不是法律保护;需要研究如何在非法制东道国的法律条款下完成所有必要手续,并拉近或进入国际法管辖范围来保护我们的利益。行政审批及其不确定性降低了对外并购的议价能力。志在必得的长官意志提高了收购成本。不重视并购前项目评估的中介服务,使我们在关联交易、潜在风险、表外负债和财务造假等方面承担很大风险,调研不充分,支付成本可能高达百亿美元。所有权变更引发东道国更严厉的监管。建议政府取消审批制度;理清并强化社会中介机构的责任;合规问题造成未来众多潜在风险,需要从企业内部

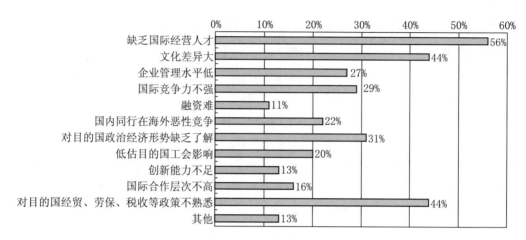

图 7.2　限制受调查企业国际经营和发展的因素

资料来源：中国与全球化智库（CCG）。

和东道国法律角度大幅度提升合规的要求和管控。[①]

（二）国家宏观层面

首先，中国对外投资面临较大的国家风险。

中国社科院世界经济与政治研究所的徐奇渊博士对"一带一路"投资风险问题做过分析。他们测算的结果是到 2030 年"一带一路"融资需求达 2.3 万亿美元，但目前东道国拥有投资信用级别的仅占 50％，2020 年还将下降到 39％，考虑全球升息等因素，"一带一路"国家的信用等级将呈现恶化趋势。[②]

笔者对中国在"一带一路"积累债权的风险也心存担忧，提出双边投融资关系面临国家层面的"道德风险"陷阱。"一带一路"倡议（包括亚洲基础设施投资开发银行，以下简称"亚投行"）的成功，关键因素在于中国主导的亚洲和相关国家基础设施投资的风险控制和后继营运的有效性。这需要具备四个条件：充足的资金融通、国家风险的控制、基建设备的有效供给和承建、项目完成后的有效运营。其中主要难点是资金融通和风险控制。而风险可控又是后继资金来源的决定性因素。当前中国"一带一路"倡议的推进更多的是发展中国与东道国的双边投融资关系。我们这样做很容易陷入东道国债务违约的"道德风险"陷阱。当对方违约时，逼债会恶化双边关系，免债则会恶化多边关系，因为其他类似国家都期望从中国获得援助贷款而不打算

---

① 陶景洲：《中国企业跨国并购存在的问题及其应对》，载潘英丽、冯绍雷主编：《全球化的未来：中国面临的挑战与角色转换》，中信出版社 2017 年版。

② 徐奇渊：《向一带一路沿线国家提供融资：中国如何化解风险？》，载潘英丽、冯绍雷主编：《全球化的未来：中国面临的挑战与角色转换》，中信出版社 2017 年版。

履约,使中国陷入极为被动的境地。[①]2018 年 4 月,IMF 总裁克里斯蒂娜·拉加德(Christine Lagarde)在北京举行的一个会议上表示,中国政策制定者需要谨防为那些债台高筑国家的不需要和不可持续的项目提供融资。尽管中国的"一带一路"倡议可以提供亟需的基础设施,但"项目也可能导致债务带来有问题的增长,随着偿债成本上升,这可能会抑制其他支出并带来国际收支挑战"。

其次,国家整体上存在债权人给债务人付利息的"斯蒂格利茨怪圈"。诺贝尔经济学奖得主斯蒂格利茨曾经指出中国存在国际资本循环怪圈:中国大规模利用外国直接投资,给外商很高的投资回报,同时又大规模对外投资,但收益率很低,导致国家利益受损。表 7.1 给出了中国外汇资产负债和净资产投资收益的相关数据。数据显示,在2010—2023 年间中国外汇净资产为 1.48 万亿—2.9 万亿美元之间的情况下,年年亏损,其中 2013、2022 和 2023 年分别亏损 5.2%、6.6% 和 5.5%。中国是净债权人,但是我们每年都在向我们债务人(比如美国)支付利息,这是目前中美债权债务关系的真实写照。

表 7.1　2010—2023 年中国外汇净资产与投资净收益(亿美元)

	2010 年	2013 年	2016 年	2019 年	2022 年	2023 年
对外投资收益率	−2.6%	−5.2%	−3.8%	−1.9%	−6.6%	−5.5%
对外投资收益	−381	−945	−759	−434	−1 601	−1 590
对外投资净头寸	14 841	18 184	19 849	22 996	24 216	29 082
对外投资资产	41 424	60 205	65 788	78 464	92 155	95 817
对外投资负债	26 583	42 021	45 940	55 468	67 939	66 735

资料来源:国家外汇管理局网站,http://www.safe.gov.cn。

造成外汇净资产持续亏损的直接原因是资产债务结构差异与整体收益率低下。以 2015 年为例:中国在对外负债项下外商直接投资占比 61.5%,信贷等其他投资占20.86%,证券类负债占 17.53%。中国在海外资产项下直接投资占比 18%,信贷等其他投资占 22.8%,证券投资占 4.2%,官方外汇储备占比高达 54.8%。

我们在《谁在补贴美国》一文中,讨论了美国在净负债的情况下获得正的投资净收益的原因。这从另一侧面解释了中国作为净债权国却出现投资净收益为负的原因。美国在投融资两侧占尽优势地位。首先,在资产结构方面,美国作为融资方,主要通过低成本的债务融资——美国政府债券和银行贷款——来吸收资金。而美国作为投资方,则主要通过高收益的股权形式在海外投资,且股权投资占比不断上升,2009 年美

① 潘英丽:《人民币海外债权的积累与创设多元债权人联盟》,载潘英丽、肖耿主编:《人民币变局:汇率与国际化路径》,中信出版社 2017 年版。

国在外资产中,"FDI＋股票"的头寸比例超过60％。其次,在资产期限结构方面,美国"借短期,贷长期",即美国借入短期债务,而投资海外的则是长期资产。最后,币种的差异,美国对外负债几乎都是以美元计量,而美国持有的外部资产,特别是 FDI 和股票等,则主要是以所在国货币计价,在 2003—2009 年间,美元大幅贬值,美元指数从 2003年初的 106 点下降到 2009 年底的 75 点,美国持有的海外资产以美元表示就大幅增值了。相对地,以购买力衡量,美国也减轻了其对外债务的实际负担。实际上,由于美元在全球货币体系中的核心地位,以及美国金融市场的高度发达,美国为其他国家提供了相对"安全"的资产。美国充当了全球的银行家角色,吸收短期的低息存款,再投资于高收益的海外股票、直接投资的海外资产。[1]我们在本章附录中提供了美国的收益率差与净负债贡献率。

显然,对照而言,中国面临的挑战正在于这三个方面。

其一,中国缺乏有效率的企业组织,无法适应中国参与全球分工和资本全球化配置的客观需要。目前中国国有企业管理水平和经营效率低下,对外投资的可行性研究准备不足,在长官意志和政绩驱动下出现较多的投资失败。大而强的民营企业为数不多,整体上未能达到全球化经营的发展阶段。部分民营企业出于管理能力低和资产安全性考虑大规模投资海外房地产,造成国家外汇资产的错配。其实,笔者早年研究有效利用外资理论和中国实践时就已发现,中国大规模吸引和利用外资并非用于补充国内储蓄和外汇不足,而是补充国内有效企业组织不足。但是我们给跨国公司提供超国民待遇时,一定程度上挤出了民营企业的发展空间。而在有效保护私有产权(包括知识产权)、防范商业欺诈、淘汰落后企业方面存在体制性缺陷,阻碍了有效率企业组织发育和成长。由于国内缺乏好企业成长环境,因而无法为有效率的对外投资提供强健的微观基础。

其二,中国在岸金融市场发展很不充分,特别是政府债券市场发展相对滞后,无法为政府确立起良好的市场信用,为外国投资者提供安全性良好、流动性充分的金融资产,因此,也无法以政府债券市场开放的形式吸引低成本外资,以借短贷长方式主导国际资本流动,并获得最大的国家利益。

其三,中国对外投资活动仍大都以美元计价而非以人民币计价,在美元持续贬值的背景下,对外投资规模越大,可能亏损也就越大。我们的研究发现,只要人民币兑美元的汇率升值幅度达到年均 2.05％,中国的美元资产净收益就为 0,如果人民币兑美元年升值幅度超过 2.05％,那么中国就将出现"净亏损"。2024 年美元已是强弩之末,

---

① 参阅倪权生、潘英丽:《谁在补贴美国——美国对外资产负债规模及收益率差异分析》,《上海金融》2011 年第 4期,第 11—16 页。

未来贬值概率上升。这一点对推进人民币国际化有重大意义,因为真正意义上的人民币国际化是建立在人民币可兑换基础之上的,而支撑人民币走出去的基础是不可以选择相对人民币持续贬值的美元储备来构建的。[1]

三、全球投资的共同挑战

《金融时报》著名专栏作家马丁·沃尔夫发表文章使用的全球人口、储蓄与GDP结构说明全球经济重心正在向亚洲转移的背后逻辑。[2]我们发现,人口结构变化是全球经济最深层和最确定的趋势,决定着生产要素中劳动力的供给和潜在市场的规模。沃尔夫提供的图表显示,中国、印度和撒哈拉以南非洲地区的人口规模在2030—2050年间各自都将超过所有高收入国家的人口总和。中国、印度和其他发展中亚洲地区人口总和将达到全球的50%。加上撒哈拉以南非洲地区的人口则会接近甚至超过全球人口的70%。

亚洲发展中国家的人口和GDP未来都将占全球的50%。只要这个地区不爆发战争,并维持社会与政治的稳定,其后的经济扩张趋势也是相对确定的。"一带一路"倡议也是中国对外经济活动聚焦亚洲的地区战略调整,预示中国将从"本地生产、产品出口"转向"对外投资、产能输出";将出口欧美转向投资"一带一路"沿线发展中国家;从"借钱给美国人购买中国产品用于消费"转向"借钱给年轻国家形成新增生产能力"。其实中国、印度和印度尼西亚也将是美日欧政府和市场共同关注的重心。

世界银行曾经提出一种财富的分类或分析框架,有助于我们分析全球财富结构失衡问题。世界银行从社会的角度将财富分为物质资本、自然资本、人力资源和社会资本四类。人力资源我们又可以分成简单劳动人口和复杂劳动者,后者拥有较多人力资本积累,或可称为人才。世界银行定义社会资本是制度和文化的一种混合物。一国给定的资产能在多大程度上转化为可持续的国民福利,或给定资产带来可持续福利的有效性取决于社会资本的积累。社会资本与国家治理能力概念相近,国家治理能力是由广义的制度体现和支撑的。我们可以发现,这四类财富在不同国家和地区的分布也是严重失衡的。从全球布局来看,发展中国家简单劳动力很丰富,自然资源里的土地、环境,包括有些国家的矿产也是丰富的。但是它们物质资本非常有限,人力资本严重不足,最重要的是它们的社会资本十分缺乏。发达国家劳动人口将明显减少,物质资本、知识产权等已有相当的积累,社会资本有利有弊。

---

① 参阅倪权生、潘英丽:《中美相互投资收益率差异及其蕴含的政策启示》,《上海金融》2010年第12期,第10—15页。
② 马丁·沃尔夫:《描述发达世界失去优势的七张图表》,《金融时报》中文网2017年7月28日。

全球范围面临的最大问题是什么呢？如前所述，所有发达国家的财富增值在经济价值上已经比 GDP 创造重要好多倍。财富怎么增值呢？它们人口老龄化，创造财富的能力或 GDP 增长的能力是下降的，财富增值更多需要通过海外投资，分享中国的高成长，分享新兴市场经济体的高成长，才能实现。这就说明富裕国家的对外投资是它们的重大国家战略。

我们可以看到，更多劳动力在发展中国家，更多资本在发达国家。作为生产要素的物质资本与人力资源的结合需要生产要素跨境流动。要素跨境流动可以有两个模式：劳动流向资本富裕的地区或者资本流向劳动富裕的地区。现在看来，前一种可能性很小。其一，西方国家移民政策一定是吸引高端人才的，发展中国家高端人才走了，当地发展就更成问题了。其二，低收入人群流向发达国家，通常形成难民危机，是地区性灾难向周边国家的扩散，很难为流入国承受或接受。

因此，我们的一个基本判断是跨境投资仍然是全球未来生产要素流动的主导模式或必然趋势。

跨境投资的问题在哪里呢？核心问题是东道国缺乏社会资本。比如说政局稳定与良好的社会治安，比如说有效保护私有产权的法律制度，都是缺乏的。当然高素质的劳动力或人力资本积累也是严重不足的。我们看到，当年美国主导和推广的"华盛顿共识"，无非就是期望把适合资本发展的那种制度，从欧美国家移植到新兴市场经济国家去，移植到发展中国家去。但是现在回过头看来，"华盛顿共识"的推广并不成功，甚至是失败的。这说明社会资本不能跨境流动，复制也十分困难。在这样的背景下，美国主导的全球资本流转就开始偏向金融投机和套利。其背后的深层原因就是你的环境不利于长期直接投资，那么只能转向短期金融投资了。这种通过短期资本流转实现增值的做法，从全球范围来看是缺乏合法性的。它是一种从新兴市场国家攫取财富的方式。

跨境投资的全球挑战是什么？我们的第二个判断是全球在跨境投资上面临的共同挑战是"东道国国家风险"或"文明的冲突"。在这种背景下，中国"走出去"会面临很大的风险。既然东道国国家风险是全球跨境投资的共同挑战，而且欧美国家"走出去"的压力或迫切性远比中国更甚，那么中国在抑制东道国国家风险方面是完全可以借助多边力量的，而不应单打独斗地发展对欠发达地区的单边投资和双边债权债务关系。

另外就中国、美国和欧盟的储蓄在全球储蓄中所占的比例而言，2015—2022 年间中国储蓄总额在全球储蓄中的占比超过 25%，远远超过了整个欧盟和美国的比例。储蓄相当于传统农业社会农户家里的余粮，代表着可用于扩大再生产的社会资本或社会稀缺生产资源。

中国就有如何实现巨额储蓄向有效的生产性投资转换和配置的问题。其实这也是如何实现生产要素有效组合的问题。从其他发展中国家和非亚洲发展中国家所占比重看,它们的人口和GDP全球占比略有收缩,成长潜力较差,再考虑地域分散和制度环境复杂,本章不把它们纳入对外投资目的地分析。另外从所有高收入国家人口仅占全球15%左右,现有储蓄估计占全球45%左右的基本格局看,这些国家内部市场已经成熟和饱和,因此将主要是投资来源地而不是投资目的地。而除中日韩东亚三国以外的亚洲地区可看作中国对外投资的主要目的地。

我们可以从生产性资本、自然资本、人力资源三要素的匹配和社会资本作为要素有效组合黏合剂的角度比较中国实施内部投资和对亚洲发展中国家外部投资的安全性和收益性。亚洲发展中国家简单劳动力和自然资源较为丰富,相对而言,生产性资本、高端人才和社会资本存在缺失。对中国而言,物质资本的输出与东道国的劳动与自然资源是互补从而互利的,但东道国社会资本缺乏形成的国家风险却是中国资本输出的最大威胁。中国通过改革补充国内社会资本之不足,显然比促进东道国制度变革来得容易和可控。结合第五章的分析,我们认为,化解经济结构的严重失衡,防范高负债积累的系统性风险,需要双管齐下:在控制风险的前提下输出过剩产能;同时通过推进国内的改革和转型,激发国内经济发展的新动能。

四、全球产业链重塑趋势与中国面临的机遇和挑战

中国社科院世界经济与政治研究所的徐奇渊、东艳等对此做了系统分析。[1]他们给出了几个主要结论:

第一,全球化已从传统贸易一体化、生产一体化进入到数字化时代,海量信息的跨境流动关系到国家安全,军民两用技术界限、国家安全边界日益模糊。数字技术带来的融合和中美信任度下降之间的矛盾使中美关系日益复杂与脆弱。

第二,全球产业链重塑将呈现多元化、数字化和绿色化。跨国公司将通过地域的多元化产业集聚增强产业链抗风险能力,导致中国面临一定程度的产业外移。其中长期的知识化、数字化和资本化趋势将重新定义全球分工的比较优势格局。一些具有劳动力成本优势的发展中国家在数字经济领域发展滞后,相关基础设施面临瓶颈。而一些发达国家在个人隐私保护和商业效率间的权衡面临更多障碍。中国在研发和应用上有一定优势,但美国试图在网络世界和数字经济的国际标准中孤立中国,限制中国的竞争优势。数字技术对劳动力的替代可能改变传统的比较优势逻辑,绿色低碳也将成为后发国家赶超的额外约束条件。"印度、越南等后发经济体,甚至是全局意义上劳

---

① 参阅徐奇渊、东艳等:《全球产业链重塑》,中国人民大学出版社2022年版。

动密集型、高碳资源密集型的后发经济体,其赶超的历史窗口期有可能将逐渐关闭。"

第三,中国产业链的全球影响力和脆弱性并存。根据联合国工业发展组织分类标准,中国是唯一拥有全部大、中、小工业门类的国家,2017—2018 年,《商品名称及编码协调制度公约》(HS)六位码下全球贸易共包括 3 556 种中间产品,中国在其中 2 247种的出口规模位列全球前三;出口 858 种高集中度产品(仅次美国),其中 693 种出口规模位列全球前三(其中 444 种在 2017 年和 2018 年年均排名第一)。但中国面临供应链的脆弱性。出口高中心度产品的生产需要从国外进口大量中间产品,呈现"大进大出"。可以根据产业链的脆弱性将 2017 年中国进口的所有 3 285 件中间品分为以下四类:第一类有 62 种。它们的出口中心度和进口集中度双高,因此脆弱性最高,供应链备份难度最大。政府应考虑制定国家和产业层面的产业链安全规划,保障供应链安全。第二类有 812 种。它们的进口集中度较低,但全球出口中心度较高,未来存在恶化的潜在问题。也需要加强长期产业链安全规划。第三类有 759 种。它们的进口集中度较高,但对应的全球出口集中度较低,需要进一步分散进口来源。第四类有 1 652种,其出口中心度和进口集中度双低,脆弱性较小,而且地位较为稳定。它们超过全部中间品进口种类的 50%,并占进口金额的 48.2%,是中国进口供应链的稳定因素。①

第四,中国存在产业链的二元悖论。产业链二元悖论指一国在某个产业链领域的全球竞争力、影响力与该国对这个产业链的完全自主可控,不依赖进口,这两个方面难以兼得。中国技术密集型行业存在产业链悖论,但在劳动密集型行业中不存在。后者可能是产业链较短,比较容易实现一国范围内的产业配套。美国通过国际政治关系,国家间同盟实现产业链安全保障。如果仅考虑经济关系,中国的产业链风险低于美国,但考虑政治关系、断供可能性,中国的全球产业链风险显著上升。因此中国在提升产业链安全水平的过程中,需要营造与主要国家的良好政治关系,同时加强与断供能力弱的国家的供应链联系。

第五,中美科技竞争呈现新趋势。中美在网络空间的技术竞争和对抗加剧,供应链安全和数据安全成为竞争焦点,平行体系出现的可能性上升。未来的竞争将进入全政府-全社会模式的融合国力竞争时代。中美博弈围绕新技术的国际规则、国际话语权的争夺将更为激烈。

第六,中国产业链在空间上存在外移、内迁和区域重组三个调整方向。不利情形是:(1)产业过度外移可能导致产业空心化。(2)政策过度干预导致的产业向内地迁移可能导致资源的代效率配置。(3)美国主导的产业链区域重组使生产网络向北美收缩,亚太地区国家为控制价值链风险也可能进一步减少对中国的依赖。对此,徐奇渊

① 参阅徐奇渊、东艳等:《全球产业链重塑》,中国人民大学出版社 2022 年第一版,"导论"第 4—6 页。

团队提出巩固国内产业链,做好西部产业链承接的四点建议:(1)实行梯度税收优惠,加强省际协调,减少横向税收竞争。(2)改善中西部地方政府的激励约束机制,提升市场化水平和政府效率,改善政企关系。(3)推动内资中小企业发展壮大,摆脱服务外资的代工地位,形成稳就业、增利润和育品牌的局面。(4)在中西部边境省份,可积极与越南、缅甸开展劳务合作,发挥其年轻劳动力资源丰富成本低的优势,在中国广西、云南边境地区布局中低端劳动密集型产业,实现"中国产业链+越南劳动力"的经济一体化模式,通过语言技能和学历教育等方式吸引周边年轻劳动力入境学习和工作,把相关产业链留在国内。

五、在控制风险前提下促进对外投资的对策

笔者将在讨论人民币国际化路径时具体探讨形成"离岸人民币产业园区"与在岸国债市场间跨境人民币交易闭环和构建广泛的多元债权人联盟等政策建议。此小节将更多总结国内学者的相关政策建议。

关于国家层面,张幼文教授认为,全球化的利益分配机制一定程度上与国内资源配置机制、市场化条件以及全球化是否可控有关。能够发挥自身要素优势,并实现全球化有序可控的国家可收获更多利益。中国可以成为全球治理的制度供给者,维护联合国制度;改革 IMF 的制度;提供丝路基金、亚投行这样的补充;并通过创新推进新制度的建设。[①]

徐奇渊建议,政府多管齐下确保中国投资和债权存量的安全。具体措施是:借鉴马歇尔计划,促成对象国经济改革,同时给出可置信的惩罚机制;融资决策中加大长期风险与利益的考量;利用国际银团贷款、三方合作、国际多边融资机构等多边机制缓解风险。

在健全企业对外投资的合规性,提高对外投资有效性方面,曹红辉建议政府加大系统性规划和政策指导,建设共享信息平台,为各类投资者和企业提供信息服务;改善金融追随型服务,完善风险管控。建议中国企业加强预研,加强重大项目的前期沟通和协调,强化卫生和安全保障,提升企业社会责任,遵守当地法律、尊重民族文化,建设和谐劳资关系,积极融入当地社会。陶景洲则主张,政府应取消审批制度,强化会计师事务所、法律顾问等社会中介机构的责任;强化合规的管控。在合规管控方面,公司内部也好,目标国也好,很多问题会造成未来众多潜在风险(中兴通讯受到美国制裁证实

---

① 张幼文:《全球化的成本与收益分配》,载潘英丽、冯绍雷主编:《全球化的未来:中国面临的挑战与角色转换》,中信出版社 2017 年版,第 105—111 页。

了专家这一观点的重要性）。但是政府又不能管得太宽，政府提出的"禁止大额非主业投资"对大额和非主业的界定不清晰，并且给政府行政人员的干预提供了较大空间，影响民间财产权利的自由度。[1]

第二节　人民币国际化的目标与路径[2]

自 2010 年中国政府推进跨境贸易人民币结算以来，人民币国际化进程出现先进后退的态势。如图 7.3 给出了目前与人民币国际化相关的统计数据的变化。无论是香港人民币存款指标还是境外机构和个人持有的境内人民币存款的数量均呈现出先平行上升，在 2014 年第四季度见顶后快速下滑，并于 2018 年中期出现稳步上升的变化态势。人民币国际化的目标和路径有什么客观要求？中国的人民币国际化进程为

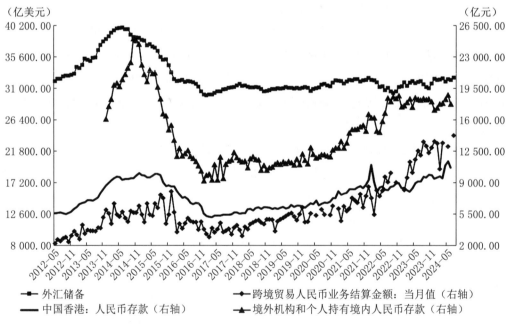

图 7.3　人民币跨境贸易结算额、涉外人民币存款与外汇储备（2012 年 5 月—2024 年 5 月）

资料来源：Wind，由刘建丰整理制作。

[1] 以上作者观点均引自潘英丽、冯绍雷主编：《全球化的未来：中国面临的挑战与角色转换》，中信出版社 2017 年版。
[2] 本节可系统参考潘英丽等：《国际货币体系未来变革与人民币国际化》（下卷），格致出版社、上海人民出版社 2014 年版。

何出现反复？如何推进平稳可续的人民币国际化,促进本国经济高质量发展？本节将对此做系统分析。

一、人民币国际化的目标与指标的差异

我们需要区分货币国际化的目标与指标有何不同。货币国际化的指标只是衡量货币国际化程度的技术手段。国际学者在分析货币国际化程度时用得较多的指标或替代变量是此种货币在全球可识别外汇储备中所占的份额。另外,外汇市场主要货币日均交易额占比、环球同业银行金融电讯协会(SWIFT)提供的国际贸易结算货币占比,以及主要货币在国际债券市场、国际外汇衍生产品市场所占比重等都从不同侧面反映了主要货币的国际使用程度。

主权货币国际化成功与否并非看其国际化程度的高低,看其是否加入了 SDR,而是要看主权国家是否通过货币国际化达成其所设定的战略目标。说到底,货币国际化只是主权国家或国家集团追求某种战略目标的工具,而不是目标本身。我们认为,"成功的货币国际化"应指一国货币通过国际化促进了实体经济的可持续发展,为本国带来了重大利益,并且能够将国际化过程中的风险控制在可承受的范围内。因此,目标的设定是人民币国际化顶层设计的核心,它将直接决定人民币国际化的推进方式和路径。

笔者将人民币国际化的战略目标分为最低目标、最高目标与可以兼顾的全球目标,以下分析予以探讨。

二、最低目标:通过人民币国际计价功能的开发摆脱美元体系的不稳定伤害

从改革开放 40 余年的货币政策实践来看,中国曾经是美元本位制的最大受益者和铁杆支持者。美元本位制对中国的有利之处在于:中国通过先贬值后钉住的汇率政策①,再加上稳定的社会环境和廉价劳动力等有利条件促进了外国直接投资及来料加工产业的快速发展。加入 WTO 后更是借助美元贬值趋势实现了出口拉动的高速经济增长。美元霸权赋予美国的国际购买力也进一步增进了中国对美国的出口。中国对美元的支持主要表现在人民币钉住美元以及对美元储备地位的维护上。21 世纪以来全球外汇储备的 30% 与 80% 分别由中国和发展中国家持有。这在很大程度上与中

---

① 1994 年汇率并轨改革时人民币对美元一次性贬值了 57%,1998—2005 年间中国实际上采取了钉住美元的固定汇率制度。

国在跨国公司全球产业链布局中处在加工组装环节的贸易中介地位有关。这使中国对亚洲中间产品生产国和石油输出国保持贸易逆差，并对美国保持巨额贸易顺差，从而帮助这些国家（也包括自己）积累起大规模美元储备。图 7.4 显示，与 1985—1995 年贬值期美元储备份额曾下降至 45％ 的情况相比，21 世纪美元贬值期间，其外汇储备份额并没有出现显著下降。这是因为人民币钉住美元的联系汇率制度以及由此引起的美元储备积累为美元的国际地位提供了重要支持。

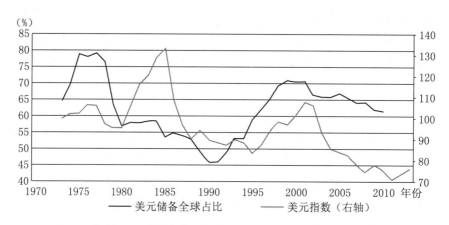

图 7.4　贸易加权美元指数与美元储备全球占比

资料来源：IMF 和 http://research.stlouisfed.org/fred2/。

就如亮丽的事物常常有其阴暗面一样，中国采取钉住美元的汇率政策在促进出口导向型经济增长的同时，也给自己造成了储备资产价值和货币主权的损失。2000—2011 年 8 月间美元对 16 种大宗商品指数贬值了 75.6％。虽然随着美联储退出量化宽松政策，美元已步入 3—5 年升值期，但是如果花旗集团总结的美元"十年熊市、五年牛市"的规律得以延续的话，美元十年熊市开启对中国而言会变得较为凶险。另外，为了维持汇率稳定，人民银行持续买入美元的操作使中国在很多年份基础货币都通过外汇占款渠道投放，以美元为十足储备。这成为美联储量化宽松政策引致中国流动性泛滥、房地产和基础设施投资泡沫膨胀的传递渠道。中国人民银行发行央票实施冲销，则陷入利息成本大于美国国债收益率和美元储备资产贬值的双重困境。

可见，中国人民银行处境困难并有点尴尬。中国人民银行的改革逻辑是放弃汇率稳定目标，推进让市场供求决定汇率的市场化改革，取消外汇管制，完成官方储备转变为民间外汇资产的分散化过程，并提高货币政策的自主权。

但是，中国人民银行这一改革逻辑存在理想主义色彩。依据相关理论和 IMF 的定义，均衡汇率应该是与国际收支或经常账户平衡相适应的汇率。但是事实上这个均衡汇率并不存在。这是因为 20 世纪 70 年代以来,跨国公司已经在全球推进了以产业链为基础的新型国际分工,中国参与其中的加工组装位置使得在中国境内创造的 GDP 或增加值必定以贸易顺差的形式实现。例如,哈佛大学商学院教授潘卡基·格玛沃特(Pankaj Ghemawat)指出,苹果 iPod 虽然被印上中国制造,但中国只是对东亚等地生产的 400 多个零配件进行最终的组装。苹果 iPod 播放器售价 299 美元,每台利润 163 美元,大都进入美国公司和其工人的腰包。中国获得的加工费只有其售价的 1%—2%,但是在美国每出售一台 iPod 播放器,美国就会产生 150 美元对中国的贸易逆差。[①]由此可见,除非从根本上颠覆这种新型国际分工,否则我们就不得不放弃宏观经济调控中的国际收支平衡目标,放弃或改写汇率由市场供求决定的理论。

另外,2013 年外汇年交易额达 1 400 万亿美元,出于贸易和投资的真实需求也就 1%—2%,而套利或套汇等纯金融交易已占 97% 以上,这种结构特征近中期不可能有所改变。汇率变动不仅无法吸收跨境短期资本流动的不稳定冲击,反而会在"预期自我实现"的正反馈机制下放大市场的不稳定。汇率的大幅度波动对国际金融投机资本极为有利,但对中国这样的实体经济国家十分有害。法裔美国经济学家埃莱娜·雷伊(Hélène Rey)揭示了美联储主导的"全球金融周期",提出要么外汇管制、要么丧失货币主权的二元悖论。提示了发展中国家资本账户开放要慎之又慎。[②]从中国的实际情况来看,中国经济面临艰难转型,宏观经济不太稳定,金融体系脆弱性正在加深,全面改革刚刚启动,远未成功。国内外套利空间巨大,资本流入与流出的动力同样强盛,稍有不慎就有可能触发金融危机。

中国在对外经济活动中之所以面临如此困境,全在于我们的对外贸易、引进外资以及相关国际金融活动都必须以美元等外币支付、结算和计价;我们参与国际分工所积累的国民财富也大都以美元储备资产的形式持有。这也是发展中国家缺乏长期信用基础或健全的本土资本市场所形成的一个"原罪"。在参与全球化经济活动中只能积累美元而不是本币的债务或资产,无法规避货币与期限错配,常常在国际汇率波动和投机冲击下爆发危机。这种困境不可能通过采取浮动汇率制度实现规避。发展中小国只能被动适应或寄希望于国际货币体系的改进,但中国则有可能通过推进人民币在国际贸易与国际金融交易中的计价、结算、支付与投资,减少美元等外币的使用,一劳永逸地摆脱大部分汇率波动风险和美元危机的可能伤害,赢得国际竞争的货币优势。

[①]　转引自潘英丽:《论人民币国际化的战略目标》,《财经智库》2016 年第 2 期。

[②]　Hélène Rey,2013,"Dilemma not Trilemma:The Global Financial Cycle and Monetary Policy Independence",CEPR and NBER,August.

美元与黄金脱钩后实现了对石油资源"标而不盯"，美元成为石油的计价标准，美元自身不受石油价值束缚，反而影响或左右石油价格。美元投放越多，石油涨价越甚，石油进口国对美元的需求也就越大。这就形成了美元"供给自动创造需求"的机制，成为美元霸权的一大支柱。相比较而言，在国际浮动汇率制度下的日元国际化是一个为获得价值效应不断升值进而消耗国力的过程。泡沫经济破灭后，日元波动极不规则，大起大落，毫无价值尺度的功能可言，进而沦为国际投机的融资货币，至今并没有一个国家的货币与日元挂钩，结果远远偏离了日元国际化的初衷。美国和日本的经验与教训，值得中国汲取。

我们归纳总结的基本结论是：(1)中国参与全球化过程中面临的困境作为发展中国家的"原罪"，无法通过引入浮动汇率制度克服，但可通过人民币国际化摆脱。(2)黄金非货币化后，大宗商品的计价有助于主权货币国际化的价值效应与网络效应的扩张。(3)大宗商品计价的推进需要最高决策层战略规划和部署(包括必要的双边货币合作协定)和所有相关部门齐心协力，把握时机大胆推进。(4)币值稳定是价值效应和网络效应拓展的前提，人民币国际化推进过程中需要尽可能长时期维持国际投资者的升值预期，而不是让它们的预期很快"自我实现"；因此，顶着美国等来自西方国家的压力，避免人民币快速升值以及随后的大幅度贬值是完全必要的。(5)中国对外贸易体系需要从依赖产业链的垂直分工体系向互通有无的水平贸易(双向贸易)体系转换，由此支撑人民币的国际使用。

三、最高目标：建成经济金融强国，扮演"全球银行"角色

国际货币发行国某种意义上扮演着借短贷长的地区银行或全球银行功能。[1]

美国目前扮演着全球银行的功能。其通过向全球投资者发行安全性良好、流动性充分但收益率很低的美国国债，吸收(相当于银行存款的)低成本资金，并通过本国跨国企业和跨国金融机构进行全球范围(相当于银行资产业务的)更有效的直接投资和风险投资获取更高收益。

国际货币发行国作为全球银行的功能在于为全球经济活动提供短期流动性，在全球范围实现资本的有效配置，进而促进全球经济的平衡发展。因此，扮演全球银行的国家必须具有三方面的优势：一是本国政府在全球具有公信力，这种公信力建立在健全的经济与财政基础上，建立在有效保护私有产权的法律制度上；二是具有规模巨大

---

[1] 香港金融管理局专家何东提出国际货币发行国的银行功能概念。详见 Dong He，2012，"Renminbi Interna-tionalisation：A Primer"，HKIMR，2012 年 7 月 31 日；Dong He，2012，"The Triffin Dilemma and Currency Internationalizaton"，HKIMR，2012 年 10 月 20 日。

而有效的国债和准国债交易市场,为全球投资者提供流动性便利;三是本国企业和金融机构具有在全球范围有效配置资源的能力,这种能力具体体现在技术创新、全球投资、经营和风险管理的能力。

与理想的全球银行功能相比较,美国这家"全球银行"存在三大问题。

第一,美国产业结构出现失衡。美国过度强化军工和金融等为其全球霸权服务的战略产业,削弱了可贸易产品的生产,导致长期存在贸易逆差和"全球银行"日益严重的资不抵债(海外债务总额大于海外资产总额)。这种态势需要及时扼制并逆转,否则这家"全球银行"将会面临"挤兑"。

受到特里芬悖论影响的人们经常存在的一个误解,就是货币的输出需要通过贸易逆差实现。从英镑和美元国际化的历史经验来看,主权货币在崛起过程中都是靠资本项下输出而不是贸易项下的逆差实现的。实际上"国际储备货币的提供,并不需要储备货币发行国通过经常项目逆差来实现。恰恰相反,要保持币值的稳定,发行国的对外净资产(即累积的经常项目余额)必须维持在一个稳定的正值上面。国际储备货币发行的过程,是发行国利用其资本账户和对外资产负债表进行期限转换的过程。它在国际货币体系中扮演一家银行的作用:借短贷长。正如商业银行一样,要防止被挤兑,它必须保持一定的资本充足率"。

美国在扮演"全球银行"的角色时获取巨大"利差收入"(或超级特权)。在1996—2010年间,美国经常账户累计赤字是6.98万亿美元。同期美国的对外净负债只增加(或净资产减少)了2.3万亿美元。其差额4.68万亿美元即可看作其"全球银行的利差收入"。[1]

第二,美国政府对本国跨国企业与金融机构的资本收益征收税收的能力受到挑战。"全球银行"可持续发展的内在逻辑要求通过发行债券承担"吸收存款"功能的中央政府能够分享企业和金融机构全球投资获取的高额回报(利差收入),以弥补其营运成本(比如为保护国家海外经济利益的海外驻军支出)。如果美国联邦政府不能有效征收本国全球化资本的所得税,那么,这家全球银行信用和资本充足率就无法维持。

第三,美国这家全球银行能否为全球实体经济的发展提供有效服务已面临质疑。金融机构获得收益的合法性基础在于其优化资源配置的功能,即金融机构通过他们的中介,将社会稀缺资源从低效率用途转移到高效率用途,从而导致一个新增财富在高效率实体经济领域创造出来。全球范围需要防范的是金融集团通过市场操纵或垄断

---

① 参阅潘英丽、徐迎风和吴君等:《国家利益与全球责任兼容的人民币国际化》,载潘英丽等编著:《十字路口的金融体系:国际经验与中国选择》,中国金融出版社2013年版,第250—279页。

在不改善资源配置甚至导致资源配置扭曲的情况下获取高额利润。商业银行或金融机构通过提高自身和整体经济的杠杆率，制造泡沫并获得高回报，而将泡沫破灭的风险转嫁给各国财政。这就是本次全球金融危机发生的重要背景。

可见，人民币国际化的最高境界是强化政府公信力，建设规模巨大、流动性充分、安全可靠的国债市场（包括高信用等级的地方政府和央企的"准国债"市场），适时先行对外开放；同时大幅度提升企业和金融机构的全球资源配置能力和国际竞争力；避免美国这个"全球银行"所存在的产业结构扭曲、资本利益与国家利益弱相关性，以及跨国金融机构利益与全球利益相背离的缺陷；使中国成为促进全球资源有效配置、全球经济平衡发展、全球福利不断增进的"地区银行"或"全球银行"，实现与全球利益兼容的国家利益最大化。

其实，大国借助本币国际化扮演全球或地区银行角色也是其维护长远根本利益应对老龄化挑战的客观要求。我们可以美国为例说明这一道理。美国纽约大学研究财富的权威学者爱德华·N.沃尔夫（Edward N. Wolff）曾在美国国家经济研究局网页上挂出一篇分析美国家庭财富的论文[①]。1983 年到 2016 年美国家庭的财富中位数是 7.81 万美元，平均数是 66.76 万美元。中位数表明美国 50% 的家庭财富低于 7.81 万美元，因此平均数是掩盖真相的，可能 90% 以上家庭是被平均的。1983—2016 年平均净资产收益率是 3.1%。相当于家庭平均每年有 2.07 万美元的资产增值收益。假定 GDP 和家庭工作收入也按 3% 增长，家庭年增加收入是 2 343 美元。可见美国家庭财富增值可以是收入增加部分的 8—9 倍甚至更多。财富保值增值远远超过 GDP 增长的重要性。另外一个典型案例是挪威。2023 年挪威主权财富基金盈利 2 130 亿美元，相当于给挪威百姓人均增加财产性收入 3.955 万美元，是其 8.8 万人均 GDP 的 45%。但当年挪威 GDP 增长率只有 0.5%。可富裕国家本土经济几乎没有增量了，因此一定要考虑通过全球投资保持存量财富的增值。这就是美元为什么受欢迎。持有美元可以投资美元计价的优质资产，比如持有美国高科技上市公司股票，实现财富增值。这又通过盈利的示范效应，吸引全球更多民间资本，主权财富基金，投入美国市场。

2008 年全球金融危机后，随着老龄化和政府负债率大幅的上升，美欧等发达国家的固定收益证券市场的投资收益持续下降。美国学者提出现代货币理论（MMT），主张央行量化宽松支持政府发债，并让境外投资者不要关注政府债务占 GDP 的比例，更多关注政府支付的利息占 GDP 和财政收入的比例。因为各国央行可以将政策利率调降至足够低的水平，以减轻政府的利息负担。在此过程中，境外证券投资出现从美债

---

① Edward N. Wolff, "Deconstructing Household Wealth Trends in the United states，1983—2016"，2017.11.

转向股市的趋势,境外债券投资占比从之前的 48% 下降至近年的 25%。投资者加杠杆进股市,上市公司则低利率融资回购股票。美国股市靠高科技巨头支撑。2024 年中期 16 家市值最高公司的市值占总市值的 44%,并且贡献了市值增量的 77%。美国股市、美元体系与高科技全球垄断企业三者具有相互支撑的关系。

20 世纪 70 年代美元与黄金脱钩之时,美国与沙特签订石油交易以美元计价的协定,通过美元与石油交易的锁定创设了美元供给自动创造需求的机制。即美国增加美元供给时,石油美元价格会上涨,从而增加了石油进口国家增值美元储备的需求。该合约的 50 年期限已经到期,两国是否续签有很大不确定性。并且面临石油交易与美元逐步脱钩的风险。在此背景上美国股市投资增值机制的形成对美元体系的稳定具有重大意义。美国量化宽松在国内外投放更多美元时,可有更多美元投资美股,推动美股市值增加和家庭财富增值,股价上升通过财富效应拉动国内消费,并通过托宾 Q 机制拉动美国高科技企业的研发投资和境外投资,强化其高科技的全球垄断地位。而财富增值的基础是跨国企业国际垄断利润的持续增长。由此可见美国金融强国地位和美元的全球霸权维系于美国高科技企业的全球垄断或领先地位。由此可见,美国抢夺或打压其他国家全球领先企业已无所不用其极。法国阿尔斯通和之前日本半导体领先企业被美国收购或消灭。中国华为受到打压,TikTok 则面临美国国会要求转让股权给美国企业的无理要求。可见,对中美高科技领域的冲突不能抱有幻想。另外从以上案例也可看出,本币国际化的全球银行模式的核心或经济金融强国建设的核心在于激励和培育一批在全球具有科技领域地位,并且利润高增长的优秀跨国公司。

人民币国际化与中国经济金融强国建设是一枚硬币的两面。从全球经济规模的历史数据来看,1980—2010 年间全球 GDP 排名曾进入前四位的国家有美国、日本、德国、法国、英国和中国六个国家,其中除中国以外,其他五国的货币,美元、日元、原德国马克、法国法郎以及英镑无一例外都是国际货币。人民币未能成为国际货币,原因在于中国长期实行金融抑制政策,成就了 GDP 增长,却导致了金融体系的脆弱性。

金融抑制政策的基本特征是政府人为压低资金成本,补贴固定资产投资,以促进工业化和 GDP 增长。由于低利率必定导致资金供不应求,政府就必须实施金融的垄断经营或通过行政干预和产业政策将低成本资金配置给特定产业和国有企业。政府垄断金融活动不仅意味着金融服务市场(银行业、证券业)对外资和民营资本的准入限制,而且意味着居民储蓄或民间资本不允许在海外配置。这种金融的行政垄断带来两个不可避免的严重结果:一是市场信用基础长期缺失,即使是商业性的金融活动也都以政府信用为基础,导致风险集中转嫁国家的严重机会主义、金融腐败和金融秩序的混乱;二是资金的低成本以及金融对银行体系的过度依赖导致有抵押品的房地产、制造业和地方政府基础设施建设出现严重泡沫和低效率。本来2006年金融抑制政策应该全面退出了,但是金融改革出现整体延误,金融抑制及其低效率导致信贷支撑的GDP增长难以为继,资源浪费与金融脆弱性加深。

人民币国际化与经济金融转型具有逻辑上的一致性。货币的国际化是货币的计价结算、交易支付和价值储存等功能在国际领域的拓展。新兴国际货币的崛起在很大程度上取决于其在安全性、流动性、收益性和便利性方面所拥有的国际竞争力。

就国际货币及其计价资产的安全性而言,发行国的政治稳定和有效保护私有产权的法律制度是其核心要素。其外在标志在于政府拥有国际公信力并实现国家信用AAA等级。这也是以发行国债的方式动员全球储蓄,筹集廉价资金,并通过本国金融机构和企业实现全球有效配置以增进国家利益的重要保证。具体要求是:健全保护私有产权的法律制度和监管制度;通过政治改革推进法治社会的建设;促进经济金融转型,以实现社会经济的可持续发展。国际储备货币或国际储备资产的收益性或其保值增值的能力很大程度上取决于发行国的经济增长潜力、金融体系配置资本的效率,以及国内资本市场对国际资本的开放。国际储备资产的流动性和便利性既取决于本土金融市场体系的广度、深度和开放度,又取决于以发行国为母国的跨国金融机构在全球范围有效配置资源并提供相应服务的能力。

中国经济金融的成功转型将为人民币国际化提供经济基础与制度保障,而人民币国际化的客观要求也为中国建设经济金融强国指明了方向。作为名词的金融强国可以看作人民币国际化的最终目标,作为短句的金融强国则是通过做大做强金融建立强大国家的过程。因此,人民币国际化与中国建成金融强国是同一过程,人民币成为国际货币是金融强国内在品质的外在表现。

四、可兼顾的全球目标:形成具有内在稳定机制的多极储备货币体系

人民币国际化已是全球经济多极化发展的客观要求,有利于增进全球经济的稳定与发展。

过去30年全球经济发展呈现出多极化的明显趋势。以购买力平价计算的GDP全球占比数据来看,美、日和欧盟所占份额已从1980年的60.26%下降到2011年的44.37%;中国、印度、韩国、土耳其和印度尼西亚五国的GDP占比则从1980年的6.7%上升到2011年的24.33%。前者减少了15.89%,后者增加了17.63%。中国GDP的全球占比则从1980年的2%增加到2011年的13.98%。

世界经济重心从美欧向亚洲转移的趋势在全球金融危机后还将延续或加快。

OECD 在 2012 年对未来 50 年主要国家经济增长前景的预测报告指出了世界经济格局变化的长期趋势。中国和印度两国的 GDP 总量未来 50 年将增长 7 倍,很快会超过 G7 国家,并将在 2060 年超过 OECD 全部成员国的总和。

中国 GDP 占全球比例将从 2011 年的 17％上升到 2030 年的 28％和 2060 年的 28％,美国同期则从 23％下降到 18％和 16％。美国、日本和欧元区合计的 GDP 总量占比会从 47％下降到 34％和 28％。欧洲与法国的顶尖国际经济智库(Bruegel & CEPII)曾预测中国经济总量在 2040—2050 年间可达全球三分之一。

全球经济的多极化趋势客观上要求国际储备货币的多极化与之相适应。20 世纪 80 年代以来,经济全球化进入了加速发展的 2.0 版。其与全球化 1.0 版最大的不同在于新型国际分工体系。以前的国际分工是以类似于法国葡萄酒与英国纺织品之间(或者英国制成品与殖民地大宗商品之间的)最终产品贸易为主要特征的水平分工,而当代新型国际分工体系则是以价值链不同环节的全球布局为纽带的垂直分工体系。跨境可流动的资本、技术与不可流动的劳动力和土地的结合导致制成品等可贸易产品生产能力在全球的布局与最终需求脱钩。这种垂直分工体系的形成与中国 80 年代实施的"大进大出"国际大循环战略有一定关系。中国等新兴市场经济国家凭借廉价劳动力和土地资源优势,引进外资和技术,得到了快速的增长,来料加工产业创造的增加值绝大部分体现为对外贸易顺差,需要以国际储备资产的形式实现其国民财富的积累。美元霸权地位以及美国国债市场在安全性、流动性和规模等方面的绝对优势使美国国债成为新兴市场国家和发展中国家持有的最主要储备资产。国际金融学基本原理指出,一国外汇储备的适度规模应与本国三个月的进口额相当。但是中国外汇储备 2009 年已超过 3 个月进口额的 9 倍,近年来都保持在 7 倍以上的水平。外汇储备 85％以上的功能已不再是传统的国际支付与清偿能力,而是作为国民财富的储存形式。假如全球 238 个国家和地区中有 60 个为发达国家和地区,它们无须美国国债储存财富或用作外汇储备,另外 178 个发展中国家和地区或多或少需要以美国国债的形式储存财富或用作外汇储备。当这些国家和地区的经济越来越深地卷入全球分工体系并实现快速增长时,它们对美国国债这种国际储备资产的需求也将快速增长。但是提供此种储备资产的美国,经济增长相对低速,全球经济地位和财政实力不断下滑,难以支撑其不断扩张的对外债券规模。有学者将海外美国国债需求的不断增加与支持国债供给的美国财政能力的不断衰减,称为现代版的"特里芬难题"。美元单极与经济多极化的冲突任其发展,不能排除现行货币体系崩溃的可能性。

谈到美元单极时,人们必定会问欧元扮演什么角色,为什么不提美元与欧元的双极体系?因为欧元未能很好扮演国际储备货币,帮助美元分担需求压力。欧元区整体对外贸易长期处于相对平衡状态,说明欧元区基本没有储备资产的持续输出,欧元本质上是一个"自给自足的"货币。这是因为这些欧洲国家虽然有统一货币但却没有统一财政,没有规模巨大、流动性和安全性良好的统一国债市场。我们的研究表明欧元的出路可能是转变为主权货币。可能是欧洲通过财政和政治统一走向欧洲合众国,从经济和政治两方面为欧元奠定坚实基础,或者就是分裂为多个由统一财政支撑的地区性小欧元。从目前欧洲经济与政治态势来看,欧元面临很大麻烦,前景并不乐观。

因此,构建多极化的国际储备货币体系是国际货币体系改革最具现实意义的方向。其优点在于与全球经济的多极化趋势相适应,给各国提供了国际储备资产分散化配置的可能性,并适应新兴市场经济国家对国际储备资产需求的快速增长;国际储备货币之间具有一定竞争性,从而有助于发行国遵守相应的货币纪律。缺点是多种储备货币之间的竞争造成内生的不稳定性。特别是在国际汇率自由浮动、短期资本大规模流动背景下,地区经济周期的差异和国家之间的兴衰将引起各国中央银行储备资产组合的调整和国际金融资本偏好的改变,导致市场的无序波动,给国际货币体系带来压力。因此,多极化国际储备货币体系改革的成功取决于两个重要因素:一是人民币国际化能否有序推进,成为一种具有稳定作用的国际储备货币。二是多极国际储备货币体系能否构建起内在的稳定机制。我们认为,中国政府应该倡导并推动具有内在稳定机制的多极储备货币体系的形成。其核心在于构建内在稳定机制。内在稳定机制具有三方面要求:一是推进与全球经济的多极化趋势相适应的储备货币多极化,储备货币将由多个大经济体的货币构成,并且鼓励符合条件的高成长大国的货币加入其中,使国际货币体系能够拥有坚实而稳定的动态经济基础;二是强化多极国际储备货币的区域化特征,以形成互补性大于竞争性的共存关系;三是加强国际合作,实施国际汇率波动和短期国际资本流动的全球管理,以促进单极向多极储备货币体系的平稳过渡,并且避免多极储备货币的竞争带来的不稳定和系统性风险。国际货币体系改革可以通过人民币国际化与加强对国际汇率波动和国际资本流动的国际管理形成双轮驱动模式。

人民币国际化将为国际货币体系引入新的稳定力量,分担美元作为储备货币所承受的过大压力,与美元、欧元一起形成三足鼎立的稳定格局;而国际社会对汇率波动、金融资本流动的管理将为人民币国际化的成功创造稳定的国际金融环境。那么,人民币与美元的关系可以从竞争走向互补与协同。

为了实现这一目标,人民币应该成为亚洲的关键货币,促进以人民币为载体的亚洲国际金融市场发展。金融危机发生后,众多国际经济学家探讨了金融危机成因,认为危机与全球经济不平衡相关。对全球经济不平衡的成因则有三种解释:一是美国官方与主流经济学家的"亚洲储蓄过剩论"①。第二种观点认为"亚洲新兴市场与大宗商品出口国金融欠发达"②。第三种观点可以称之为"银行过剩论",持此种观点的学者认为美国金融市场泡沫的过度膨胀与欧洲银行的过度参与有关。笔者较为认同第二种解释。考虑到伦敦国际金融中心与欧洲银行的全球中介作用,笔者认为来自英国和欧洲的资本并非全部是欧洲本土资本,其中重要的部分可能是经伦敦和欧洲离岸金融中心中介的大宗商品出口国和其他新兴市场国家的资本。因此,本次全球金融危机在美国发生,与亚洲和发展中国家对美国金融市场的过度依赖有关。但是国际货币体系对美元的过度依赖,以及产业价值链主导的新型国际分工导致的可贸易产品生产能力的全球布局与最终需求脱钩是两个更深层的原因。

因此,解决全球不平衡带来的不稳定性问题,需要从实体经济调整和国际货币体系改革两个层面推进。就实体经济层面而言,美国、欧洲与亚洲需要共同做出调整,只是调整的方向与重点有所不同。美国和欧洲需要约束消费或福利开支,提升劳动生产率和可贸易产品生产能力以实现两者之间的动态平衡。亚洲则需要大规模提高本地区的消费以及为本地区消费服务的投资与生产,特别需要加快本地区国际金融市场体系的发展。通过地区开发银行的发展促进基础设施投资;通过本土国际金融市场体系的发展促进资本在亚洲内部不同国家之间的有效配置;并通过社会保障体系的建设和消费信贷、教育信贷促进本地消费和经济的可持续发展。亚洲地区性金融市场与金融产品的发展需要以一种价值稳定的货币为载体,并且以保护私有产权为主要特征的法律制度作为基础性的制度环境。

考虑到美元面临的过度压力和不稳定前景,欧元对亚洲共同货币的前车之鉴,以及日元步英镑后尘日益边缘化的态势,亚洲未来关键货币似乎非人民币莫属。因此,做大做强中国香港、新加坡的人民币离岸市场和上海在岸型人民币国际资本市场,可以对全球经济和金融的再平衡做出重大贡献。促进以人民币为载体的亚洲国际金融市场体系的发展,将有效缓解新兴市场经济体快速增长的国际储备资产需求给美国金融市场施加的压力。

但是,人民币崛起本身是否会替代美元,并对美国国债市场形成冲击? 笔者认为,中国如果采取激进的资本账户开放政策,会对美国国债市场形成不稳定冲击。当中国经济成功切换到可持续增长轨道,中国资本账户全面开放将引发各国央行储备资产组

---

① Ben S. Bernanke, 2005, "Remarks by Governor Ben S. Bernanke: The Global Saving Glut and the U.S. Current Account Deficit", The Sandridge Lecture, Virginia Association.

② Ricardo J. Caballero, Emmanuel Farhi and Pierre-Olivier Gourinchas, 2008, "Financial Crash, Com-modity Prices and Global Imbalances", NBER Working Paper 14521; Ricardo J. Caballero, Emmanuel Farhi and Pierre-Olivier Gourinchas, 2008, "An Equilibrium Model of 'Global Imbalances' and Low Interest Rates", American Economic Review, Vol.98, Issue 1, 358—393.

合调整，国际市场投资者偏好也会发生转变。这会引发不稳定的美国国债抛售，并导致美国国债收益率大幅度上升，后者给美国财政造成重大冲击，并有可能通过正反馈机制触发美元危机。其实中美之间的相互依存关系是史无前例的，如果出现这种局面中国首先会遭受重大损失。因为中国几乎不可能将美元储备资产全面脱手，我们的国际贸易与金融交易活动也不可能完全不使用美元。因此，人民币国际化的直接目标应该是亚洲区域货币，强化其区域特征及其与美元的互补性。尽管人民币国际化仍然会替换美元在亚洲的流通，但是这种替换应该是有序和可控的。

英国在英镑平稳退出方面已经提供了成功的历史经验，相比英镑，美元仅仅是局部地区的退出，通过中美之间的货币合作和中国与亚洲主要国家之间的货币合作，这种替换是完全可以平稳实现的。

五、推进经济发展导向的人民币跨境自由使用

当前人民币国际化的起步阶段与"一带一路"倡议有着内在的一致性。离岸人民币市场的布局应以服务实体经济发展为主，建设金融交易网络为辅。我们需要构建既增进国内外实体经济健康发展又便利人民币跨境自由使用的市场机制和政策环境。

（一）人民币跨境自由使用的着力点

当前人民币汇率和外汇市场处在相对稳定状态。央行汇率管理机制的优化和外汇管制共同发挥了重要的作用。市场流行的看法仍然是人民币国际化需要货币自由兑换，需要加快资本账户的开放。我们的观点是：国际货币总是自由兑换的，但并非人民币国际化就先要自由兑换；货币自由兑换也不等于资本账户的完全开放。

首先，货币自由兑换比资本账户开放有更深厚的内涵。货币自由兑换最初是指金本位下纸币与黄金之间的自由兑换，之后进入有限兑换和不可兑换阶段。黄金非货币化后，主权国家法偿货币的自由兑换已具有四个新的内涵。它们是政府承诺：（1）币值稳定；（2）保护私产；（3）发行国具有强大的可贸易品生产与出口能力，为境外流通的本币提供物质基础；（4）境外持有人"可自由使用"，也即本币在国际经济活动中具有支付、结算、投资、交易的便利或低成本。大宗商品的计价、金融机构提供以本币为载体的国际金融服务、离岸金融市场的培育和在岸金融市场的对外开放都将有效提升其"自由使用"度。资本账户的开放只是其中的离岸人民币回流和以本外币兑换为条件的资本跨境自由流动。

其次，发达国家在货币自由兑换前提下仍然实施资本账户管理。比如 G7 国家

显然已实现货币自由兑换,但是资本账户并非完全开放。加拿大一项关于经济自由度指数的测量显示,以 10 分为满分,2011 年资本账户自由度英国是 8.27 分,美国仅得 4.83 分。如果资本账户是完全开放的,美国为何还要推行"双边投资协定"谈判呢?

因此,促进中国实体经济和对外投资健康发展的人民币跨境自由使用,重点可以放在国际大宗商品的计价、中资金融机构为实体经济贸易投资服务的人民币国际业务和建设离岸人民币具有内生稳定性的回流机制上。相比较而言,以本外币兑换为前提的资本流动仍然需要适度管制,离岸金融市场上的人民币投放则应相对谨慎,以抑制跨境投机和套利的金融交易活动。

我们可通过准入前国民待遇促进金融服务业的对内和对外的双向开放,加大资本市场直接投融资服务业的开放,为境外投资管理人才通过在境内创设投资管理公司为中国居民提供财富管理服务,创造更为宽松的政策环境,但热钱或金融资本跨境流动仍需要管制。

从国内房地产价格泡沫、企业和地方政府的债务问题及其所导致的银行体系脆弱性现状来看,资本账户仍然需要管制,重点应放在改进管理方式和效率上。我们建议借鉴美国双边投资协定谈判经验,根据人民币国际化的战略需要与未来国际货币合作国家签订中国政府主导的双边投资协定,将中国资本市场准入资格作为中国政府推进境外货币与金融合作的特惠政策。

(二)建设"离岸人民币产业园区"及其与在岸国债市场的跨境人民币交易闭环

中国政府可倡导并促成"外汇适度管制下的人民币直接投资输出＋离岸人民币产业园区＋以国债市场吸收人民币回流"的多点放射型跨境人民币交易的闭环模式。

首先,政府需从国家战略与市场需求双重视角精选"一带一路"沿线部分国家,与市场力量一起协同建设其中的"离岸人民币产业园区"。政府可通过双边投资与贸易协定谈判寻求东道国的政策支持,区内实施有利于产业资本长期发展的相关法律与制度安排;以中资企业为主直接植入资本、技术和海外销售渠道;以我为主整合属地的劳动力、专业人才与自然资源等具有比较优势的生产要素组织生产。此类直接投资"飞地"的优点是可引入更先进的商业文化和制度作为生产要素黏合剂,以此影响当地政府、企业和劳动者,避免中资企业发展受当地文化和制度的束缚。园区内推进人民币的计价、结算和支付,中资银行需提供追随型金融服务。园区生产的制成品除以本地和海外市场为目标外,还可部分返销中国国内市场。返销国内市场可以帮助东道国以贸易项下顺差抵补资本项下逆差,维护债务清偿能力,实现可持续的双边国际收支平衡,也可缓解制造业扩张对我国国内生产成本与生态环境的压力。

其次,中国政府还需通过更为开放的国债市场作为境外人民币主要回流机制。我们需要鼓励东道国央行和大型银行更多增持人民币国债作为储备资产,更多利用中国在岸国债市场管理其流动性。以境内国债市场吸收离岸人民币的回流,相当于商业银行经营活期存款业务,通过为客户提供管理流动性的便利和资金安全,获取低成本资金来源,进而获得跨境投融资的利差收益。国债市场是国际货币发行国发挥借短贷长的全球银行功能进而获取高收益、实现国家"超级特权"利益的市场载体,这就要求我们强化政府公信力。国家信用等级越高,以人民币为载体的跨境投融资的成本就越低廉,进而可通过国际资本循环获得更高投资收益。因此需要培育和发展有足够广度和深度、安全可靠的国债和准国债市场,大幅度提高其市场流动性和境外机构的投资便利。相比较而言,股票和产权市场的开放需更为谨慎和靠后,这种融资方式对企业而言成本更高,并且可能挤占本国居民分享高成长企业成长成果的投资机会。

(三)构建广泛的多元债权人联盟

与"人民币产业园区"的思路不同,在"一带一路"资金融通方面,我们建议构建广泛的多元债权人联盟,并对发展双边的债权—债务关系持审慎态度。

目前出口信贷是中国对外贸易和投资的重要形式,比如,由国开行给东道国政府贷款,启动基础设施投资项目,再由对方购买中国的基础设施设备,由中国企业承包项目工程建设。我们面临一个主要风险是东道国政府债务违约,这使中国陷入两难境地。假定对方违约,我们是逼债还是给它们免除债务? 前者会导致双边关系恶化,后者助长道德风险,会导致多边关系恶化。更多国家向中国借钱,更多国家不打算还本付息。中国如果拒绝,多边关系就恶化了,答应放款岂不成了"冤大头"?

我们主张构建三个层次的多元债权人联盟。最基础的层次是启动全球和地区开发银行的联合贷款。亚投行是很好的多边官方债权人联盟机制,期待其稳健发展,做大做强。第二个层次是重振香港的银团贷款中心。在条件成熟时,中资大商业银行应主动联合日本、欧洲和全球跨国银行对"一带一路"基础设施项目提供商业性的银团贷款。第三个层次是通过在联合开发贷款合约中设定相应条款,要求受援东道国发行以人民币或其他 SDR 篮子货币计价的国债,在中国上海、日本东京、中国香港和新加坡等国际金融中心发行和交易,以促进亚洲国际债券市场的发展;通过吸引全球投资者参与其中,以建立起一个广泛的全球债权人联盟。

"一带一路"建设的推进应精心挑选受援国,选择对外资友善,并有意愿改革开放的东道国,作为有效利用外资促进经济快速发展的典型来培育,以此产生良好的示范效应,以点带面扩大成果。多元债权人联盟的实质就是大幅度提高借款国违约的长期综合成本。违约就是与全球投资者为敌;努力推进内部制度变革,有效利用外资,认真履行合约,则可获得国际社会的支持,赢得本国经济社会的快速发展。通过这种方式实现东道国国家风险的分散,中国面临的压力或所承担的风险就能控制在可承受的范围内。

(四)深化内部改革提升对外经济战略的执行力

"开放度取决于内部管理能力。"近年来,国有企业海外直接投资和并购快速扩张,但投资和经营的效益很不乐观。其深层原因在于中国缺乏有效率的企业组织。因此,需要加快国企的混合所有制改革,推进职业经理人制度;消除产业的行政垄断,放宽市场准入;完善产权保护制度,形成市场有序竞争和优胜劣汰机制。以此培育更多有效率的企业组织,大幅度提高它们的国际竞争力。这是人民币国际化的微观基础,也是"一带一路"倡议成功实施的组织保证。

另外,中国还亟须提高对外投资现代服务供给。海外投资环境具有极大的复杂性和不确定性,法律制度、宗教文化、政治经济条件各不相同。在国家治理和涉外经济战略决策层面,需要强化智库的独立性、专业性和系统性,为宏观决策者提供多视角的决策依据。在市场层面,需要加快国际投资咨询服务业的发展,取消审批制度,强化会计、法律等各类社会中介机构的责任;在企业层面需要破除长官意志,强化决策理性,推进决策咨询专业服务的外包。

附录 美国的收益率差与净负债贡献率[①]

我们用了两个指标——分别称为"收益率差"和"净负债贡献度",来进一步说明美国的廉价资本和高额收益来自哪些国家和地区。"收益率差"即美国对该地区投资的平均收益率(2003 年至 2009 年)减去该地区对美投资的平均收益率,"净负债贡献度"是用美国对该国的净负债除以美国的对外净负债总额。从这个角度看,既有较大"净负债贡献度",又有较高"收益率差"的经济体有两类:贸易盈余地区和国际金融中心。贸易盈余地区包括中国内地、日本、中国台湾、韩国、德国等,而比利时—卢森堡、中国香港和新加坡则属于国际金融中心。

---

① 参阅倪权生、潘英丽:《谁在补贴美国——美国对外资产负债规模及收益率差异分析》,《上海金融》2011 年第 4 期,第 11—16 页。

表 7.2　美国的收益率差和净负债贡献度

	收益率差	净负债贡献度		
		1994 年	2004 年	2009 年
中国内地	5.34%	7.79%	15.74%	49.63%
日　本	3.33%	63.25%	34.80%	31.37%
比利时—卢森堡	11.88%	4.17%	28.57%	30.79%
加勒比地区	0.97%	n.a.	30.51%	24.84%
中国香港	9.50%	−0.64%	3.01%	6.78%
爱尔兰	−2.51%	−0.64%	3.42%	6.28%
俄罗斯	−0.37%	0.36%	4.16%	5.73%
中国台湾	10.31%	13.79%	4.11%	4.46%
韩　国	7.07%	−2.58%	1.17%	3.69%
德　国	5.64%	12.55%	5.38%	2.16%
新加坡	12.83%	6.95%	3.80%	1.82%
挪　威	3.61%	−1.78%	0.82%	1.32%
瑞　士	0.13%	18.79%	4.16%	0.86%
印　度	4.30%	0.02%	0.06%	−0.01%
瑞　典	0.00%	−5.20%	−0.93%	−0.41%
巴　西	4.92%	−10.06%	−3.14%	−2.99%
墨西哥	9.15%	−24.66%	−2.19%	−3.12%
荷　兰	4.39%	15.83%	0.31%	−4.52%
法　国	1.50%	6.79%	−1.67%	−6.84%
澳大利亚	3.87%	−8.24%	−1.75%	−9.06%
加拿大	5.54%	−28.31%	−7.03%	−10.69%
英　国	3.93%	60.93%	−12.46%	−14.08%

资料来源:BEA、美国财政部、IMF 和本文作者的计算。

第八章　政府职能与宏观经济调控

　　自 20 世纪 30 年代大危机以来,政府通过财政、货币政策进行宏观调控的力度都有持续的上升。特别是中国正处在计划经济向现代市场经济体系过渡的改革或转型时期,政府在宏观调控方面有其更大范围、更强力度和更多行政化手段,政策作用的机制也更为复杂,效果更难以评估。比如在财政领域,中央与地方财税关系,地方财政与地价泡沫的关系,政府财政与银行体系的关系等都有与其他国家十分不同的特点和复杂性。比如在货币政策领域,央行显然没有成熟市场经济国家的相对独立性,商业银行在货币扩张过程中的重要性也极为不同。另外,中国以高负债驱动的高投资高增长模式也正在进入边际收益快速递减甚至负面效应日益增长的阶段,去杠杆防风险变得更为紧迫和重要。

　　本章第一节阐述政府的基本职能及其发挥有效作用的范围与条件。第二和第三节分别讨论中国财税和货币制度基本特征,分析近年来财政与货币政策实施的现状与问题,探讨未来宏观调控领域的相应改革和政策方向。最后在第四节系统讨论 2016 年以来去杠杆的现状、问题以及与去杠杆相关的政策取向。

第一节　政府职能及其作用范围与有效性条件

　　本节将主要讨论政府的职能及其作用范围。

一、政府职能

　　从经济学理论和政策实践两方面看,政府职能是由简入繁,在国民经济中的地位和重要性都有了很大的提高。

（一）维护市场秩序

亚当·斯密早在 1776 年出版的《国富论》中就定义了政府职能是"守夜人"的角色。君主或国家政府必须保护本国社会的安全，使之不受其他独立社会的暴行和侵略；设立一个严正的司法行政机构，不使社会中的任何人受其他人的欺侮和压迫；提供为便利社会商业促进人民教育的公共设施和工程。

具体而言，政府维护市场秩序的职能可分解为界定和保护经济当事人的产权，维护市场合约的有效实施，通过适当监管保护金融市场领域的投资者权益和商品与服务市场上的消费者权益。这些职能的有效发挥需要建立独立有效的立法、司法和执法制度，需要严格的监管制度，形成惩恶扬善的社会风气和诚信守法的商业文化，并使市场优胜劣汰机制发挥有效作用。

（二）补充市场之不足

福利经济学理论最早为政府干预经济提供了理论依据。英国剑桥大学经济学家庇古在 20 世纪 20 年代的代表作《福利经济学》中提出经济福利概念。他认为，国民收入量的增长将使经济福利增加，因此要增加经济福利必须增加国民收入量，要增加国民收入量必须增加满足社会需要的社会产品量，而要增加社会产品量就必须使社会资源在各部门实现最优配置。福利经济学就是要讨论如何消除使社会资源不能以最有效的方式在不同用途或不同职业间予以分配的许多障碍。希望找到某些方法，使政府在目前或未来能用于管制某种经济力量的活动来促进经济福利，进而促进国民全体的总福利。

庇古提出将私人边际净产值与社会边际净产值概念作为分析工具。私人边际净产值等于私人边际净产品乘以产品销售的单位价格；社会边际净产值是投资者所得到的私人边际净产值加上因为生产而使社会上其他人可能得到的利益和损失。因此，当私人边际净产值不等于社会边际净产值时，就产生了投资与生产的外部性。正外部性或"外部经济"是社会边际净产值大于私人边际净产值的情况，比如私家花园给周边带来了清新的空气和好的景致。负外部性或"外部不经济"则是社会边际净产值小于私人边际净产值，比如我们经常面对的生产厂家带来的环境污染问题。

因此，政府有所作为的第一个领域是市场经济活动带来外部性的场合。政府可以对具有正外部性的经济活动给予补贴，对负外部性的经济活动通过征收税收的方式予以惩罚，从而使他们的投资和生产活动符合社会经济福利最大化的要求。

政府有所作为的第二个领域是收入再分配。庇古认为，使国民收入增加而不减少穷人在其中占有的绝对份额，或者使穷人占有的绝对份额增加而不减少国民收入，都一定会增加经济福利。但是使其中之一的数量增加，却使另一数量减少，其对经济福利的影响就不明确了。从富人那里转移收入时"自愿转移"比"强制性转移"更好。前者指资本家自愿拿出一部分收入举办教育、娱乐、保健等福利事业。但是自愿转移总是少于社会所需要的数量，因此通过累进所得税和遗产税来实现强制性转移仍然有其必要。特别是福利设施提高劳动者生产能力的场合，资本家仍然可以得多于失。向穷人转移收入可以有直接和间接两种。前者是政府举办一些社会保险或社会服务设施，后者是对穷人最需要的食品生产和工人住宅建筑进行补贴，以降低它们的售价或房租，或者政府补贴垄断性的公共事业以降低服务价格。不论实行哪一类收入转移措施，都要防止懒惰和浪费，避免施舍性救济类的收入转移，能够鼓励工作和储蓄的补贴是最好的。

政府有所作为的第三个领域是公共产品的提供。公共产品定义为消费具有非排他性的产品和服务。马路边的路灯照明、国防、社会治安等领域都是最为典型的例子。由于消费的非排他性质，没有哪个私人乐意为此买单，因此市场在这些产品和服务的生产和供给方面不再能发挥调节作用，需要政府通过征税并支持其生产和供给。随着经济社会的发展，全民义务教育和全民基本医疗保障也已纳入政府提供的公共产品，并且其标准也将随人均收入的增加而提高。

（三）以经济稳定增长为目标的宏观调控

凯恩斯在 20 世纪 30 年代大萧条中提出宏观经济学分析框架，并以此提出政府通过财政货币政策进行宏观调整的需求管理政策。之后凯恩斯学派经济学在宏观调控思路上称之为"相机抉择"理论，建议政府在经济衰退时实施扩张性的货币与财政政策，在经济过热时则实施紧缩性的宏观经济政策，以实现烫平经济波动，实现经济稳定增长的目的。"相机抉择"理论后来受到货币主义学派的批评。他们认为政府在了解经济真实状态、作出决策、具体实施和产生效果之间存在时滞，因此，在政府扩张性政策开始生效时很可能经济已经内生地从衰退中复苏和繁荣，政策的实际效果可能是导致经济更大的波动而不是稳定。货币主义代表人物、诺贝尔经济学奖得主弗里德曼提出货币政策"单一规则"理论，他根据战后 20 余年的计量分析得出货币的收入弹性等于 1.8%，而美国这些时期的平均增长速度为 2%—3%，因此央行只需要每年按照平均增长速度的 1.8 倍作为货币增长速度，以此投入货币即可保持经济稳定增长，避免经济大幅度波动。

现代主流经济学则强调政府宏观调控具有四大政策目标，即充分就业、物价稳定、经济增长和国际收支平衡。其中充分就业并非失业率等于零，而是一个摩擦性失业和自愿失业构成的相对稳定的失业率。物价稳定是各国央行的主要职责，发达国家普遍实行通货膨胀目标制,将目标通货膨胀率定在2%,实际通货膨胀率低于此目标,则货币政策无须收缩。全球金融危机后,有学者和央行高官针对通货紧缩态势主张将目标通货膨胀率放宽至3%或4%,以增加货币政策操作空间。在美国,创造最大就业的经济增长水平成为货币政策目标。除了平均增长率出现持续下滑趋势外,各国增长与就业的相关性都已出现下降趋势。这很大程度上与教育、福利制度、贫富分化等众多结构性问题有关,使全球出现货币过度宽松的状态。后者又引起了资产泡沫的膨胀和贫富分化趋势的进一步恶化。另外,国际收支平衡在大多数国家都没有进入政府的宏观调控目标。但是国际收支长期处在不平衡状态或不平衡状态过于严重,则可能增加货币金融危机的隐患。因此政府通常会以汇率调节、贸易战或国际协调方式予以调整。

二、产业政策与政府作用

理论界关于政府在经济发展中发挥什么样的作用有三种基本观点。可用"三只手"的观点予以总结。一是斯密的"看不见的手",强调市场在经济活动中发挥有效的调节作用。二是探讨信息不对称和行为经济学的诺贝尔经济学奖得主斯蒂格利茨和塞勒的观点,他们认为存在"市场失灵",政府可以是市场的"扶持之手",来弥补市场之不足。三是公共选择理论讨论公共政策制定或者公共部门行为模式时提出政府的"掠夺之手"或"政府失灵"。政府部门可能不是帮助市场更好配置资源,而是加入进来掠夺资源,或者因为被市场经济中的利益集团"捕获"而作为它们的代理人以影响资源配置的方式帮助利益集团获取更多利益。因此,政府与市场的关系成为理论和改革实践中的核心问题。

我们在讨论政府与市场的关系时,涉及最多的是对政府产业政策的评价。什么是产业政策?能够促进产业成长和效率提升的政策都可归入广义的产业政策。产业政策可以分为选择性和功能性两大类型。选择性产业政策是政府为了改变产业间的资源分配、改变各种产业中私营企业某种经营活动所采取的政策,包括促进某种产业的生产、投资、研发和现代化,或通过产业改组抑制其他产业同类活动的政策。选择性产业政策通常以政府对微观经济活动的广泛干预,挑选赢家、扭曲价格等途径配置资源为特征。在选择性产业政策中,政府居于主导地位,政府驾驭市场、干预市场和替代市场。比如给某类产业提供更多廉价工业用地指标支持特定行业、特定企业的发展;对特定行业提供大量补贴,比如政府对纯电动汽车行业提供大量补贴的政策;还有政府对特定行业实施准入管制,比如汽车、钢铁、石化、电信和金融等领域政府都有不同程度的准入管制。选择性政策在政策措施的应用方面有比较强的行政干预特征。功能性产业政策属于市场友好型政策,本质上是横向而非纵向的,旨在促进产业竞争力提供框架性的条件，包括市场制度、市场环境、完善的国家创新体系，以完善制度和补充市场不足为主要特征。功能性产业政策实施过程中，市场仍居主体地位，政府的作用是增进市场机能，扩展市场作用范围，并在公共领域补充市场的不足，充分发挥市场机制的决定性作用。主要表现在建立产业发展和创新的公共服务体系，例如国家实验室、工业基础研究院、技术转移体系、促进先进技术与管理经验的推广。比如日本的中小企业服务体系、新加坡的生产力促进中心都发挥了非常重要的作用。

学术界对于选择性产业政策存在的缺陷、问题和不利后果已有深入的认识。普遍认为，政府应该更多采用功能性产业政策，采用选择性产业政策则应极为谨慎。产业政策研究的重点需要转移到采用什么产业政策，如何成功实施产业政策，而如何构建完善的产业政策制定程序和组织机制变得更为关键和重要。

中国政府制定的大多数产业政策并不涉及立法。行政部门是产业政策制定的组织基础。行政组织体系规定了各个部门的机构设置、隶属关系、权力分配、职能分工，从而限定了产业政策在哪些政府部门做出，经由何种规则以什么方式发布和执行。中央政府的产业政策的决策权主要在国务院和国务院各大部委、政策咨询机构和行业协会。

在重要政策的制定过程中，国务院的部委扮演着重要政策的组织者、起草者的角色。在部门政策制定过程中，国务院部委不但扮演组织者起草者的角色，还扮演着审议者、批准者和发布者角色。各大部委还是把产业政策细化落实、实施执行的重要部门。产业政策制定者和政策执行者的双重角色，会使行政部门在制定产业政策过程中寻求其执行过程中更大的自由裁量权，比如获取更多审批权力，控制更多财政资金，承担更少的责任。产业政策决策咨询机构主要是提供政策建议和咨询的半官方机构，有国务院发展研究中心、中国社会科学院、科学院、工程院、中国科学技术发展战略研究院等部门。决策咨询机构参与政策一般是预研、咨询、研讨、起草，主要对政策制定提供建议。决策咨询机构的研究报告或者是政策建议会通过政策渠道或报送系统，在得到国务院领导重视和批示后，对政策议程产生重要影响。官方或半官方的行业协会也在行业政策制定过程中扮演重要角色。中国行业协会脱胎于政府管理部门，为相关部门提供咨询、预研，甚至帮助起草草案，行政色彩浓厚，自身发展依赖于行政主管部门，一定程度上是行政主管部门职能和权力的延伸。

为此专家建议，成立新的政策委员会承担产业政策的制定和决策，以克服现行产业政策决策机制中存在的缺陷。政策的制定、实施和执行需要分离。建立审议会的制度，提供公开的政策讨论平台，为不同的政策方案提供辩论或竞争的场所，让更好的产业政策脱颖而出。建议实施公开透明的审议程序，这将有利于各方信息和观点的交流与争论，有利于公众监督各方行为，防止政策制定的不当行为和特定利益集团俘获政策制定者。公开的政策讨论和决策程序也有利于形成约束专家的声誉机制,否则在封闭决策和政策执行过程中,专家也很可能成为利益集团或某些政策制定者的代言人。

第二节　中国的财政收支及相关政策

本节首先对中央与地方财政收支的特征做出分析,分析中国财税制度与财政政策领域存在的问题,最后讨论未来财税制度改革方向与政策取向。

一、中国财政收支的现状与特征

图 8.1 给出改革开放以来我国政府财政收入和支出及其增长率变化的态势。1978 年中国全国财政收入和支出分别为 1 132 亿元和 1 122 亿元,到 2023 年分别增长到 216 784 亿元和 274 574 亿元。其中,45 间财政收入的年均增长率为 13.0%,财政支出年均增长率为 13.7%。除 1978 年和 1985 年有少许财政盈余之外,其他年份均为财政赤字,且赤字率也基本上呈逐步增大的趋势。

图 8.2 给出了政府财政收入占 GDP 比例的变化态势。从中可看,1978—1995 年间全国财政收入占 GDP 比例持续下降,从最初的 32% 下降到 1995 年的 10.18%。这

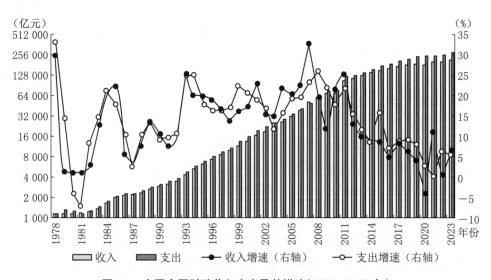

图 8.1　中国全国财政收入支出及其增速(1978—2023 年)

资料来源:国家统计局。

一变化趋势反映了这一时期放权让利、藏富于民的经济改革特征。特别是中央财政收入从 1984 年 9％的高点下降到 1993 年 3％左右,这 10 年中央财政陷入困境,这是 1985 年"拨改贷"政策出台,国有银行功能财政化的重要背景,也是 1994 年财政"分灶吃饭"的分税制改革出台的重要驱动力。此后,中央和地方财政收入占 GDP 的比重都步入持续上升时期,其中,中央政府财政收入占比在 2007 年见顶后走平,并于 2012 年出现拐点并开始下滑;地方政府财政收入占比在 2015 年见顶后开始下滑,致使全国财政收入占比曲线出现明显的下行。这在一定意义上意味着传统增长模式的边际效益递减,如不加快转型,政府财政也将变得更为脆弱。

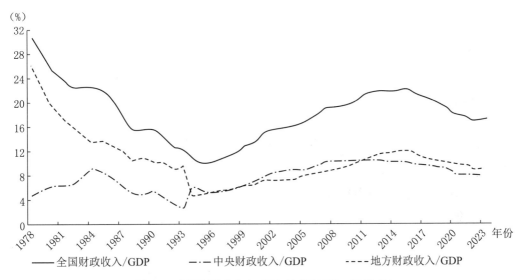

图 8.2　中国财政收入与 GDP 比值(1978—2023 年)

资料来源:国家统计局。

　　图 8.3 给出中央与地方政府财政收入与支出各自在总的财政收支中所占的比重。其变化态势有以下两个特征:一是中央与地方财政收入占比以 1994 年分税制改革为界限,之前地方财政收入占比在 2/3 以上,最高占比 85％,平均占比超过 70％,分税制改革后,中央与地方在财政收入中的占比趋于平衡,中央财政收入占比具有顺周期性,经济增长迅速时占比上升,经济增长低落时下降,地方政府财政收入则有逆周期性,2007 年后经济增速下滑阶段占比反而上升。二是中央与地方政府的财权与事权不对称。地方政府在财政支出中占比持续上升,近几年已高达 85％,相比较而言中央财政支出占比持续下降,占比降至 15％左右。

　　表 8.1 给出 2022 年中央和地方财政一般预算收入的税收与非税收收入的数量与结构。公共财政收入中来自税收的收入占 81.8％,非税收收入占 18.18％。非税收收

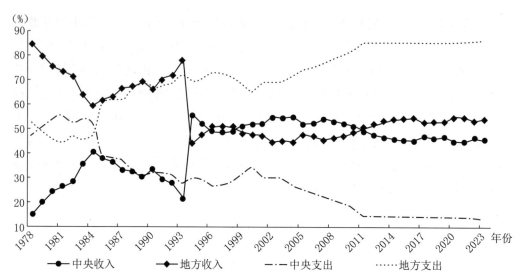

图 8.3　中央和地方政府财政收支占总财政收支的比重(1978—2023 年)

资料来源:国家统计局。

表 8.1　2022 年中国财政收入及其结构

	全国		中央		地方	
	金额(亿元)	占比(%)	金额(亿元)	占比(%)	金额(亿元)	占比(%)
公共财政收入	203 703	100.00	94 880	46.58	108 819	53.42
税收收入	166 620	81.80	89 977	44.17	76 643	37.62
企业所得税	43 695	21.45	27 868	13.68	15 828	7.77
个人所得税	14 923	7.33	8 954	4.40	5 969	2.93
房产税	3 590	1.76	—	—	3 590	1.76
国内消费税	16 699	8.20	16 699	8.20	—	—
国内增值税	48 718	23.92	24 256	11.91	24 462	12.01
资源税	3 389	1.66	108	0.05	3 280	1.61
城市维护建设税	5 075	2.49	259	0.13	4 816	2.36
印花税	4 390	2.16	2 759	1.35	1 631	0.80
城镇土地使用税	2 226	1.09	—	—	2 226	1.09
土地增值税	6 349	3.12	—	—	6 349	3.12
车船税	1 072	0.53	—	—	1 072	0.53
船舶吨税	53	0.03	53	0.03	—	—
车辆购置税	2 398	1.18	2 398	1.18	—	—
关税	2 860	1.40	2 860	1.40	—	—
耕地占用税	1 257	0.62	—	—	1 257	0.62
契税	5 794	2.84	—	—	5 794	2.84
烟叶税	133	0.07	—	—	133	0.07

	全国		中央		地方	
	金额(亿元)	占比(%)	金额(亿元)	占比(%)	金额(亿元)	占比(%)
环境保护税	211	0.10	—	—	211	0.10
其他税收收入	51	0.02	25	0.01	25	0.01
非税收入	37 029	18.18	4 910	2.41	32 119	15.77
专项收入	8 452	4.15	235	0.12	8 217	4.03
行政事业性收费	4 215	2.07	639	0.31	3 576	1.76
罚没收入	4 284	2.10	597	0.29	3 687	1.81
国有资本经营收入	2 512	1.23	1 240	0.61	1 272	0.62
国有资源有偿使用收入	14 579	7.16	2 028	1.00	12 551	6.16
其他非税收入	2 987	1.47	172	0.08	2 816	1.38

注：一表示无此项目。

资料来源：中国财政部。

入比例中，2.41个百分点为中央财政收入，15.77个百分点为地方收入。另外，按照通行的分类方法，中国财政收入的税种中只有企业所得税、个人所得税、房产税属于直接税，占全国财政收入的比重为30.54%。除此之外的税种均属间接税。

表8.2给出2022年中国财政一般预算支出项目与支出结构。中央在公共预算支出中占比为13.65%，地方占比为86.35%。其中中央政府支出占比较大的依次为国防5.56%，国债还本付息支出2.50%，科学技术1.23%，公共安全0.75%，粮油物资储备管理事务0.45%，相比较而言，地方政府占大头的支出分别为教育14.55%，社会保障和就业13.73%，医疗卫生、农林水事务、城乡社区事务、一般公共服务、公共安全、交通运输占比居前，在8.56%至4.38%以内。

从这些数据中可以看到一个重大的结构性问题是教育、社会保障和就业、医疗卫生三项与老百姓基本需要相关的社会保障类支出，地方政府支出占比分别高达96.13%、97.72%和99%，考虑到地区发展和政府财力之间的巨大差距，主要由地方政府提供这些公开开支，必然导致教育、医疗和社会保障等公共资源分配的严重不平等，并对社会经济可持续发展产生不利影响。

其实，政府可支配的收入和支出有"四本账"，分别是全国一般公共预算收支、政府性基金收支、国有资本经营预算收支和社会保障基金的预算收支。我们以中国财政部国库司2018年1月25日网上发布的2017年数据对前三本账做简要分析。

2017年全国一般公共预算收入为172 567亿元，其中，中央收入为81 119亿元，地方收入为91 448亿元，各自占比为47%和53%。税收收入144 360亿元，占比约为84%；非税收入28 207亿元，占比为16%。其中最主要的税种是：国内增值税56 378

表 8.2　2022 年中国财政支出及其结构

	全国		中央		地方	
	金额(亿元)	占比(%)	金额(亿元)	占比(%)	金额(亿元)	占比(%)
公共财政支出	260 610	100.00	35 571	13.65	225 039	86.35
教育	39 448	15.14	1 524	0.58	37 923	14.55
社会保障和就业	36 609	14.05	833	0.32	35 776	13.73
医疗卫生	22 537	8.65	221	0.08	22 316	8.56
农林水事务	22 500	8.63	250	0.10	22 250	8.54
一般公共服务	20 879	8.01	1 579	0.61	19 301	7.41
城乡社区事务	19 425	7.45	3.2	0.00	19 422	7.45
国防	14 752	5.66	14 500	5.56	253	0.10
公共安全	14 420	5.53	1 965	0.75	12 456	4.78
交通运输	12 044	4.62	635	0.24	11 409	4.38
国债还本付息支出	11 353	4.36	6 524	2.50	4 829	1.85
科学技术	10 032	3.85	3 216	1.23	6 817	2.62
住房保障支出	7 499	2.88	617	0.24	6 881	2.64
资源勘探电力信息等事务	7 410	2.84	351	0.13	7 058	2.71
节能环保	5 413	2.08	177	0.07	5 236	2.01
文化体育与传媒	3 913	1.50	173	0.07	3 740	1.44
国土资源气象事务	2 453	0.94	259	0.10	2 194	0.84
粮油物资储备管理事务	1 892	0.73	1 169	0.45	723	0.28
商业服务业事务	1 832	0.70	34	0.01	1 798	0.69
金融监管支出	1 463	0.56	423	0.16	1 040	0.40
其他支出	1 461	0.56	163	0.06	1 298	0.50
外交	490	0.19	489	0.19	1.6	0.00
援助其他地区支出	418	0.16	0	0.00	418	0.16

　　注:一般公共服务包括人大事务、政协事务、政府办公厅、发展和改革、统计信息、财政税收、审计、海关、人力资源事务、商务贸易、知识产权、工商行政管理、质量技术监督、民族事务、群团事务及其他。
　　资料来源:中国财政部。

亿元,占比 32.67%;企业所得税 32 111,占比 18.6%;土地和房地产相关税收,包括契税、土地增值税、房产税、城镇土地使用税、耕地占用税,合计 16 437 亿元,占比 9.5%;个人所得税 11 966 亿元,占比 6.9%;国内消费税 10 225 亿元,占比 5.9%。

　　2017 年全国一般公共预算支出为 203 330 亿元。中央本级支出 29 859 亿元,占比 14.685%;地方支出 173 471 亿元,占比 85.325%。主要支出科目是:教育支出 30 259 亿元,社会保障和就业支出 24 812 亿元,城乡社区支出 21 255 亿元,医疗卫生与计划生育支出 14 600 亿元,科学技术支出 7 286 亿元,债务付息支出 6 185 亿元,节能环保支出 5 672 亿元和文化体育与传媒支出 3 367 亿元,所占比例分别为 14.88%、12.2%、10.45%、7.18%、3.58%、3.04%、2.79%和 1.66%。

　　全国政府性基金预算收支情况如下:2017 年收入 61 462 亿元,同比增长 34.8%。

中央收入 3 825 亿元,同比增长 6.4%,占比 6.22%。地方本级收入 57 637 亿元,同比增长 37.3%,占比 93.78%;其中,国有土地使用权出让收入 52 059 亿元,同比增长 40.7%,占全部基金收入的 90.32%。可见土地批租收入在政府基金收入中仍处绝对支配地位,并且呈现出高速增长态势。全国政府性基金预算支出 60 700 亿元,同比增长 32.7%。中央本级支出 2 684 亿元,地方相关支出 58 016 亿元,同比增长 34.2%,其中国有土地使用权出让收入相关支出 51 780 亿元,同比增长 37.1%。土地财政的重要性由此可见一斑。但是 2020 年土地出让总量见顶后已持续下跌。2023 年土地出让金总额为 4.69 万亿元,仅为 2020 年 8.15 万亿元的 57.5%。

2017 年国有资本经营预算收入中,全国收入为 2 579 亿元,同比下降 1.2%。中央收入 1 244 亿元,同比下降 13%;地方收入 1 335 亿元,同比增长 13.2%。这些数据说明国有资本经营状况欠佳,特别是中央国有资本经营状况恶化。与土地财政相比,国有资本经营收入可谓无足轻重。全国国有资本经营预算支出 2 011 亿元,中央本级支出 766 亿元,同比下降 18.2%;地方支出 1 245 亿元,同比增长 2.1%。

何知仁博士对"四本账"之间的调剂关系做了系统分析,并估算了统筹"四本账"的真实的狭义财政赤字。①图 8.4 展示了中国政府预算体系。

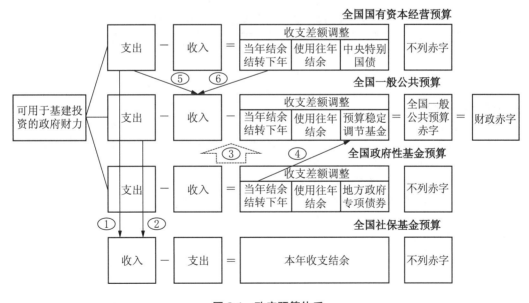

图 8.4　政府预算体系

资料来源:中国财政部,兴业银行研究院。

---

① 何知仁:《我国政府预算体系与广义债务》,载潘英丽、黄益平主编:《新时代开启中的金融改革》,格致出版社、上海人民出版社 2018 年版。

图中的箭头1—6分别表示:(1)国有资本经营预算补充社保基金;(2)一般公共预算补充社保基金;(3)政府性基金预算的部分专项(包括该专项的支出、收入和往年结余)调入一般公共预算;(4)单项政府性基金结转超过当年收入30%的部分,调入中央预算稳定调节基金;(5)国有资本经营预算调入一般公共预算,这是指用于专项用途的转移性支出;(6)国有企业利润上缴一般公共预算收入。

中国官方财政赤字口径仅仅是指其中的一般公共预算赤字。全国一般公共预算赤字=(全国一般公共预算支出+补充中央预算稳定调节基金)-(全国一般公共预算收入+全国财政使用结转结余及调入资金)。而真实的狭义赤字应该是"四本账"差额之和,扣除它们之间的重复计算项,即,真实的狭义赤字=全国一般公共预算收支差额+国有资本经营预算收支差额+政府性基金预算收支差额+社保基金预算收支差额-不同政府预算之间的重复计算项。何知仁利用历年两会后财政部官网公布的《关于20××年中央和地方预算执行情况与20××年中央和地方预算草案的报告》中披露的数据,结合上式,计算2013—2016年中国真实的狭义赤字。2015年中国真实的狭义赤字率从2014年的0.5%跃升至2.3%,2016年继续上升至3.2%,2019年与2023年已分别达到4.8%和5.8%,已远超欧元区《马斯特里赫特条约》曾设定的警戒线3.0%。相关数据及计算结果详见表8.3。

表8.3　中国官方赤字和真实的狭义赤字(亿元)

	2013 年	2016 年	2019 年	2023 年
预算收入				
一般公共预算收入	129 219	159 605	190 382	216 784
政府性基金收入	52 269	46 644	84 516	70 705
国有资本经营收入	1 713	2 609	3 960	6 744
社保基金收入	34 516	48 273	80 844	111 500
减:收入重复计算项				
国有资本经营收入调入一般公共预算收入	78	491		
国有资本经营收入调入社保基金收入	19	60		
减:预算支出				
一般公共预算支出	140 212	187 841	238 874	274 574
政府性基金支出	50 501	46 878	91 365	101 339
国有资本经营支出	1 465	2 095	2 287	3 345
社保基金支出	28 617	43 919	74 989	99 281
狭义赤字额	3 184	24 153	47 813	72 806
官方的狭义赤字额	12 000	21 800	27 600	48 800
狭义赤字率	0.5%	3.2%	4.8%	5.8%
官方的狭义赤字率	2.0%	2.9%	2.8%	3.9%

资料来源:中国财政部,由何知仁计算获得。

二、中国财政收支结构问题与财税制度改革的未来方向

（一）中国财政收支和财税体制存在的主要问题

（1）中国的税收种类以间接税或流转税为主，不能达成通过政府财政收支二次分配促进社会平等的目的。图8.5给出部分国家流转税占比的国际比较，中国高达60％之多。流转税首先是对消费征税，由于中低收入家庭消费占收入的比例高，其所承担的税赋更多，实际税率也就更高。巴西和印度与中国流转税占比较为接近，这两个国家贫富差距都比较大。目前中国的税收结构主要存在以下不合理之处：对工作收入征税、对财产性收入不征税；对消费征税、对投资不征税；造成低收入家庭实际税率较高，无法纠正市场机制一次分配的偏差，甚至造成低收入群体的高税赋。

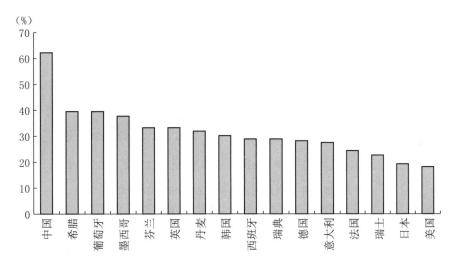

图8.5 流转税占比的国际比较（2012—2016年平均）

资料来源：转引自彭文生：《我国现在需要从根本上反思财政政策理念》，微信公众号"中国金融四十人论坛"，2018年6月23日。

（2）中央与地方政府之间的财权与事权不对称。近年来中央与地方政府在财政收入方面各自占比分别为45％与55％左右，但中央与地方在财政支出方面的占比则分别为15％与85％。虽说分税制或财政"分灶吃饭"并非土地财政的原因，但央地之间财权与事权的不对称给地方政府形成压力，并成为乱收费和推进土地财政的重要理由。尽管财政部官员表示，中央政府最终实际支配的收入仅在20％，另外25％仍转移支付给地方政府使用，但是中央政府给地方政府的转移支付大都以中央政府各部门审批的项目经费下达，这就造成中央政府部门权力过大，地方政府忙着公关、"跑部钱

进",项目与本地社会经济发展需要相脱节,以及要求地方政府提供配套资金进一步加大地方财政压力等一系列问题。

（3）中央财政转移支付主要用于资本性支出而非个人转移支付。图 8.6 比较了中美两国财政支出中对个人转移支付和资本性支出的各自占比。中国个人转移支付比例很低,相比较而言资本性支出却很高。比如 2010 年美国的州和地方政府的财政收入中有 19.67％是来自联邦政府用于公共福利、公路、教育、医疗卫生、住房和社区发展等项目的,政府公共服务的供给可惠及所有民众,并让低收入家庭得到更多实惠。相比较而言,中国中央政府大多转移支付用于建设项目,虽说这体现发展中国家建设性政府的特点,但建设项目在招投标和层层转包过程中更多好处被相关利益集团分食,能惠及中小收入阶层的往往面窄而量小。

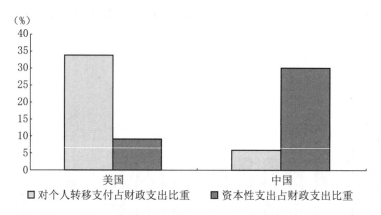

图 8.6　中美财政支出结构比较(2007—2015 年)

资料来源:Wind,引自彭文生:《渐行渐近的金融周期》,中信出版社 2017 年版。

（4）教育、医疗、社会保障和就业等与民生相关的公共服务 95％以上的支出是由地方政府承担的,由于地区之间存在巨大的发展差距,这就导致地区之间公共服务供给的严重不平等。

（5）政府预算透明度低,约束性不强。如前所述,政府财政涉及一般公共预算、政府性基金、社会保险基金和国有资本经营预算四本账。四者关系复杂,相互之间可以划转,而且部分账内收不抵支也无须记为赤字。另外全国人大和省市级人民代表大会对政府预算的审批和决策的质询等都缺乏硬约束。

（6）政府财政功能的金融化或金融功能的财政化。特别是地方政府将银行信贷作为第二财政资源使用,致使政府预算软化,导致过度的低效和无效投资,造成资源浪费。另外政府债券市场发展相对滞后,良好的市场信用尚待建立,市场对政府及其投资行为的选择与约束机制不到位,也使地方政府应融资渠道不畅,出现乱收费和侵犯私企产权的行为。这在政府财政支出中的利息支付一项上有所反映。相比 2015 年美国政府债务利息支付占财政支出的 10.42％ 和印度利息与债务拨款占 21.6％，中国 2015 年国债利息支付仅占 2.02％。

（二）未来财税体制改革的主要内容与方向

党的十九大以后，一个重要的政策方向是着力于促进社会公平。传统意义上，经济学认为公平和效率存在矛盾、难以兼顾。但全球金融危机后，越来越多的人认为公平和效率是可以兼顾的。在收入分配的两个阶段，初次收入分配以效率为导向，但是中国在要素价格和市场准入方面曾存在众多扭曲。一是权力寻租，既不公平也影响效率。二是房地产，土地作为特殊的生产要素，其垄断属性使得地价上升不能够像其他生产要素价格上升一样通过竞争提高效率来予以消化，而只能通过增加其他行业的成本来消化。对这些扭曲的纠正就可以同时促进效率和公平。除了反腐倡廉外，完善税制并调节中央与地方政府在公共产品和服务供给上的责任将有助于公平和效率的同时改进。另外健全的财政体系通常也是有效的金融市场的必要条件。对中国而言，系统性金融风险的积累与地方政府的软预算约束及过度举债密切相关。因此，加快财政体制改革也是防范和化解系统性金融风险的应有之义。党的十九大报告已明确提出财税改革的方向："建立全面规范透明、标准科学、约束有力的预算制度，全面实施绩效管理"（硬化预算约束）、"健全地方税体系"（平衡地方财权与支出责任）。专栏 8.1 给出了党的二十届三中全会关于财政体制改革的决定。可与以下党的十九大的提法对比，把握深化改革的主要内容。具体涉及以下改革方向：

（1）"建立权责清晰、财力协调、区域均衡的中央和地方财政关系"，明确地方政府的支出责任。中央与地方财税关系的调整主要存在放权还是收权两种思路。放权就是减少中央税收占比，增加地方政府财权。收权是将涉及教育、医疗和社会保障等方面的公共服务支出转给中央政府承担，相关公共产品和服务的供给可由地方政府代理。从中央权威和政治统一的角度看，分权并不是好的选择，因此收权方案更为可行。我们认为，涉及人的基本需要的公共服务供给应由中央政府承担相关费用，以实现党的十九大报告强调的"促进基本公共服务的均等化"。另外，由于劳动力自由流动代表未来户籍制度改革和劳动市场发展的方向，因此，与流动的劳动者相关的教育、技术培训和健康方面的公共服务既应全国均等化，也应由国家统一承担。

（2）"建立全面规范透明、标准科学、约束有力的预算制度，全面实施绩效管理"，促进政府预算约束的硬化。提高财政民主化程度将是未来改革的长期目标，也是政府债券市场健康发展的前提条件。具体措施包括各级人民代表大会对政府预算和决算的审批和质询制度，直至弹劾及罢免部分不称职官员。

（3）改革转移支付的内容。财政支出结构的改革未来要降低专项转移支付，增加一般性转移支付，专项转移支付通常与投资项目联系在一起，一般性转移支付则与社会保障更为相关。

（4）增加直接税和其中的资本利得税。党的十八届三中全会公报明确指出，"要逐步提高直接税比重……加快房地产税立法并适时推进改革"，直接税主要包括工作的所得税和资本的利得税两类，目前中国工作的所得税已经很高，要增加的直接税应该是资本利得税。因此，可以确定，2020—2025 年间房地产税是一定会被开征的。

专栏 8.1　深化财税体制改革（《中共中央关于进一步全面深化改革、推进中国式现代化的决定》第 17 条）

（17）深化财税体制改革。健全预算制度，加强财政资源和预算统筹，把依托行政权力、政府信用、国有资源资产获取的收入全部纳入政府预算管理。完善国有资本经营预算和绩效评价制度，强化国家重大战略任务和基本民生财力保障。强化对预算编制和财政政策的宏观指导。加强公共服务绩效管理，强化事前功能评估。深化零基预算改革。统一预算分配权，提高预算管理统一性、规范性，完善预算公开和监督制度。完善权责发生制政府综合财务报告制度。

健全有利于高质量发展、社会公平、市场统一的税收制度，优化税制结构。研究同新业态相适应的税收制度。全面落实税收法定原则，规范税收优惠政策，完善对重点领域和关键环节支持机制。健全直接税体系，完善综合和分类相结合的个人所得税制度，规范经营所得、资本所得、财产所得税收政策，实行劳动性所得统一征税。深化税收征管改革。

建立权责清晰、财力协调、区域均衡的中央和地方财政关系。增加地方自主财力，拓展地方税源，适当扩大地方税收管理权限。完善财政转移支付体系，清理规范专项转移支付，增加一般性转移支付，提升市县财力同事权相匹配程度。建立促进高质量发展转移支付激励约束机制。推进消费税征收环节后移并稳步下划地方，完善增值税留抵退税政策和抵扣链条，优化共享税分享比例。研究把城市维护建设税、教育费附加、地方教育附加合并为地方附加税，授权地方在一定幅度内确定具体适用税率。合理扩大地方政府专项债券支持范围，适当扩大用作资本金的领域、规模、比例。完善政府债务管理制度，建立全口径地方债务监测监管体系和防范化解隐性债务风险长效机制，加快地方融资平台改革转型。规范非税收入管理，适当下沉部分非税收入管理权限，由地方结合实际差别化管理。

适当加强中央事权、提高中央财政支出比例。中央财政事权原则上通过中央本级安排支出,减少委托地方代行的中央财政事权。不得违规要求地方安排配套资金,确需委托地方行使事权的,通过专项转移支付安排资金。

专栏 8.2 提供了美国和印度两国财政收支结构的简要分析。通过国际比较可以更好地把握中国财政收支及其结构的主要特点。

专栏 8.2 美国和印度的财政收入和支出

财政联邦制是美国财政体制的基本架构,联邦、州和地方政府三级体系在宪法和法律的规则内执行财政收支。

如下专栏表 8.1 和表 8.2 所示,2010 年美国政府经常性财政总收入为 39 365 亿美元,其中联邦政府收入 24 433 亿美元,州和地方政府财政收入 19 985 亿美元,其中包含联邦政府给州和地方政府的转移支付 5 053 亿美元。在扣除对州和地方政府的转移支付之后,联邦政府实际收入占全国财政总收入的比重为 49.2%,州和地方政府则为 50.8%。2016 年美国政府财政总收入为 53 128 亿美元,联邦政府和州及地方政府占财政总收入的比重分别为 54.5% 和 45.5%。

各级政府拥有多种税源,但也有专享税源。如专栏表 8.1 所示,联邦政府前三大收入税种是个人所得税、社会保险税和企业所得税,2016 年分别占其财政收入的44.6%、35.6% 和 11.6%。此外,消费税(excise taxes)、关税、资产收益等也是联邦政府的收入来源。州和地方政府收入来源中,除联邦政府转移支付占比较大之外,税收收入中以销售税(sales taxes)、房产税和个人所得税等为主,2016 年此三项税种占比分别为 23.0%、20.7%、15.9%。各州之间的税种和税收收入结构完全由各州法律确定,税收收入构成各有不同。州以下的地方政府最重要的专享税种是财产税,占地方政府收入的比重接近 3/4。

专栏表 8.1 美国联邦政府财政经常性收入构成

	2010 年		2016 年	
	金额(10 亿美元)	占比(%)	金额(10 亿美元)	占比(%)
个人所得税	941.62	38.54	1 540.54	44.63
企业所得税	298.66	12.22	401.22	11.62
社会保险税	970.91	39.74	1 230.20	35.64
消费税	68.18	2.79	99.49	2.88

（续表）

	2010 年		2016 年	
	金额(10 亿美元)	占比(%)	金额(10 亿美元)	占比(%)
资产收益①	54.58	2.23	46.84	1.36
关税	28.58	1.17	37.54	1.09
经常转移收入②	68.14	2.79	78.33	2.27
其他收入	12.61	0.52	17.91	0.52
经常性收入总计	2 443.28	100.00	3 452.07	100.00

注：①资产收益包括利息收入、股息收入和租金及矿产使用费收入等项；②经常转移收入包括来自个人、企业和世界其他地区三项。
资料来源：BEA。

专栏表 8.2　美国州和地方政府财政经常性收入构成

	2010 年		2016 年	
	金额(10 亿美元)	占比(%)	金额(10 亿美元)	占比(%)
个人所得税	267.15	13.37	383.22	15.86
企业所得税	47.66	2.38	58.14	2.41
社会保险税	18.13	0.91	20.26	0.84
销售税	445.95	22.31	556.79	23.04
资产收益①	82.60	4.13	78.24	3.24
房产税	435.04	21.77	499.84	20.69
联邦政府转移支付	505.29	25.28	555.53	22.99
其他经常转移收入②	106.66	5.34	140.1	5.80
其他收入	90.05	4.51	124.14	5.14
经常性收入总计	1 998.53	100.00	2 416.26	100.00

注：①资产收益包括利息收入、股息收入和租金及矿产使用费收入等项；②其他经常转移收入包括来自个人、企业和世界其他地区三项。
资料来源：BEA。

从直接税和间接税的角度看，美国政府财政收入以直接税为主，其中个人所得税、企业所得税、社会保险税、房产税、销售税等均为直接税税种。2016 年美国直接税收入占全国财政总收入接近七成。

美国联邦政府、州政府和地方政府的财政支出责任是和三级政府间的法定职责和实际功能划分紧密相关的。美国联邦政府对一些公共服务有专属责任，包括国防、国际事务和邮政服务等；司法、警察、环境保护、公园和经济管理等领域的公共服务则由联邦、州和地方共同提供；单独由州和地方政府提供的公共服务主要是教育、消防、图书馆、固体废物管理、污水排放、供水和交通等。各层级政府各自所应承担的责任则有明确的划分。专栏表 8.3 列出了 2016 年美国联邦政府及州和地方政府财政支出的主要项目及构成情况。

专栏表 8.3　2016 年美国政府财政经常性支出构成[①]

	总支出		联邦政府支出		州和地方政府支出	
	金额(10 亿美元)	占比(%)	金额(10 亿美元)	占比(%)	金额(10 亿美元)	占比(%)
一般公共服务[②]	965.3	15.63	581.9	9.42	385.5	6.24
国防	586.9	9.50	587.5	9.51	n.a.[⑤]	n.a.[⑤]
公共秩序和安全[③]	375.2	6.07	61.5	1.00	318.9	5.16
经济事务[④]	324.4	5.25	147.4	2.39	186.8	3.02
住房和社区服务	50.7	0.82	60.3	0.98	8.1	0.13
医疗卫生	1 469.4	23.79	1 223.2	19.80	635.3	10.28
娱乐及文化	37.0	0.60	5.5	0.09	31.9	0.52
教育	922.3	14.93	103.9	1.68	855.4	13.85
收入保障	1 446.3	23.41	1 378.1	22.31	161.7	2.62
经常性支出总计	6 177.5	100.00	4 149.4	67.17	2 583.7	41.82

注:①美国联邦政府与州和地方政府在某些具体项目支出中有重复计算部分;②包括行政和立法、税收征管和财政管理、利息支出和其他支出等;③包括警察、消防、法庭和监狱事务支出;④包括运输、总体经济和劳工事务、农业、自然资源、能源等事务支出;⑤无此项目,数据不适用。
资料来源:BEA。

印度是除中国之外的最大的发展中国家,其财政收入结构与中国类似。专栏表 8.4 列出了 2010 年和 2015 年印度中央和地方政府收入及其结构数据。

专栏表 8.4　印度中央和地方政府财政收入及其结构

	2010 年	2015 年	2010 年	2015 年
	金额(10 亿印度卢比)		占比(%)	
财政收入总计	15 484.2	28 437.4	100	100
税收收入	12 716.7	24 190.9	82.13	85.07
直接税	4 508.2	8 133.5	29.11	28.60
公司所得税	2 986.9	4 706.3	19.29	16.55
个人所得税	1 391.0	3 208.4	8.98	11.28
土地收入	75.4	137.6	0.49	0.48
其他直接税[①]	48.0	81.3	0.31	0.29
间接税	8 208.4	16 057.3	53.01	56.47
关税	1 358.1	2 083.4	8.77	7.33
联邦土产税	1 377.0	2 290.5	8.89	8.05
服务税	710.2	2 097.7	4.59	7.38
消费税	617.0	1 146.4	3.98	4.03

（续表）

	2010 年	2015 年	2010 年	2015 年
	金额(10 亿印度卢比)		占比(%)	
印花税	542.4	1 051.7	3.50	3.70
一般销售税	2 932.6	6 228.6	18.94	21.90
车辆税	251.0	485.3	1.62	1.71
其他间接税②	420.3	673.7	2.71	2.37
非税收入③	2 669.3	3 539.1	17.24	12.45

注：①包括农业税、旅馆收入税、支出税和其他等；②包括电力相关税、货物和乘客税、娱乐税和其他等；③包括公共事业净贡献、经济服务、一般服务、社会和社区服务、非事业部门红利、利息收入等。

从专栏表 8.4 可以看出，印度财政收入的主体是间接税，2015 年占总收入的 56.5%，直接税占比 28.6%。直接税收入中公司所得税超出个人所得税，间接税占比依次为一般销售税、联邦土产税、服务税、关税、消费税等。在中央和地方政府的收入分配上，印度宪法规定了联邦和邦的税种，划分原则有三个。一是按部门划分，如农业、制造业以及土地和财产(如土地收入和农业所得税)是属于邦的税种，而非农的所得税类税种属于联邦税；二是分环节，例如联邦更多是对生产征税而邦对销售征税；三是按税种，如奢侈(品)税、销售和购买税属于邦一级税种。联邦税收收入是联邦和邦共同分享的，而邦的税收收入由其独享。

印度财政支出分为发展性支出和非发展性支出两大类，如专栏表 8.5 所示。发展性支出主要涉及为社会的中长期发展、提高居民素质和改善生活质量等所做的支出，如教育、医疗卫生、社会安全、交通运输等；非发展性支出则是保证政府和社会运行的经常性、消费性支出，包括防卫、社会安全、利息支出等。

专栏表 8.5 印度中央和地方政府财政支出及结构

	2010 年	2015 年	2010 年	2015 年
	金额(10 亿印度卢比)		占比(%)	
财政支出总计	17 843.1	31 762.1	100	100
非发展性支出	9 227.6	17 081.1	51.72	53.78
利息和债务拨款	3 550.2	6 859.3	19.90	21.60
防卫服务	920.6	1 521.4	5.16	4.79
行政服务	1 469.4	2 898.7	8.24	9.13
其中：警察	771.0	1 462.4	4.32	4.60
退休金及退休福利	1 659.6	3 050.5	9.30	9.60
食品津贴	676.3	1 299.9	3.79	4.09
社会安全和福利	419.0	440.9	2.35	1.39

	2010 年	2015 年	2010 年	2015 年
	金额（10 亿印度卢比）		占比（%）	
其他非发展性支出	532.5	1 010.4	2.98	3.18
发展性支出	8 507.7	14 681.0	47.68	46.22
教育	2 402.5	4 231.5	13.46	13.32
科研、文化和艺术	180.7	264.1	1.01	0.83
医疗卫生	723.5	1 365.7	4.05	4.30
住房和城镇发展	412.1	647.0	2.31	2.04
社会安全、就业和福利	797.2	1 784.2	4.47	5.62
农业	2 404.5	4 365.3	13.48	13.74
工业和采掘业	624.8	613.4	3.50	1.93
交通运输	702.0	776.0	3.93	2.44
其他发展性支出	260.4	490.4	1.46	1.54

数据显示，联邦政府承担更多非发展性支出，如全部的国防支出，更多利息、交通和通信支出。邦承担更多发展性支出，如能源、灌溉和防洪以及社会和社区服务支出；另外，邦也承担了较多的养老金和其他退休福利、行政管理、农业和农业联盟支出。

第三节 货币政策与宏观审慎监管的双支柱调控

如第四章和第五章所述，货币金融在国民经济发展中具有核心地位。中央银行通过调节货币供给数量和基准利率影响社会经济主体的消费、投资和生产资源在不同产业与部门间的分配。过度宽松或持续宽松的货币政策可能引起严重的通货膨胀，也可能在物价上涨不多的场合引发资产泡沫的膨胀，造成日益严重的贫富分化并埋下金融危机的隐患。因此政府无一例外都将货币调控作为重要的宏观政策工具，并引入宏观审慎监管政策管理金融机构的信贷与金融交易流动，以维护经济的稳定增长和充分就业。

本节将在简要讨论货币理论与政策概念后，结合中国的特殊性探讨中国货币政策调控的主要特点，分析宏观审慎监管双支柱的内涵、必要性，并对未来货币宏观调控做出展望。

一、货币理论与中国货币政策实践

（一）货币供给与货币乘数

整个社会的货币供给量 Ms 由通货 CU 和存款 D 构成，有：

$$Ms = CU + D \tag{8.1}$$

根据货币涉及的范围，货币学界和各国央行通行多种定义不同的货币口径。有：M0 为现金或通货；M1 为 M0＋活期及支票存款；M2 为 M1＋定期存款；M3＝M2＋大额可转让存款（从 2006 年开始，美国不再公布 M3）；另外西方发达国家曾经也提出过M4＝M3＋短期国库券和银行承兑汇票。目前各国央行主要采用的是前三个口径。M1 和 M2 最为常用。M2 又称广义货币。

各国央行直接可调的政策变量是基础货币 M_b，基础货币由通货和准备金构成。有：

$$M_b = CU + RE \tag{8.2}$$

央行调控基础货币供给有三种渠道，或称三大法宝。一是通过国债和外汇市场进行公开市场操作。央行买入或卖出国债，意味着基础货币供给的增加或减少；在外汇市场买入或卖出外汇同样可增加或减少基础货币的供给。后者又称为外汇占款渠道的基础货币投放或回笼。二是通过法定存款准备金率的调整，调整商业银行等存款机构可使用的货币头寸。法定准备金率由央行规定，通常活期存款法定准备金率较高，而定期存款则要求较低。发达国家法定准备金率通常在 10％以下，而在中国，法定准备金率特别高。三是央行通过贴现窗口给商业银行提供贷款。央行给商业银行的贷款称为央行贴现贷款，在中国也称为"再贷款"。

央行直接调控的基础货币与最终形成的货币供给之间有一个倍数关系，又称货币乘数（mm）。有

$$mm = M/M_b = (c+1)/(c+r) \tag{8.3}$$

其中 c 和 r 分别为通货—存款比例（或现金比例）和储备率（包括法定和超额部分的储备与存款的比例）。举个例子，如果现金比例为 5％，储备率为 20％，则货币乘数为 4.2倍。现金比例和超额储备比例受到交易制度、信贷需求以及利率等因素的影响。在中国，可以看到随着现金使用量的减少和法定准备率的下调，货币乘数将会提高。

货币乘数的存在说明货币创造并不完全是央行的事，商业银行的存贷款经营活动在其中扮演重要角色。货币银行学教科书讨论部分储备制度下商业银行如何通过存

款→贷款→派生存款的机制创造信用货币。但现实的经济和金融活动中很多场合是金融机构自主贷款→派生存款。特别是在企业和地方政府存在软预算约束场合,借款人对利率并不敏感,对本金的偿付也并无履约的真实打算,因此,存在信贷资金的"饥渴症"。而商业银行本着"赚钱是硬道理"而与央行博弈,倒逼央行放宽信贷额度或"再贷款"。因此,央行或货币当局在货币数量调控方面就存在信用管理与基础货币管理两方面任务。

　　图 8.7 给出中国自 2002 年以来的 M1 和 M2 的同比增长速度。图中显示,中国广义货币 M2 的增长速度在 2014 年前多数年份保持在 15%至 20%之间,其中 2009 年中央政府出于反危机、保增长的需要启动 4 万亿"铁公基"基础设施投资,并且要求商业银行支持地方政府项目提供贷款融资,致使当年货币增长率高达 30%。2014 年下半年由于资本外流导致外汇储备流失和外汇占款渠道的货币收缩,以及 2016 年后出于去杠杆的需要,中国人民银行采取了稳健中性的货币政策基调,M2 的同比增长率跌破 10%,并于 2017 年降至 8.2%。2022 年出于抗疫稳经济需要 M2 增速上升,但由于房地产市场下行和债务违约,经济出现下行,民间投资收缩,M2 增速下行,M1 出现负增长,经济面临通缩风险。

　　图 8.8 给出了中国人民银行资产结构图。资产图显示,中国人民银行总资产已从 2002 年的 4 万亿元增加到 2023 年的 46 万亿左右,规模扩张达 10 倍多。其中大部分

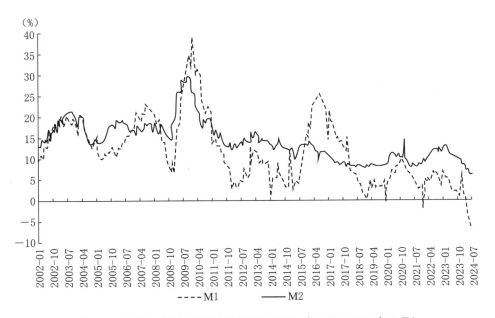

图 8.7　中国货币供给量同比增长速度(2002 年 1 月—2024 年 7 月)

资料来源:中国人民银行。

以外汇储备形式存在，外汇储备占比2011—2014年占比超过80%，近年来占比下降至2024年的50%左右。中国人民银行持有的国债占比相对较低，这与中国政府债券市场发展滞后有关，这使中国人民银行货币调控缺乏健全的市场操作基础。近年来中国人民银行通过多种借贷便利工具对国开行和商业银行提供所需的长期信贷资金和短期流动性。因此，2014年来中国人民银行对其他存款性公司的债权有了快速的增长，这在一定程度上缓解了因外汇流失导致的流通领域人民币货币的收缩。

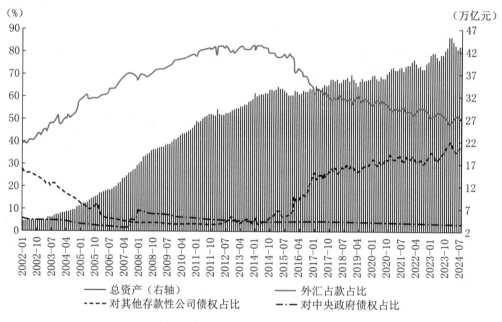

图8.8 中国人民银行总资产及其主要构成（2002年1月—2024年7月）

资料来源：中国人民银行。

近年来，货币政策致力于平衡稳增长、调结构、促改革、去杠杆和防风险之间的关系，为供给侧结构性改革和高质量发展营造了中性适度的货币金融环境。央行密切关注流动性形势和市场预期变化，加强预调微调和与市场沟通，综合运用逆回购、中期借贷便利、抵押补充贷款、临时流动性便利等工具灵活提供不同期限的流动性，维护银行体系流动性的合理稳定，公开市场操作利率则"随行就市"小幅上行。2017年，央行宣布对普惠金融实施定向降准政策，运用支农支小再贷款、再贴现、扶贫再贷款以及抵押补充贷款等工具，发挥信贷政策的结构引导作用，支持经济结构调整和转型升级，将更多金融资源配置到经济社会发展的重点领域和薄弱环节。图8.9给出中国人民银行2013年以来多种创新的借贷工具的贷款余额变化态势。特别值得一提的是央行通过给国开行发放PSL，再由国开行放款给地方政府用于棚户区改造的货币化动迁的推进。很多棚户区家庭通过政府货币化政策购买了住房,对三四线城市去库存起到了促进作用,但是货币化动迁也拉高了这些中低收入家庭的负债率,给他们未来的消费和生活造成了财务压力。特别是棚改货币化拉动了中西部的房地产开发投资,导致资源配置与人口流动的逆向而行,为房地产泡沫的膨胀和后期房地产领域以及地方政府土地财政不可持续带来的债务违约埋下了隐患。

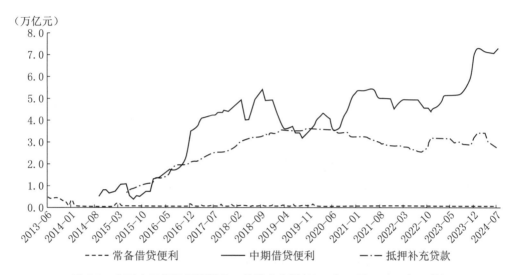

图 8.9　中国人民银行新型贷款工具期末余额(2013 年 6 月—2024 年 7 月)

资料来源:中国人民银行。

　　图 8.10 给出了中国人民银行负债的结构。图中显示,货币发行所占比重自加入WTO 后持续下降,并于全球金融危机后的近十年稳定在 20％左右。相比较而言,央行票据的发行经历先上升后下降直至全部退出的过程。而由存款类金融机构上存央行的存款准备金比重却持续上升,并在 2013—2018 年初在 65％左右的比例上维稳。2018 年下半年开始,中国人民银行持续调低法定准备金率,以应对经济下行的压力。央行负债及其现有结构的形成很大程度上与其维护汇率稳定的职能相关。中国长时期采取实际上钉住美元的汇率政策,官方汇率的调整很大程度上由国务院而非央行决定。政府出于出口导向型经济增长的需要维持名义汇率稳定,这就要求央行在贸易与利用外资双顺差背景下持续买入外汇,致使外汇占款方式向实体经济投放大量的人民币,为了避免国内通货膨胀或资产泡沫,央行需要通过公开市场进行冲销操作,但是央行几无国债资产可卖(见图 8.8),因此,只能通过发行央行票据回笼货币。需要冲销的数量很大,央票则从短期品种为主转为长期品种为主,支付给商业银行的利息率也随之上升,并且导致央行出现账面亏损,即央行购入的外汇投资美国国债的收益率低于央票利息率,而且美元储备还须承担汇率波动的风险。

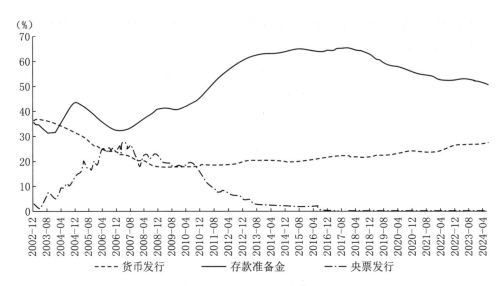

图 8.10　中国人民银行总负债主要构成（2002 年 12 月—2024 年 4 月）

注："货币发行"项和"存款准备金"项采用 12 月移动平均法来消除季节性冲击因素，作为分母的"总负债"项同样进行了 12 月移动平均处理。

资料来源：中国人民银行。

　　因此，2007 年全球金融危机爆发后，随着美国国债收益率的下降，央行发行央票形成的负债也持续下降直至全部退出；通过提高法定存款准备金率吸收存款机构储备性存款的冲销方式成为主流。这就是中国法定准备金率如此之高（见图 8.11），央行如此积极推动汇率市场化改革的重要背景。

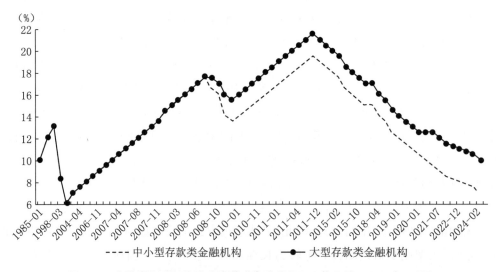

图 8.11　存款类金融机构法定存款准备金率（1985 年 1 月—2024 年 2 月）

资料来源：中国人民银行。

2006 年 7 月至 2008 年 6 月间,中国人民银行连续 19 次上调法定存款准备金率,每次上调 0.5 个百分点,从 8.0％上调到 17.5％,几乎是平均一月上调一次。2008 年 9 月全球金融危机爆发,中国人民银行连续三次下调法定准备金率。但 2010 年 1 月后又开始了第二轮的连续上调,对于大型存款类金融机构而言,2011 年 6 月最高上调到 21.5％。2012 年之后,随着经济形势的变化,法定存款准备金率开始了持续下调进程。2024 年 1 月 24 日,中国人民银行宣布将于 2 月 5 日下调存款准备金率 0.5 个百分点,大型和中小型存款类金融机构的法定存款准备金率分别为 10.0％和 7.0％,本次下调后,中国人民银行称将向市场提供长期流动性约 1 万亿元。

(二)利率市场化与政策利率调控

在成熟的市场经济条件下,利率由资金的市场供求决定。央行可调整的政策利率(通常由贴现贷款利率)、短期国库券收益率和银行同业拆借利率成为市场信贷活动的基准利率。商业银行在基准利率基础上通过期限加价和风险加价形成具体的贷款利率。中国在相当长的时期内存贷款利率都是由国务院决定的。就如电费构成所有经济活动的成本一样,利率也构成各类企业和家庭投资经营活动的资金成本。因此,在价格改革过程中,能源价格的放开或上涨受到最大的阻力。如第五章所述,中国长期的赶超战略决定着政府采取低利率政策鼓励投资。因此利率长期是低于市场均衡水平的。

我们在第五章已讨论了这种金融抑制状态的官方低利率政策下的信贷配给机制。

利率管制带来一系列扭曲和负效应。一是商业银行在没有风险加价空间情况下形成国有制偏好、垒大户偏好,造成金融资源错配。银行信贷主要提供给大央企、国有企业和地方政府,带来信贷及其所支配资源使用的低效率。二是在官方市场与非官方黑市之间形成套利空间,助长了扭曲的投融资活动,造成金融秩序混乱和系统性风险的持续积累。比如大型国有集团公司在很多年份可以基准利率甚至基准利率下浮 10％的低利率从大型商业银行获得大量贷款,一方面导致过度投资和产能过剩;另一方面在没有有利可图投资项目情况下,通过集团财务公司等下属金融机构和准金融机构转卖银行贷款,获得套利收益。三是滋生了严重的金融腐败。少数金融机构高管借助手中放款的特权,钱权交易,通过投融资便利给个人攫取巨大的投资或交易收益,给国家造成了银行资产坏账、房地产泡沫、过剩产能等社会资源低效率耗散或直接损失。

中国的利率市场化改革从 20 世纪 90 年代中期启动,经历了先贷款后存款,先短期后长期的分阶段改革进程,再进入存款利率放开的最后阶段。各国的利率市场化改革实践大都将存款利率市场化放在最后阶段。因为从防范银行体系风险而言,将存款成本控制在较低水平也是防范商业银行过度涉足高风险高利率贷款领域的重要手段。政府对企业和银行具有"父爱"天性,特别是在 20 世纪末为了帮助国有商业银行消化政策性坏账而启动了给银行的存贷款利差补贴。银行存款的名义利率常常因赶不上通货膨胀而存在负的实际利率。家庭存款人处于外散和对利率不甚敏感状态,而商业银行、企业和政府则是银行体系的共同利益集团,因此,存款利率市场化的滞后或延误有政治经济学方面的必然性。因此,中国的存款利率市场化是家庭储蓄"脱媒"倒逼机制使然。阿里巴巴余额宝等互联网金融对银行吸收低成本家庭存款构成严重冲击,迫使银行以更高收益率的表外理财产品稳定存款客户。2015 年来家庭负债率大幅度上升,致使银行的存款来源严重萎缩。商业银行存款利率的市场化,保持存款实际利率为正的利率上行也是大概率事件。但 2022 年后宏观层面面临通缩风险,为减轻实体经济利息负担,银行贷款利率下行,存贷款利差已大幅度收窄,存款利率下调已是大势所趋。

央行的利率调控可以通过政策利率(央行各类流动性贷款和中短期借贷便利的利率)和(或)货币供给量的变动调控银行同业拆借市场利率,并通过作用于商业银行存贷款利率,影响实体经济领域的消费、投资、经济增长和就业。图 8.12 给出了银行同业拆借市场的三种利率的变化态势。可见银行体系自 2013 年经历"钱荒"后,2016年又面临流动性日趋紧张和拆借利率上行的压力。特别是新设立中小银行由于存款客户基础薄弱,面临更大的流动性压力,它们在同业市场发行的大额存单利率持续走高。但 2018 年开始,货币市场各种利率出现持续下行趋势。

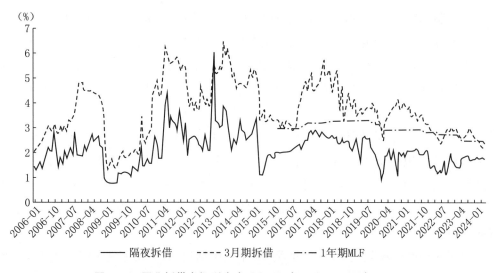

图 8.12　同业拆借市场利率水平(2006 年 1 月—2024 年 1 月)

资料来源:中国人民银行。

2015 年之后,中国人民银行主要通过 MLF 等新型货币政策工具来发行货币,其余额逐年扩大(如图 8.9 所示)。早期以 3 月期和 6 月期 MLF 为主,后来考虑到到期续作的操作成本较高,也不利于给商业银行提供稳定成本的可用资金,2017 年 5 月之后就只投放 1 年期 MLF。央行基本维持着每月 1 笔操作的频率,每次数千亿元。同时,1 年期 MLF 利率也成为商业银行贷款市场报价利率(LPR)的定价基准,LPR 由 LPR 报价银行以在当月 MLF 利率基础上进行加点的方式形成,作为当月的贷款基准利率。图 8.12 也显示了 2016 年 1 月至今 1 年期 MLF 利率的变动趋势。

(三)社会融资总额及其与广义货币 M2 的差异

2010 年 12 月召开的中央经济工作会议为中国宏观调控引入了社会融资规模这一新的统计指标,根据国务院要求,由人民银行负责社会融资规模的统计发布工作。

社会融资规模是指一定时期内(每月、每季或每年)实体经济主体(境内非金融企业和家庭,此后又加入政府部门)从金融体系获得的资金总额。金融体系既包括银行、证券、保险等金融机构,又包括信贷市场、债券市场、股票市场、保险市场以及中间业务市场等。社会融资规模由四个部分共十个子项构成:一是金融机构表内业务,包括人民币和外币各项贷款;二是金融机构表外业务,包括委托贷款、信托贷款和未贴现的银行承兑汇票;三是直接融资,包括非金融企业境内股票筹资和企业债券融资;四是其他项目,包括保险公司赔偿、投资性房地产、小额贷款公司和贷款公司贷款。

新增融资规模的内部结构如表 8.4 所示。

表 8.4　社会融资规模增量及其结构

	社会融资规模新增(万亿元)	人民币贷款(%)	外币贷款(%)	委托贷款(%)	信托贷款(%)	未贴现银行承兑汇票(%)	企业债券(%)	非金融企业境内股票融资(%)
2002 年	2.01	91.86	3.63	0.87	—	−3.46	1.82	3.12
2007 年	5.97	64.10	6.82	5.95	3.00	11.83	4.03	7.65
2012 年	15.76	52.04	5.81	8.14	8.15	6.66	14.31	1.59
2017 年	26.15	52.93	0.01	3.06	8.50	2.05	2.39	3.35
2023 年	35.59	62.45	−0.62	0.06	0.44	−0.50	4.57	2.23

注:中国人民银行逐步完善社会融资规模统计方法,2018 年 7 月起将"存款类金融机构资产支持证券"和"贷款核销"纳入社会融资规模统计,2018 年 9 月起将"地方政府专项债券"纳入统计,2019 年 9 月起将"交易所企业资产支持证券"纳入"企业债券"指标,2019 年 12 月起将"国债"和"地方政府一般债券"纳入统计,与原有"地方政府专项债券"合并为"政府债券"指标。2023 年,政府债券、存款类金融机构 ABS、贷款核销分别占当年社会融资规模增量的 26.99%、−1.76%、3.08%。

资料来源:中国人民银行。

截至 2024 年 7 月底,中国社会融资规模存量已达 395.72 万亿元,其中人民币贷款存量规模 247.85 万亿元,占比 62.63%。其他存量规模占比较高的有政府债券(18.65%)、企业债券(8.13%)等。

社会融资规模与货币供应量是一个硬币的两个面,但两者具有不同的经济含义。货币供应量从存款性金融机构负债方统计,包括 M0、M1 和 M2,反映的是金融体系向社会提供的流动性,体现了全社会的购买力水平。而社会融资规模则从金融机构资产方和金融市场发行方统计,从全社会资金供给的角度反映金融体系对实体经济的支持。因此,社会融资规模和货币供应量是相互补充、相互印证的关系,二者从不同角度为金融宏观调控提供信息支持。

社会融资规模指标兼具总量和结构两方面信息,不仅能全面反映实体经济从金融体系获得的资金总额,而且能反映资金的流向和结构。该指标体系可反映直接融资与间接融资的比例关系,反映实体经济利用各类金融产品的融资情况,还可进行分类统计,比如分地区、分产业、分来源等,因此可以反映不同地区、不同产业的融资总量和融资结构,反映我国区域经济差别及产业发展情况。

华融证券首席经济学家伍戈博士对 M2 与社会融资规模的关系做了深入剖析。他认为,两者都受到货币政策与金融监管等供给因素的影响。他提供的图 8.13 清晰反映了两者关系和内部结构。

与传统的货币银行学教科书的基本原理不同,当今银行体系已不再是银行存款先行流入决定银行贷款的投放。相反,银行贷款发放决定派生存款的多少。德意志银行

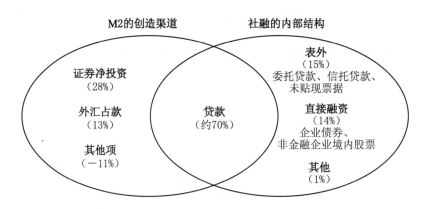

图 8.13　M2 创造的渠道与社会融资规模的内部结构

注:a.图中数据为各部分占比的当年数据;b.M2 创造渠道中的贷款比社融口径中的贷款多出对非银金融机构贷款的部分,但非银贷款占比不大;c.M2 中的其他项是财政存款等项目,为 M2 的负向拖累项。

资料来源:Wind,华融证券。

的"中国银行展望"报告提供的图表显示,2017 年 9 月中国银行业的杠杆率或 3 个月滚动的贷存比已达 120%,而理论的杠杆率应该是(1－储备率)×80%左右。[1]这两个比例分道扬镳起始于 2009 年中期,而实际贷存比自 2013 年开始了快速上升,这与银行表外业务、同业业务的繁荣相契合。2017 年 M2 占 GDP 的比例已从 210%下降至 207%,但银行的贷存比仍在上升。由此可见,资产泡沫及系统性风险的防范或控制无法通过货币紧缩实现,而必须引入监控银行体系信用创造及其配置的宏观审慎监管。

二、宏观审慎监管及其对广义货币和社会融资的影响

2017 年 7 月 14—15 日召开了全国金融工作会议,会上决定成立国务院金融稳定发展委员会(以下简称"金稳委"),并于 11 月正式成立,由一位国务院副总理领导。其主要职能是评估和提出金融改革和发展的相关规划;协调货币政策、金融监管、金融改革、财政政策和产业政策;研究控制系统性风险保障金融稳定的相关政策;指导地方金融监管部门。一行三会都从属委员会之下,各司其职;中国人民银行设立委员会办公室,并确立了货币政策和宏观审慎监管为央行宏观调控的双支柱。

宏观审慎监管是与微观审慎监管相对应的一个概念。微观审慎更关注个体金融机构的安全与稳定,宏观审慎视角则更关注整个金融系统的稳定。金融危机爆发以来,主要经济体和国际组织都在着力加强以宏观审慎监管为重要内容的金融监管改革。2016 年央行引入宏观审慎评估体系(Macro Prudential Assessment,简称"MPA"),加强对金融机构的宏观审慎监管。

防治系统性风险,需要建立事前防范、事中应对和事后处置的一整套机制。事前防范就是建立宏观审慎监管;事中应对是利用降低利率、提供流动性、清理不良资产、注资和财政刺激等政策组合控制风险蔓延;事后处置主要是解决金融机构太大或者太重要而不能倒闭的问题。

宏观审慎监管与资管新政近中期的目标都是金融去杠杆,缩短金融中介链条,使金融从脱实入虚转而脱虚向实,更有效地为实体经济发展服务。

2017 年中国银行体系资产负债结构如下:资产占比结构,公司信贷 36%,家庭信贷 14%,政府信贷 7%,同业信贷 14%,给非银行金融机构贷款 12%,现金与上存央行的法定储备 11%;负债占比结构,存款 65%,同业拆借与发行大额存单 10%,

---

[1] Deutsche Bank, Markets Research, 2018, "Chinese banks-2018 Outlook, Financial Deleveraging: Market Rate Hikes, New Committee, Tighter Regulations", 2 January.

向非银金融机构借款7％,向央行借款4％,债券发行融资7％,其他负债8％。不包括与央行间的存贷关系,银行同业及金融机构间形成的资产和负债分别占到26％和24％。

金融监管部门针对银行资产的监管举措有:收紧影子银行(2017.4),收紧通道业务(2017年上半年),实施银行信托合作新规(2017.12),在宏观审慎评估中实施信贷宽口径要求。除了成立金融稳定发展委员会外,对银行业务的监管举措还有银监会"3-3-4系列"的综合自评估要求(2017.4),资产管理业务指引(2017.12)和流动性风险管理指引(2017.12)。针对负债的举措有央行新型借贷便利(OMO /MLF/SLF)的使用,拉长MLF的久期,并将NCDs纳入银行同业融资口径。[①]

2018年3月,银监会和保监会合并为银保监会,形成了"一委一行两会"的监管格局。中国人民银行主要负责货币政策,银保监会和证监实施分业监管。2023年3月,《党和国家机构改革方案》发布,决定在银保监会的基础上组建国家金融监督管理总局(国家金融监管总局),不再保留银保监会。2023年10月,中共中央办公厅、国务院办公厅发布通知对监管职责进行整合,不再保留金稳委及其办公室,将其职责划入中央金融委员会办公室;中国人民银行也不再保留金融消费权益保护局。2023年11月,证监会"三定"方案明确将投资者保护职责划入国家金融监督管理总局。2024年4月,中国人民银行县支行正式划转为金融监管总局县域监管支局。这标志着中国金融监管体系最终形成了"一行一局一会"的格局:一行为中国人民银行(货币政策制定和执行),一局为国家金融监督管理总局(除证券业之外的金融业监管),一会为证监会(证券业监管)。总之,2017年以来,中国金融监管体系的变化反映了从分业监管向综合监管的转变,旨在应对金融创新和混业经营的挑战,强化宏观审慎管理,提升了监管的专业性和有效性,确保金融市场的稳定和健康发展。

三、货币政策的中间目标与货币政策传递机制

央行货币政策通常将货币数量和利率作为两个中间目标。

如前所述,央行通过公开市场政策操作(OMO)、相关借贷便利(SLF/MLF/PSL)和法定准备金率的调整调节基础货币的供应量,影响银行同业市场资金的松紧,进而影响M2的供给。另外,央行通过政策利率影响实体经济借贷利率的传递机制是:

---

① Deutsche Bank, Markets Research, 2018, "Chinese banks-2018 Outlook, Financial Deleveraging: Market Rate Hikes, New Committee, Tighter Regulations", 2 January.

OMO/SLF/MLF 等流动性供给的政策利率→DR007 等资金市场利率①→债券市场利率(如国库券、公司债和大额存单等)→借贷市场利率。

由于地方政府和国有企业等经济主体存在软预算约束,存在资金需求饥渴症,利率的高低并不敏感,市场化的利率调节机制尚不健全。因此,央行必须完成数量调控到利率调控的转型,必须将数量与利率价格作为双重中间目标,而且宏观审慎监管也可通过监管金融机构行为对金融机构信用货币的创造和利率水平产生影响,并引导金融机构信贷在经济领域或产业间的配置。

央行双支柱调控对国民经济的政策传递机制是:央行双支柱调控→货币、信用和市场利率→固定资产投资和消费→经济增长、就业和通货膨胀等宏观政策目标。从理论上讲,央行调控与市场利率之间的通道有时会有堵塞。用凯恩斯本人的经济学术语可称为流动性陷阱,也即货币需求的利率弹性无穷大。这时经济前景不确定性增强,投资者对经济前景持悲观预期,从而存在"现金为王"的偏好,导致货币供给的刺激作用被抵销,市场利率无法下降的状态。另外在市场利率与投资需求之间也可能存在传递不畅的状况,这时投资需求的利率弹性偏小。对未来巨大的风险而言,利率的下降不足以刺激私人部门投资。因此,凯恩斯认为,在此经济萧条时期货币政策无效或作用不明显,需要扩张性的财政政策刺激经济。

四、中国现行货币政策存在的问题及未来改革方向

具有央行任职经历的马骏和管涛博士在《利率市场化与货币政策框架转型》一书中系统分析了中国货币政策框架转型所面临的问题和挑战,并提出了货币政策框架转型的中期目标和未来几年应该推动的具体改革措施。他们认为,中国目前的货币政策框架和利率调控体系存在较多问题,主要有:

(1) 最终目标过多。《中国人民银行法》中模糊地规定了货币政策的最终目标为维护币值的稳定并以此促进经济增长,但是在实际操作中逐步形成了中央银行应该支持和配合国务院实现几乎所有重要的经济目标的运行机制,这些目标包括通胀目标、GDP 增速目标、就业目标、金融稳定目标、各种类型的国际收支平衡目标(往往包括汇

---

① DR007 利率,是指银行间存款类金融机构以利率债为质押的 7 天期回购利率,该利率从 2014 年 12 月 15 日开始对外发布,但一直未受到足够重视。央行在 2016 年第三季度货币政策报告中首次提到这一利率,有意将其培育为资金市场的目标利率。央行认为,DR007 对培育市场基准利率有着积极作用,它可降低交易对手信用风险和抵押品质量对利率定价的扰动,能够更好地反映银行体系流动性松紧状况。此前市场习惯盯的利率指标是 R007。R007 是指全市场机构的加权平均回购利率,包括银行间市场所有的质押式回购交易,不限定交易机构和标的资产。DR007 限定交易机构为存款类金融机构,质押品为利率债。

率稳定目标、外汇储备稳定目标、经常项目平衡目标,甚至与某些国家之间的双边汇率和贸易平衡目标)、结构调整目标(如支持某些特定产业)等等。多数目标虽然没有写入《中国人民银行法》,但由于国务院掌握了确定主要货币政策工具的决策权和批准权(包括 M2 目标的确定权、存贷款基准利率和法定准备金率的调整等决策权等,以及影响央行其他货币和外汇政策工具使用的各种渠道),事实上许多部门和利益集团都会通过国务院来影响货币政策的走向,迫使货币政策的最终目标变得十分多元化,使得中国人民银行成为全世界"最难解释其最终目标"的央行。

(2)过度依赖已经过时的 M2 作为中介目标。在金融创新、资产价格快速上升、资本项目开放、支付电子化等背景下,M2 从有效性、相关性等角度来看已经基本过时。但是 M2 作为货币政策中间目标主要由国务院确定,因此,决策时考虑的主要不是货币政策的可操作性、有效性,而是用传统模式实现 GDP 增长目标所需要的资金支持,从而没有考虑到严格执行 M2 目标可能导致利率大幅波动等负面效应。

(3)货币政策工具过多。一段时间内,除了传统的存贷款基准利率、法定准备金率等政策工具之外,央行又曾引入了包括各种回购、SLF、MLF、PSL 等一系列货币政策工具,它们的使用频率和市场影响力也在不断增强。工具数量太多,并且出现与部分传统工具之间的走向和政策信号不一致,导致市场信号混乱的情况。央行引入这些工具的一个重要体制原因是"它们可以被灵活运用",即不需要每次都由国务院批准,也即央行对主动决策以及政策适时适度的要求反而异化出许多并非必需的政策工具。

(4)决策机制难以明确表述。由于不同政策工具在不同的决策者手中(如 M2目标的确定、基准利率和准备金率的决策权在国务院,公开市场操作和 SLF、MLF、PSL 的利率决策权在央行),不同工具的政策导向会有不同,并可能引起市场信号混乱。市场人士不断争论货币政策是松了还是紧了,而央行的解释也往往语焉不详。

(5)前瞻性指引工具不足。在多数发达和中等收入国家,中央银行日益普遍地通过与市场沟通开展"前瞻性指引"来管理市场的货币政策预期,影响市场利率,以达到调节宏观经济的目的。理论分析和实践经验都已表明,央行有效使用前瞻性指引工具,如向市场解释货币政策规则、发表对未来的经济乃至利率预测、讨论影响货币政策的决定因素的走势和上下行风险等,可以明显降低货币政策的操作成本。有时央行官员的几句话就可能改变市场利率,其效果甚至强于数千亿资金投入公开市场操作的作用。反之沟通不足,过度使用真金白银干预,却又发出互相矛盾的政策信号,往往会大量浪费"子弹",并降低央行政策的可信度和有效性。如果货币政策的主要决策权不在央行,央行就无法保证未来货币政策的决策按照相对明确的原则进行,从而无法公开表述对未来货币政策走势的基本判断,前瞻性指引工具也就较难有效使用。①

第四节　财政货币政策协同与货币的结构性投放②

一、中国财政货币政策协同的特点与战略意义

　　西方国家的量化宽松是指中央银行在利率已无下降空间情况下通过购买国债等中长期债券增加基础货币供给的政策。这本质上是货币与财政政策协同配合。我们通过回答以下两个问题，阐述中国财政货币政策协同的可行性。

　　一是中国央行是否存在货币超发？我们的回答是否定的。中国人民银行不存在货币超发。根据弗里德曼货币理论，一国货币供给的增长应与经济增长速度相匹配，否则就会引发通胀或通缩。这一理论有其合理性，但并不完全适用。主要局限性是没有考虑新兴市场经济国家的经济货币化和资产证券化过程对增量货币的吸收。比如中国 1978—1995 年经历农业经济的商品化，1990 年后的企业股权证券化，1998 开始住宅货币化和土地招拍挂及土地财政。这些过程都大规模吸收增量货币，使超速增长的货币投放不会引起通胀。另外，M2 的统计指标有其片面性。M2 由现金加银行活期和定期存款构成，以存贷款间接融资为主的国家的 M2 会比直接融资为主的国家大很多。2019 年银行资产/金融总资产的比例，中国是 67%，美国仅为 18%。但同期金融总资产/GDP 比例美国为 462%，中国为 437%。由于发展水平及金融体制的差异，M2 的简单国际比较并无意义。最后，图 8.14 显示了全世界四大央行资产美元价值的变化曲线。中国人民银行资产规模 2015 年以来是相对稳定的。而美联储和欧央行在新冠疫情期间出现了极度的资产膨胀。可见，中国实际上是信贷过度膨胀而非央行货币超发。

　　二是中国财政货币政策协同会不会引发通货膨胀？我们的回答是不会。财政货币政策协同可化解重资产行业的债务-通缩，还有望抑制通货膨胀。其特点：一是用中央政府高等级信用的扩张抵补低等级信用的收缩，通过民生工程的财政投资消化重资产行业的过剩产能，化解债务-通缩压力，解开三角债、创造新增就业，释放低收入家庭

---

①　详见马骏、管涛：《利率市场化与货币政策框架转型》，中国金融出版社 2008 年版，第五章《对货币政策框架转型和利率调控机制改革的思考》。

②　本节引自潘英丽：《扩大内需的底层逻辑与财政货币政策协同》，载《新金融》2023 年第 5 期，并做部分修改。

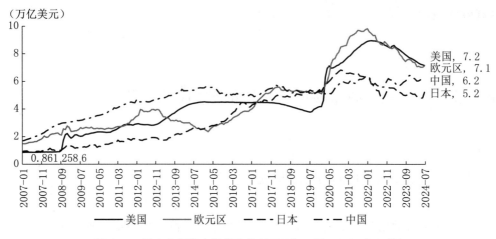

图8.14 四大央行资产规模变化（2007年1月—2024年7月）

资料来源：美联储、欧洲央行、日本央行和中国人民银行网站。

的消费，达到需求倍增之功效。二是中央政府的财政投资可充分发挥供给侧补短板的作用。通过提高劳动生产率，培育优秀企业，优化资源配置，促进高成长产业发展，进而有效抑制成本推进型通胀和服务价格的快速上涨。

中国当前国情与日本20世纪90年代中期量在宽松开启时期相比有两点相同之处：一是重资产领域存在过度投资泡沫与高负债主体的债务收缩引起的局部性收缩。二是人口结构进入老龄化时代。不同之处在于：中国仍处发展中期，人均GDP低于美国的20%，日本当年已超过美国；中国规模经济优势明显，GDP总量是目前日本的4.5倍；完备的产业体系远超任何发达国家；中国存在产业和地区经济发展的不平衡，经济转型提升整体经济效率有巨大空间。总体而言，中国仍有4%—6%的潜在增长率，政府财政投资的实际收益率可高于融资成本甚多，并保持财政稳健。

中国财政货币协同的扩张政策与美国2008年以来的量化宽松可有完全不同的效果。美联储应对次债危机的量化宽松主要是从银行和金融市场买入资产，通过注入流动性重启冻结的市场。但长期低利率导致更多资金以杠杆融资方式进入股市，造成股市泡沫与贫富分化的加剧。新冠疫情期间美联储更多买入国债，由政府转移支付给家庭部门，在供应链不畅和劳动参与率下降的背景下最终引发严重通胀，徒增底层百姓生存压力。这让MMT货币理论破产，美联储不得不激进加息，并陷入通胀与衰退两难选择之中。相比较，中国财政货币协同的扩张政策将为底层百姓创造就业和收入的同时，促进产业结构优化、经济效率提升，促进低通胀条件下的中高速度增长。

中国财政货币协同的扩张政策还具有完善长期资本市场、形成独立的货币发行和调控机制、促进人民币国际化等多种功效。图8.15显示，与美联储、欧洲央行和日本央行资产中64%、45%、80%的国债比例相比,中国央行资产的国债比例仅为3.7%。中国人民银行通过购买国债向实体经济注入流动性有很大操作空间,并可避免经济下行时期货币政策传递机制不畅的问题。

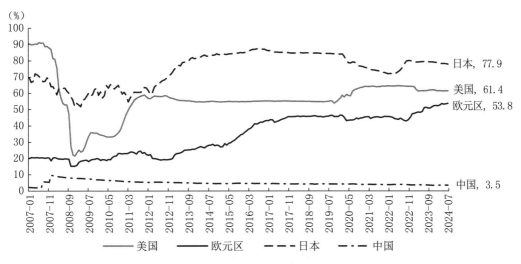

图8.15 四大央行国债/资产比例的变化(2007年1月—2024年7月)

资料来源:美联储、欧洲央行、日本央行和中国人民银行网站。

二、2023—2030年中国货币扩张规模与结构优化类财政投资

中国式量化宽松支持的中央财政投资必须具有结构优化、畅通内循环的社会效益。助消费要有助于去库存,促投资要有高就业弹性和释放消费的功效。

2023—2030年间,中国货币量化宽松可释放21万亿无通胀总需求规模。根据世界银行以购买力平价计算的各国GDP全球占比,2020年中国实际经济总量占比为18.32%,是美国15.81%的1.16倍,欧盟14.86%的1.23倍,日本4.03%的4.59倍。但2021年末中国央行资产美元总值低于日本,只有美国的71%。[①]图8.16显示中国央行资产/GDP比例远低于间接融资为主体的欧央行与日本央行。在民间信用缺失背景下做大央行资产与国债市场规模有很大空间,并且对降低融资成本、提高资源配置效率极具战略意义。如果2025年中国央行资产规模达到美国2022年水平,国债占比达到25%,并以人民币兑美元汇率6.7换算,可释放中央政府12.23万亿元购买力。如果资产规模不变,2030年国债占比达40%,则"十五五"期间仍可释放中央政府购买力

---

① 数据来源:世界银行"世界发展指标"(WDI)数据库。

8.86 万亿元。如果未来 10 年长期国债收益率维持在 3%,经济增长在 4%—6% 之间,那么这项由中央政府信用支持的 21 万亿元低成本投资不仅可抵御中国通缩风险,其乘数效应和未来收益完全可覆盖其成本而不会引发通货膨胀。另外通过长期国债市场的发展还可实现社会稀缺资源的跨时期配置,解除养老基金等机构投资标的稀缺的"资产荒"问题。

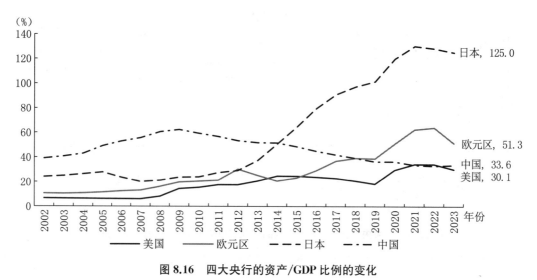

图 8.16　四大央行的资产/GDP 比例的变化

资料来源:美联储、欧洲央行、日本央行、中国人民银行和世界银行网站。

　　中央政府国债发行收入支持的投资项目必须具有高就业弹性,并惠及具有最高边际消费倾向的低收入群体,如此才有财政投资的最大乘数效应。建议的投资项目如下。

　　(1)以廉租房建设、提高农民养老金水平和发放消费券为抓手逐步实现农民工家庭的市民化。2021 年全国农民工总数为 2.93 亿人,考虑留守农村的子女和父母,人数应在 6 亿以上。中央政府可以通过以历史成本适当贴息的方式回购人口导入城市和规划中的都市圈中心城市的闲置或低效工业用地,以土地入股,形成混合所有制企业,再发行 REITs 融资,建设廉租房,并提供租赁服务,满足非户籍农民工的居住需要。此项工程的社会效益在于:促进农村非就业人口进城团聚,有助农村土地的成规模开发和现代农业发展;激活建材市场及其产业链;释放农民工家庭消费需求和生育率的提高,消化制造业库存,改善企业资产负债表;提高义务教育等公共服务和社会设施的规模效益;并从劳动供给与服务需求双侧促进消费服务业发展,提高低收入家庭生活质量和生育率。目前地方政府在房地产收储用于租赁使用的政策很难落实,原因在于如何确定收储价格面临两难。如以有行无市的价格收储,考虑到央行贷款利率在

1.7%以上,而目前房屋租金收益率侧低于 1.5%,面向农民工等低收入群体的廉租房租金收益率将会更低,地方政府将面临严重亏损。可操作的可选方案是两种政策的组合:央行定向贷款利率可降至 0.5%,政府与房产商确定一个协议转让价格,以房产实际成本和房产商承担一定折损率为基础。后者可由房产商竞标或逆向拍卖决定。政府还需要将农村养老金水平逐步调整到 800 元左右;再发放覆盖全部农民工家庭和城市低收入家庭的消费券,促进产能相对过剩的消费制成品的消费。惠及最低收入家庭的财政支出项目具有最高的乘数效应,可实现四两拨千斤的效果。

（2）设立公务员留职停薪创业发展基金,鼓励有经验的公职人员创立人力资本开发类技能培训公司和消费服务公司,创业基金入股的政府背景可给消费服务企业增信,并实施内部监督。政府还可给予 5 年免税的鼓励政策,以培育消费服务业优秀企业的方式,促进就业、收入增长,消费服务供给与需求同步增长的非贸易产业高质量发展。

（3）可在风景优美、气候宜人的中西部地区建设数个国际教育园区。这可以吸引全球优秀的技术与人文教育资源,促进中国教育事业、培训产业发展和人力资本积累;广泛招收国际留学生学习中文和中国文化历史,参与中国市场经济发展;推动中国文化与旅游产业的高速成长。比如,美国康奈尔大学全球领先的农业与酒店管理专业都是中国急需发展的人才短板专业。可大规模培养中国产业发展要求的紧缺人才。建设教育园区的另一个重要目的是帮助西部地区发展旅游业和户外运动产业发展的消费需求引流。

（4）中央政府设立人力资本开发基金,促进中国的人力资本积累。可设立三种用途:一是用于婴幼儿生育养育的补贴。二是鼓励和支持成长性产业领先企业与相关大学合作,促进大学毕业生的实习培训项目,提高大学生对新兴产业发展的岗位适应能力和就业率。三是发放自由选择培训项目的教育券,通过政府购买和再就业需求方的市场化选择促进教育培训产业的健康发展,提高劳动者的综合素质和适应产业发展岗位需要的适应能力。

（5）有条件地部分置换地方政府和地方融资平台债务,降低融资成本,化解债务风险。以国债置换地方债原则上不宜推行:一是好钢必须用在刀刃上。货币量化宽松释放的资源有限,须用在就业弹性最大、惠及底层劳动者的高投资乘数领域,不符合这些标准的就不可转换。二是量化宽松与地方政府存量债务不成比例,难以筛选置换标的。三是不能鼓励地方政府软预算约束下的道德风险。

第九章　增长起源、增长因素与中国经济增长方式的转换

　　人们对经济增长已经习以为常,但与数万年的人类历史相比,有经济增长的历史也许只能算是一瞬间。即使在增长已成为经济活动普遍特征的当今世界,增长仍然有快有慢,有短期波动,有长期低迷,呈现出千姿百态。因此,解释经济增长及其波动的理论可谓源远流长,众说纷纭,在主流经济学教科书中也占有很大篇幅。限于中国经济的复杂性,本书专门留给经济增长的也只有一章的篇幅,好在之前各章也都已涉及经济增长问题,此处只能简说一二。

　　另外,过去四十余年中国经济增长可谓世界瞩目。如此大的人口规模和经济体量,自改革开放参与全球化分工以来,已不可避免地对世界产生重大影响,全球经济不平衡一定程度上与中国对外部市场的过度依赖有关,而外部经济金融的动荡以及美国发动的中美贸易摩擦及其对华战略的调整,也必然对中国传统经济增长模式产生极大的冲击,要求中国加快经济转型和增长方式的转换。

　　本章内容做如下安排:第一节简要梳理和阐述关于经济增长起源和增长因素的理论;第二节回顾分析过去四十年中国经济增长的成功经验与存在问题;第三节探讨中国经济增长方式转换的相关政策及所需要的制度变革;第四节讨论中国经济增长的趋势变化,并给出经济转型主要方向的预期和改革建议。

第一节　现代经济增长的起源与经济增长理论

一、现代经济增长的起源

　　我们已将经济增长看作理所当然的事,哪个国家失去增长,就会觉得非常糟糕,而

经济衰退则是更难容忍的事了,但是人类历史上曾经有相当长的时期没有增长。经济史学家和研究增长问题的专家麦迪逊(Angus Maddison)用表 9.1 来说明自公元 500 年以来世界人口和人均产出变化情况。他把这段人类历史分为农业(500—1500 年)、高级农业(1500—1700 年)、商人资本主义(1700—1820 年)和资本主义(1820—1980 年)四个阶段。在农业社会的 1 000 年中人口平均增长率仅 0.1%,而人均产出则没有增长。也就是说人们的经济活动只能维持人类生存的最基本需要,因为有多余的粮食或生活必需品,人口就会增加。

表 9.1　过去 15 个世纪人口与人均产出的增长

历史阶段	人　口	人均产出
农业(500—1500 年)	0.1	0
高级农业(1500—1700 年)	0.2	0.1
商人资本主义(1700—1820 年)	0.4	0.2
资本主义(1820—1980 年)	0.9	1.6

资料来源:安格斯·麦迪逊,《资本主义发展阶段》,牛津大学出版社 1982 年版,表 1.2。

接着,人类进入公元 1500—1700 年的高级农业社会,此阶段劳动生产率已有提高,人口有了千分之二的增长,人均产出也有了千分之一的增长,总产量或 GDP 增长率相当于两者相加,已有 0.3% 的增长。但是这一时期增长仍然非常低速,估计这一阶段非农产业也仅处萌芽状态,尚无长足发展。农业是基础,非农产业的形成主要源于农业劳动生产率的提高。只有当农业劳动者除了养活自己外还可养活更多社会成员时,分工和其他产业的发展才有可能。因此,一个国家的经济发展水平很大程度上可以务农劳动力在总劳动力中所占的比例来表示。比如中国 2015 年有超过 28% 的劳动力在从事农业生产,但却需要大量进口各种农产品,农业 GDP 占比低于 10%,说明中国的农业生产是相当落后的。相比较而言,美国仅占劳动力 1.6% 的农民生产的农产品不仅可满足本国居民的需要,还可大规模出口。目前各国出于粮食安全,农产品市场并不像工业品那样对外开放,因此,美国粮食生产的潜力还远远没有充分展现出来。

到了 1700—1820 年间的商人资本主义时代,各国政府奉行重商主义。重商主义学说认为,财富就是黄金,财富在流通中创造,一国财富由出口和贸易顺差赚取。因此,奉行重商主义的国家政府都鼓励出口,力求贸易顺差。于是,有西方学者称中国是重商主义的国家资本主义。这一时期由于国际分工的发展劳动生产率已有提高,人口增长达到 0.4%,人均产出有了 0.2% 的增长,总产出增长率达到 0.6%。但是真正称得上现代经济的增长,发生在 1820 年后的资本主义时代。麦迪逊统计的 1820—1980 年间,0.9% 的人口增长加上 1.6% 的人均产出增长,平均经济增长率已达到 2.5%。长达

160 年的平均增长 2.5％是非常了不起的人类社会进步。

学者们开始研究，经济增长是怎么发生的？他们的一个重要发现是，现代经济增长的出现与资本主义作为一种主要经济体制的出现在时间和地点上都完全契合。英国在 1780—1820 年间，美国在 1810—1860 年间，德国在 1820—1870 年间，发生了工业革命，这段时间也是资本主义兴起阶段，经济出现超越历史的快速增长。美国经济学家、诺贝尔经济学奖得主库兹涅茨说，现代经济增长的出现是一件戏剧性的事件。为此，学者们对经济增长的产生或增长起源做出了不同的解释。主要有三种观点。

（一）宗教或意识形态对增长起源的意义

第一种观点是德国思想家韦伯提出来的。[①]他认为，经济增长跟宗教有关，某种意义上讲，宗教对经济增长有重要的决定作用。资本主义特别适合在信奉新教价值观的国家产生和发展。因为新教鼓励利润的创造，认为追求利润是高尚的活动；同时新教也强调节俭和自律，节俭就是省吃俭用，就是偏好储蓄的好习惯，有助于增加资本的积累；自律就是人们能够克制自我，遵守社会公德和市场契约，也就是有良好的契约精神。因此，新教价值观非常有利于市场经济的发展。了解中国历史的都知道，春秋战国时期已有铁器的使用，吕不韦是那个时期的成功商人，商业已经比较发达。但是，在后面的两千多年历史中，中国的商业并没有演变出具有主导地位的资本主义生产方式，其中一个重要原因也许与我们的价值观有关系，中国社会长期重农抑商，"无商不奸"的说法就是对商业的歧视，当然，也与我们的制度有重要关系。

（二）界定与保护产权的法律及制度对增长起源的意义

第二种观点是经济史学家、新制度学派重要代表人物诺思的观点。他认为，界定产权的法律和制度对经济增长极其重要。他指出，"有效率的经济组织是增长的关键，一个有效率的经济组织在西欧的发展正是西方兴起的原因所在"。有效率的经济组织的发展，要求建立一种制度安排和财产权力，这种制度安排和财产权力能够形成一种激励机制，使得个人的经济努力转化为使个人报酬率接近社会报酬率的活动。[②]这里的经济组织就是我们讲的企业组织，也即有效率的企业组织是增长的关键。"使个人的经济努力转化为使个人报酬率接近社会报酬率的活动"这句话有点难以理解，需要做些解释。

我们可以将个人的经济努力分为两类，一类是生产性的努力，另一类是分配性的努力。生产性的努力就是通过我们的经济活动，整个社会的总产出得以增加，蛋糕因

---

① 可参阅马克斯·韦伯：《新教伦理与资本主义精神》，北京大学出版社 2017 年版。

② 道格拉斯·诺思、罗伯特·托马斯：《西方世界的兴起》，华夏出版社 1989 年版，第 1 页。

我们的努力做大了。分配性努力是不做蛋糕的,而是致力于蛋糕的分配,使自己获得最大份额蛋糕的一种努力。其实际效果是挤占了他人的份额,增加他自己的份额。社会是由个人和家庭组成的,好的产权制度应该是将由个人生产性努力带来的社会产出的增加部分主要归生产者本人所有,相比较而言,分配性努力没有带来社会产出的增长,那么,产权制度应该排除他们占有社会产出。这样,个人报酬率接近社会报酬率,就可充分调动人们的生产积极性,促进社会经济增长和发展。

生产性努力比较容易理解,就是生产性的经营活动,无论是体力或智力劳动,还是资本投资,无论是扩大生产可能性边界的发明创造,还是降低社会稀缺资源消耗的技术更新,都值得倡导和发扬。日常生活中的分配性努力可以简单区分为巧取豪夺与明火执仗两大类,都属于违法乱纪行为,需要严厉惩治或扼制。

笔者多年前曾经讨论过中国的改革与开放关系问题。"穷则思变",其实穷不一定思变。如果没有外部信息的猛烈冲击,人们即使生活在很贫穷落后的社会中,也不会思变。更多的是得过且过,或者是安贫乐道,知足者常乐了。广义的开放是封闭社会对外部世界的开放:外部的人才、技术和资本流入,带来了新的思想和新的知识;内部长期处于封闭状态的人们走出去,了解到了外部世界有多精彩。从动力机制角度看,开放的主要功能是给人们确立一个高水平生活标杆,将人们内心的致富欲望充分激发出来,这是经济发展的原始动力。但是,开放并不能保证人们的致富欲望转化为生产性努力,致富欲望转化为生产性努力是有条件的,而转化为分配性努力则须时机和贪婪。

改革的主要任务是建立有效界定和保护产权的法律及相关制度,建设崇尚契约精神的法治社会,形成良好机制将人们的致富欲望导入生产性努力的渠道。改革开放之后,人们一度发现贪污腐败问题日益严重,社会犯罪率飙升。于是有些人说,改革开放造成社会风气变坏了。其实,与社会的开放度相比,改革相对滞后,特别是在健全有效界定和保护产权的法律制度、建设法治社会方面是严重滞后的。将致富欲望输导到生产性努力的制度变革的例子是取消注册资本金要求。注册资本金的制度将无产者直接排除在了自主创业的门外。好在政府已经取消了这一制度,并为创新、创业创造了良好的政策环境。可以说目前的创业环境已是中国改革开放以来最好的,当然问题仍然不少,需要进一步的改革来解决。另一个是义务教育和基本医疗保障等涉及劳动力基本素质的公共服务供给主要由地方政府承担。地区发展的差距导致这些公共服务供给的质量和数量在地区和城乡之间严重的不平等。接受均质均等的义务教育是人们在市场经济活动中获得平等发展机会的前提条件。教育是社会发展和进步的基础,基于人力资本以人为载体,而作为劳动力的人应该允许更大程度的自由流动,而不是属地化的。因此,用于人的公共服务开支应主要由中央政府承担,并按各省市县乡接受教育(或医护)的实际人数下拨执行。这是央地财税关系改革的一个事权上移的思路。

(三) 特殊地理环境及政治多元化对增长起源的意义

关于经济增长起源的第三观点从地理角度提出。巴克勒(Jean Baechler)认为,"资本主义的扩张源于:一方面,同一文化背景下多个政治单元的共同存在;另一方面,政治的多元化使经济的自由化"。[①]西欧政治多元化导致经济自由化,促进了市场经济的发展。经济增长和资本主义生产方式都是在西欧最早产生。西欧具有政治的多元化,可以用地理来解释。这个地区水域充分而多样,内有地中海、临近大西洋,西欧地中海的特殊的地理条件,有利于城邦国家的长距离贸易,水上运输是成本最低的,水域的丰富和四通八达促进了长距离贸易的发展,但却不利于统一战争。这是欧洲存在众多小公国并且在历史上饱受战争之苦的重要原因。城邦国家各自都想吞并其他国家,以求得生存发展的更大空间。要在战争中胜出就需要强大的经济实力。政治的多元化导致了经济的自由竞争。自由城市的发展先于民族国家的形成,自由城市和相关的国际贸易成为资本主义和经济发展的摇篮。[②]

地理对经济的影响是重要的。从地图上看,中国、欧洲和美国几乎都处在地球的相同纬度。大多数发达国家都处在地球的温带地区。过热和过冷的地带,比如北方的俄罗斯和南方的赤道地区国家,经济发展都相对困难。人类学目前的主流观点认为,非洲人是人类最早的祖先,其他地区的人类大都是从非洲迁移过去的。这说明,非洲并非很适合人类居住,古人类不得不迁移他处寻求更好的生存和发展机会。

赤道国家的炎热气候对经济的不利影响有两种途径。第一是导致人口寿命相对较短。人均寿命短,对国家经济发展最大的缺陷在于技能、经验等人力资本无法持续积累,导致劳动力素质低下或人力资本投资收益期过短。第二是对人们的价值观和行为方式产生不利于经济发展的影响。比如,非洲人不善于储蓄或没有储蓄习惯,也没有很强的私有观念。这显然是人类祖先在炎热地带狩猎为生形成的天性,因为捕猎到的猎物无法储存必须与大家分享,通过分享保持食品供给的可持续性。

西方学者在研究制度变量对经济增长的决定作用时,探讨了殖民地国家的制度遗产对经济增长的长期影响。他们发现,宗主国占领的殖民地如果环境不适宜占领军生存发展,当地会留下有利于掠夺的制度遗产,因为他们更倾向于掠走当地的财富,另觅他处定居。这类制度遗产导致殖民地独立后的国家经济发展缓慢,社会动乱不稳。相比较而言,殖民地环境如果适合人类居住,"种瓜得瓜、种豆得豆",殖民军就地定居,建

---

① Jean Baechler, 1976, *The Origins of Capitalism*, Translated by Barr Cooper, Oxford, Blackwell, 79.

② 同上,77—113。

立起保护他们私有产权的相应制度，这些殖民地独立后的国家都得到了很好的发展，很快加入发达国家或中等收入国家行列。他们认为，制度的质量是经济的关键决定因素。这是环境和制度决定经济发展的一个重要的研究成果。[1]

二、经济增长的内涵与基本特征

（一）增长定义

美国经济学家库兹涅茨曾给经济增长下过定义。他认为，一个国家的经济增长可以定义为给居民提供种类日益繁多的经济产品的能力长期上升，这种不断增长的能力建立在先进技术以及所需的制度和意识形态调整的基础上。[2]

该定义有三层含义：(1)经济增长集中表现在经济实力的增长上，表现为商品和劳务总量的增加，即人均实际国民生产总值的增加；(2)技术进步是经济增长的推动力量；(3)制度与意识形态的调整才能保证经济的持续增长。

（二）经济增长的基本性质

首先，经济增长可以看成是总需求和总供给之间的一种动态的矛盾运动，或者说是总需求和总供给的相互作用过程。通常在非充分就业场合，也即生产要素劳动力、固定资产设备等没有得到充分利用的情况下，总需求对经济增长具有决定作用。在充分就业或劳动力与产能利用率比较高的情况下，经济增长将更依赖于供给能力的增长。供给能力主要取决于劳动力和资本要素的供给和技术进步，因此，总供给成为经济增长的主要决定因素。近年来中国总需求管理与供给侧改革是什么关系呢？这两者也是相辅相成的关系。近年来中国经济增长速度下滑与周期性的经济衰退不同，而是结构失衡的重要表现。全球金融危机发生后，中国去往美欧的出口增长大幅度下滑，造成制造业较为严重的产能过剩。2009 年四万亿政府基础设施建设项目投资的启动是典型的以保经济增长为目的的总需求刺激政策。中国提出"一带一路"倡议，鼓励企业对外投资，本质上也是通过对外投资转移产能的需求管理政策。但是中国经济的主要问题是结构失衡，是供给体系适应能力太差。过剩产能很难退出，而国内需求快速增长的消费服务业产能却无法相应释放。因此，供给侧改革或高质量发展的主要内涵，就是从总量扩张向结构优化转变，全面提升供给体系的适应力和创新性。

---

[1] Daron Acemoglu, Simon Johnson, and James A. Robinson, 2001, "The Colonial Origins of Comparative Development: An Empirical Investigation", *American Economic Review*, 91, 1369—1401.

[2] 库兹涅茨：《现代经济增长》，北京经济学院出版社 1989 年版。

其次，经济增长也是一个全面的结构转变过程，产出的增长和经济结构的转变，也是一个相互依存的关系。总结发达国家以往发展的历程来看，工业化阶段是经济高速度增长时期。由于食品需求的收入弹性相对较低，随着人均收入的提高人们对食品消费的需求出现下降；另外，随着农业劳动生产率的提高，农业过剩劳动力向制造业转移。农业靠天吃饭，农作物的生产需要阳光、雨露参与其中发挥光合作用，气温也需适宜。农业生产不能拔苗助长，劳动生产率相对较低。相比较而言，制造业劳动生产率要高得多，并且企业可以通过配备更多固定资产和先进技术设备，大幅度提高劳动生产率。劳动力从农业向制造业转移的时期，经济都会出现高速增长。大部分国家和地区在工业化时期几乎都可以在 10—20 年内维持 10% 左右的高增长。战后日本和 20 世纪 80 年代的亚洲"四小龙"都是如此。中国在改革开放后的前三十年持续保持 10% 的高速增长也是一般经济增长规律在中国的体现，只是中国作为劳动力极其丰富且廉价的国家加入 WTO 从而可以比别的经济体以更快的速度、在更长的时间内维持高增长。然后当一国经济进入工业化后期或后工业化时代，制造业从吸收转向释放剩余劳动力。农业和工业两大部门的剩余劳动力都需要由服务业特别是消费服务业吸收，而消费服务业劳动生产率比制造业低很多。因此，一国经济进入后工业化时代经济增长速度又会降到相对低的水平。

图 9.1 给出了日本 1960—2014 年的 GDP 增速和第一产业就业占比的变化态势。可以清晰看出，随着农业剩余劳动力人数的减少或转移力度的衰减，日本分阶段平均增长速度是大幅度下降的。

图 9.1　日本的经济平均增速与第一产业就业占比（1960—2014 年）

资料来源：Wind，袁宜收集与整理。

（三）经济增长的三大特征

首先，经济增长呈现出产业结构的演进。大多数国家会经历农业国的工业化，并在成熟的工业化阶段后进入服务业占主导地位的后工业化时代。其背后的推动力已在"经济增长是全面的结构转变过程"一段中予以阐述。这里我们讨论一下中国现在处在工业化什么阶段。许小年曾提出"中国工业化已经结束"的观点。他之后做了一个服装企业引入智能技术实现个性化生产并得到很好发展的案例。笔者的看法是中国工业化难言结束，但已进入"后期"，从规模扩张转向高质量发展。

其次，经济增长的过程同时也是城市化的过程。我们可以说，农业的现代化会导致农业人口居住得更为分散，因为农业是土地密集型产业，劳动生产率越高，人均支配和耕种的土地面积越大，因此农民邻里之间的距离会变得越远。相比较而言，工业和服务业是资本、劳动力或人力资本密集型产业，对土地的需求相对较少，工业化和服务业发展才可能实现人口的集中。城市化的规范定义是"相当大量的人口集中居住"。城市化的主要好处在于，通过共享基础设施、分享信息与知识，形成规模足够大的市场，实现规模经济与范围经济，又称"凝聚经济"。比如人们在上海这样的大城市可以同时享受经济效率和生活的多样性。在上海，人们可以吃到国内外各种菜系的饭菜，可以看到各种戏剧或各种文化娱乐节目。比如国际顶尖芭蕾舞演出或歌剧团来大城市演出无须担心门票的销售，通常都是一票难求。即使众口难调，只要人口规模足够大，任何小剧种也可门庭若市。相比较而言，在一个小县城，除了本地菜很难有其他菜系的餐馆。文化娱乐节目更是少之又少。因为没有足够的需求，就没有供给。中国在城市化进程中走了弯路。户籍制度、土地财政以及土地抵押的融资便利，使得地方政府主导的城市化变成了造城运动，带来社会资源的浪费。另外，中国的城市化标准比较低，我们称之为城镇化。城镇化不是大量人口的高度集中，城镇相对分散，人口规模并非很大。因此，城镇的公共基础设施较难实现规模效益。我们面临两难，或者是公共基础设施供给相对不足，或者是公共基础设施使用效率相对较低。

最后，对经济增长而言，一国自然资源是否富足似乎不太重要。自然资源是与劳动和资本并列的经济增长的三大要素之一。但是在经济全球化背景下，如果一国自身自然资源贫乏的话，可能通过从国际市场进口相关大宗商品来满足经济发展的客观需要。二战后新兴市场经济国家的发展从正反两方面都证实了这一点。正面案例是日本、新加坡等没有丰富自然资源的亚洲国家二战后经济高速增长，仅花一二十年即实现了人均收入的翻番。而部分自然资源富裕国家，经济增长和就业的增加反而更为困难，比如俄罗斯和中东等石油输出国。宏观经济学中有一个概念叫"荷兰病"，指一国特别是指中小国家经济的某一初级产品部门异常繁荣而导致其他部门衰落的现象。20 世纪 60 年代，已是制成品出口国家的荷兰发现了大量天然气，荷兰天然气出口剧增,国际贸易出现顺差和经济繁荣景象。但是蓬勃发展的天然气产业却严重抑制了荷兰的农业和制造业的发展。荷兰遭受通货膨胀上升、制成品出口下降、收入增长率降低和失业率增加的困扰。这是因为自然资源出口导致外汇收入增长时,国内对制成品等可贸易产品的需求可通过国际市场进口来满足,国内有限的生产要素更多进入不可贸易产业,以满足人均收入提高后人们对非贸易品的需求。因此,自然资源的发现、开采和出口大都会导致制造业的衰落和失业率的上升。这就是"荷兰病",另一个说法叫"资源的诅咒"。前些年埃及等中东国家的人们走上街头抗议并推翻执政的政府,背后很重要的原因是在这些国家大量年轻人失业,40％的年轻人没有工作。年轻人没有就业岗位,社会就很难稳定。据称沙特阿拉伯生产一桶石油的成本仅为4—5美元,石油又可开采好多年。因此,这些国家往往形成了畸形的产业结构,国民经济对资源出口的依赖性非常大。除了不能为年轻人提供充足的就业岗位外,这些国家另外一个问题就是国民经济过度依赖国际市场,会因受到国际市场冲击而大起大落。典型案例就是委内瑞拉,在油价高涨时期政府大搞高标准福利,而油价暴跌时则陷入了国家破产的境地。

但是,自然资源对经济增长不重要这一说法,对大国并不适用。因为小国就如完全竞争市场中的买者或卖者,由于自身经济体量很小,它们买入或卖出的数量对于巨大的国际市场而言是微不足道的。它们可以按国际市场价格买入或卖出它们想买入或卖出的任何数量,而不至于影响国际价格。因此,美国想挑起贸易争端时也决不会找上它们。但是中国已是排名全球第二的大经济体,面对的国际市场就相当于是寡头垄断市场,买入或卖出某类产品必定会影响这类产品的市场价格。因此,中国在国际市场上面临极为不利的地位,也就是人们通常讲的"买什么,什么(价格)就涨,卖什么,什么(价格)就跌"。在国际市场上中国缺乏定价权,这使我们的国际贸易条件出现经常性的恶化。如第一章的表1.8所示,2000年以来中国贸易条件是持续恶化的。此表也显示了中国巨大规模的能源进口和制成品出口对国际市场产生了重要影响。中国加入WTO以来,几乎所有的制成品出口国的贸易条件都出现了或多或少的恶化,而能源出口国的贸易条件则出现了极大的改善。也就是说,中国出口导向型经济增长,帮助资源出口国发了大财,也以性价比良好的消费制成品出口帮助发达国家的中低收入阶层增加了福利。

三、极简经济增长理论

(一)哈罗德-多马模型

该模型以英国和美国的两位经济学家的名字命名,因为他俩独立地提出相同的理论,只是表达方式略为不同而已。模型的基本假设是:生产一种产品,既作为消费品,也作为资本品;使用劳动和资本两种生产要素,并以固定比例使用,两者不能相互替代;规模收益不变,没有规模报酬递增或递减;不考虑技术进步,即技术水平是既定的。基本增长公式是:

$$G = S/C \tag{9.1}$$

其中 G 是经济增长率,S 是储蓄率,C 是资本产出比率,即资本/产量,也可看作资本生产率的倒数。经济增长率与储蓄率同方向变动,与资本产出比率反方向变动。

他们提出了适宜的经济增长率和自然增长率概念。实际经济增长率(G)是实际发生的增长率,由实际储蓄率和实际的资本产出比率决定,有 $G = S/C$。适宜的增长率(G_w)是长期中理想的增长率,由适宜的储蓄率(S_d)和适宜的资本产出比例(C_r)决定,即 $G_w = S_d/C_r$。自然增长率(G_n)是长期中人口增长和技术进步所允许达到的最大增长率,并由最佳储蓄率(S_o)和适宜的资本产出比率(C_r)决定,即 $G_n = S_o/C_r$。

长期中经济稳定增长的条件是:

$$G = G_w = G_n \tag{9.2}$$

如果 $G > G_w$,会引起经济的累积性扩张,因为此时 $C < C_r$,即实际资本产出比例小于适宜的资本产出比例,企业家会扩大投资规模;反过来则会引起累积性的经济收缩。如果 $G_w > G_n$,即适宜的增长率超过了人口增长和技术进步所允许的限度,经济就会出现长期停滞;反过来,适宜的增长率小于自然增长率,经济会出现长期繁荣。

之后的经济学家对这一理论的批评是,式(9.2)的长期经济稳定增长条件就如在刀刃上行走一样艰难。因为适宜的增长率由适宜的储蓄率和资本产出比例决定,而自然增长率则由人口增长和技术进步决定。四个变量是四组不同因素的函数,极少可能达到均衡。

哈罗德-多马模型的实际意义在于用非常简单的方程式揭示了经济增长的两大决定因素,一是一国储蓄水平决定的资本供给,二是投资或资本产出效率。可供投资的储蓄或剩余产品越多,资本生产效率越高,经济增长速度就越快。这一理论也被用来解释发展中国家利用外资的必要性。通过将储蓄率分解为国内储蓄率(S_d)和外部储蓄率(S_f)可以得到两缺口模型中如下的储蓄缺口方程:

$$G = (S_d + S_f)/C \tag{9.3}$$

比如中国改革开放之初,中央政府提出到 2000 年实现 GDP 翻两番的发展目标。根据专家测算达此目标需要年平均增长率达到 8%。再假定资本产出比例为 5,国内储蓄率为 35%,那么需要每年利用外资的规模达到 GDP 的 5%,即 $S_f = 5\%$,GDP 翻两番的增长目标才可以得到保证。

(二)新剑桥经济增长模型

新剑桥经济增长理论由英国剑桥经济学家琼·罗宾逊等学者提出。模型假设:社会成员分为利润收入者与工资收入者两个阶级;利润收入者和工资收入者的储蓄倾向不变;利润收入者的储蓄倾向大于工资收入者。其增长公式为:

$$G = S/C = [(P/Y) \cdot S_p + (W/Y) \cdot S_w]/C \tag{9.4}$$

C 仍然为资本-产出比率,P/Y 是利润在国民收入中所占的比例,W/Y 是工资在国民收入中所占的比例,国民收入分为利润与工资两部分,所以 $P/Y + W/Y = 1$;S_p 是利润收入者的储蓄倾向,S_w 是工资收入者的储蓄倾向。在资本-产出比率不变的情况下,增长率取决于储蓄率,储蓄率越高则增长率越高;而要提高储蓄率,则要改变国民收入的分配,使利润在国民收入中占更大的比例。新剑桥经济学家认为,经济长期稳定增长的条件是必须保持稳定的储蓄率。在两个阶级储蓄率不变的条件下,就必须保持工资和利润的比率不变,否则利润比例上升,储蓄率提高,投资增加,工资增加;工资增加反而导致储蓄率下降,这是经济增长过快的结果。如果利润在国民收入中的比重下降,储蓄率下降,投资减少,结果工资下降,储蓄率上升,这是经济增长过慢的结果。随着经济的增长,利润在收入中的比重上升,经济增长的速度将越来越快。

这个理论合理的地方在于强调收入分配格局影响储蓄率,进而影响投资和增长。他们的社会政策也强调对收入分配的调节以影响经济增长。但是其存在的局限性也是明显的。因此,当前全球范围贫富分化是十分明显的趋势,依此理论,经济增长应加速,而不是减速。现实情况是发达国家经济的长期平均增速是下行的。显然,除资本积累外尚有更重要的因素影响着经济增长。

(三)新古典经济增长模型①

新古典增长模型又称为索洛模型,在宏观经济学教科书中具有正统的地位。索洛也因其对经济增长理论的贡献而获得诺贝尔经济学奖。

索洛模型借助总量生产函数展开,说明储蓄、人口增长和技术进步如何影响一国经济的产出水平并且随着时间的推移而实现增长的动态过程。

索洛总量生产函数入手给出经济增长的解释框架为:

$$Y = Y(K, L, T) \tag{9.5}$$

---

① 本部分主要参考了杰弗里·萨克斯、费利普·拉雷恩:《全球视角的宏观经济学》,格致出版社 2025 年版,第 18 章。

式(9.5)也可写为:

$$Y = TF(K, L) \tag{9.6}$$

有产出增长率为:

$$\Delta Y/Y = \Delta T/T + SL\Delta L/L + SK\Delta K/K \tag{9.7}$$

也即,产出增长率等于以下三项之和:(1)技术进步率;(2)劳动投入增长率与劳动的产出份额乘积;(3)资本增长率与资本产出份额的乘积。其中 S_L 和 S_K 分别是劳动和资本的边际产品,在规模收益不变和完全竞争场合,两者也是劳动和资本在产出中所占份额,可以由各自在国民收入中所占的比重表示。

一个分数的百分比变化率等于分子的百分比变化减去分母的百分比变化,因此,单位劳动的产出增长率或劳动生产率的增长率可以表示产出增长率减去劳动的增长率,有如下公式:

$$\Delta(Y/L)/(Y/L) = \Delta Y/Y - \Delta L/L$$
$$= \Delta T/T + S_K(\Delta K/K - \Delta L/L) \tag{9.8}$$

假定人口增长率等于劳动力的增长率,则式(9.7)表明决定人均产量增长率的两个因素是技术进步率($\Delta T/T$)和由资本产出份额加权的人均资本增长率。因为技术进步率无法直接观察到,通常人们在测算出可观察到的增长因素后将剩余项归因于技术进步也即

$$\Delta T/T = \Delta(Y/L)/(Y/L) - S_K(\Delta K/K - \Delta L/L) \tag{9.9}$$

这就是索洛剩余。经济学家把索洛剩余解释为技术进步引起的经济增长部分。实际上它代表的是无法用可观察到的因素解释的那部分增长。美国经济学家丹尼森(Edward F. Denison)对 1929—1982 年美国增长源泉的实证分析发现,单位劳动占用资本的增长率仅解释了人均产出增长的 15%。无法解释的索洛剩余仍占很大比例。[①]丹尼森令人信服地指出了教育在人均产出增长中的重要作用。索洛剩余中最重要的是"知识的进步",此外,规模经济和资源配置改善对索洛剩余也做出部分解释。

索洛的增长模型可以用以下图形来表述。令 $y = Y/L$,表示每个工人的产出,$k = K/L$,表示每个工人装备的资本,并将生产函数写成人均的形式:$y = f(k)$,$f(k) = F(k, 1)$。

这一生产函数的斜率表示增加一单位额外资本时,一个工人生产的额外产出数量,或称资本的边际产量,即 $MPK = f(k_{+1}) - f(k)$。

---

① 丹尼森:《经济增长源泉》,经济科学出版社 2002 年版。

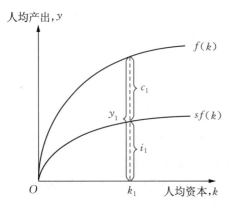

图 9.2　人均形式的产出、消费和投资

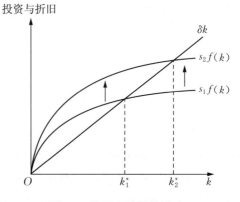

图 9.3　储蓄率增长的影响

在不考虑政府购买的情况下,以人均的形式表示国民收入恒等式,有

$$y = c + i, \ c = C/L, \ i = I/L$$

有消费函数为 $c = (1-s)y$,其中 s 为储蓄率。将此消费函数代入国民收入恒等式的 c,有 $y = (1-s)y + i$,整理后可得到 $i = sy$,即投资等于储蓄。s 也就是用于投资的产出比例。

以上生产函数决定了给定资本存量 k 的情况下一国经济生产多少产出,而储蓄率则决定产出在消费和投资之间的配置。

经济增长的一个基本原理是:投资使资本存量增加,而折旧使资本存量减少。因此,有资本积累的动态方程式:

$$\Delta k = sf(k) - \delta k \tag{9.10}$$

其中 δ 为折旧率。这是索洛模型的核心方程式,决定着长期投资行为。在图 9.3 中,储蓄率曲线与折旧率曲线的交点决定稳定状态或长期均衡状态的工人平均资本装备 k_1^*。当人均储蓄大于折旧要求时,每个工人拥有的资本低于 k_1^*,并趋向 k_1^*。反之,超过时会回落并收敛于 k_1^*。

人均储蓄率增长的影响通过图中由储蓄率曲线向上移动来表示。其影响是长期均衡的人均资本从 k_1^* 增至 k_2^*,产出也将从 $f(k_1^*)$ 增长至 $f(k_2^*)$。因此,索洛模型预测,具有更高的储蓄和投资率的国家,长期内具有更高的资本规模和人均收入水平。

再考虑人口增长的影响。考虑到新增劳动力需要装备相应资本,假定人口增长率等于劳动力增长率,并等于 n,在假定技术不变条件下,资本积累方式需要改写为:

$$\Delta k = sf(k) - (n + \delta)k \tag{9.11}$$

人均资本增长率是人均储蓄率减去 $(n + \delta)k$ 项。一定的人均储蓄必须用来装备新工人,这部分相当于 nk,称为资本扩展化,一定量的人均储蓄还需要用于折旧 δk。人均储蓄超过这两部分的剩余部分才能引起资本—劳动比率的上升或资本深化,$\Delta k > 0$。 如果投资刚好只够弥补折旧和装备新工人,即 $sf(k) = (n + \delta)k$,那么,人均资本将保持不变:$\Delta k = 0$。 这一不变值记为 k^*,称为稳定状态的资本存量,这里的稳定状态又称为长期均衡状态。稳定状态是指人均产出 y 和人均资本 k 值是固定的,但并不是增长率为零。在稳定状态,经济按人口(及劳动力)的增长率 n 增长。因为 K/L 比例固定,有 $\Delta k/k = \Delta L/L = n$。 资本存量也是按 n 增长的。

更高的人口增长率的影响有两点:一是由于长期均衡状态的产出 Y、资本 K 和劳动 L 都是按人口增长率 n 增长的,更高的人口增长率意味着更高的经济增长率。二是更高的人口增长率对储蓄或资本有更大的扩展化要求,导致稳态的人均资本和人均收入下降。在图 9.3 中意味着折旧率曲线的斜率增加一个人口增长率系数,由 δ 转变为 $(n + \delta)$,因此折旧曲线将向左旋转。结果是在储蓄率不变场合,均衡的人均资本和人均产出将左移或下降。

将技术进步纳入索洛增长模型的一个做法是将技术进步看作多倍劳动的投入,称之为"有效劳动投入"TL,或"有效劳动"Le,假定技术进步率为固定比率 θ,有效劳动增长率为 $(n + \theta)$,也即有效劳动的增长有两个来源,一是人口增长,一是每个工人有更高的劳动生产率。技术进步增加了经济在稳定状态的增长率,因为它提高了有效倍数表示的劳动力增长率。

此后,经济学家还对增长因素提出了一些新的观点。

一些研究发现资本投资无论是对机器还是对人,都具有"正的外部性"。资本投资不仅会提高被投资的企业和工人的生产能力,而且还会提高相关的其他企业和工人的生产能力。知识溢出效应可以解释为何高科技企业都会聚集在硅谷等特定地区。资本在国民收入中计算得到的份额低估了资本对产出增长的真实贡献。罗默(P.Romer)认为资本增加一个百分点对产出增长的全部真实贡献接近等于 1 而不是 0.25。[1] 卢卡斯(Robert E. Lucas)也强调了人力资本投资对增长的数量上的重要性。[2] 另外一个有影响的理论假定规模报酬递增的存在。索洛增长模型假定资本报酬不变或递减。当资本积累率高于有效劳动增长率会引起报酬递减或增长放慢。但是当投资外部性足够大时,就不存在资本报酬递减。

另外,关于经济开放和贸易对增长的作用也有很多的研究,更多强调了开放的正面效应。比如国际资本的流动有利于提高资本的边际生产率,平滑跨时期的消费水平

① Paul Romer,1994,"The Origins of Endogenous Growth",*Journal of Economic Perspectives*,Vol.8.

② Robert E. Lucas Jr.,1988,"On the Mechanics of Economic Development",*Journal of Monetary Economics*,Vol.22, 3—42.

以增进国民福利,实现风险分散。开放的贸易政策可促进规模经济效益的实现,提高有序竞争水平并提高经济效率,促进内部改革和政府宏观经济管理水平的提高,也有助于更好吸收国外的先进技术。

（四）资本积累的黄金定律[①]

不同的储蓄率导致不同的稳态经济增长。那么,什么是最佳的稳定增长状态呢?

经济学告诉我们,社会经济福利是由消费决定的,因此,最佳的稳定状态应具有尽可能高的人均消费水平:$c^* = (1-s)f(k^*)$;储蓄率 s 的上升可以提高 k^* 和 y^*,y^* 的提高可能提高 c^*;但是储蓄率的提高也会减少收入中的消费比例 $(1-s)$,从而降低 c^*。因此,需要找出使 c^* 最大化的 s 和 k^*。这就是资本的黄金定律问题。

经济并不必然趋向黄金定律的稳定状态。经济向黄金定律的稳态趋近要靠政府调节储蓄率 s。这种调节可以使经济趋向消费水平更高的稳定状态 c^*。我们用 k^* 表示黄金定律稳态资本存量,并且考虑人口和技术不变的相对简单的场合。有

$$c^* = y^* - i^* = f(k^*) - \delta k^*$$

在生产函数的斜率也即资本边际产量等于折旧率时有符合黄金定律的最优人均资本 k^*_{gold},即 $MPK = \delta$ 时,或 $MPK - \delta = 0$ 时消费达到最大。可以将 $(MPK - \delta)$ 看作资本净边际产量。如果资本边际产量弥补折旧而有余,增加资本积累可增加消费水平,如果资本边际产量不足以弥补折旧,也即出现净边际产量为负场合,减少储蓄和资本积累反而可以增加稳态的消费水平。

我们从图 9.4 的人均储蓄与投资过高场合,即 $k^* > k^*_{gold}$ 开始分析。由于储蓄或投资过高,资本净边际产量处在负数水平,消费低于最优水平。此时增加 c^* 要求 s 下降,虽然人均产出水平下降,但由于资本负边际产量的收缩,人均消费水平立即提高,并且在向黄金定律过渡时,消费在任何时点上都得到提高了。这一分析可能适用于中国国情。

另一场景是相当于美国的案例,储蓄率过低,消费率过高,见图 9.5。从 $k^* < k^*_{gold}$ 的 t_0 开始,提高 c^* 要求提高 s。未来几代人都可享受更高消费,但当前的消费支出有一个下降。尽管如此,长期经济福利得到了改善。

在人口增长场合,黄金定律的稳定状态要求人均资本存量达到这样的水平,即在这个资本存量水平上有资本边际产品减去折旧等于人口增长率,即 $MPK - \delta = n$。

[①] 本部分参考 N.格里高利·曼昆:《宏观经济学》（第六版）,中国人民大学出版社 2009 年版,第 7 章、第 8 章。

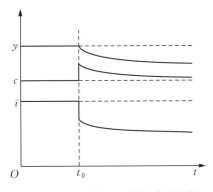
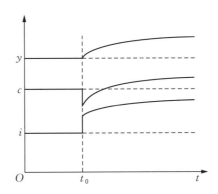

图 9.4 资本过多场合的储蓄率调整　　　图 9.5 储蓄与投资率过低场合的调整

相应地,在人口增长和技术进步场合,黄金定律的稳定状态要求人均资本存量达到这样的水平,即在这个资本存量水平上有资本边际产品减去折旧等于人口增长率加技术进步速率(g),$MPK - \delta = n + g$。

（五）促进增长的政策与增长因素总结

鼓励储蓄。储蓄相对不足的国家,政府政策可重在鼓励储蓄。比如减少政府财政赤字,或增加财政盈余;降低抑制储蓄的资本收益税、公司所得税和财产税;用消费税代替所得税;鼓励各种退休储蓄计划,等等。

优化资本配置。索洛模型中只有一种资本,而在现实经济中资本有三种类型:私人固定资本、公共基础设施和人力资本（劳动者从教育和培训中获得的知识与技能）。因此,促进增长的政策也可着力于优化资本的配置。对所有产业资本采取平等的税收待遇;让市场将投资配置到资本边际产品高的用途上;政府鼓励具有正的外部效应而私人不愿意进行的产业投资。产业政策的问题在于:政府是否有能力选择具有正的外部效应的行业,政治因素通常会对政策选择及其实施的力度以及有效性产生影响。

鼓励技术进步。通过专利法给产品发明者提供短期的垄断保护,鼓励技术创新;对研发投入提供税收激励;对大学基础研究提供支持;对技术进步发展的关键行业给予特殊的产业鼓励政策。

最后我们对增长因素做出如下总结。增长因素可分别归纳为以下三个层次:

最直接的因素是生产要素的投入,就业人数（涉及人口增长及其年龄结构决定的劳动力供给,L）、资本存量（由储蓄转化的投资决定）以及包括土地、自然资源和气候环境等因素。

比生产要素投入更深层次的是效率的增进或全要素生产率的提高。具体表述为在投入给定场合创出更多产量,或在产量给定场合降低了生产要素的消耗。造成全要素生产率提高的因素又可分为技术进步、人力资本含量的增加和资源配置效率或产能利用率提高。

效率的增进或全要素生产率的提高,最终由制度决定。有三类制度与经济增长最为关键:一是有效保护私有产权的制度。因为财富的积累是市场经济条件下经济发展的内在动力,只有健全有效界定和保护私有产权的相关法律制度,经济增长才有活力和动力。二是普及教育的制度,这是社会各个阶层劳动者平等进入市场获得发展机会的前提条件。三是经济自由和市场秩序,要求形成法治环境,政府自身权力受到宪法的约束,政府依法维护市场秩序,而民间获得自由的发展。

第二节　中国社会经济基本国情的主要特点及其存在的问题

一、人口与经济大国的规模优势与潜能开发

中国首先是世界人口大国。1980 年中国人口为 9.81 亿,占世界总人口的 22%;2023 年中国人口增加到 14.11 亿,世界占比下降到 17.58%。中国 1975—2010 年间一直处在人口红利增长期,为经济的高速增长奠定了坚实的劳动力基础。但是根据联合国人口署的预测,中国人口总量在 2033 年达到顶峰后将进入绝对数量减少阶段,人口抚养率会从 2011 年的 37.8% 上升到 2030 年的 50%。但实际上 2020 年全国人口普查的当年人口总量为 14.434 973 78 亿人,2021 年就出现绝对数量的减少。中国人口老龄化将日益严重。因此,从中国社会经济可持续发展和维持大国地位角度看,中国人口相对规模有必要维持在全球人口的 16%—19% 范围内。应加快完善生育支持政策体系,将总和生育率提高到 1.8—2.1 的水平。

中国以市场价计算的 GDP 总量排名世界第二,超越美国成为全球第一经济体已指日可待。人口和经济的巨大规模可以成为中国社会经济发展的巨大优势。中国的规模优势体现在:可以满足任何产业发展的市场规模要求,建立完备的产业体系;对外商具有磁吸效应,国内市场规模可以成为中国对外经济谈判的重要筹码;拥有雁行效应,通过不同地区间产业的梯度转移形成国内的垂直分工体系。[①]

其实,改革开放以来中国经济增长模式并没有把国内市场的开发放在首要地位,而是通过吸引外国直接投资参与跨国公司的国际分工网络,这在人均收入低水平的早

[①]　参考朱云汉教授 2012 年 9 月 28 日在台湾大学的讲座"中国大陆兴起与全球秩序重组"。

期阶段有其内在的合理性。但是,地方政府之间在招商引资方面的过度竞争和地方保护主义的行为方式,在一定程度上导致了除劳动力和土地之外的要素投入和产品销售对外部市场的过度依赖,并延缓了内部市场的开发和一体化发展。笔者曾经指出,"大国的主要优势在于内部市场庞大,因此大国应该实行以内销促进外销的出口战略,通过在国内形成规模经济效益来增强企业出口的国际竞争能力"。[①]中国经济规模优势的充分发挥需要重点突破现有行政区划体制对国内市场一体化进程的障碍,改变地方政府无序竞争的行为方式,创造要素自由流动和市场有效配置资源的制度条件。

二、经济高速增长的传统支柱与增长方式转变的紧迫性

1980—2011 年中国经济保持了平均 10％的增长速度,在 G20 国家排名第一,人均 GDP 增加了 6 倍。中国经济为何能如此高速增长一直是国内外学者难以理解并努力求解的研究课题。笔者认为,中国经济的高速增长得益于劳动、资本和土地(包括环境)的低成本投入,以及海外市场拓展这四大支柱。其中前三项内部要素的廉价投入很大程度上得益于中国的城乡二元经济结构和政府鼓励投资的倾斜政策,而外部市场的不断拓展又是建立在前三大生产要素低成本的基础之上的。

首先从劳动力供给来看,除了全球第一大人口规模的总量因素外,人口的总和抚养比从 1980 年 68％下降到 2011 年的 37.8％。壮劳力占比的不断上升和在 G20 中排名第一的劳动参与率(74％)意味着极为丰富的劳动力供给,农村剩余劳动力阶段性地处在无限供给状态。农民实际收入与城市居民存在的巨大差距使得农村剩余劳动力以极为廉价的农民工形态源源不断地流入制造业。

其次就资本供给而言,改革开放之初,中国人均 GDP 极低,仅为世界人均水平的 9％,美国的 2％。其他发展中国家在如此低水平通常会陷入贫困的恶性循环。中国则借助中央集权体制动员储蓄完成工业资本的积累。1985 年前工业资本的原始积累很大程度上借助于工农业产品价格"剪刀差"实现农村剩余的动员,并几无成本地转变为国家资本积累。户籍制度和农村小工业发展过程中的离土不离乡政策,减轻了国家财政提供公共产品的责任,使国家资本积累得以较快的速度增长。改革开放以来,政府持续实行金融抑制政策,人为控制资金成本并通过行政手段或产业政策配给廉价资本,以促进工业投资。另外,在中国政治与社会稳定背景下,丰富的廉价劳动力、国内巨大的潜在市场,以及"两免三减半"的税收优惠政策吸引了大规模外国直接投资,进一步补充了国内储蓄和有效企业组织的不足。

---

① 潘英丽:《全球视角的金融变革》,江西人民出版社 2000 年版,第 278 页。

再次，农村土地集体所有制及其不可流转的性质，便利了地方政府以社会公益的名义低价征收，并在招商引资中廉价投入使用。20 世纪 90 年代中期的分税制改革极大地激发了地方政府追求经济高增长的积极性。地方政府之间在招商引资方面展开激烈的竞争，除了土地资源以极低成本投入工业项目，环境成本的社会化也是这种无序竞争的一个自然结果。

最后，由于前三大生产要素的低成本，中国产品拥有了强劲的国际价格竞争力。[①]中国农业国工业化的道路是通过"两头在外、大进大出"的出口导向型发展模式予以推进的。其合理性建立在改革开放之初中国人口众多和发展水平极为低下的现实基础之上。极低的人均收入造成资本积累的困难与有效率企业组织、国内市场需求的极度缺乏。中国经济的改革开放将外部的资本、技术和管理与中国廉价的劳动力和生产场所相结合，不仅实现了经济的快速"起飞"和增长，而且建成了全球最大的制造业生产基地。

但是，也正是二元经济结构和政府以低成本动员储蓄的方式促进投资和增长，中国的内部市场迟迟得不到充分的开发。加入 WTO 之前的 20 年，政府主导的投资拉动型经济增长一直受制于内部市场需求的不足。早在 20 世纪 90 年代中期人均收入仅为 600—800 美元时就出现了产能过剩，经济出现大幅度波动，增长的提速不超过 3 年就需要行政调控予以降温。直到 2001 年加入 WTO 后，投资拉动型的经济增长辅以出口导向的产能释放，其巨大潜力才真正爆发出来，保持了不断加速的 7 年增长。其内在的逻辑在于：政府主导→投资拉动→产能过剩→出口释放→投资拉动……直至全球金融危机爆发。

全球金融危机爆发后，外部市场发生根本性变化，投资拉动、出口释放的增长模式面临了前所未有的内外压力和风险。（1）人口结构正在发生不利变化：总和生育率（2024 年将降至 1.0 左右）远远低于人口代际平衡发展要求；总抚养比将出现持续的上升。中国劳动参与率排名世界第一，但与 2000 年的 81.6% 相比已持续下降至 2022 年的 75.9%，随着人均收入的提高，生育政策放宽和人口老龄化，劳动参与率可能会以更快速度下降。（2）随着房价和城市生活成本的上升，工资成本正在快速上升，引发劳动密集型低端制造业向越南等亚洲低收入国家转移。[②]另外，近年来，中国发生了以投资和技术移民为主要特征的第三次移民潮，以美国为出口目的地或能源密集型的在华跨国公司也有可能流回美国。（3）民众权利意识日益觉醒，对环境污染容忍度已达临界

---

① 从表 1.8 G20 国家贸易条件的变化来看，2000 年以来制成品出口国家贸易条件全面恶化，而大宗商品出口国家贸易条件大幅度改善，背后似乎有中国"大进大出"发展模式的影响。

② 根据英国经济学人智库（EIU）的数据，中国的劳动力成本 10 多年来大幅增长近 4 倍，单位小时劳动成本由 2000 年的 0.6 美元增加至 2011 年的 2.9 美元，已相当于泰国的 1.5 倍、菲律宾的 2.5 倍、印度尼西亚的 3.5 倍。

点,牺牲环境质量追求 GDP 增长的模式已走到尽头。(4)发达国家贸易保护主义不断抬头,美国全面扼制中国新战略倾向也将极大地影响中国的国际发展空间。(5)投资拉动、出口导向的经济增长方式导致国民财富的重要部分以官方外汇储备的形式持有,超过全球外汇储备的 30％和中国 GDP 的 43％。外汇储备特别是以美国国债形式持有的面临很大的减值风险。过去 110 年发达国家政府债务削减方式成功经验就是保持低利率情况下的通货膨胀![1]持有大规模美国债权同时又高度依赖大宗商品进口的中国处在资产收益和购买力两重受损的境地。

可见,要素高投入的外延型经济增长方式向效率改进型的内生增长方式转变已迫在眉睫。

三、城市化和服务业发展相对滞后

我们将中国与人均 GDP 相近的巴西、南非、印度尼西亚和印度进行比较,以确定中国服务业发展与城市化进程的相对水平。五国 2010 年的城市化率、服务业比重以及 2011 年本国人均收入与世界人均水平的比值依次列在括号内部:巴西(84％,66.6％,1.01);南非(61.5％,66.7％,0.95);中国(49.7％,43.19％,0.73);印度尼西亚(49.9％,37.7％,0.40);印度(30.9％,55％,0.31)。[2]可见,人均 GDP 高于中国的巴西与南非的城市化率超过中国 34 和 12 个百分点,两国服务业占比相同,都超过中国 23 个百分点。相比较而言,中国的城市化率和服务业占比分别低于人均 GDP 低得多的印尼和印度。另外,中国的农业劳动力占比仍高达 40％。这些指标说明中国经济发展速度并没有 GDP 增长得那么快。

新中国成立之初,我们是一个很落后的农业大国,农村人口接近总人口的 80％。中国经济在改革开放后的前 30 年的巨大成功除了得益于改革开放政策和人口红利外,一定程度上还得益于中国的城乡二元结构以及政府动员和配置资本、土地等生产要素的能力。但是在农村剩余劳动力的吸收方面我们做得并不十分成功。原因在于,中国长期面临的就业问题是农村剩余劳动力吸收这样的经济发展问题,而我们则把它当作宏观调控目标,通过刺激投资和 GDP 增长去解决就业问题,GDP 增长的就业弹性日益下降,说明两者并没有直接关系。[3]特别是,地方政府主导的基础设施建设和钢筋水泥堆起来的城市化在导致农民被迫与土地分离的情况下(比如在招商引资方面并

---

① 熊义明、潘英丽:《发达国家政府债务削减的经验分析》,《世界经济》2003 年第 5 期。
② 数据来源:世界银行"世界发展指标"(WDI)数据库。
③ 在农业劳动力仅占 1％—2％的发达国家,失业问题主要是经济衰退的结果,并成为宏观经济政策的主要目标。在中国,大学生就业难的问题也与经济周期的变化无关,属于结构问题。我们在此不作具体讨论。

不成功的开发区、车流量很小的高速公路以及以鬼城、空城著称的商品住宅区等）并不能创造相应就业岗位。

农业是土地密集型产业，农业生产不能像工业那样集中在相对小的区域内；工业和服务业不需要占用大量土地，因此，可以集中布局在城市。城市化的一个普遍接受的定义是农业人口向非农人口转化并在城市集中居住的过程，因此，工业化与城市化可以看成是同一过程的两个侧面，但是，中国的城市化显然滞后于工业化进程。中国已经具有全球最大的工业产能，但是2010年中国的城市化率低于人均收入仅为中国55%的印度尼西亚。拥有城市户籍从而可以享受城市社会福利的人口仍然只占总人口的1/3多一点。农业剩余劳动力的吸收更多需要靠以农民工市民化为基础的城市化和城市服务业的发展来实现。

杨小凯和张永生曾经对中国城市化滞后的主要原因做过分析。[①]他们认为，城市起源于制造业内部的分工，分工取决于专业化经济与交易费用之间的权衡。城市化具有两类聚集效应：一类是从事非农产业的人集中居住从而便于改进相互之间的交易效率，并促进分工；另一类是分工的网络效应和集中交易对提高交易效率的效应。因此，分工的发展和城市化进程具有相互促进的作用。阻碍分工发展和人口自由流动的体制安排和政策将会阻碍城市化进程。

在中国，人口在城乡之间的流动受到户籍制度的限制，农产品的统购统销和住房的配给制（以及21世纪以来住房的过度资产化发展）阻碍了有序的市场分层结构和城市分层结构的形成。政府对金融和服务业的准入限制、不适应服务业发展的制度、政策和商业模式、劳动者相应素质与技能的缺乏，以及商业信誉的缺失，阻碍了先进生产者服务业与制造业分离并独立发展，农民工的市民化受阻和教育培训的缺乏、收入分配差异的扩大也造成消费服务业需求和供给的不足。

城市化和服务业发展的滞后一定程度上已经阻碍了制造业的升级和工业强国建设。其影响主要通过人力资本积累与先进生产者服务业发展的两方面机制。在分工发展的一定阶段，商品贸易从制造业中分离出来，其自身也实现了零售与批发的分工。零售相对分散在中小城市，而批发则相对集中在大城市。随着城市化的发展，面向消费者和小企业的零售服务业在各个城市得到发展，并不断吸收大量农村剩余劳动力和制造业退出的劳动力；而总部经济与分工日益细化的先进生产者服务业（或现代服务业）则在大都市得到发展。制造业的升级并非通过投资即可完成，[②]而是需要同时具备一些重要条件。首先，零售服务业（或消费服务业）需要得到发展从而为淘汰低端制

---

① 杨小凯、张永生：《新兴古典经济学与超边际分析》，社会科学文献出版社2003年版。

② 林毅夫认为刺激内需仍然需要加大投资，其主要理由在于产业升级需要大规模投资。笔者认为投资促进产业升级的观点是有条件的，如果不解决产业升级的瓶颈问题，投资无助于产业升级。

造企业创造相应的再就业岗位。从韩国经验来看,过去近 40 年制造业就业比重出现先增加再减少的过程。就业比重的下降与制造业升级应该是一致的(参见图 1.3)。由于地方政府招商引资的个体理性行为往往导致产能过剩的集体非理性结果,竞争性产业企业数目过多已是极为普遍的问题,①因此,首先需要完成产业内的重组,淘汰落后企业,实现行业领先企业的快速发展,产业升级或者从加工制造的价值链低端向价值链的全面覆盖才有可能实现。而产业内的重组要求服务业创造(通过适当培训即可适应的)低端就业岗位,为低端制造企业的退出创造条件。其次,技术教育和培训事业需要得到快速发展,通过探索教育与产业结合的办学模式,以适应产业升级对技术工人的客观需要;同时也需要探索与服务业(比如银发产业、家政服务业)发展相适应的新兴商业模式,为农村剩余劳动力经过培训直接进入服务业创造就业需求。如果国家需要通过制造业的发展来持续吸引农村剩余的低端劳动力,那么,制造业的升级就会受阻或延缓。第三,制造业的升级很大程度上需要先进生产者服务业从制造业内部分离出来,发展更高层次的专业化分工,为制造业提供优质服务,而这些现代服务企业总是和制造企业总部毗邻而居在大都市,以降低其交易成本并实现规模经济。

城市化与服务业发展的滞后也已造成城乡之间、地区之间社会经济发展差距的扩大,贫富两极分化更趋严重。2012 年 12 月中国社科院社会学所和社科文献出版社联合发布的社会蓝皮书《2013 年中国社会形势分析与预测》中披露,2011 年中国城镇居民家庭人均收入是农村家庭人均收入的 3.13 倍;人均收入最高与最低省市之间的差距城镇为 2.4 倍,农村为 5.28 倍。②服务业发展滞后通过以下机制造成收入分配差距的扩大:(1)不能有效吸收农村剩余劳动力,农业就不可能实现机械化和规模效益,导致劳动生产率低下,农民增收困难。而进城的农民工工资很大程度上由农民的平均收入加上城市额外生活成本决定,农民收入越低,农民工的收入也越低。农民工工资越低,城市居民中的体力劳动者工资也越低。结果是既拉大了城乡之间收入差距,又拉大了不同行业、不同社会阶层之间的收入差异。(2)发展"两头在外"的低端加工制造产业,虽然可以增加农民工的就业岗位,但却不能为大学生创造更多的就业岗位。"由于工厂岗位比办公室岗位更为充足,中国年轻大学毕业生的失业率是那些仅读过小学的同龄人的四倍。"③来自农村家庭的大学生找不到工作不仅碎了家庭的翻身梦,而且很有可能使整个家庭陷入破产境地。(3)地方政府为了追求 GDP 增长和土地财政收

① 严介和认为中国竞争性产业的企业 90%是多余的,未来都将被淘汰。

② 《新京报》2012 年 12 月 19 日。

③ 《纽约时报》中文版 2013 年 2 月 18 日以"中国高校扩招:圆了大学梦,碎了翻身梦"为题报道了中国一个农民工家庭培养的女大学生面临失业的巨大风险,报道者为基思·布拉舍(Keith Bradsher)。

入而大规模征地发展制造业和房地产业,严重损害农民利益,也进一步导致收入差距扩大。

总之,中国经济发展仍然存在较大的潜能,但需要一揽子制度变革打破束缚生产力发展的体制瓶颈,实现经济的转型和可持续发展。围绕政府职能转换的政治制度、行政管理制度和财税制度的变革是其核心领域;通过农民工市民化的相关制度变革与公共产品的供给促进城市化进程和服务业发展也是其中重要的一环。最后,金融转型和金融的整体改革既是经济转型的核心,也是人民币国际化和中国金融强国建设的基本前提条件。

第三节　经济转型与增长方式转换

经济转型是一个相对模糊的概念或范畴。人们在使用这一术语时并没有明确的内涵和外延。笔者认为经济转型是指经济发展方式的转换。经济转型的内涵具有多层次性,既包括结构调整,又包括制度变革。

一、经济转型的多层次性

第一个,从最基本的生产力层面看,经济转型是增长方式的转换,即短期驱动因素从外需转向消费与投资相对平衡的内需;长期增长潜力从低成本要素投入型转向以科技进步与人力资本积累支撑的环境友好、效率增进型的内生增长。

第二个,从生产力与生产关系相互作用的层面看,经济转型要求经济结构从不平衡走向平衡。其内涵在于:(1)产业结构的调整,包括制造业内部结构的平衡和农业、工业和服务业的平衡发展;(2)城乡之间的协调发展,涉及以农民工市民化为核心的新型城镇化与合理的城市布局;(3)收入分配结构的调整,抑制或逆转收入差距扩大的趋势;(4)地区之间实现基于比较优势的合理分工与协调发展;(5)国民经济发展的目标从物质生产、GDP增长转向与环境相洽的国民福利的增进。

第三个层面的转型是生产关系的转型,即经济体制和机制的转换。其核心是资源配置方式应从政府主导转向市场主导,更有效地发挥市场机制的调节作用。体制变革的两个重点领域是政府职能的转变和金融转型,这是前两个层面转型的制度保证。

第四个层面是生产关系与上层建筑相互作用层面,转型的核心是建立保护私有产权的法律制度,形成有效的司法和执法体系。这是市场经济有效运行的基础性制度。

其中一个重要的内涵是地方政府需要实现立场的两个转变：从"亲资本"转向"亲民"，从帮助企业筹集廉价资本进行低成本经营，转向保护中小投资者和消费者权益，防范商业的欺诈；从招商引资转向营造再就业与再创业的制度和政策环境，推进产业内的重组和企业技术创新，以实现产业升级。

第五个，也是最后，在上层建筑层面，经济转型要求政治制度改革，即从人治转向法治和人民民主制度。

鉴于经济转型内涵的多层次性，我们这里的讨论将从需求和供给两个方面探讨生产力、生产关系以及两者相互作用的三个层面的经济金融转型要求。

二、需求：从出口拉动转向以人力资本投资为核心的内需拉动

从经济增长驱动因素看，加入 WTO 以来中国经济的递增态势和可持续性主要建立在出口扩张的基础之上。2002 年初中国加入 WTO 正赶上美国 IT 泡沫破灭后的经济衰退，美联储连续 23 次降息，利率从 6.5％降到 1％，美国居民负债买房，并通过房价上升中的房屋产权抵押融资进行消费。居民负债占可支配收入的比例从 20 世纪 90 年代的 70％上升到 21 世纪最高时的 130％，美国 5％的人口消费了全球 30％的份额。另外，利率的持续下降也导致了美元的持续贬值，中国在 1998—2005 年间采取钉住美元的人民币汇率制度，为出口形成了比较有利的货币环境。中国加入 WTO 后的七年出口增长率年均达到 29％，出口总量增加了 4 倍，但是次债危机的发生意味着美国负债消费拉动的增长模式已经破产。另外，危机后美国、欧洲和日本的经济增长仍将陷入长期低迷的状态，发达国家消费收缩会成为一种大趋势。瑞士信贷 2010 年的一项预测认为，美国消费的全球占比将从 2007 年的 30.2％下降到 2020 年的 20.8％。七国集团中其他国家的消费占比也将出现普遍的下降。因此中国曾经接近 30％的出口增长态势已一去不复返。当时有观点认为 10％左右的出口增长率将成为一种"新常态"。①

在如何启动内需方面，国内学者有不同看法。较为普遍的观点主张刺激消费。主要依据是统计数据显示 21 世纪消费占比持续下降，居民消费占比 35％显然过低；提高国民福利应该是经济发展的最终目标，国民福利水平的高低由最终消费衡量。因此，通过收入分配体制改革，农民工的市民化和政府公共产品和服务供给的增加，有望提高中国居民消费需求。

张军和林毅夫主张继续刺激投资。张军较长时期强调投资对增长的重要性。他

---

① 姚洋：《未来 10 年中国出口增长将回归为 10％》，东方财富网 2012 年 11 月 17 日。

认为中国投资率被高估了 10%,投资是增长最重要的引擎。但 2023 年他在接受《时代周报》采访时的观点已发生根本转变。他认为,固定资产投资规模太大了,可以压缩不少,比如腾出 15—20 万亿元支持家庭消费和减少家庭开支,以此入手来改善预期。[①]林毅夫认为中国产业升级仍然需要固定资产投资。[②]此外,生命周期消费理论认为稳定消费模式可以给我们的人生带来最大福利。理性消费者偏好稳定的消费模式,因此消费比例的提升是一个相对缓慢的过程。作为应对海外需求萎缩的反危机举措,刺激投资也比刺激消费具有更为直接的效果。

我们现在提出第三种观点,即启动内需需要重点促进人力资本投资。主要依据有二:(1)人力资本投资本身既是投资又是消费,是消费与投资范畴的交叉项。加大人力资本投资具有提高居民现期消费水平和提高国民经济长期潜在增长率的双重作用。老一代经济学家童大林早在 20 世纪 80 年代提出"衣食住行医、教科文体娱"十类消费。从劳动者作为核心生产要素的角度看,前五类是劳动力简单再生产的基本消费,后五类涉及劳动者综合素质提高等自身发展的需要。其中学历教育、技术培训和劳动者交流、沟通和协调能力等综合素质的提高正是人力资本投资的基本内容。(2)产能过剩背景下,人力资本投资既可缩小真实 GDP 与潜在 GDP 的缺口又可提高潜在增长率。2012 年 7 月 IMF 在中国评估报告中指出,中国平均产能利用率已从 21 世纪初的90% 下降至 2007 年的 80%;金融危机爆发后启动的大规模财政刺激计划则使这一比例持续下降到 2011 年的 60%。[③]产能过剩行业从业人员面临再就业压力,如果能够得到适当的职业或技能培训,他们可以更顺利地进入服务业等发展相对滞后的产业,从而有助于缓解经济下滑趋势并提高其长期增长能力。

促进人力资本投资需要拓展人力资本投资的内涵和形式。我们做研究时通常以学历教育的人数和受教育程度作为人力资本存量的代理变量。但是,人力资本投资实际上包括学历教育、技术培训和提高劳动者交流、沟通和协调能力三个领域。首先需要加快教育制度的改革,强化高等院校人才培养的职能,解决学历教育与市场需求脱节,教育质量不断下降等问题。其次,需要大力发展职业教育和技术培训事业,促进低端制造业的农民工和农村剩余劳动力向服务业转移。

促进人力资本投资需要政府投入更多财政资源。这是因为人力资本投资具有明显的外部效应,但对个人而言具有投资收益不确定的风险。因为技能或人力资本是以

---

① 《专访复旦大学经济学院院长张军:中国 GDP 五年内仍可能回到 8%》,微信公众号"第一财经研究院",2015 年 4 月 10 日;《张军:固定资产投资规模太大了,要腾出 15 万—20 万亿的资金盘子来支持家庭消费和减少家庭开支负担》,微信公众号"经济转型研究",2023 年 7 月 18 日。

② 《林毅夫:中国经济不能靠消费,要靠投资》,微信公众号"强国财经",2022 年 5 月 19 日。

③ IMF Country Report No.12/195,"People's Republic of China:Staff Report for 2012 Article IV Consultation",July 6,2012.

劳动者为其载体的,其投资收益以劳动者找到合适的就业岗位为前提。如果劳动者找不到工作,人力资本将闲置或荒废,如果劳动者找到的工作岗位并不合适,人力资本也不能完全发挥其生产作用。因此,如果人力资本投资完全作为私人投资,其投资水平必然低于社会必要的水平,政府在国民的人力资本投资方面具有不可推卸的责任。

政府在人力资本投资方面的具体举措可以是:(1)将九年义务教育的责任从由中央和地方分担转为完全由中央政府承担,以实现义务教育供给在数量和质量上的均等性。(2)中央政府的义务教育资金的分配应考虑人口流动因素,从以行政区划为分配对象转向以实际受教育人数为分配依据。(3)中央政府应通过发放教育券的方式与地方政府分担低端劳动力培训或再就业工程的投资。(4)政府可通过免税、财政补贴等方式促进民间教育培训事业的发展;促进技能培训与劳务派遣相结合的适合各类服务业特点的新兴商业模式的发展。另外,促进人力资本投资也要探索政策金融的发展。商业银行宁愿贷款给大学造楼也不愿贷款给学生上学,一方面说明全社会信用体系的欠缺对商业性的个人信贷的约束;另一方面也说明人力资本投资收益的不确定性及其需要政策性金融支持的特性。

三、供给:从要素投入型外延扩张转向效率增进型的内生增长

中国通过效率改进实现内生增长的空间很大。无论劳动生产率还是全要素生产率,中国与发达国家之间存在巨大差距,而且在国内地区之间和产业之间也存在巨大差异。效率增进需要在以下多个方面有所突破。

(一)建立独立的创新体制,提高企业和国家整体的自主创新能力

我们认为,中国在科技创新方面的快速进步很大程度上取决于创新激励制度、创新主体的形成,风险资本市场的发展,以及国家在创新投入和创新环境方面提供的支持。

在创新的激励制度方面,诺贝尔经济学奖得主斯蒂格利茨给我们提供了基本思路。他认为,中国的创新激励制度可以借鉴发达国家的成功经验,但也要克服其存在的倾向性问题。在创新激励的方向上,西方创新模式过多强调降低劳动的投入,中国应该更多鼓励有效满足社会需求的创新,比如减少对环境的影响、创造就业机会、提供更多激励措施使人们使用知识等,责任和权力之间的平衡,要适应国情、历史和国家的目标。在创新激励的机制上,斯蒂格利茨认为西方的知识产权制度有过度专利化倾向。专利化就是把一个公共产品私有化。比如美国医药企业在专利制度下,把太多的

资金放在广告上而不是研究上，研究方向放在生活药品上而不是挽救性药品上，特别是挽救穷人健康的药品上。保护知识产权有很多种方式，可以是一些工具的组合，包括专利、奖励和政府支持。①

在创新主体方面，政府强调了企业的创新主体地位，支持企业建设高水平研发中心，要求以企业为主导深化产学研的结合。促进科技与经济社会发展紧密结合为重点，充分发挥科技在转变经济发展方式和调整经济结构中的支撑引领作用。然而，中国在创新主体的形成方面仍存在两个方面的局限性需要尽快克服。一是政府在项目审批、政策倾斜、生产要素的投入等方面主导经济活动，导致企业高管的工作重心更多放在发展和维护与政府的关系、竞争政府的特许或优惠政策上，从而忽略科技创新在企业发展中的积极作用。二是中国目前的产业组织出现行政垄断与无序竞争两种极端发展态势，行政垄断型企业缺乏创新动力，陷入无序竞争状态的企业则无力进行自主创新。

未来几十年，中国面临的更为经常和广泛的挑战还在于主体工业部门的产品升级和相关的应用型研究开发。解决主体产业部门的技术与产业升级需要一个涵盖国民经济主要部门的、充满活力的技术与管理的应用型研究和开发体系，亟待国家层面的投入支持和长期推动。②

在培育创新型企业和战略性新兴产业方面很重要的条件是风险资本市场的发展。在创新方向的寻找与创新企业的培育方面需要更好地发挥风险资本市场的甄别和筛选机制的作用。中国创业板市场尚待更好地发挥作用，仍需通过资本市场制度的变革促进健全的风险资本市场建设，以优化其资源配置的功能。

（二）加速推进产业内的并购和重组，为产业升级和自主创新培育行业领先企业

中国竞争性产业存在企业数目过多的无序竞争状态。缕缕出现的食品安全、产品质量大幅度下降等问题反映了企业为求生存偷工减料，以次充好，进而引发产业全面"降级"的倾向。对此政府和全社会应给予极大的关注，通过制度变革、政策设计推进企业重组，逆转产业降级的倾向性趋势，而不能仅仅将其看成是少数企业家为富不仁的行为。

竞争性产业企业数目过多很大程度上是由地方政府招商引资的经济行为和商业银行占绝对支配地位的金融结构决定的。就地方政府而言，为使增值税最大化，企业越多越好，除非企业的运营给政府带来的经济负担超过了关停并转给后者带来的总成

---

① 斯蒂格利茨：《中国经济增长需要全新策略》，2007 年 3 月 8 日在"中国人民大学汉青高级经济与金融研究院揭牌典礼暨斯蒂格利茨名誉博士授予仪式"上的演讲。

② 参阅史正富：《超常增长：1979—2049 年的中国经济》，上海人民出版社 2013 年版。

本,地方政府总是愿意救助而不是促使企业破产重组。就商业银行而言,商业银行的长期贷款主要用于有抵押的增量投资项目,这无疑会导致产能不断扩张;企业外部融资对银行信贷的过度依赖导致企业破产将引发银行不良资产的显性化和大量坏账的生成,这也是银行行长们不愿意看到的。借新款还旧债就成了银行、企业和政府三方达成的折中方案。这也是中国长期保持庞大的过剩产能,结构调整和产业升级极难推进的重要原因。中国过剩产能"绑架"商业银行已是极为普遍和严重的问题,需要通过金融转型和整体金融改革的推进来化解这些系统性风险。

由于政府公共基础设施建设的"挤入"效应,中国已经成为全球的制造业大国,制成品产量已达全球 30％左右。但是中国产品定价低,成为全球反倾销的众矢之的。其中一个很重要的原因在于销售渠道掌握在沃尔玛这样的买方垄断企业手中,而国内供应商则无序竞争、自相残杀。如果中国企业有自己的销售渠道,我们的产品可以卖更高的价格,销售利润可以自己赚取。另外,随着收入的提高,消费者对产品有越来越多的个性化要求,因此,产品研发、工艺精益求精和品牌的塑造变得日益重要。随着 2020 年国家收入倍增计划的实现和人口红利的消失,工人不再低廉,资源、环境成本也将日益上升,以价格取胜的低成本竞争战略已不再是取胜的法宝,并且很可能成为中国制造业的"死亡陷阱"。此外,"价格战"造成两败俱伤。当两败俱伤的都是本国企业,那么我们必须寻求体制上的突破以终结这类集体的非理性行为。

中国制造业的升级客观上要求中国产业从微笑曲线价值链最低端的加工制造转变为覆盖整条产业价值链。这个转变并非竞争性行业内的无序竞争可以自发实现的。它需要行业领先企业主导行业内的整合,根据产业发展的内在要求收编部分中小企业,逐退其他中小企业。政府不应该以拉郎配的方式主导产业重组,而是应该做好再就业和再创业工程,为民营资本从过剩制造业中解套、转向相适应的成长性产业创造必要的制度和政策条件。

过剩产业中小企业的转型有三种选择:一是适应中国消费市场未来需求的多样性和多层次性做出重新定位,在消费品细分市场寻找到自己的位置,通过增加产品的技术和文化内涵,走出差异化发展道路。第二种是加入行业龙头企业领导的产业分工协作体系,走专业化的配套加工道路。民营中小企业和国有大型企业在产业价值链中可以各有各的定位。民营中小企业可以收缩战线,为大企业做好专业配套。第三种是转让或出售现有企业,退出制造业,在消费服务业进行二次创业。

由此可见,促进经济转型的金融转型要求以资本市场制度变革为突破口,以此促进股票市场的发展,促进股票市场在企业的并购重组、存量资本和产业结构调整中的积极作用。此外,为了促进小企业,尤其是服务业中的小企业发展,发展民营不设分支机构的社区银行、县域银行应该是整体金融改革的题中之义。

（三）提升社会资源的配置效率，促进产业结构调整

资金是社会稀缺资源的支配和使用权。资金配置的有效性决定了资源配置的有效性。如前所述，由于金融抑制政策未能及时退出，官方低利率的实施和资金融通对商业银行体系的过度依赖一方面导致了固定资产投资、政府低效率项目投资和房地产投资的泡沫积累，另一方面也导致了产业结构的严重失衡。

提高社会资源配置效率要求政府职能转换。政府需要放松并最终取消项目审批制度及其对金融业的行政管制，从追求短期 GDP 政绩转变为提供更为充分的公共服务，维护市场秩序，健全市场有效配置资源的机制和条件。首先，政府需要从大部分经济活动领域中退出。这是因为目标短期化以及出于地方或部门局部利益的考虑常常会扭曲其经济决策行为，导致资源配置在产业之间、企业之间和不同时期之间的扭曲和低效率。其次，政府需要维护市场秩序和合约实施的有效性，降低交易成本，促进市场的有序竞争和优胜劣汰机制的发挥。

提高社会资源配置效率需要尽快退出低利率和股票发行审批等金融抑制政策，充分发挥利率等价格机制的调节作用和金融市场的筛选约束机制的作用，提高整体金融体系配置社会生产资源的有效性。

（四）致力于劳动者现期和未来生产能力的提升

我们关于财富幻觉基本结论的政策含义在于：中国需要真正加快推进以劳动者现期和未来生产能力提升为导向的经济转型。我们建议实施以鼓励有条件夫妇生育多孩的人口政策、实现均质义务教育、再就业培训等为主要内容的代际平衡可续型人力资源开发战略；政府应从放松管制和完善金融生态环境两个方面推进银行体系与资本市场体系的健康发展；建立健全相对独立于政府行政权力的，保护私有产权的立法、司法和执法制度，以此鼓励服务企业、高科技新创企业、中小企业、个体经济等多种新的业态、新的商业模式的发展，在传统制造业之外创造更多就业岗位，以适应农业现代化、新型城镇化和现代社会的多元化和人性化的发展需要。

第四节　中国经济增长的趋势变化及其驱动力

自 1978 年改革开放以来，中国 40 余年经济增长呈现特征不同的三个阶段。我们可以在图 9.6 的 2001 年和 2007 年划两条竖线，即可为三个阶段。1978—2001 年加入

WTO 之前,增长率呈现大幅波动,而且加速增长期相对较短。1982—1984 年是其最长的加速增长期。加入 WTO 后的 2002—2007 年是持续加速的高增长时期,2007 年实际增长率高达 14.2%。全球金融危机后,中国经济进入增速下降阶段。除 2020 年和 2022 年受到新冠疫情外生冲击外,增速呈稳定下行特征。

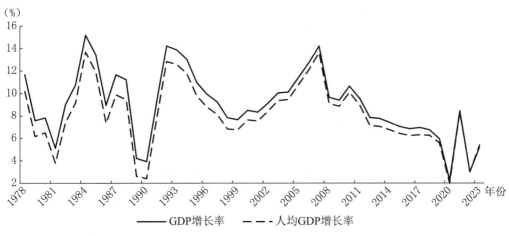

图 9.6 中国 GDP 增长(1978—2023 年)

资料来源:国家统计局。

中国经济具有较高的平均增长水平。1980—1990 年平均为 9.2%,1991—2000 年为 10.5%,2001—2010 年为 10.6%,改革开放之后的前 30 年平均为 10.1%。2011—2020 年为 6.8%,2021—2023 年为 5.5%。我们预测 2024—2025 年在 4.5% 左右,2021—2025 年间平均增长率可能在 5%—5.2% 间。这样 2011—2025 年的平均年增长率可达 6.2%。2026—2035 年的平均增长率可保持在 4% 左右。下面我们将给出这一前景判断的底层逻辑分析,并对当前经济转型的主要方向与所需改革给出我们的预期或建议。

一、生产扩张型体制与低消费-高投资常态

本书图 2.5 和图 3.3 分别给过中国消费率和投资率与美、日、韩和欧盟的比较。并在相关的第二和第三章对中国消费率低和投资率高的原因做过系统分析。图 9.7 给出中国 1979—2023 年消费、投资 GDP 比例的变化曲线。消费率与投资率的变化如水中倒影,因为它们有着共同的体制性根源。本节从政治经济学视角讨论政府调整利益格局以追求增长的行为对消费和投资的影响。

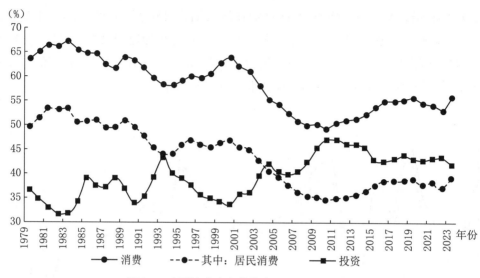

图9.7　中国消费率和投资率(1979—2023年)

资料来源:国家统计局。

　　当前中国内部消费比例过低和投资比例过高有其历史渊源和深层的体制原因。很大程度上根源于中国70余年来的生产扩张型体制。新中国成立之初,中国人民背负"落后就挨打"的百年耻辱,并面对抗美援朝后的全球封锁和制裁,中国最高决策层在这种背景下确定了优先发展重工业的赶超战略,形成了"节约每一个铜板用于社会主义建设"的举国体制,以建设强大的国防。另外作为有着几千余年农耕文明的中国,从中央到地方都存在"饥荒"这种短缺经济的记忆。因此,新中国成立后的经济发展模式一直是政府主导、投资拉动、产能扩张的增长模式。这一生产扩张型体制通过内部利益格局的调整来保障高投资-高增长要求的资本积累。70余年来这一体制的运行可区别以下特征不同的三个阶段。

　　第一个阶段是土地制度的成功改革与农村剩余转化为重工业资本积累的阶段。从解放农村生产力的功效看,中国"打土豪分田地"的农村土地制度改革是非常成功的,为农业国的工业化奠定了重要基础。农业的基础性作用在于为工业化提供资本积累,为工业品提供市场,为工业发展提供剩余劳动力。1953—1985年间中国建立起农村统购统销的国家垄断型流通体系,并以此为基础实施了工农业产品价格"剪刀差"政策,通过压低农产品价格,提高面向农村的工业品售价将农村的剩余转入国有工业部门形成利润;国有企业利润100%上缴国家,投资于重工业的国家重大战略项目。

　　第二个阶段是从20世纪90年代开始的对农民工及其家庭的福利亏欠形成劳动低成本的国际竞争力优势。1987年中央采纳"大进大出的国际大循环"战略,对外商实施"二免三减半"的税收优惠和沿海城市设立经济开发区的对外开放政策。引进"三来一补"等外国直接投资,并从 20 世纪 90 年代初允许农民工进城打工。1994 年分税制改革形成了中央政治集权和地方经济分权体制。经济分权在激发各级地方政府内在动力的同时也为其提供了地区发展所需的资源。但众多省地县乡同时积极发力以及招商引资方面的过度竞争,很快造成制造业产能过剩和低水平重复。东南亚金融危机的外部冲击则加剧了问题的严重性。政府主导、投资拉动、产能过剩、"关停并转",成为这一时期的经济增长模式。因为投资具有短期资本品需求,长期产能扩张的两重性,强化投资拉动的增长必然导致产能过剩。中央政府及时推进国企转制改革和清理管理条例的行政体制改革,积极争取加入 WTO,更大力度参与全球化,拓展国际市场。加入 WTO 后中国经济连续 7 年加速增长,替代"关停并转"的是产能的"出口释放"。海外市场的拓展使中国生产型体制的增长潜能得以充分释放。这一国际大循环战略成功地将中国人均低收入的后发劣势转化成了参与全球化的低成本竞争优势。以 1980 年的相关数据来看,中国人口占全球的 22%,人均 GDP 相当于世界平均水平的 9%,美国(相当世界平均水平的 4.42 倍)的 2%。而进入沿海制造业打工的农民工工资的基准应该是农村平均收入加城市额外生活成本决定的。但农村现金纯收入仅为城镇可支配收入的三分之一,考虑社会福利差异的实际收入则低于城镇的五分之一。直至 2024 年的 30 余年,中国制成品的低成本国际竞争力一直是建立在对农民家庭的福利欠债之上的。农民工市民化早在 2003 年就应启动,但却因我们未能及时推进房产税、推进保障房与商品房建设的"双轨制"而延误了 20 年。

第三个阶段是地方政府采取工业、商业、住宅用地的价格"剪刀差"政策对购置住宅的城市新人征收过高的土地使用费,用于补贴制造业并用于配套设施的投资。1998 年住房的商品化改革和 2003 年土地招拍挂市场的形成给国内经济增长提供了新动能。特别是 2009 年逆周期的基建投资和 2015 年棚改货币化,加剧了以制造业为核心,以基建和房地产为支撑的重资产领域的过度扩张,导致地区间和产业结构上的进一步失衡。根据学者和业内人士的分析,[①]中国住宅用地批租价是工业用地的 20 倍,而开发商房产销售收入的 35% 用于购地,接近 14% 缴纳税收。而商业银行房贷的期限和数额则根据月供不超过贷款人可支配收入的 50% 来安排。因此可以说,通过房产开发商和商业银行的中介,政府将购房人未来 20 年接近 25% 的年收入提前征收完毕。这些土地收入加上地方政府自己举债的资金用于产业园区等基础设施建设和招商引资中的财政补贴。

由此可见,生产扩张型体制在扩大产能的同时严重透支了居民的消费能力和政府

---

① 参阅陶然:《人地之间:中国经济增长模式下的城乡土地改革》,辽宁人民出版社 2022 年版;以及笔名为牧诗的文章,《万科赚的钱都去哪里了?》引自微信公众号"牧诗地产圈",2024 年 3 月 26 日。

提供公共服务的能力。家庭、企业和地方政府通过举债获得的资金有一定比例变成了制造业、房地产和中西部基础设施等固定资产的沉没成本。由于保护中小投资者权益的法律制度尚待健全,股市"熊长牛短"及其融资功能发挥不够顺畅,中国的资金融通过度依赖银行体系,进而导致过高的宏观杠杆率和家庭资产减值,并通过收入效应和财富效应进一步抑制了国内消费增长。这种种因素阻碍了内循环高质量发展,并使经济陷入通缩的风险大幅度上升。

二、生产扩张+出口导向型增长潜能递减

当前,与生产扩张型增长模式相适应的出口导向欧美的外需拉动模式已走到尽头。以美欧市场为目的地的出口导向型模式也曾是日本、亚洲"四小龙"等经济体经济高速增长的成功模式。但是这种发展模式的潜能整体而言已快耗尽。

一是家庭对可贸易制成品的消费支出占比随人均收入的上升而下降,本土提供的非贸易服务消费支出占比相应上升。这是消费升级的全球一般规律。美国居民服务消费的支出占比接近70%,其他发达国家也在65%左右;随着美国制造业在岸与友岸回归的产业政策影响,发达国家对新兴市场国家的出口制成品需求将不断下降。另外增长的减缓或停滞,以及贫富极度分化也使发达国家的消费在全球的占比持续下滑。2000年,人口仅占全球11.43%的G7国家,其产出与消费的全球占比高达65.5%和66.8%,但在2019年已减至45.5%和49.3%,分别下降了20和17.5个百分点。未来很难指望人口占全球60%—70%的亚洲和其他"一带一路"发展中国家能以出口导向美欧的发展模式取得成功。①

二是美、英与其他发达国家的贸易逆差持续增加,意味着新兴市场国家与美欧等发达国家的跨时期交易将面临不断上升的未来兑付风险。以美国为例,与2000年其消费与产出的全球占比32.19%和30.42%相比,2020年的两者比例为27.95%和24.75%,分别下降4.44和5.67个百分点,两者之差形成的消费赤字1.77%和3.2%在其产出的全球占比中已从5.8%上升到12.9%。2020年的数据显示,包括德国在内的其他G7国家也出现了消费赤字。如果对外投资收益能支付对外消费赤字,也即经常账户实现平衡状态,可以看成是老龄化国家资产全球化配置的成功标志。但是2023年美国国际投资头寸净值为-19.77万亿美元,这个对外净负债相当于其当年GDP的71%,当年出口的9.79倍。美国国债规模已从2008年的8万亿增加到2024年的35万亿余,美国政府信用的岌岌可危和俄乌军事冲突期间美欧采取的美元武器

---

① 数据来源:世界银行"世界发展指标"(WDI)数据库。

化制裁行为，都对中国大规模积累美元外汇储备、过度依赖外需的增长模式构成巨大挑战。

目前，中国正在通过人民币债权和制造业产能输出方式拓展面向"一带一路"国家的出口和投资。但是这些地区的经济增长如果仍以美欧导向的出口拉动，必然无助于这些国家人民币债务的偿还和经济的可持续发展。因为，在全球有效需求相对不足的背景下，产品的价格与计价货币通常由买方决定，如果净出口仍然只是积累美元，出口国就无法偿还其人民币债务，中国也无法拓展人民币的国际计价和国际储备功能（就如当年日本以美国为出口目的地的海外企业无法使用日元计价和结算一样）。

人民币区域使用的可持续发展模式要求人民币以债权方式输出，并由此拉动国内出口与部分产能输出。但是中国必须以国内市场的开放吸纳 RCEP 和"一带一路"国家的制成品返销中国，以此积累起它们的人民币外汇储备，用来偿还中国债权人的本息。另外，RCEP 和"一带一路"国家的国内市场相对狭小。2022 年东盟七国（因数据缺乏不含老挝、柬埔寨和缅甸）和非洲国家（不含北非）消费的全球占比分别是 3.12％和 2.26％，合计仅为 5.38％，[①]相比较，中国产出的全球占比超过消费的生产剩余部分却高达 4.52％。

因此，中国在主导 RCEP 和"一带一路"地区经济货币合作，促进地区产业链重构的同时，需要高度重视国内消费市场的开发。通过结构改革和扩张性财政货币政策协同的结构化使用释放国内市场需求。这样既可增进国民福利、全民素质和中国经济的高质量可持续发展，而且可以更有效地促进地区经济的融合发展和人民币的区域使用。

三、生产扩张型体制下的"内卷"及其不利影响

中国的生产扩张性体制与地方经济分权体制的结合已经造成产业内过度竞争和低水平重复建设，无法形成培育并促进全球领先企业成长的生态环境。

生产扩张型体制通过财政、货币、金融和产业政策等方式鼓励固定资产投资。地方政府招商引资中的优惠政策竞争则大幅度降低投资门槛，压缩了企业的盈利能力和持续发展空间。地方政府具有强烈的制造业偏好。因为制造业是全球产业，企业规模扩张不受本地市场限制；固定资产投资一旦启动就形成本土黏性，并以独立法人身份为当地政府提供税收，创造就业岗位，增加消费流量。相比较而言，消费服务业更多依赖本地市场，景区等旅游项目则受自然环境、文化历史等资源禀赋的约束，而且需求流

---

① 数据来源：世界银行"世界发展指标"（WDI）数据库。

量具有不稳定、不可控特点。因此，地方政府都倾向制造业的招商引资，导致制造业成本逐底式过度竞争，进而造成制造业企业盈利能力和创新能力低下，行业领先企业的盈利能力也会因为行业产能的快速扩张而大幅波动。制造业的"卷"完全是过度优惠政策下行业内"过度拥挤"造成的。相比之下，线下服务业的萧条更多是租金成本过高、消费需求收缩造成的。尽管中国不少制成品细分产业的全球市场份额很高，但真正具有国际定价能力和强劲盈利能力的跨国企业却十分稀少。2020年进入世界500强的中国制造企业有38家，但它们的利润总额仅为494.8亿美元，而苹果一家企业就高达552.6亿美元。

生产扩张型体制造成过度"内卷"，无法培育具有国际定价能力和强劲盈利能力的优秀跨国企业，在国际市场丧失贸易与投资中的货币选择权，阻碍了人民币的国际使用和计价功能的拓展。在国内，成本压降式竞争导致技术对劳动的快速替代，无法保障食品安全，更难形成优质金融资产的供给能力。家庭的就业、消费和投资的相关权益无法得到应有保障，进而通过收入效应和财富效应抑制国内消费需求。

四、转型期的增长趋势

中国经济增长的趋势性变化可以通过"摸着'日本'过河"认识经济发展的一般规律，并通过差异性分析把握中国经济增长的可能路径与政策趋向。

图9.8给出日本经济增长率变化与长期增长平台的切换。其中浅色线为实际经济增长率变化，平行线为长期平均增长率，上图深色线显示第二产业就业比重的变化，下图深色线为15—64岁工作年龄人口占总人口的比重。1972年当第二产业就业见顶回落时，日本经济以两次衰退完成了战后第一次增长平台的切换，平均增长率从20世纪50—60年代的9.1％切换到70—80年代的4.68％。而当1991年人口结构出现拐点时，日本经历了资产泡沫的破灭，股市从1989年日经225指数的38 957点下跌至2008年的6 994点，跌幅高达82％。房地产价格从1991年的高点下跌70％左右，土地价格跌幅更大。日本之后30年经济平均增长率下降至0.6％。

为何反映产业结构就业占比变化和人口结构变化的拐点之处会出现增长平台的切换？这是经济发展一般规律的体现。制造业加水电煤矿等产业构成工业，再加建筑业称为第二产业。第二产业就业占比出现拐点，意味着一国工业化扩张期的结束，产业升级或高质量发展导致就业减少。因此第一、二产业的剩余劳动力必须转移到第三产业。因为工业劳动生产率远高于农业和服务业，通常工业化扩张期在没有市场约束的场合，经济可以高速增长，过后增长速度才会下降。相比较，壮劳力占比出现拐点后的老龄化会导致劳动力和储蓄（资本投资）的减少，社会创新能力也会下降，因此经济

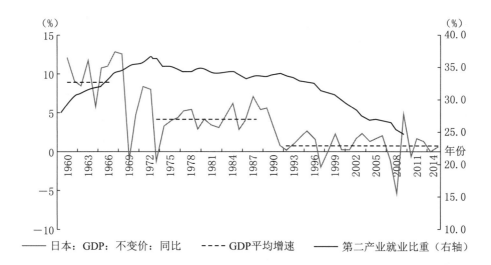

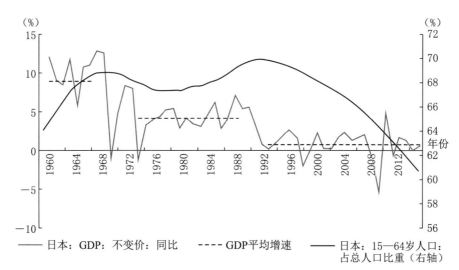

图 9.8　日本产业与人口结构变化中的增长态势

资料来源:GDP 数据来自日本内阁政府下属的社会经济综合研究所;就业和人口数据均来自日本统计局。

增长也会下台阶。中国在 2010 年出现人口拐点,并在 2012 年出现第二产业就业占比的拐点,2008—2012 年间中国经济外部环境恶化,内部两个拐点叠加,经济增长下台阶有其内在的必然性。

在外部环境逆转需要推进中国生产扩张型体制改革时,2009 年中央政府推出基建领域 4 万亿财政投资刺激,实际投资高达 20 余万亿元。当年基建投资增长率高达 42%,导致重资产行业过度扩张和产能过剩。2010、2011 年房地产和制造业投资增长率先后见顶并持续下行至 2015—2016 年低点。2015 年 PPI 降至 2008 年的低水平,产能过剩和通缩风险显现。政府于 2015 年底提出"去产能、去杠杆、去库存、降成本、补短板"政策要求。央行通过 PSL 经国开行给地方政府提供用于棚改的资金。地方政府推进货币化安置，给钱让棚户区居民购买商品房。至 2018 年 PSL 存量规模高达 3.5 万亿元，5 年内完成棚改住房 2 600 多万套。棚改货币化在改善棚户住房条件的同时，导致三四线房地产过度开发和闲置率的大幅度上升，100 城均价也从 8 000 元上涨到 12 000 元，房产商经营规模与债务大幅度上升。以碧桂园为例，其销售规模从 2014 年的千亿元出头扩张到 2017 年的 5 508 亿元。其三四线项目占比约为 58%。这两次在基建和房地产领域的政策刺激导致中国产业结构进一步失衡，也埋下了债务-通缩的隐患。

那么中国下一个增长平台会在哪里？

首先，中国经济发展阶段与日本不同。中国是发展中国家而非发达国家。1995 年日本人均 GDP 已达美国的 150%，相比之下，中国人均 GDP 在两个拐点叠加时仅为美国的 10%，2023 年中国人均 GDP 以购买力平价计仅为全球平均水平的 1.07 倍，美国的 30%，如以市场价格计则不到美国的 20%。因此，中国人民群众追求财富积累、追求美好生活的内生动力是十分强劲的，在保护私人财产的有效法律制度和宽松友好的营商环境下，这种经济发展的内生动力就能将潜在经济增长能力释放出来。

其次，中日两国政府可支配资源和组织管理经济的能力有巨大差异。中国是国有经济占主导地位的国家，国家拥有土地矿产等自然资源和国有企业产权；中央政府负债率仅 30% 左右，而日本国债已达 GDP 的 2.5 倍。地方政府虽然债务负担严重，但债务支持形成的固定资产可为后一轮发展提供基础条件。中央政府在战略规划和地区发展的统筹协调方面具有其他国家无可比拟的能力。

最后，中国是一个巨型经济体，具有规模经济优势。只是地区经济碎片化使这种天然优势受到了体制的限制。未来需要通过央地财税关系的调整与行政管理制度的变革，改变地方政府间由追求地区 GDP 增长引发的重资产领域的过度投资和地区产业重构化生成机制。因此，在外部环境发生不利于中国的变化时，可以通过改革，开发内部统一大市场，促进内外平衡的可持续发展。

因此，实施本书第八章讨论的货币财政政策协同扩张以应对债务通缩风险，与此同时积极推进经济和行政管理体制改革，促进发展指标显著改善、社会经济结构更平衡的可持续发展，那么 2026—2035 年实现 4% 的 GDP 平均增长率是完全可期的。

图书在版编目(CIP)数据

中国宏观经济分析 / 潘英丽编著. -- 2 版. -- 上海 ：
格致出版社 ： 上海人民出版社，2025. -- ISBN 978-7
-5432-3658-5

Ⅰ. F123.16

中国国家版本馆 CIP 数据核字第 2025TQ8119 号

责任编辑　程　倩　周天歌
装帧设计　路　静

中国宏观经济分析(第二版)
潘英丽　编著

出　　版　格致出版社
　　　　　上海人民出版社
　　　　　(201101　上海市闵行区号景路 159 弄 C 座)
发　　行　上海人民出版社发行中心
印　　刷　浙江临安曙光印务有限公司
开　　本　787×1092　1/16
印　　张　20
插　　页　1
字　　数　374,000
版　　次　2025 年 3 月第 1 版
印　　次　2025 年 3 月第 1 次印刷
ISBN 978 - 7 - 5432 - 3658 - 5/F・1624
定　　价　89.00 元